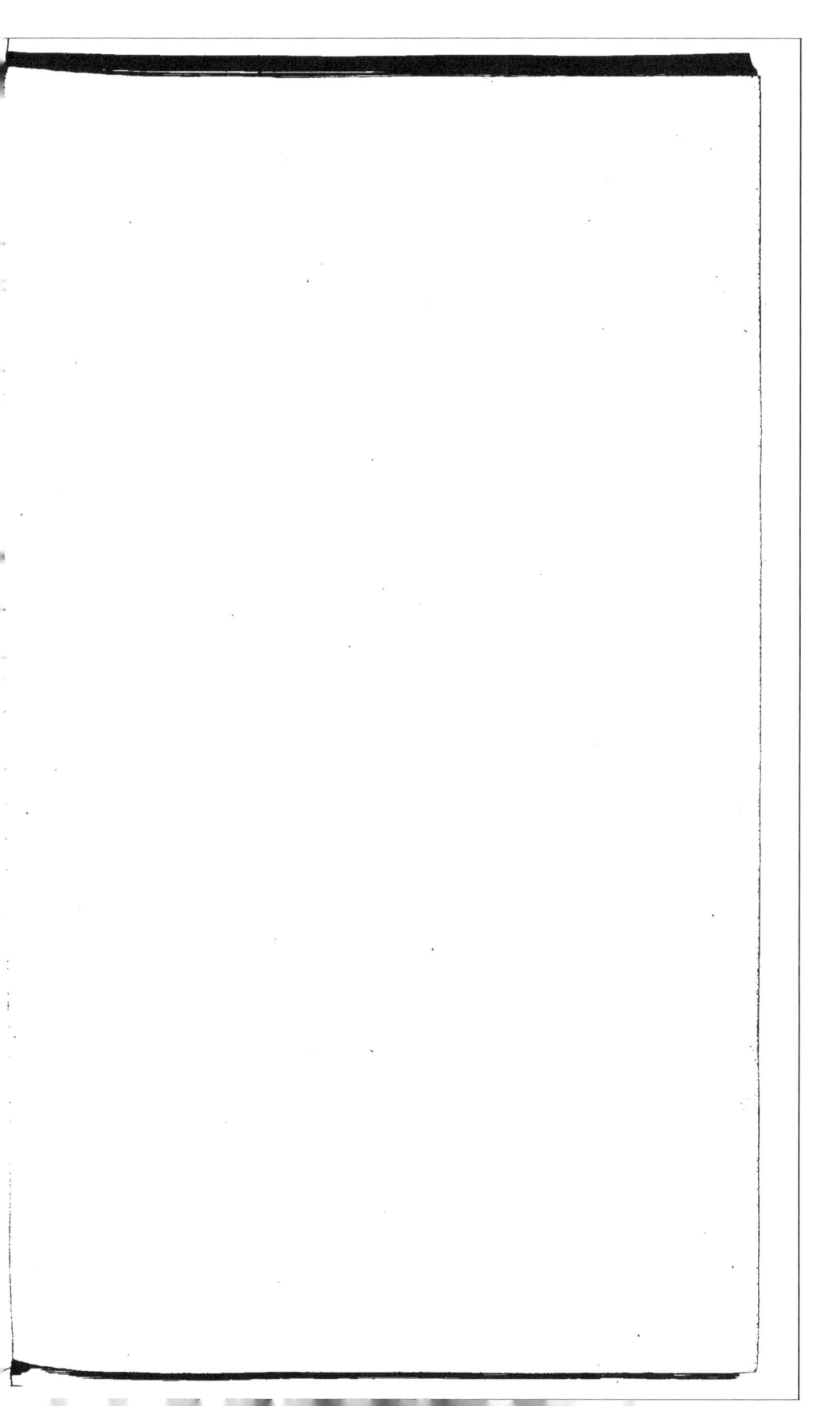

EXPOSITION RAISONNÉE

DES LOIS

DE LA COMPÉTENCE

ET

DE LA PROCÉDURE

EN MATIÈRE CIVILE ;

PAR

M. A. Rodière,

Professeur de Procédure Civile à la Faculté de Droit de Toulouse.

Tome Second.

A TOULOUSE,

CHEZ LES PRINCIPAUX LIBRAIRES.

1841.

Albi, Impr. de S. RODIÈRE.

EXPOSITION RAISONNÉE

DES LOIS

DE LA COMPÉTENCE

ET

DE LA PROCÉDURE

EN MATIÈRE CIVILE.

———◦———

SUITE DU LIVRE 1er DE LA 2e PARTIE.

———◦◦———

CHAPITRE XIV.

Des jugements par défaut et oppositions.

Nul ne doit être irrévocablement condamné sans avoir été mis à même de se faire entendre. C'est sur ce principe de droit naturel que repose toute la théorie des jugements par défaut.

On distingue deux genres de défaut : le défaut du demandeur, appelé dans la pratique *défaut congé* ; et le défaut du défendeur ou des défendeurs, qui se subdivise en trois espèces, défaut faute de comparaître, défaut faute de conclure, et défaut-joint. Nous parlerons d'abord du défaut des défendeurs, parce que c'est le plus fréquent.

SECTION PREMIÈRE.

Des jugements par défaut vis-à-vis des défendeurs.

Nous allons exposer 1° les règles communes aux jugements par défaut faute de comparaître et faute de conclure ; 2° les règles spéciales à chacune de ces espèces ; 3° la marche à suivre quand il y a plusieurs défendeurs, et les effets de la jonction du défaut.

§ 1er *Règles communes aux jugements par défaut faute de comparaître et faute de conclure.*

Le jugement est par défaut *faute de comparaître*, lorsque le défendeur n'a pas constitué d'avoué : aussi l'appelle-t-on encore défaut *faute de constitution d'avoué*, ou défaut *contre partie*.

Le jugement est par défaut *faute de conclure* lorsque le défendeur a constitué avoué, mais que son avoué ne se présente pas au jour indiqué pour l'audience ; on l'appelle encore défaut *faute de défendre*, ou *faute de plaider*, ou enfin défaut *contre avoué*. La dénomination *faute de conclure* est la plus exacte, parce que d'une part, quoique le défendeur ait signifié des défenses le jugement ne laisse pas d'être par défaut si l'avoué ne se présente pas au jour marqué pour l'audience, et d'autre part, le jugement ne laisse pas d'être contradictoire dès que l'avoué du défendeur a pris ses conclusions, quoique l'affaire n'ait pas été plaidée (1).

---

(1) Prendre les conclusions contradictoirement à l'audience c'est ce qu'on appelle *poser les qualités* (Décret du 30 mars 1808, art. 29). M. Chauveau sur Carré, quest. 613 *bis*, ne considère comme liant la cause contradictoirement que les conclusions sérieuses qui ont été prises après la mise au rôle de la chambre, avec indication du jour pour plaider ; il n'attribue pas le même effet aux conclusions de pure

Les deux espèces de défaut dont nous venons de parler sont clairement indiquées dans l'art. 149 qui dispose : « Si le défendeur ne constitue pas avoué, ou si l'avoué constitué ne se présente pas au jour indiqué pour l'audience, il sera donné défaut. » *Il sera donné défaut*, c'est-à-dire que la non-comparution du défendeur ou de son avoué sera constatée. Mais le demandeur devra-t-il nécessairement obtenir gain de cause ? Non. L'art. 150 ajoute : « Le défaut sera prononcé à l'audience sur l'appel de la cause ; et les conclusions de la partie qui le requiert seront adjugées, *si elles se trouvent justes et bien vérifiées* : pourront néanmoins les juges faire mettre les pièces sur le bureau pour prononcer le jugement à l'audience suivante. » Les conclusions du demandeur ne doivent donc lui être octroyées qu'autant qu'elles sont trouvées justes. *Litigatoris absentia*, disait la loi 13, §. 4, Cod. *de judiciis, Dei præsentiâ repleatur*. Faut-il conclure de là que les conclusions du demandeur doivent être repoussées dès qu'il ne rapporte pas de preuve écrite et que l'intérêt du litige excède 150 fr.? La conséquence serait erronée. Les faits allégués par le demandeur pourraient résulter, si le défendeur comparaissait, soit de son aveu, soit de son refus de prêter serment. Il ne faut pas que le demandeur soit mis par le fait des juges dans l'impossibilité de recourir à ces genres de preuve. Les conclusions du demandeur ne doivent donc être repoussées qu'autant que le tribunal est incompétent *ratione materiæ*, ou que la demande est illicite, comme si elle tend à obtenir le paiement d'une dette de jeu, d'un pari, d'un dédit de

---

forme prises lors de la mise de l'affaire sur le rôle sans indication de jour pour la plaidoirie. Nous adoptons cette doctrine de notre savant collègue, qui s'appuie sur un arrêt de la cour suprême du 14 août 1832. *Contrà*, arrêt de la même cour du 24 avril 1834.

mariage, l'exécution d'un traité sur une succession non ouverte, etc., ou enfin que les conclusions du demandeur sont contraires à un texte précis de loi, comme si un ascendant, autre que le père ou la mère, demande le partage d'une succession contre les frères ou sœurs du défunt. Lors au contraire qu'en supposant constants les faits allégués par le demandeur sa prétention est autorisée par la loi, ses conclusions doivent lui être adjugées parce que l'absence du défendeur donne lieu de présumer qu'il n'ose pas contester ces faits. Cette dernière règle doit pourtant fléchir, comme on le conçoit, lorsque l'affaire intéresse l'ordre public. Ainsi en matière de séparation de corps la non comparution de l'époux défendeur ne peut dispenser le tribunal d'ordonner l'enquête.

Quoi qu'il en soit, lorsque les conclusions du demandeur sont repoussées, il ne peut se pourvoir que par la voie de l'appel si le jugement est en premier ressort, et dans le cas contraire par la voie du recours en cassation ou de la requête civile s'il y a lieu.

Si l'affaire est de sa nature sujette à communication au ministère public, cette communication doit avoir lieu; l'art. 83 pose une règle générale applicable aux jugements par défaut comme aux jugements contradictoires.

Les jugements contradictoires sujets à l'appel ne peuvent pas en principe être exécutés dans la huitaine de leur prononciation, mais cette huitaine passée ils peuvent être exécutés dès qu'ils ont été régulièrement signifiés. Il en est autrement des jugements par défaut. « Les jugements par défaut, porte l'art. 155, ne seront pas exécutés avant l'échéance de la huitaine de la signification à avoué s'il y a eu constitution d'avoué, et de la signification à personne ou domicile s'il n'y a pas eu constitution d'avoué, à moins qu'en cas d'urgence l'exécution n'en ait été ordonnée avant l'expiration de ce délai dans les cas prévus par l'art. 135. »

Quoique l'article que nous venons de transcrire ne prononce pas la peine de nullité, les actes d'exécution faits
au mépris de sa disposition n'en doivent pas moins être
annulés, puisque la loi contient à cet égard une défense
expresse établie dans l'intérêt de la partie condamnée.

Dans les jugements par défaut faute de conclure il
y a corrélation entre la faculté d'exécuter et le délai de
l'opposition, c'est-à-dire que l'exécution, sauf disposition
contraire dans le jugement, ne peut être commencée que
lorsque le délai de l'opposition est écoulé. Quant aux jugements par défaut faute de comparaître, il n'en est pas
ainsi; l'exécution peut être commencée bien avant que la
voie de l'opposition soit fermée.

Du reste, il ne faudrait pas induire de l'art. 155 que
dans le cas d'un défaut *faute de conclure* le jugement
peut être exécuté contre la partie dès qu'il s'est écoulé
huitaine depuis la signification à avoué et quoique la
signification à partie n'ait pas eu lieu : l'art. 155 ne déroge pas au principe général posé dans l'art. 147 et d'après
lequel aucun jugement provisoire ou définitif prononçant
des condamnations ne peut être exécuté s'il n'a été signifié
à personne ou domicile.

Une question assez délicate est celle de savoir si dans
la huitaine de la signification à avoué le créancier peut
faire valablement un commandement, en sorte qu'il soit
dispensé d'en faire un autre après la huitaine pour commencer l'exécution? Nous ne le pensons pas. Le commandement n'est que le début de la procédure d'exécution;
mais il en fait partie.

Les juges ne peuvent autoriser l'exécution avant l'expiration de la huitaine de la signification que dans les cas
où l'exécution provisoire peut être ordonnée, nonobstant
l'appel, aux termes de l'art. 135. Lorsqu'ils l'autorisent
ils ne doivent jamais obliger le créancier à fournir cau-

tion , puisque le débiteur a toujours la facilité d'arrêter l'exécution en formant opposition.

C'est le cas de poser ici un principe certain , savoir , que l'opposition a comme l'appel un effet suspensif : sa vertu suspensive est même à quelques égards plus étendue que celle de l'appel : il ne faudrait pas penser , par exemple , que l'autorisation de commencer l'exécution dans la huitaine de la signification emporte implicitement le droit de la continuer nonobstant l'opposition formée , ni même que l'exécution nonobstant opposition puisse être ordonnée indifféremment dans tous les cas indiqués dans l'art. 135. La seconde disposition de l'art. 155 porte en effet : « Pourront aussi les juges , *dans le cas seulement où il y aurait péril en la demeure* , ordonner l'exécution nonobstant l'opposition , avec ou sans caution , ce qui ne pourra se faire que par le même jugement. »

Il résulte de ce texte que , dans les cas même prévus par l'art. 135, les juges ne doivent ordonner l'exécution provisoire nonobstant opposition que *lorsqu'il y a péril en la demeure* , ce qu'ils apprécient du reste souverainement. Il en résulte aussi que lorsqu'ils ordonnent l'exécution nonobstant opposition ils peuvent toujours obliger le créancier à fournir caution , quand même il y aurait titre authentique , promesse reconnue , ou condamnation précédente. Mais, sous prétexte qu'il y aurait péril en la demeure , les juges pourraient-ils ordonner l'exécution nonobstant opposition dans des cas autres que ceux prévus par l'art. 135 ? Nous ne le pensons pas , et la raison qui nous détermine c'est que l'exécution nonobstant opposition est toujours moins favorable que l'exécution nonobstant appel , vu qu'une décision rendue sans discussion n'établit en faveur de celui qui l'a obtenue aucun préjugé sérieux (1).

_____

(1) *Contrà* , Carré , quest. 639.

Nous avons dit que la disposition par laquelle les juges autorisent le créancier à exécuter dans la huitaine de la signification ne suppose pas le droit de poursuivre l'exécution nonobstant opposition. Au contraire, l'autorisation d'exécuter nonobstant opposition suppose le droit d'exécuter avant l'échéance de la huitaine de la signification, *le plus emporte le moins* : il est mieux pourtant que le jugement contienne les deux autorisations.

L'opposition étant suspensive arrête tous les actes d'exécution : mais le créancier peut nonobstant l'opposition faire des actes conservatoires, notamment requérir une inscription hypothécaire. Le jugement par défaut constitue tout au moins une créance conditionnelle, et le créancier conditionnel peut faire des actes conservatoires (art. 1180 C. civ.).

Dans l'ancienne jurisprudence il était de règle que toute partie qui se pourvoyait par opposition devait rembourser à la partie adverse les frais du défaut. Le code de procédure n'ayant pas reproduit cette règle, on doit la considérer comme abrogée (1); cependant lorsque les juges ont la conviction que le défaillant pouvait se présenter, ou que son avoué était en état de défendre, ils doivent laisser les frais du défaut à sa charge dans le cas même où son opposition est accueillie : mais cela ne peut résulter que d'une disposition expresse du jugement.

Un autre usage qui était admis anciennement, c'est que les défauts pouvaient être rabattus ou rétractés dans les vingt-quatre heures de leur prononciation si le défaillant venait à se présenter dans ce délai, et cela sans qu'il fût nécessaire de présenter requête d'opposition. Cet usage doit aussi être considéré comme abrogé par l'art.

---

(1) *Contrà*, M. Berriat, t. 2, p. 45, 6ᵉ édit., et M. Thomine-Desmazures, t. 1, p. 304.

1041 C. pr. : ce n'est qu'autant que les parties s'accordent pour le rétractement du défaut que les juges doivent le prononcer (1).

Une dernière règle commune aux jugements par défaut faute de comparaître et aux jugements faute de conclure, règle dictée par la nécessité, c'est que « l'opposition ne peut jamais être reçue contre un jugement qui aurait débouté d'une première opposition (165) » : c'est ce qu'on exprime ordinairement d'une manière plus brève par ce brocard, *opposition sur opposition ne vaut*. Cette règle n'empêche point de former une seconde opposition dans les délais quand la première était nulle en la forme, mais elle ne permet point d'attaquer le second jugement de défaut, quoique avant ce jugement il soit intervenu contradictoirement un avant dire droit (2).

Si le défendeur à l'opposition se laisse juger par défaut il peut former opposition à son tour ; mais le troisième jugement n'est plus susceptible d'opposition de la part d'aucune des parties : la faute récente de l'une ne saurait purger la faute plus ancienne de l'autre.

§. II. *Règles spéciales aux jugements par défaut faute de conclure.*

La différence principale entre les jugements par défaut faute de conclure et les jugements par défaut faute de comparaître c'est que le délai de l'opposition est généralement plus court pour les premiers que pour les seconds.

« Si le jugement est rendu contre une partie ayant un avoué, porte l'art. 157, l'opposition ne sera recevable

---

(1) *Contrà*, Carré, quest. 621.
(2) *Contrà*, Carré, quest. 694.

que pendant huitaine à compter du jour de la signification à avoué » (1).

L'article ne distingue pas entre les jugements en der-nier-ressort et ceux qui sont sujets à l'appel (2).

Quel est l'effet de la cessation des fonctions des avoués pour le calcul du délai? Pour répondre à cette question il faut examiner successivement le cas où c'est l'avoué de la partie condamnée qui a quitté ses fonctions, et le cas où c'est l'avoué adverse.

Dans la première hypothèse, si l'avoué du défendeur a cessé ses fonctions avant que le jugement lui ait été signifié le délai de huitaine ne peut courir qu'à dater de la signification à partie, et ce délai est alors suscep-tible d'augmentation à raison des distances (3).

Il faut de plus indiquer dans la signification la cessa-tion des fonctions de l'avoué, conformément à l'art. 148. Si la signification ne renferme pas cette indication le délai ne doit pas courir. A la vérité, nous avons dit pré-cédemment que la disposition de l'art. 148 ne pronon-çant pas la peine de nullité l'omission de l'indication pres-crite par cet article ne doit pas entraîner la nullité des actes d'exécution. Mais il s'agit ici d'un cas que la loi n'a point prévu, et dans des cas pareils les juges peu-vent donner davantage à l'équité sans craindre de heurter les textes.

Si la signification à avoué a été faite, mais que cet avoué vienne à cesser ses fonctions avant que la huitaine à dater de la signification soit accomplie, le délai de

---

(1) Cette signification doit être faite, comme celle des actes d'avoué, par un huissier audiencier.

(2) Pour le calcul de la huitaine, V. t. 1er, p. 221 et suiv.

(3) M. Pigeau, t. 1er., p. 545, autorise en ce cas l'opposition jus-qu'à l'exécution du jugement : c'est être trop large.

l'opposition cesse de courir. La partie se trouvant privée de son représentant légal sur lequel elle devait se reposer du soin de former l'opposition, il serait injuste que cette voie lui fût fermée sans qu'elle eût été en mesure de l'empêcher. Il faudrait donc dans ce cas, comme dans le précédent, signifier le jugement à partie et lui indiquer que son avoué n'exerce plus.

Mais la cessation des fonctions de l'avoué doit-elle produire une simple suspension du délai qui reprendra son cours après la signification à personne, ou bien la partie doit-elle jouir d'un nouveau délai de huitaine? A l'appui du premier système on peut invoquer par analogie le principe posé pour l'appel dans l'art. 447; cet argument serait décisif si le délai de l'opposition était aussi long que celui de l'appel; mais comme le délai de huitaine est si court, et que la portion du délai qui a couru durant la vie de l'avoué n'a été d'aucune utilité pour la partie, nous adoptons de préférence le système le plus favorable à la partie condamnée : l'art. 162 que nous expliquerons incessamment fournit d'ailleurs un argument à l'appui de cette opinion.

Passons au second cas : c'est maintenant l'avoué du demandeur qui a quitté ses fonctions. Si la cessation a lieu avant que le jugement ait été signifié, le délai ne pourra courir qu'à partir de la signification faite à la requête d'un autre avoué qui déclarera se constituer à la place de celui qui a cessé d'exercer.

Si la signification a été faite, mais que l'avoué du demandeur cesse ses fonctions avant l'expiration de la huitaine, le délai cesse de courir, et le demandeur doit signifier à l'avoué du défendeur une nouvelle constitution.

Ici l'on peut dire que l'avoué du défendeur n'ayant pas changé, il n'y a pas assez de motifs pour considérer comme non avenue la fraction de délai qui a couru avant que l'avoué du demandeur ait cessé ses fonctions. Toutefois dans ce cas-là même la généralité des termes de l'art 162, et la possibilité que le demandeur abuse d'une courte absence de l'avoué du défendeur pour signifier une autre constitution, nous portent à penser que l'opposition est recevable pendant huitaine entière à dater de la nouvelle constitution, c'est-à-dire en somme, que le délai de huitaine, à raison de sa briéveté, ne doit produire de déchéance qu'autant qu'il a couru d'une manière continue (1).

Quand la partie condamnée décède avant l'expiration du délai de l'opposition, l'équité exige aussi qu'on accorde aux héritiers le droit de former opposition pendant huitaine à dater de la signification qui leur est faite.

Voyons maintenant dans quelle forme doit se faire l'opposition. L'art 160 l'indique. « Lorsque le jugement aura été rendu contre une partie ayant un avoué l'opposition *ne sera recevable* qu'autant qu'elle aura été formée par requête d'avoué à avoué. » Cette disposition est conçue en termes si impératifs qu'on ne saurait douter de la nullité de l'opposition quand elle est formée par exploit signifié à la partie. Toutefois, si l'avoué du demandeur a cessé d'exercer ses fonctions, la partie condamnée ne peut être obligée de rester sous le coup d'une condamnation par défaut jusqu'à ce qu'il plaise à son adversaire de signifier une nouvelle constitution d'avoué; en ce cas donc nous admettrions l'opposition signifiée par exploit.

Faut-il que la requête d'opposition soit répondue d'une ordonnance du président du tribunal avant qu'elle puisse être signifiée? La négative est évidente; l'opposition remettant tout en question, une ordonnance que le prési-

---

(1) **Contrà**, Pigeau, t. 1, p. 546.

dent du tribunal ne saurait refuser occasionnerait des lenteurs fâcheuses et augmenterait les frais sans utilité.

Que doit contenir la requête d'opposition ? « Elle doit, d'après l'art. 161, contenir les moyens d'opposition, à moins que des moyens de défense n'aient été signifiés avant le jugement, auquel cas il suffit de déclarer qu'on les emploie comme moyens d'opposition. On sent que les moyens d'opposition doivent être formulés d'une manière assez précise et qu'il ne suffirait pas de dire que le jugement est injuste, ou qu'il a été surpris à la religion du tribunal. L'indication des moyens est nécessaire en matière sommaire comme en matière ordinaire (1).

« L'opposition qui ne sera pas signifiée dans cette forme, ajoute l'art. 161, n'arrêtera pas l'exécution; elle sera rejetée sur un simple acte et sans qu'il soit besoin d'aucune autre instruction ». Mais si l'opposition irrégulièrement faite n'arrête pas l'exécution, quelle nécessité de la faire rejeter ? C'est que le créancier ne peut pas être seul juge de l'irrégularité ; il peut donc continuer l'exécution à ses périls et risques, mais le tribunal devra toujours apprécier si l'opposition était en effet irrégulière : et s'il juge le contraire, tous les actes d'exécution faits au mépris de l'opposition doivent être annulés, quand même le créancier obtiendrait gain de cause au fond. Nous ne voyons à cet égard aucune différence entre l'opposition irrégulière et l'opposition tardive, si ce n'est qu'en général la tardiveté de l'opposition est plus apparente que son irrégularité ; mais dans un cas comme dans l'autre ce n'est qu'à ses risques et périls que le créancier peut continuer l'exécution, et le tribunal doit toujours juger le mérite de l'opposition tant que l'opposant ne s'en est pas désisté.

----

(1) *Contrà*, Pigeau, t. 1, p. 375.

Une dernière question se présente à notre examen.

Dans quels cas le jugement doit-il être considéré comme rendu simplement *faute de conclure*? Dans tous les cas où le défendeur a constitué avoué. Ainsi le jugement ne cesse pas d'être *faute de conclure* quand l'avoué prétend ne vouloir ou ne pouvoir occuper, ou soutient avoir été révoqué. D'une part en effet la révocation d'un avoué ne peut produire d'effet à l'égard de la partie adverse qu'autant qu'elle est accompagnée d'une nouvelle constitution ; d'autre part le ministère des avoués étant forcé, on ne conçoit pas qu'un avoué puisse repousser le mandat qui lui a été déféré, surtout s'il s'est déjà constitué lui-même par acte. Quoi qu'il en soit, dès qu'une partie a constitué avoué, il est clair qu'elle a eu connaissance de l'ajournement : partant, la raison déterminante qui a dicté toutes les théories de la loi sur les jugements par défaut faute de comparaître ne peut lui être appliquée (1). C'est le cas de passer aux règles spéciales à ces derniers jugements.

§ III. *Règles spéciales aux jugements par défaut faute de comparaître.*

TOUTES les dispositions de la loi, particulières à cette espèce de jugements, roulent sur cette présomption que les copies des exploits, à raison de l'infidélité de l'huissier ou de la négligence des personnes à qui elles sont remises, peuvent ne pas parvenir à la partie intéressée. Pour qu'on ait la certitude que le défendeur a été suffisamment averti le législateur a donc pris trois précautions que nous allons successivement expliquer.

1re précaution. *Signification du jugement par un huissier commis.*

« Tous jugements par défaut contre une partie qui n'a

_____

(1) *Contrà*, Carré, quest. 616.

pas constitué d'avoué doivent, aux termes de l'art. 156, être signifiés par un huissier commis soit par le tribunal, soit par le juge du domicile du défaillant que le tribunal aura désigné. » On a pensé avec raison qu'un huissier investi de la confiance du juge et qui ne tient pas son mandat de la partie se prêterait difficilement à un genre de fraude qui était fréquent autrefois, et qui consistait à supprimer, ou, pour employer le mot usité, à *souffler* la copie que l'huissier attestait avoir remise.

Le tribunal peut commettre un huissier en le désignant seulement par sa qualité, par exemple, le syndic des huissiers de l'arrondissement où le défaillant a son domicile. S'il ne fait pas directement le choix de l'huissier il peut remettre ce choix au tribunal civil du domicile du défaillant (1), au président de ce tribunal, ou à un simple juge, ou même au juge de paix.

Le tribunal peut commettre l'huissier d'office ; s'il ne le fait point le créancier doit faire réparer l'omission par un second jugement dont les frais doivent rester à sa charge : il devait prendre des conclusions sur ce point.

Si l'huissier commis vient à cesser ses fonctions avant d'avoir fait la signification, il faut en faire commettre un autre. Faut-il revenir devant le tribunal qui a rendu le jugement, pour provoquer cette seconde nomination ? L'affirmative résulte du texte de l'art. 156. A la vérité, l'art. 780 permet au président du tribunal de première instance du lieu où se trouve le débiteur de commettre l'huissier qui doit faire la signification du jugement prononçant la contrainte par corps ; mais cet article pouvant recevoir une application spéciale au cas où le jugement qui prononce la contrainte par corps est contradictoire, on ne peut affirmer qu'il a dérogé à la règle générale posée dans l'art. 156.

_____

(1) V. pourtant Pigeau, t. 1, p. 470.

La nouvelle commission d'huissier peut se demander par simple requête ; il n'est point nécessaire de donner pour cela une nouvelle assignation au défaillant.

L'art. 156 ne prononce pas la nullité de la signification du jugement faite par un autre que l'huissier commis. La nullité n'est pourtant pas douteuse : une des conditions *substantielles* de la validité d'un acte c'est qu'il émane d'une personne ayant qualité pour le faire, et un huissier non commis est sans qualité pour signifier un jugement par défaut. Partant, tous les actes d'exécution qui auraient été faits après une semblable signification devraient être annulés, et si complets que parussent ces actes, l'opposition continuerait pourtant d'être ouverte au débiteur tant qu'il n'y aurait pas eu de sa part acquiescement exprès ou tacite.

Le défendeur est-il recevable à demander la nullité de la signification faite par un huissier non commis et de tous les actes ensuivis, quand il représente la copie de cette signification ou qu'il a apposé sa signature sur l'original? Nous ne saurions le penser : en toute chose c'est l'esprit de la loi qu'il faut consulter pour bien apprécier la portée de ses prescriptions. Or, en exigeant la commission d'un huissier, la loi n'a voulu qu'assurer la remise de la copie à la partie condamnée, et ce but est atteint lorsqu'il est démontré que la partie a reçu la signification faite par un huissier non commis (1).

II° Précaution. *Péremption du jugement faute d'exécution dans les six mois.*

Aux termes de l'art. 156 déjà cité les jugements par défaut faute de comparaître doivent être exécutés dans

---

(1) *Cass.* 7 décembre 1813, *Contrà*, M. Chauveau sur Carré, quest. 644.

les six mois de leur obtention, sinon ils sont réputés non avenus.

Cette péremption spéciale diffère de la péremption ordinaire de l'instance, en ce qu'elle s'opère de plein droit et ne se couvre point par les actes de poursuite faits avant qu'elle soit demandée. Mais la partie condamnée peut y renoncer, et le juge ne peut la prononcer d'office.

La péremption ne frappe-t-elle que le jugement, ou s'étend-elle à l'assignation? D'après le texte de l'article ce n'est que le jugement qui est réputé non avenu, et l'on ne peut étendre sa disposition, puisque la péremption est une sorte de peine et que les peines sont de droit étroit (1). Mais après la péremption du jugement le demandeur peut-il présenter un nouveau cartel et obtenir un second jugement sans avoir réassigné le défendeur? L'inexécution du premier jugement faisant présumer de plus en plus que le défendeur n'a pas été averti, un nouvel exploit semblerait utile; nous ne pensons pas toutefois qu'il soit indispensable, puisque la loi ne l'exige pas et que les droits du défendeur sont suffisamment garantis par la faculté qu'il aura de faire opposition. Que, si depuis l'assignation primitive il s'était écoulé trois ans sans poursuites, le défendeur pourrait en demander la péremption : le demandeur prétendrait vainement que les trois ans ne doivent se calculer qu'à dater du jugement périmé, puisque ce jugement est réputé non avenu.

Les frais d'un jugement périmé doivent dans tous les cas rester à la charge de celui qui l'a obtenu.

Dans quels cas le jugement peut-il être réputé suffisamment exécuté à l'effet d'échapper à la péremption? Le lé-

---

(1) C'est en ce sens que la section du tribunat avait entendu l'article. V. Locré, sur l'art. 156.

gislateur, après avoir posé en principe dans l'art. 158 que l'opposition aux jugements de défaut faute de comparaître est recevable jusqu'à l'exécution du jugement, énumère dans l'art. 159 divers cas où le jugement doit être réputé exécuté. Cet art. 159 se réfère-t-il à l'art. 156 comme à l'art. 158 ; en d'autres termes, y a-t-il corrélation parfaite entre l'exécution du jugement à l'effet d'empêcher la péremption, et l'exécution à l'effet d'exclure l'opposition, de telle sorte que le jugement ne puisse échapper à la péremption qu'autant que la voie de l'opposition est fermée? On ne peut disconvenir que les auteurs du code de procédure n'aient voulu établir cette corrélation (1). Il faut reconnaître toutefois que s'il n'était jamais permis de s'en écarter on arriverait à des résultats déraisonnables. Si, par exemple, le jugement est rendu contre un individu qui n'a plus en France ni domicile ni résidence connus, il est impossible de le ramener à exécution par aucune des voies indiquées dans l'art. 159 : or, il est de principe que les prescriptions ou déchéances ne peuvent s'accomplir contre ceux qui sont dans l'impossibilité d'agir. La péremption est donc en ce cas suffisamment empêchée par un procès-verbal d'huissier constatant que la partie condamnée a quitté son ancien domicile ou sa résidence sans que sa nouvelle habitation ait pu être découverte. D'un autre côté, dans le cas même où le domicile de la partie condamnée est connu, il peut se faire que cette partie ne puisse être contrainte à payer par aucune des saisies indiquées dans l'art. 159, parce qu'elle ne possède aucuns biens saisissables. La péremption est alors empêchée par un *procès-verbal de carence* : on donne ce nom au procès-verbal par lequel un huissier qui s'est

---

(1) V. Locré sur l'art. 156.

transporté dans le domicile du débiteur constate qu'il n'a trouvé dans ce domicile aucun objet susceptible d'être saisi (1).

On peut douter pourtant que le procès-verbal de carence constitue une exécution suffisante à l'effet d'empêcher la péremption, quand le débiteur possède des immeubles ou des créances sujettes à saisie. Cependant, comme ces autres biens peuvent n'être pas connus du créancier, et qu'il est dans l'esprit des lois modernes de laisser le moins possible à l'arbitraire du juge, nous estimons qu'un procès-verbal de carence doit empêcher la péremption de tout jugement qui ne peut s'exécuter que par des saisies. C'est en ce sens au surplus que la jurisprudence s'est prononcée (2). Si le jugement ordonne une instruction ou autorise une mesure, il est à l'abri de la péremption quand l'instruction est faite ou la mesure prise.

En résumé, le jugement est à l'abri de la péremption non-seulement quand il a été exécuté dans les six mois de son obtention de quelqu'une des manières indiquées dans l'art. 159, mais encore toutes les fois que le créancier a fait dans les six mois *tout ce qu'il était moralement possible de faire* pour l'exécuter, d'après la nature de ce jugement ou la position du débiteur : c'est aux juges à apprécier ce fait.

Ce qui paraît certain dans tous les cas c'est qu'un simple commandement ou même une saisie ne suffisent point pour empêcher la péremption, quand ces actes n'ont pas été suivis des autres conditions exigées par l'art. 159.

Une question qui partage encore les auteurs et les cours est celle de savoir si l'exécution dans les six mois

---

(1) *Carence* vient du mot latin *Carere*, manquer.
(2) V. *Dict.* d'A. Dalloz, V° *jugement par défaut*, N° 384 et suiv.

à l'égard de l'un des débiteurs solidaires empêche la péremption à l'égard des autres. Nous adoptons l'affirmative consacrée par un arrêt de la cour de cassation du 7 décembre 1825. Le mandat implicite et réciproque sur lequel repose toute la théorie de la solidarité est censé se continuer jusqu'à ce que le créancier soit désintéressé. La doctrine contraire, loin d'être avantageuse aux débiteurs solidaires, tournerait à leur détriment, puisqu'elle obligerait le créancier à pratiquer dans les six mois autant de saisies qu'il aurait de débiteurs solidaires condamnés par la même sentence. La voie de l'opposition resterait pourtant ouverte aux débiteurs qui n'ont pas été personnellement poursuivis : nous admettons la supposition du mandat réciproque entre les débiteurs quand il s'agit pour le créancier de ne pas perdre ; nous ne l'admettons point quand il s'agit pour ce dernier de conquérir une déchéance (1).

IIIe Précaution. *Recevabilité de l'opposition jusqu'à l'exécution du jugement.*

D'APRÈS l'art. 158 déjà cité, lorsque le jugement est rendu contre une partie qui n'a pas d'avoué l'opposition est recevable jusqu'à l'exécution du jugement.

Ceci constitue une dérogation notable aux anciens principes. D'après l'ordonnance de 1667 l'opposition aux jugements par défaut rendus contre partie, quand cette voie était ouverte, n'était recevable que dans la huitaine qui suivait la signification de la sentence à personne ou domicile. Il en résultait que si l'huissier chargé de la signification soufflait la copie, ou si cette copie n'était pas remise exactement par les personnes qui l'avaient reçue, le défendeur se trouvait à son insçu frappé d'une condamnation irrévocable.

---

(1) *Contrà* M. Merlin, *quest. de droit*, V° *Chose jugée*. §. 18 ; M. Chauveau sur Carré, quest. 645.

Cet inconvénient, atténué déjà au moyen des deux précautions que nous avons expliquées, est surtout prévenu par la prorogation des délais de l'opposition jusqu'à l'exécution du jugement.

Mais quand est-ce que le jugement est réputé exécuté? Faut-il que l'exécution soit complète, ou suffit-il que les premières menaces ou les premiers actes de l'exécution aient eu lieu? Ni l'un ni l'autre : pour que le jugement soit censé exécuté il faut que la procédure d'exécution soit assez avancée pour qu'il soit moralement certain que la partie condamnée est instruite des poursuites dirigées contre elle. « Le jugement est réputé exécuté, porte l'art. 159, lorsque les meubles saisis ont été vendus, ou que le condamné a été emprisonné ou recommandé, ou que la saisie d'un ou plusieurs de ses immeubles lui a été notifiée, ou que les frais ont été payés, ou enfin lorsqu'il y a quelque acte duquel il résulte nécessairement que l'exécution du jugement a été connue de la partie défaillante. » Reprenons ces divers cas en commençant par le dernier qui pose la règle générale dont tous les autres ne contiennent que des applications.

1er cas. *Lorsqu'il y a quelque acte duquel il résulte nécessairement que l'exécution du jugement a été connue de la partie défaillante.* — Établissons d'abord ce point qui paraît hors de controverse, savoir : que la déclaration de l'huissier attestant qu'il a remis la copie du jugement à la personne même du débiteur, ou qu'en pratiquant une saisie mobilière il a parlé à ce dernier, ne suffit point pour constater que la partie a eu connaissance du jugement ou de son exécution et pour exclure l'opposition; la loi suppose elle-même en cette matière que les huissiers peuvent se rendre coupables d'une fausse attestation. La connaissance de la partie ne peut donc s'induire avec certitude que d'un fait qui lui est personnel, d'une signature, par exemple, qu'elle a apposée sur un acte d'exécution.

Une question plus délicate est celle de savoir s'il suffit, pour exclure l'opposition, que la partie ait eu connaissance de *l'existence* du jugement, ou s'il faut qu'elle ait eu connaissance de son *exécution*. Dans les discussions qui eurent lieu au conseil d'état on considérait la connaissance du jugement comme suffisante (1) : mais ces discussions ne peuvent affaiblir l'autorité de l'art. 159 qui exige positivement la connaissance de *l'exécution*. Quand la loi parle clairement on n'a pas à s'enquérir des débats qui l'ont précédée (2).

Suffit-il au moins, pour exclure l'opposition, que la partie condamnée ait eu connaissance de la signification du jugement ? Nous ne le pensons pas non plus ; la signification est bien un préliminaire indispensable de l'exécution, mais elle n'en fait point partie. Nous n'en disons pas autant du commandement ; c'est le premier acte du drame de l'exécution.

2° cas. *Lorsque les frais ont été payés.* — Le paiement des frais constitue un acquiescement au jugement ; il doit donc exclure l'opposition, comme les autres recours. Mais il ne peut produire cet effet que lorsqu'il a été fait par la partie elle-même ou par un mandataire spécial. Si le paiement est fait par l'avoué sans mandat spécial il ne peut nuire à la partie, et celle-ci n'est pas même obligée de recourir au désaveu ; les avoués ne sont censés avoir qualité que pour diriger la procédure, et non point pour acquiescer à des décisions définitives.

Si l'avoué de la partie qui a obtenu le jugement a porté sur son registre de recettes le montant des

(1) V. Locré, sur l'art. 156.
(2) *Contrà*, Boncenne, t. 3, p. 87 et suiv.

frais comme payé par la partie condamnée, cette mention ne suffit point pour prouver la réalité du paiement. Le registre que les avoués sont obligés de tenir, quoique faisant preuve contre eux, ne fait pas preuve contre les parties, surtout contre celle pour laquelle ils n'ont pas occupé.

L'art. 159 n'a du reste mentionné le paiement des frais que comme exemple; tout autre acquiescement exprès ou tacite produit le même effet.

3e cas. *Lorsque les meubles saisis ont été vendus.* — Les formalités des saisies mobilières étant peu nombreuses, le législateur a pensé que ces saisies ne forment point par elles-mêmes une preuve suffisante que la partie condamnée a connu l'exécution du jugement; cette présomption légale n'existe que lorsque la vente a eu lieu. Il suffit pourtant que la vente soit commencée; la loi n'exige point que *tous* les meubles aient été vendus. Il serait d'ailleurs étrange que le délai de l'opposition fût prorogé parce que la vente nécessiterait plusieurs vacations; car plus la saisie est considérable, plus il est probable que le saisi a dû la connaître avant la vente.

Si la partie condamnée se constitue gardienne des objets saisis, sans former opposition, est-elle recevable à former cette opposition jusqu'à la vente? Elle le serait, à s'en tenir au texte spécial que nous expliquons; mais il ne faut pas perdre de vue que les cas spéciaux mentionnés dans l'art. 159 ne dérogent point à la dernière disposition de ce même article qui exclut l'opposition toutes les fois que la partie condamnée a eu connaissance de l'*exécution* du jugement. Or, quand le débiteur se constitue gardien il est nécessairement informé de l'exécution du jugement; ici même nous pensons que le défaut de signature de la part du débiteur n'empêche point que la voie de l'opposition ne lui soit fermée quand l'exploit déclare qu'il n'a pu signer; la garde des effets saisis est un de ces faits saillants pour lesquels on ne peut supposer que l'huissier a commis une fausse déclaration.

L'art. 159 ne parle point de la saisie-arrêt. Est-ce à dire que cette saisie ne peut exclure l'opposition qu'autant qu'elle a été suivie du versement des deniers entre les mains du saisissant ? Il faut faire une distinction. Si le saisi, sur l'assignation en validité, continue de rester défaillant, la voie de l'opposition reste ouverte jusqu'au versement des deniers. S'il constitue avoué sur la demande en validité sans déclarer en même temps qu'il entend se pourvoir par opposition, cette constitution impliquant de sa part une parfaite connaissance du jugement et de son exécution, la voie de l'opposition est désormais fermée (1).

Il en est de même quand le débiteur se pourvoit en référé ou devant le tribunal pour arrêter les effets ou obtenir la nullité d'une saisie pratiquée à son préjudice. S'il ne déclare pas à l'instant même son intention de former opposition, il n'est pas recevable à le faire plus tard, puisqu'il a eu indubitablement connaissance de l'exécution du jugement.

4° cas. *Lorsque le condamné a été emprisonné ou recommandé.* — Si le débiteur arrêté s'évade avant qu'il soit écroué peut-il encore former opposition ? On est surpris qu'une cour royale (2) ait pu décider l'affirmative ; en cas pareil le débiteur, quoiqu'il n'ait pas été emprisonné, a eu pourtant connaissance de l'exécution du jugement ; ce qui suffit pour exclure l'opposition d'après la disposition finale de l'article 159.

5° Cas. *Lorsque la saisie d'un ou plusieurs de ses immeubles a été notifiée au débiteur.* — Le législateur n'exige plus ici, comme pour les meubles, que

---

(1) *Cass.* 30 juin 1812 et 22 mai 1827.
(2) Colmar, 16 décembre 1812.

la saisie soit suivie de la vente. La raison de la différence est que les formalités de la saisie immobilière sont plus nombreuses que celles de la saisie mobilière, et la notification de la saisie au débiteur doit être précédée de plusieurs actes que celui-ci a dû vraisemblablement connaître.

C'est le cas de résoudre une difficulté qui naît de la comparaison de l'art. 2215 du code civil avec l'art. 159 du code de procédure : suivant le premier, la poursuite de saisie immobilière ne peut s'exercer en vertu de jugements rendus par défaut, durant le délai de l'opposition : suivant le second, la poursuite de saisie immobilière peut être commencée avant l'expiration de ce délai, puisque l'opposition est recevable jusqu'à la notification de la saisie au débiteur. Pour résoudre cette difficulté il suffit de remarquer que l'article cité du code civil a été écrit sous l'empire des anciens principes qui n'autorisaient l'opposition envers les jugements de défaut faute de comparaître que dans la huitaine de la signification à personne ou domicile. Les auteurs du code de procédure ayant prorogé les délais de l'opposition jusqu'à l'exécution, l'art. 2215 du code civil doit rester sans application.

Le jugement doit-il être réputé exécuté lorsque le créancier a produit dans une distribution par contribution ou dans un ordre, et que sa créance a été colloquée dans le procès-verbal provisoire du juge commissaire sans qu'il y ait eu de contredit en temps utile de la part du débiteur saisi ? Nous le pensons ; le législateur a établi en matière d'ordre et de distribution par contribution des forclusions spéciales qui dérogent à toutes les autres règles.

L'art. 162 indique de quelle manière doit être formée l'opposition envers les jugements de défaut faute de comparaître. « L'opposition peut être formée soit par acte

extra-judiciaire , soit par déclaration sur les commandements , procès-verbaux de saisie ou d'emprisonnement ,
ou tout autre acte d'exécution , à la charge par l'opposant de la réitérer avec constitution d'avoué par requête
dans la huitaine : passé lequel temps elle n'est plus recevable , et l'exécution doit être continuée sans qu'il soit
besoin de le faire ordonner. » Il résulte de ce texte que
si l'opposition n'est pas réitérée par requête dans la huitaine elle est désormais irrecevable , quand même le jugement n'aurait pas encore été exécuté de quelqu'une des
manières indiquées dans l'art. 159 (1). Nous n'admettons
pas du reste qu'en l'absence du débiteur sa femme ou
ses proches puissent déclarer l'opposition ; moins encore
que l'opposition puisse être faite ou réitérée valablement
par une assignation à domicile (2) : il faut une requête
d'avoué.

Le même art. 162 s'occupe du cas où l'avoué de la
partie qui a obtenu le jugement a cessé ses fonctions.
Il veut que cette partie fasse notifier une nouvelle constitution d'avoué au défaillant , « lequel , ajoute l'article ,
sera tenu , dans les délais ci-dessus à compter de la
signification , de réitérer son opposition par requête avec
constitution d'avoué. » Ce texte ne distingue pas entre
le cas où l'avoué du demandeur a cessé ses fonctions
avant que l'opposition extra-judiciaire ait été formée , et
le cas où il ne cesse ses fonctions qu'après cette opposition , mais avant que le délai de huitaine soit écoulé ;
ainsi, dans ce dernier cas comme dans le premier , le
défaillant doit avoir huitaine *entière* à dater de la nouvelle constitution. Cette constitution doit être faite par

_____

(1) *Cass.* 3 déc. 1822. *Contrà*, *Cass.* 18 avril 1811 ; M. Chauveau
sur Carré , quest. 682.

(2) *Contrà*, sur les deux points , Carré, quest. 677 , 680 et 684.

exploit signifié à la personne ou au domicile du défaillant. Mais celui-ci, comme nous l'avons dit, n'est pas obligé d'attendre la nouvelle constitution, qui est exigée principalement dans son intérêt : il peut donc pour prévenir toute déchéance former son opposition par exploit.

L'art. 162 ne dit point comme l'art. 161 que la requête d'opposition doit contenir les moyens de l'opposant à peine d'être rejetée comme non-recevable : quoique les peines soient de droit étroit la parité entre les deux articles est si parfaite que l'un doit se compléter par l'autre (1). Ce qui le prouve de plus en plus c'est que l'art. 162 pose lui-même une règle applicable aux deux espèces d'opposition quand il dispose que « dans aucun cas les moyens d'opposition fournis postérieurement à la requête ne peuvent entrer en taxe ». On a voulu par là empêcher toutes écritures inutiles.

§ IV. *Du cas où il y a plusieurs défendeurs, et du jugement de jonction de défaut.*

Les art. 151, 152 et 153 sont également relatifs au cas où il y a plusieurs défendeurs.

Suivant le premier « Lorsque plusieurs parties ont été citées pour le même objet à différents délais il ne peut être pris défaut contre aucune d'elles qu'après le plus long délai » (2). Suivant le second « toutes les parties appelées et défaillantes doivent être comprises dans le même défaut, et s'il en est pris contre chacune d'elles séparément, les frais desdits défauts ne peuvent entrer en taxe, et doivent rester à la charge de l'avoué sans

---

(1) *Contrà*, Demiau Crouzilhac, p. 135.

(2) Pigeau, dans son *commentaire*, enseigne qu'il faut restreindre cette disposition au cas où l'objet est indivisible : la généralité de l'article repousse cette doctrine.

qu'il puisse les répéter contre la partie ». C'est-à-dire que
l'avoué ne peut porter en compte soit vis-à-vis des défaillants , soit vis-à-vis de sa propre partie, que les frais
d'un seul jugement.

L'art. 152 n'établit , comme on le voit , qu'une sanction
de taxe , il ne prononce point la nullité des jugements
de défaut obtenus séparément contre chacun des défaillants. En doit-il être de même dans le cas de l'art. 151 ,
c'est-à-dire lorsqu'un jugement de défaut a été obtenu
contre quelqu'un des défaillants avant que les délais
soient expirés à l'égard des autres ? Faisons remarquer
d'abord que la question offre moins d'intérêt qu'elle n'en
paraît présenter au premier aperçu. En effet , dans le
cas même où la disposition de l'art. 151 n'a pas été
observée la partie contre laquelle le jugement de défaut
a été requis prématurément n'a pour former son opposition que les délais ordinaires ; et si elle se pourvoit
en temps utile , il importe assez peu que le jugement
soit annulé ou maintenu dans la forme, puisqu'on demeure d'accord que les frais doivent toujours rester à la
charge de l'avoué , sans répétition, comme dans le cas de
l'art. 152. La question ne pourrait avoir quelque importance qu'à l'égard de la requête civile. Quoi qu'il en soit ,
l'inobservation de l'art. 151 nous semble devoir emporter nullité , comme tout ce qui attente au droit de défense (1).

Abordons maintenant la disposition de l'art. 153 : cet
article prescrit pour le cas dont il s'occupe une procédure spéciale qui était inconnue autrefois, et qui a pour
principal but d'empêcher la contrariété de jugements dans
la même affaire : aussi est-elle réputée d'ordre public , et

(1) Contrà , Pigeau, commentaire , t. 1 , p. 345 , n. 2.

son omission emporte nullité. « Si de deux ou de plusieurs parties assignées, porte l'art. 153, l'une fait défaut et l'autre comparaît, le profit du défaut sera joint, et le jugement de jonction sera signifié à la partie défaillante par un huissier commis : la signification contiendra assignation au jour auquel la cause sera appelée ; il sera statué par un seul jugement qui ne sera pas susceptible d'opposition ».

Les jugements de défaut faute de conclure ou faute de comparaître, quand ils octroient les conclusions du demandeur, contiennent deux parties distinctes : la constatation du défaut du défendeur ou de son avoué, et ensuite le profit de ce défaut qui consiste en l'adjudication des conclusions du demandeur. Le jugement de jonction exigé par l'art. 153 ne constate que le fait de la non-comparution de quelqu'un des défendeurs ; il n'en accorde pas encore le profit au demandeur et il se borne à joindre ce profit au fond, c'est-à-dire qu'il ne prononce en attendant aucune condamnation contre le défendeur non-comparant : mais la condamnation qui pourra survenir après la signification du jugement de jonction et la réassignation sera toujours réputée contradictoire ; c'est là le profit que procure ce défaut.

La commission d'huissier que la loi exige ici pour s'assurer que le défaillant sera prévenu peut donner lieu aux mêmes difficultés que nous avons examinées en expliquant la seconde disposition de l'art. 156, et ces difficultés doivent être résolues de la même manière.

La jonction du défaut doit être ordonnée en toute matière civile, ordinaire ou sommaire, à moins qu'il ne s'agisse d'une procédure spéciale où la loi n'autorise jamais l'opposition.

La réassignation doit être donnée aux délais ordinaires, à moins que le tribunal ne les ait abrégés vu l'urgence :

mais le défaillant qui constitue avoué ne doit point jouir du délai pour signifier les défenses ; il doit être traité comme un opposant , et *tout opposant doit venir prêt* (1).

Une des questions les plus délicates auxquelles ait donné lieu l'art. 153 c'est celle de savoir si le jugement rendu après la réassignation de la partie défaillante est réputé contradictoire non-seulement à l'égard de cette partie qui persiste à faire défaut , mais encore à l'égard des autres qui avaient constitué avoué dès l'origine , mais dont les avoués ne se présentent pas lors du second jugement. L'affirmative résulte de la jurisprudence de la cour suprême , basée principalement sur ce que la loi est conçue en termes généraux qui ne comportent aucune distinction (2).

Le jugement rendu après jonction de défaut est réputé contradictoire sur les incidents comme sur le fond. Il peut aussi être exécuté sans attendre huitaine depuis sa signification ; l'art. 155 cesse alors d'être applicable.

Quand tous les défendeurs ont constitué avoué , si l'un des avoués seulement consent à prendre des conclusions , et que les autres s'y refusent , il n'y a pas lieu à jonction de défaut. Cette jonction constitue une procédure tout exceptionnelle qui doit être restreinte taxativement au cas que la loi a prévu. Toute réassignation est d'ailleurs inutile quand tous les défendeurs ont constitué avoué (3).

---

(1) *Contrà*, Carré, quest. 631.

(2) *Cass.* 13 nov. 1823 et 15 janvier 1838. Ce dernier arrêt a même décidé qu'il était inutile de signifier le jugement de jonction aux parties comparantes; ce n'est en effet qu'un jugement de remise de cause.

(3) *Cass.* 4 juillet 1826 et 27 mai 1835.

SECTION II.

Du défaut de la part du demandeur, ou défaut congé.

Lorsque l'avoué du demandeur ne se présente pas au jour marqué pour l'audience sa partie est présumée se désister, et le défendeur doit dès-lors être relaxé sans que le tribunal ait à examiner le mérite de ses moyens. L'art. 154 dispose en effet : « Le défendeur qui aura constitué avoué pourra, sans avoir fourni de défenses, suivre l'audience par un seul acte, et prendre défaut contre le demandeur qui ne comparaîtrait pas ».

Mais quel est l'effet du défaut congé ? est-ce un simple renvoi de l'assignation, en sorte que le demandeur puisse reproduire plus tard son action sans qu'il ait besoin de se pourvoir par opposition, ou bien sa demande est-elle censée repoussée au fond, en sorte que s'il veut la reproduire il soit obligé de se pourvoir par opposition ou appel dans les délais légaux ? La question était autrefois vivement débattue (V. Rodier, sur l'art. 2, tit. 5 de l'ordonnance, quest. 2). Nous estimons qu'aujourd'hui le jugement qui constate le défaut du demandeur peut et doit rejeter ses prétentions au fond, dès que le défendeur y conclut (1), et si son dispositif présente à cet égard quelque ambiguïté c'est dans ce sens qu'il doit être entendu. Il est à remarquer en effet que le nouveau législateur a écarté l'ancienne dénomination de *congé*, qu'il a compris le défaut du demandeur, comme celui du défendeur, sous cette seule rubrique *des jugements par défaut et oppositions*; que l'art. 154 se trouve placé avant les articles qui fixent les formes et les délais de l'opposition, tandis qu'il eût été plus naturel de

---

(1) *Cass.* 29 nov. 1825; *Contrà*, Boncenne, t. 3, p. 17.

le placer à la fin du titre si l'on avait entendu soustraire le défaut du demandeur aux règles ordinaires de
l'opposition ; enfin, que les termes de l'art. 434 d'après
lequel le tribunal de commerce doit, en cas de défaut
du demandeur, renvoyer le défendeur *de la demande*,
s'entendent plus naturellement de de la demande au fond que
de l'assignation.

Il se pourrait d'ailleurs qu'avant le défaut prononcé
contre le demandeur le défendeur eût formé des demandes
reconventionnelles. Or, d'une part il serait difficile de
soutenir que le défaut du demandeur enlève au tribunal
le droit de statuer sur ces demandes; d'autre part, si le
tribunal les accueillait, il impliquerait que le même jugement décidât le fond sur la demande reconventionnelle
et dût sur ce point être attaqué par opposition, tandis
que la demande principale resterait intacte et pourrait être
l'objet d'une action nouvelle.

Il est entendu au surplus que les demandes reconventionnelles qui auraient été formées par le défendeur
ne devraient lui être octroyées qu'autant qu'elles se trou-
veraient justes et bien vérifiées : la règle générale
posée dans l'art. 150 devrait reprendre alors son empire.

CHAPITRE XV.

De la durée du mandat des avoués.

LE mandat de l'avoué se prolonge tant qu'il n'est pas
intervenu de jugement définitif et que l'instance n'a pas
été éteinte par une autre cause, comme la péremption
ou le désistement. Si longues par conséquent qu'aient
pu être les interruptions ou suspensions de fait que l'instance a subies, et quels que soient les jugements préparatoires, interlocutoires ou provisoires qui aient été rendus, le mandat de l'avoué subsiste toujours.

3

Bien plus, le mandat continue encore durant l'année qui suit le jugement définitif. L'art. 1038 dispose en effet : « Les avoués qui ont occupé dans les causes où il est intervenu des jugements définitifs seront tenus d'occuper sur l'exécution de ces jugements sans nouveaux pouvoirs, pourvu qu'elle ait lieu dans l'année de la prononciation du jugement (1) ». Mais cet article peut donner lieu à des difficultés nombreuses et délicates qu'il s'agit d'examiner.

Et d'abord, lorsqu'un jugement ne statue définitivement que sur quelques chefs et qu'il ordonne sur les autres un préparatoire ou un interlocutoire le mandat des a-voués est-il censé prendre fin après l'année qui suit ce jugement, en sorte qu'ils ne puissent continuer à re-présenter les parties sur les chefs interloqués, sans nou-veaux pouvoirs ? Nous ne saurions le penser ; les parties, sachant que l'instance n'est pas entièrement terminée, sont présumées persister dans le choix des mêmes avoués, et leur avoir laissé les pièces et documents nécessaires pour continuer à les défendre sur les chefs qui ne sont pas encore jugés.

Faut-il étendre cette règle au jugement qui condamne une partie à des dommages-intérêts sans en fixer le chiffre et en déclarant qu'ils seront donnés par état ? L'art. 4 du tit. 32 de l'ordonnance disposait, il est vrai : « Les procureurs qui auront occupé dans les instances principales seront tenus d'occuper dans celle de liquida-tion des dommages-intérêts, sans qu'il soit besoin de nouveau pouvoir ». Cependant Rodier, sur l'art. 1er du même titre, enseignait que l'état des dommages devait être signifié directement à la partie s'il s'était écoulé plus

---

(1) L'avoué opposerait en vain que les pièces lui ont été retirées. *Cass.* 1er août 1810.

de trois ans depuis le jugement qui en avait prononcé
la condamnation , parce qu'au bout de ce temps le mandat du procureur était censé prendre fin. Quoi qu'il en
soit , le code n'ayant pas reproduit la disposition de l'article précité de l'ordonnance , l'art. 1038 est applicable
au cas posé. Il doit en être de même des jugements qui
condamnent à des restitutions de fruits , ou qui ordonnent de fournir caution ou de rendre compte.

L'art. 1038 doit aussi être appliqué : 1° lorsqu'une
des parties sollicite une interprétation du jugement ; 2°
lorsque la partie condamnée engage une instance en
validité d'offres pour arrêter l'exécution du jugement ; 3°
quand elle fait opposition à un jugement de défaut ; 4°
lorsqu'elle forme opposition à un commandement , ou
qu'elle demande la nullité d'une saisie-exécution ou d'un
emprisonnement. Dans tous ces cas l'avoué qui occupait
pour la partie contre laquelle la demande est formée
est réputé conserver son mandat de la défendre si cette
demande a lieu dans l'année du jugement.

En matière de requête civile l'art. 491 établit une
règle particulière ; il ne permet de signifier la requête
civile au domicile de l'avoué qu'autant qu'elle est formée
dans les six mois de l'obtention du jugement. Nous expliquerons cet article en son lieu.

Quant à la tierce opposition , l'art 1038 doit y rester
étranger. Cet article ne paraît avoir eu en vue que les
difficultés qui s'élèvent entre les parties mêmes qui ont
figuré dans la sentence.

Au demeurant, de ce que l'art. 1038 oblige les avoués
à occuper pour les parties dans l'année du jugement définitif sans nouveaux pouvoirs, il ne serait pas légitime
d'en conclure que toutes les demandes formées dans cet
intervalle peuvent l'être par simple requête ou par assignation signifiée au domicile de l'avoué. Nous admet-

tons bien cette conséquence pour ce qui concerne l'interprétation du jugement ou son complément, c'est-à-dire les liquidations de dommages-intérêts, de fruits et de dépens, les réceptions de caution et les redditions de compte ; nous ne l'admettons point pour les instances en validité d'offres, les oppositions aux commandements, les demandes en nullité, de saisie-exécution ou d'emprisonnement, qui constituent des procès tout nouveaux. Ces dernières demandes doivent, comme toutes les demandes principales, être formées par assignation signifiée à personne ou domicile ; les dérogations aux principes généraux ne se supposent pas aisément. Mais quoique la partie n'ait pas fait signifier de nouvelle constitution d'avoué sur cette assignation l'avenir pourra être donné à l'avoué qu'elle avait constitué avant le jugement définitif ; et si cet avoué ne se présente pas le jugement de défaut sera censé simplement *faute de conclure*.

Ajoutons une dernière réflexion. S'il s'est écoulé plus d'un an depuis le jugement définitif ; l'avoué n'est plus, il est vrai, *tenu* d'occuper s'il déclare n'avoir plus de pouvoirs. Mais ce n'est pas à dire que l'autre partie puisse présumer de plein droit sa révocation pour se dispenser de lui faire les significations commandées par la loi. Ainsi, même après l'année, le jugement contradictoire doit être signifié à avoué avant qu'on puisse en poursuivre l'exécution : quant au jugement faute de conclure, il devrait, dans le doute si les pouvoirs de l'avoué durent encore, être signifié à la fois à avoué et à partie, pour faire courir le délai de l'opposition.

LIVRE II.

DES INCIDENTS (1) DE TOUT GENRE QUI PEUVENT S'ÉLEVER DANS LE COURS DU PROCÈS.

Nous n'avons examiné jusqu'ici que le cas le plus simple, celui où la décision du procès n'est retardée par aucun obstacle : il s'agit de parcourir maintenant les incidents de tout genre qui peuvent avoir pour effet de retarder le jugement, et qui nécessitent de nouvelles involutions de procédures.

Les incidents peuvent être divisés en quatre grandes classes. Les uns sont relatifs aux exceptions du défendeur, les autres à la fixation ou à la composition du tribunal qui doit juger le différend ; d'autres, ce sont les plus importants, à la preuve des faits respectivement allégués ; d'autres enfin ont trait soit aux changements que peuvent subir les demandes des parties, soit à la reprise ou à l'extinction de l'instance.

Nous allons parler de ces divers incidents dans l'ordre que nous venons d'indiquer.

PREMIÈRE DIVISION.

DES EXCEPTIONS.

L'EXCEPTION, en droit romain, était un moyen fondé sur l'équité à l'aide duquel le défendeur parvenait à se sous-

---

(1) Le mot *incident* a deux acceptions : dans son acception large il indique tous les événements qui peuvent survenir dans le cours du procès et qui ont pour résultat de retarder le jugement ; c'est

traire à une action du demandeur fondée en droit rigoureux.

Entre les exceptions du droit romain et celles dont parle notre code il n'y a de commun que le nom ; la chose a subi une complète transformation.

Dans le système de notre procédure on comprend seulement sous le nom *d'exceptions* les divers moyens préjudiciels que le défendeur peut invoquer pour se dispenser de répondre *immédiatement* à l'objet de la demande. Les moyens par lesquels il cherche à repousser la demande au fond sont désignés sous le nom de *défenses*. L'exception, dans le cas même où elle est accueillie, n'empêche point le demandeur de reproduire ou de poursuivre plus tard sa demande : la défense, au contraire, si elle est reconnue fondée, vicie l'action dans son germe, et le demandeur ne peut plus reproduire sa prétention ultérieurement. Il existe donc dans notre style judiciaire une différence essentielle entre les exceptions et les défenses : il arrive pourtant quelquefois que le législateur emploie le mot *exception* dans une acception générique où il comprend les défenses (V. notamment art. 1360 et 1361 C. civ.) ; mais il est mieux de laisser à chacun de ces termes sa signification propre.

Nos anciens auteurs divisaient les exceptions en trois classes , les *déclinatoires* qui correspondaient à notre exception d'incompétence, les *dilatoires ,* et enfin les *péremptoires* que quelques-uns subdivisaient en *péremptoires quant à la forme* , lesquelles répondaient à notre exception de nullité, et *péremptoires quant au fond.* Cette division était vicieuse en ce que l'exception péremptoire

---

dans ce sens que nous l'employons ici. Dans une acception plus restreinte il n'indique que les demandes incidentes et les demandes en intervention : c'est en ce dernier sens qu'il est employé dans le tit. 16, liv. 2, 1re partie du code de procédure.

quant au fond s'identifiait avec les défenses : aussi les auteurs du code de procédure ne l'ont-ils pas reproduite. Ils ont également évité de se servir de ces locutions , *fins de non-procéder* , *fins de non-valoir* , *fins de de non-recevoir* , qui étaient fort usitées dans le ressort de certains parlements , et dont la portée ne semblait pas pourtant exactement définie.

Sous le nom de *fins de non-procéder* , qui formait la rubrique du tit. 6 de l'ordonnance de 1667 , on désignait l'exception tendant à décliner la juridiction du juge devant lequel on était assigné , et à obtenir le renvoi devant un autre juge.

Quant aux *fins de non-valoir* et *de non-recevoir* , voici ce qu'en disait Rodier , sur l'art. 5 , tit. 5 de l'ordonnance. « Les fins de non-valoir , c'est l'exception prise du défaut de qualité dans le demandeur pour la demande qu'il a intentée ; ainsi appelées de ce qu'elles se réduisent à dire : vous n'êtes pas partie légitime pour intenter cette action , *non vales agere*. Les fins de non-valoir peuvent aussi être prises du chef du défendeur , comme si on avait assigné Jean pour le paiement de la dette de quelqu'un dont il ne fût ni héritier , ni cessionnaire , ni autrement responsable. Les fins de non-recevoir sont les exceptions prises de la qualité de la demande qu'on soutient n'être pas recevable , indépendamment du mérite du fonds qu'on laisse à l'écart , comme , par exemple , si l'on dit que l'action est prescrite , ou qu'il est intervenu transaction sur ce qui fait la matière de la demande , ou que la même question a déjà été jugée entre les mêmes parties , et autres exceptions de ce genre. » Il est visible , d'après ces définitions , que les fins de non-recevoir notamment attaquaient l'action elle-même et se confondaient avec les défenses.

Les auteurs du code de procédure , repoussant ces

anciennes classifications qui leur ont paru sans doute manquer de précision ou n'être pas sans danger , ont distingué cinq espèces d'exceptions dont nous allons successivement parler.

CHAPITRE PREMIER.

De la caution à fournir par les étrangers.

CETTE caution est désignée ordinairement sous le nom de caution *judicatum solvi* ; elle n'a pourtant pas plus de rapport avec la caution qu'en droit romain on désignait sous ce nom , que nos exceptions n'en ont avec les exceptions romaines. Il est à remarquer en effet que dans le droit romain la caution *judicatum solvi* était particulièrement exigée du défendeur ou possesseur ; le demandeur , quand il poursuivait l'instance par lui-même , ne devait aucune caution , tandis que la caution dont nous allons exposer les règles ne doit être fournie que par les étrangers demandeurs.

L'art. 166 dispose en effet : « Tous étrangers demandeurs principaux ou intervenants seront tenus , si le défendeur le requiert avant toute exception , de fournir caution de payer les frais et dommages intérêts auxquels ils pourraient être condamnés. »

La première question qui s'élève en cette matière est celle de savoir si l'obligation que l'article précité impose aux étrangers doit être considérée comme la consécration d'un principe de droit naturel , ou simplement comme une création du droit civil. Cette question domine toutes les autres ; car si l'obligation dont nous parlons est de droit naturel on doit être porté à l'étendre par analogie ; tandis que si elle n'émane que du droit civil on doit la restreindre dans les limites rigoureuses que la loi a posées.

A nos yeux l'obligation dont nous parlons n'est que de droit civil. En droit naturel l'accès du juge doit être libre à tous, au demandeur comme au défendeur ; la justice est dans l'ordre moral ce. qu'est l'air ou l'eau dans l'ordre physique, c'est-à-dire une de. ces choses communes auxquelles les étrangers ont droit comme les régnicoles. Un autre principe de droit naturel veut bien que chacun répare le préjudice qu'il occasionne à autrui par son fait ; mais au moment où l'étranger vient frapper à la porte du prétoire est-il raisonnable de présumer qu'il n'est poussé que par un esprit d'injustice ou de mensonge? Ce point de départ posé, l'on ne sera pas surpris que dans toutes les questions douteuses nous nous prononcions contre l'obligation de fournir caution.

§ 1er. Dans quels cas l'étranger est obligé de fournir caution.

Il est certain d'abord que la caution ne peut être exigée ni de l'étranger qui jouit en France des droits civils, ni de l'étranger appartenant à une nation chez laquelle les Français peuvent, en vertu des traités, être admis eux-mêmes à plaider sans caution préalable : les Suisses, par exemple, sont dispensés de fournir caution par le traité d'alliance du 4 vendémiaire an 12.

En dehors même de ces cas l'étranger n'est pas toujours obligé de fournir caution : il ne la doit qu'autant qu'il est demandeur principal ou qu'il intervient spontanément dans le procès ; il ne la doit point quand il n'est que défendeur ou appelé en cause.

Pour déterminer au surplus si l'étranger est demandeur ou défendeur ce n'est pas à l'apparence qu'il faut s'attacher, mais au fond des choses. Si, par exemple, l'étranger défendeur a été condamné par défaut et qu'il se pourvoie par opposition, quoiqu'il soit demandeur sur son opposition il ne laisse pas d'être en réalité défendeur. D'un autre côté les demandes reconventionnelles formées par l'étranger ne sauraient le soumettre à la caution, puisque la loi elle-même dans l'art. 464 C. pr. ne considère ces demandes que comme des moyens de défense à l'action primitive.

Il doit en être de même quand l'étranger poursuivi en vertu d'un titre paré demande la nullité des poursuites. Sa demande en nullité n'est qu'une résistance aux attaques dont il est l'objet ; il ne fait donc que se défendre, et partant il ne doit point de caution. Est-ce à dire à l'inverse que l'étranger qui agit en vertu d'un titre paré doit être soumis à fournir caution avant de pratiquer l'exécution ? La conséquence n'est point nécessaire. L'étranger alors est bien demandeur, mais la présomption est en faveur de son titre (1).

La dignité de l'étranger n'est jamais une raison suffisante pour l'affranchir de la caution : les ambassadeurs, voire les têtes couronnées, y sont soumis comme les particuliers. C'est ce qui fut jugé par deux arrêts du parlement de Paris, des 25 mars 1732 et 25 mai 1781.

§ II. *Par qui la caution peut être demandée.*

Elle peut l'être non-seulement par le Français, mais encore par l'étranger qui jouit en France des droits civils. Mais l'étranger qui ne jouit pas des droits civils peut-il la réclamer ? Nous devons répondre négativement dès que nous avons posé en principe que l'obligation de fournir la caution n'émane pas du droit naturel, mais du droit civil. Les traditions historiques

----

(1) *Cass.* 9 avril 1807.

viennent à l'appui de cette doctrine. Les lois qui dérivent du droit naturel ont un certain caractère d'universalité et de pérennité qu'on ne retrouve point ici. D'une part, ainsi qu'on l'a dit, à Rome où les cautions étaient pourtant prodiguées, et où les citoyens ne pouvaient se mouvoir en quelque sorte sans un cortége de fidéjusseurs, aucune caution n'était exigée du demandeur qui se présentait en personne dans la lice judiciaire. D'autre part, nos anciens auteurs, entre autres Serres, au tit. 21, liv. 4 de ses institutes, nous apprennent qu'autrefois aucune caution n'était exigée en France de la part des étrangers, et la raison qu'on en donnait, et que rappelle Serres, est belle, *d'autant*, disait-on, *que le roi doit justice aussi bien à l'étranger qu'au Français.* Quand donc on établit pour la première fois la nécessité de cette caution, ce ne dut être que dans l'intérêt des régnicoles; aussi le même Serres ajoutait-il que cette caution n'était exigée que des étrangers qui étaient demandeurs contre *un Français.* La même doctrine nous semble devoir être suivie aujourd'hui (1).

§ III. *A quelle époque la caution doit être demandée.*

Le défendeur, d'après l'art. 166, doit requérir la caution *avant toute exception.* Quand nous aurons parlé de l'exception d'incompétence et de celle de nullité nous verrons comment cette disposition de l'art. 166 peut se combiner avec l'art. 169 qui veut aussi que l'incompétence *ratione personœ* soit proposée avant toute autre exception, et avec l'art. 173 qui veut que l'exception de nullité soit proposée avant toute autre que celle d'incompétence. Ici nous voulons seulement examiner si la cau-

---

(1) Raviot et Papon, dans l'ancien droit, et la plupart des auteurs modernes se prononcent pourtant en sens contraire. V. M. Chauveau sur Carré, quest. 702.

tion peut être réclamée pour la première fois en appel, et si elle peut être exigée de l'étranger qui se pourvoit en requête civile ou en cassation.

Quant à l'appel, on faisait autrefois une distinction fort raisonnable et que nous croyons par conséquent devoir être encore appliquée. Si l'étranger appelant était défendeur en première instance, l'appel remettant tout en question, il doit conserver devant les juges supérieurs tous les avantages inhérents à sa qualité primitive de défendeur. Au contraire, s'il était déjà demandeur en première instance sa position devant les juges d'appel est plus défavorable qu'elle ne l'était devant le tribunal inférieur, puisque la décision des premiers juges établit contre lui un préjugé puissant ; partant, comme l'instance d'appel est une instance nouvelle le Français qui se serait rendu non-recevable à demander la caution en première instance doit être admis à la demander en appel *pour les frais à exposer dans cette dernière juridiction.* Les renonciations implicites, comme les renonciations expresses, sont d'ailleurs de droit étroit.

Quand l'étranger est intimé on ne peut lui demander pour la première fois la caution sur l'appel, si ce n'est dans le cas où il aurait obtenu un jugement par défaut contre une partie qui n'aurait présenté aucune exception ni défense devant les premiers juges. L'appelant pourrait en ce dernier cas demander la caution avant de présenter ses griefs contre le jugement.

L'étranger qui se pourvoit par requête civile doit-il être soumis à la caution ? Il faut faire les mêmes distinctions que pour l'appel.

Mais quels que soient les rapports qui existent entre la requête civile et le pourvoi en cassation, nous aurions peine à admettre que l'étranger demandeur en cassation pût jamais être obligé de fournir la caution ou même un supplément de caution devant la cour suprême. D'une part on a dit souvent sans trop de subtilité que le recours en cassation est dirigé contre le jugement ou l'arrêt plutôt que contre la personne du défendeur en cassation ; d'autre part, la cour suprême n'ayant en général à juger que des points de droit, les dépens proprement dits que le défendeur peut être obligé d'exposer devant elle sont peu considérables ; enfin la fixation du chiffre de la caution, ou l'évaluation des immeubles possédés par l'étranger, présentent des points de fait dont l'appréciation semblerait peu en harmonie avec la nature des attributions de cette cour.

§ IV. *Quel est l'objet de la caution, et comment elle peut être remplacée.*

L'OBJET de la caution, d'après l'art. 166, embrasse les frais et les *dommages-intérêts* auxquels l'étranger pourrait être condamné ; ce qui ne doit s'entendre, conformément à l'art. 16 C. civ., que des dommages-intérêts *résultant du procès.*

« Le jugement qui ordonne la caution doit, d'après l'art. 167 C. pr., fixer la somme jusqu'à concurrence de laquelle elle sera fournie ». Cette fixation ne peut être qu'approximative ; et si le développement ultérieur de l'instance vient en prouver l'insuffisance, le défendeur pourra réclamer devant les mêmes juges ou devant les juges supérieurs un supplément de caution ; il a conservé son droit pour toute la durée du procès dès qu'il l'a invoqué en temps utile.

La caution, d'après le même art. 167, peut être remplacée par la consignation d'une somme égale à celle évaluée par le tribunal, et l'étranger en est dispensé quand il justifie que ses immeubles situés en France sont suffisants pour répondre de cette même somme.

On a demandé si, en vertu du jugement qui reconnaît la suffisance des immeubles, le défendeur peut prendre hypothèque? La négative est enseignée par plusieurs
auteurs (1); nous ne partageons pas leur doctrine. Le
législateur n'a dispensé de la caution l'étranger qui possède en France des immeubles suffisants que parce qu'il a
supposé que ces immeubles offraient autant de sureté qu'une
caution, ou que la consignation des deniers; or, il ne
peut en être ainsi qu'autant que le défendeur est autorisé
à requérir une inscription sur ces immeubles.

Un arrêt du parlement de Flandre du 12 janvier 1784
avait jugé autrefois que l'étranger devait encore être exempt
de fournir caution quand son adversaire se *reconnaissait*
débiteur envers lui de sommes suffisantes pour payer le jugé.
Cette décision devrait être suivie encore sans difficulté.

CHAPITRE II.

Des renvois ou déclinatoires.

LE code de procédure désigne sous le nom de *renvois*
les exceptions d'incompétence, de litispendance ou de
connexité, plus vulgairement connues sous le nom de *déclinatoires*. Cette dernière expression est préférable à
celle de *renvoi*. Le renvoi semble en effet emporter
l'idée de l'indication précise d'un tribunal devant lequel
les parties sont renvoyées, tandis que dans les renvois
dont la loi s'occupe ici, si le tribunal accueille l'exception, il doit se borner à se dessaisir, sans qu'il ait à désigner devant quel autre tribunal les parties devront se
pourvoir : il en est autrement dans les renvois proprement dits dont nous traiterons plus tard.

----

(1) V. notamment Toullier, t. 1er n. 265, not. 1; M. Duranton,
t. 1er p. 104, not. 2; M. Dalloz, *répertoire*, t. 7, p. 581.

Nous allons parler : 1° de l'exception d'incompétence ; 2° de l'exception de litispendance et de connexité ; 3° de la manière dont ces exceptions doivent être jugées.

§ 1ᵉʳ *De l'exception d'incompétence.*

Nous avons eu souvent l'occasion de dire qu'on distingue deux espèces d'incompétence, l'incompétence *ratione personæ*, et l'incompétence *ratione materiæ*.

Celle-ci intéressant l'ordre public ne peut se couvrir par le silence des parties ; aussi l'art. 170 dispose-t-il que, si le tribunal est incompétent à raison de la matière, le renvoi peut être demandé *en tout état de cause*, par conséquent, devant les juges d'appel comme devant les juges de 1ʳᵉ instance, devant la cour de cassation comme devant les juges du fait, par le demandeur comme par le défendeur (1) ; et si le renvoi n'est pas demandé le tribunal, d'après le même article, n'est pas moins tenu de renvoyer d'office devant qui de droit.

L'incompétence *ratione personæ* n'intéresse au contraire que les parties, et le défendeur, d'après l'art. 169, est tenu de la proposer préalablement à toutes autres exceptions ou défenses : nous examinerons pourtant incessamment si l'exception de la caution à fournir par l'étranger ne doit point passer avant celle d'incompétence.

L'incompétence *ratione materiæ* et l'incompétence *ratione personæ* diffèrent donc essentiellement dans leurs effets ; le point difficile est de déterminer avec précision les caractères auxquels on doit distinguer l'une de l'autre.

On peut dire en général qu'il y a incompétence *ratione materiæ* quand le différend devait être porté

---

(1) *Cass.* 22 mai 1824.

devant un tribunal ou une autorité d'un ordre différent,
et qu'il y a seulement incompétence *ratione personæ*
quand le différend devait être porté devant un autre tribunal du même ordre (1). A s'en tenir à cette première idée qui est celle qui se présente le plus naturellement à l'esprit, il y a incompétence *ratione materiæ*,
1° lorsqu'on porte devant l'autorité judiciaire un différend qui est de la compétence dé l'autorité administrative ;
2° quand on porte devant un juge de paix un différend
qui est de la compétence des tribunaux civils ou de
commerce ; 3° lorsqu'on soumet à un tribunal de commerce un différend qui rentre dans la compétence des
tribunaux civils ou des justices de paix ; 4° quand on
soumet aux justices de paix ou aux tribunaux de commerce des différends qui devaient être portés devant des
arbitres forcés, ou des prud'hommes ; 5° quand on porte
de plano devant une cour une affaire qui devait subir
un premier degré de juridiction devant un tribunal civil
ou de commerce. Mais à suivre la même idée il y aurait
encore incompétence *ratione materiæ*, 1° quand on soumet à un tribunal civil une affaire qui devait être portée
devant un juge de paix, un tribunal de commerce, ou un
conseil de prud'hommes ; 2° lorsqu'on soumet à des juges
d'appel des demandes nouvelles hors les cas d'exception
prévus par l'art. 464 C. pr. Dans ces deux derniers cas
pourtant l'incompétence n'est pas *ratione materiæ*, en
supposant que le tribunal ou la cour eussent pu être
saisis valablement de la demande par la voie reconventionnelle (2).

_____

(1) Ainsi toutes les règles de compétence dont nous avons parlé,
t. 1er, p. 109 et suiv., notamment celles établies dans les art. 59,
60 et 524 C. pr., ne sont établies qu'en faveur des parties qui peuvent y renoncer.

(2) V. pour plus de détail ce que nous avons dit t. 1er, p. 156.

L'incompétence *ratione materiæ* ne cesse point par cela seul que le tribunal mal-à-propos saisi du litige en premier ressort aurait pu en connaître valablement sur appel ; autre chose est un tribunal qui statue en première instance, autre chose, un tribunal qui statue au second degré de juridiction : ainsi les juges du même tribunal d'arrondissement peuvent statuer successivement comme juges civils, comme juges de police correctionnelle, quelquefois même comme juges de commerce. Les juges ne changent point, mais la juridiction n'est plus la même.

Si l'appel d'un jugement était porté devant une cour royale autre que celle du ressort, l'incompétence de cette cour ne serait pas dans la rigueur des termes *ratione materiæ*, puisque toutes les cours royales sont des tribunaux de même ordre et connaissent du même genre d'affaires. Mais la cour mal-à-propos saisie ne pourrait s'occuper de l'appel sans *excès de pouvoir*, puisque les juges dont on aurait appelé ne lui seraient pas subordonnés, et *l'excès de pouvoir* est un vice tout aussi irritant que l'incompétence *ratione materiæ*.

Il y aurait pareillement, suivant nous, *excès de pouvoir* dans le jugement qui statuerait au fond sur l'appel d'une sentence rendue en dernier ressort. Les juges d'appel n'ont pas plus d'autorité pour réformer les sentences *souveraines* rendues par des tribunaux inférieurs de leur ressort, que pour infirmer des sentences sujettes à l'appel rendues par des juges d'un autre ressort (1).

_____

(1) M. Armand Dalloz, dans son dictionnaire, V° *Exception*, nos 71 et 72, cite quatre arrêts de la cour de cassation, comme ayant décidé que le moyen pris de ce que la sentence des premiers juges était en dernier ressort ne peut être proposé devant la cour de cassation quand il ne l'a pas été devant les juges d'appel. De ces quatre arrêts trois

On peut demander si l'incompétence *ratione materiæ* se trouve purgée lorsque le procès, après avoir été porté en premier ressort devant une juridiction incompétente, est déféré sur l'appel à une juridiction dont les attributions s'étendent à ce genre de litige. Les appels, par exemple, des arbitres forcés, des tribunaux de commerce et des tribunaux civils, doivent également être portés devant les cours royales. Or, posé qu'un tribunal de commerce ait connu d'un différend qui devait être soumis à des arbitres forcés ou aux juges civils, son incompétence était *ratione materiæ* : mais sur l'appel, l'incompétence originaire sera-t-elle couverte par le seul silence des parties? Nous ne le pensons pas; en supposant que la cour royale ait le droit d'évoquer après avoir annulé pour cause d'incompétence, elle doit au moins prononcer l'annullation du jugement *d'office*, puisqu'une loi d'ordre public a été violée, sauf à évoquer ensuite. Faute de procéder ainsi, elle s'approprie le vice qu'elle devait réparer. On peut dire alors *fecit quod non potuit, quod potuit non fecit.* La partie condamnée peut donc en pareil cas se faire un moyen de cassation de l'incompétence *ratione materiæ* des premiers juges, encore qu'elle n'ait point relevé cette incompétence devant les juges d'appel : la rigueur des principes amène là (1).

Il existe encore nombre d'autres cas où les véritables caractères de l'incompétence sont difficiles à déterminer : il suffit d'avoir rappelé les principaux ; quelques autres pourront s'offrir dans la suite.

---

sont sans rapport à la question ; un seul, l'arrêt du 27 juillet 1825, contient dans un de ses motifs la proposition posée par M. Dalloz; mais ce motif nous semble une erreur. V. d'ailleurs, en sens contraire, arrêts des 17 nivôse an 13 et 23 mars 1808.

(1) *Contrà*, M. Chauveau sur Carré, quest. 724.

§ II. *De la litispendance et de la connexité.*

L'ART. 171 C. pr. dispose : « S'il a été formé précédemment en un autre tribunal une demande pour le même objet, ou si la contestation est connexe à une cause déjà pendante en un autre tribunal, le renvoi pourra être demandé et ordonné. » La première hypothèse de l'article a trait à la *litispendance*, la seconde à la *connexité*. Il y a donc litispendance toutes les fois que le même différend est pendant en même temps devant plusieurs tribunaux ; il y a seulement connexité lorsque le procès pendant devant un tribunal, sans être absolument le même que celui dont un autre tribunal a déjà été saisi, semble pourtant subordonné à la décision de celui-ci. Ces deux exceptions sont fondées sur le même motif, celui de prévenir des jugements contradictoires et de rendre moins dispendieuse pour les parties la distribution de la justice.

La loi ne définit point en quoi consiste la connexité ; elle laisse ainsi aux tribunaux l'appréciation des circonstances qui peuvent l'établir. On ne saurait concevoir la litispendance si le différend porté devant plusieurs tribunaux ne s'agite pas entre les mêmes parties : mais la connexité peut exister bien qu'une partie ne figure pas à la fois dans les deux causes. Ainsi Primus est actionné devant le tribunal de son domicile par Secundus en paiement d'une certaine somme, plus tard il est cité par Tertius devant le tribunal du domicile élu dans le contrat en paiement de la même somme de laquelle Tertius se prétend créancier exclusif : quoique la personne du demandeur diffère dans les deux instances, Primus n'en aura pas moins le droit, pour ne pas s'exposer à être condamné à payer la même somme à des personnes différentes, d'opposer devant le second tribunal l'exception de connexité (1).

Peut-il y avoir litispendance ou connexité dans le sens de la loi lorsque le différend dont un tribunal français est saisi se trouve identique ou connexe à un différend pendant devant un tribunal étranger ? Nous pensons que non. L'autorité judiciaire d'une nation ne pourrait se reconnaître liée par l'autorité judiciaire d'une autre, sans abdiquer en quelque sorte une portion de la souveraineté de la nation qu'elle représente (2). Nous ne pensons pas même qu'on puisse opposer au Français une fin de non-recevoir prise de ce qu'il aurait consenti à procéder devant les tribunaux étrangers ; on mérite toujours faveur quand on revient se placer sous l'égide des juges de son pays.

Le renvoi pour cause de litispendance ou de connexité ne peut être prononcé d'office ; il doit être demandé par la partie.

La litispendance ne peut être opposée que devant le second tribunal saisi : la connexité peut l'être devant le tribunal premier saisi, quand la contestation soumise à celui-ci n'est que l'accessoire d'une contestation plus importante portée devant l'autre tribunal (3) : les termes de l'art. 171 autorisent cette différence.

Si la litispendance est opposée *in limine litis* le tribunal est obligé d'y faire droit, à moins que l'autre tribunal n'ait été saisi incompétemment. Pour la connexité, il semble qu'il a plus de latitude (4).

(1) *Cass.* 3 pluviôse an 10.
(2) *Cass.* 7 septembre 1808.
(3) *Cass.* 21 juin 1820.
(4) Voir pour plus de détail ce que nous dirons sur les règlements de juges.

Si la litispendance ou la connexité n'a pas été opposée *in limine litis*, l'exception est-elle désormais irrecevable et le tribunal devant lequel elle serait opposée est-il obligé de juger, quoiqu'il lui semble plus avantageux pour les parties de les renvoyer devant le tribunal déjà saisi où l'instruction de l'affaire peut être plus avancée ? C'est ce que nous n'admettons point (1). L'incompétence *ratione personæ* est la seule cause de renvoi qui, d'après l'art. 169, doit être proposée avant toutes autres exceptions ou défenses ; la loi n'impose pas la même obligation pour l'exception de litispendance ou de connexité dont elle ne parle que dans l'art. 171. Le tribunal peut alors retenir ou renvoyer la cause comme bon lui semble ; sa décision peut contenir un mal-jugé, jamais une ouverture à cassation.

Nous supposons toujours au surplus que le tribunal devant lequel l'exception de litispendance ou de connexité est proposée est compétent, d'après les règles ordinaires, pour connaître du litige : si ce tribunal était incompétent à raison de la matière ou de la personne, les principes relatifs à l'incompétence devraient se combiner avec ceux de la litispendance et de la connexité de manière que ceux-ci ne pussent affaiblir ceux-là.

§ 3. *De quelle manière les demandes en renvoi doivent être instruites et jugées.*

« TOUTE demande en renvoi, porte l'art. 172, sera jugée sommairement, sans qu'elle puisse être réservée ni jointe au principal ».

Que conclure de ces termes de l'article, *sera jugée sommairement*? Est-ce à dire que les avoués ne peuvent

_____

(1) *Contrà*, Merlin, répertoire, V.° *Compte*.

à cet égard percevoir d'autres droits que ceux que passe
le tarif dans les matières sommaires? C'est une question
qui se représentera au titre des *matières sommaires*.

La demande en renvoi doit, d'après l'article, être jugée
par préalable, et cela manifestement pour que la partie
dont le déclinatoire serait rejeté puisse, en interjetant
appel, arrêter la décision du fond (1). L'article ne fixe
point l'intervalle qui devra s'écouler entre le jugement
qui a rejeté le déclinatoire et celui qui statuera sur le fond :
cet intervalle peut être déterminé à l'aide d'autres dispositions. Ainsi, comme d'après l'art. 450 aucun jugement
non-exécutoire par provision ne peut être exécuté dans
la huitaine de sa prononciation, il devra au moins s'écouler huitaine entre le jugement qui rejette le déclinatoire,
et le jugement sur le fond, qui n'est qu'une exécution du
précédent. D'autre part, et par la même raison, le jugement sur le fond ne pourra être valablement rendu qu'autant que celui qui rejette le déclinatoire aura été signifié préalablement à avoué conformément à l'art. 147 (2).

Rodier, sur l'art. 3, tit. 6, de l'ordonnance, enseignait
que les cours souveraines pouvaient juger en la même
audience les fins de non-procéder et le fond : la raison
qu'il en donne c'est qu'on ne peut interjeter appel de
leur décision. Cette raison conservant aujourd'hui toute
sa force, la doctrine de Rodier nous semble encore applicable nonobstant la disposition générale de l'art. 470
qui rend communes aux tribunaux d'appel toutes les règles établies pour les tribunaux inférieurs, auxquelles le
législateur n'a pas dérogé : en toute chose, c'est la rai-

---

(1) Pigeau, *comm.* t. 1, p. 388, et M. Berriat, p. 225, not. 35,
enseignent pourtant que le tribunal peut statuer en même temps sur le
fond, pourvu que ce soit par une disposition distincte.

(2) V. par analogie, *Cass.* 4 mars 1829.

son de la loi qu'il faut consulter ; quand elle n'existe plus la loi doit perdre son empire, *cessante ratione legis*, *cessat lex* (1).

Nous estimons aussi que les tribunaux civils peuvent statuer par un seul jugement sur la compétence et sur le fond dans les matières où l'exécution provisoire est prescrite ou simplement autorisée par la loi, pourvu qu'en cette dernière hypothèse les juges déclarent expressément que c'est le cas, à leurs yeux, de procéder par exécution provisoire. Nous ne concevrions pas qu'il dépendît d'une partie, dans une matière d'une extrême urgence, d'arrêter le jugement en élevant capricieusement un déclinatoire destitué de toute base. Mais nous n'admettons pas, malgré deux arrêts contraires de la cour suprême des 20 avril et 26 juillet 1808, qu'un tribunal dont la compétence est contestée puisse, avant de déclarer sa compétence, statuer sur une demande en provision en alléguant l'urgence : le principe qui veut que le juge statue sur le déclinatoire avant de juger aucune des questions du fond condamne une pareille doctrine.

CHAPITRE III.

Des nullités.

TOUTE nullité d'exploit ou d'acte de procédure est couverte si elle n'est proposée avant toute défense ou exception autre que les exceptions d'incompétence (art. 173) ».

La disposition de cet article doit être soigneusement restreinte aux cas qu'il exprime, c'est-à-dire aux nullités des exploits ou des actes de procédure tels que des enquêtes ou expertises.

_____

(1) *Cass.* 5 juillet 1809 : *Contrà*, Bonccune, t. 3, p. 258.

Ainsi il est indubitable que la nullité, même en la forme, de l'acte qui sert de base à la demande, tel qu'un acte d'obligation, une donation, un testament, etc., peut être opposée en tout état de cause.

Le défendeur peut aussi opposer en tout état de cause l'exception prise du défaut de qualité du demandeur. Mais cette exception doit avoir des effets divers suivant que le demandeur est absolument sans qualité, ou que sa qualité est subordonnée seulement à quelque condition qu'il n'a pas remplie. Dans le premier cas la demande doit être rejetée tout d'abord ; dans le second, il faut accorder au demandeur un délai pour régulariser son action. Si, par exemple, la mère d'un mineur intente une action au nom celui-ci dont elle a perdu la tutelle ; si le mineur non émancipé, qui dans notre droit ne peut ester par lui-même en justice, intente l'action en son nom personnel ; si le curateur d'un mineur émancipé ou le conseil judiciaire d'un prodigue intente une action au nom du mineur ou du prodigue qui ne figure pas dans la cause, le rejet de toutes ces actions doit être prononcé dès qu'il est demandé. Si, au contraire, une femme mariée engage une action sans l'autorisation de son mari ; une commune ou un établissement public, sans l'autorisation du conseil de préfecture ; un tuteur, sans l'autorisation du conseil de famille, en matière immobilière ; un mineur émancipé, sans l'assistance de son curateur, aussi en matière immobilière ; un prodigue, sans l'assistance de son conseil ; comme toutes ces personnes peuvent par elles-mêmes ester en justice, et que le droit d'exercer l'action qu'elles ont engagée est seulement subordonné à une condition qu'elles n'ont pas encore remplie, l'irrégularité peut sans doute être opposée en tout état de cause, mais le tribunal peut fixer au demandeur un délai pour régulariser son action. A plus forte raison l'exception devient-elle sans effet dès l'instant que le demandeur répare le vice avant que le tribunal ait à prononcer.

L'art. 173 s'applique-t-il au cas où la loi n'autorisait l'action qu'à une condition *préalable* qui n'a pas été remplie? Nous ne le pensons pas: sa disposition nous semble uniquement applicable aux nullités intrinsèques, c'est-à-dire, qui procèdent de l'acte lui-même, et non à celles qui procèdent *ex causâ anteriori* : le défendeur en effet ne demande pas alors directement la nullité de l'exploit, mais bien le rejet de la demande, ce qui est différent. Dans ce système le défendeur serait admissible à opposer en tout état de cause l'absence de l'essai conciliatoire lorsqu'il était exigé : la jurisprudence est pourtant aujourd'hui fixée en sens contraire.

Quoi qu'il en soit, comme cette jurisprudence nous semble trop indulgente, on ne doit pas l'étendre au cas où l'adversaire de l'état ou d'une commune a négligé de présenter au préfet ou au conseil de préfecture les mémoires *préalables* exigés par les lois (1). La présentation de ces mémoires intéresse en effet plus directement encore l'ordre public que l'essai de conciliation. Le défaut de consignation d'amende en matière de requête civile ou de cassation, peut aussi être opposé en tout état de cause.

A plus forte raison, le moyen pris de ce que l'opposition, l'appel, la requête civile, le pourvoi en cassation ont été formés hors des délais est-il opposable jusqu'au jugement. Dans tous ces cas ce n'est pas la nullité même de l'acte d'opposition, de l'acte d'appel, etc., que le défendeur demande, mais le rejet du recours comme ayant été formé hors des délais. On doit décider de même pour les recours prématurés.

(1) *Contrà, Cass.* 4 août 1835.

L'art. 173 s'applique-t-il aux procédures d'exécution comme aux procédures qui précèdent le jugement? L'affirmative s'induit et des termes généraux de l'article, et de l'esprit du législateur (1). La raison prise de ce que la règle n'est pas reproduite dans le livre consacré à la procédure d'exécution, est sans valeur : veut-on en effet que le législateur se répète à tout instant?

Nous pensons aussi que l'art. 173 s'applique aux nullités substantielles comme aux nullités de pure forme, et aux exploits extrajudiciaires (2) comme aux ajournements, puisqu'il ne distingue pas.

Il y a plus de doute sur le point de savoir si cet article s'applique aux nullités des jugements, vu qu'il ne parle que des *exploits* ou *actes de procédure* : ce qui militerait pour l'affirmative, c'est que les auteurs du tarif, dans l'article qui se réfère précisément à l'art. 173 C. pr., parlent de la requête en nullité de la demande ou *du jugement*. La négative nous semble pourtant préférable ; il n'est pas possible d'assimiler à un simple acte de la procédure le monument solennel qui la termine. Ce qui est certain, c'est que la cour de cassation n'a jamais écarté des moyens de nullité d'un arrêt comme irrecevables, pour n'avoir pas été présentés dès la formation du pourvoi, quoiqu'il ait dû arriver souvent qu'ils n'étaient relevés que dans la requête ampliative.

L'exception de nullité ne doit jamais être suppléée d'office : nous ne pensons pas qu'il y ait lieu de faire exception à ce principe dans le cas où le défendeur ne comparaît pas (3). Les juges doivent sans doute refuser d'octroyer le défaut, si l'ajournement a été donné à un délai

(1) *Cass.* 3 avril 1827.
(2) *Cass.* 5 décembre 1826.
(3) *Contrà*, M. Dalloz, répertoire, t. 7, p. 608, n° 10.

trop court, jusqu'à ce que le délai légal soit expiré ; mais, à part ce cas, les moyens de forme ne sont pas assez favorables pour que les juges prennent sur eux de prononcer des nullités que le défendeur aurait pu se faire scrupule de proposer.

Faut-il statuer sur le moyen de nullité par un jugement séparé, sans qu'on puisse le réserver et le joindre au fond ? La loi ne l'exige point : elle n'a pas reproduit ici l'injonction qu'elle fait pour les demandes en renvoi dans l'art. 172. Quand donc les parties ont conclu respectivement sur le fond le tribunal peut statuer sur les moyens de forme et sur ceux du fond par un seul et même jugement (1) ; et si la partie qui propose la nullité refuse de conclure au fond, rien n'empêche qu'elle ne soit condamnée au fond comme défaillante par le même jugement qui a statué contradictoirement sur le moyen de nullité.

Disons en terminant que la représentation de la copie de l'exploit ne fait nul obstacle à l'exception de nullité.

CHAPITRE IV.

Dans quel ordre les trois exceptions précédentes doivent être proposées.

L'ART. 73 dispose expressément que l'exception d'incompétence doit être proposée avant celle de nullité. Si l'on procédait autrement l'incompétence *ratione personæ* serait couverte. Mais il n'est pas facile de déterminer si la caution due par l'étranger doit être demandée avant ou après l'exception d'incompétence ou de nullité. L'art. 166 est à cet égard en opposition avec les art. 169 et 173.

---

(1) *Cass.* 31 janvier 1821.

Quelques-uns (1) disent que l'exception *judicatum solvi* ne doit être proposée qu'après les deux autres, parce qu'avant tout il est naturel d'examiner si le juge était compétent et s'il a été saisi régulièrement. D'autres (2) font remarquer que l'ordre dans lequel les exceptions doivent être proposées est révélé par l'ordre même des dispositions de la loi ; qu'ainsi la caution *judicatum solvi*, dont il est question dans le § 1ᵉʳ., doit passer avant toutes les autres ; que d'ailleurs le jugement de la question d'incompétence ou de nullité devant donner lieu à des frais, le défendeur a intérêt à demander la caution avant d'avoir soulevé ces incidents. Quant à nous, vu le conflit des textes, nous penserions que ces exceptions, qui sont d'un ordre différent, ne se couvrent pas l'une par l'autre ; qu'ainsi l'exception d'incompétence ou de nullité n'empêche pas que l'on ne puisse exiger plus tard la caution de l'étranger, et qu'à l'inverse la demande de la caution n'empêche pas d'opposer ensuite l'exception d'incompétence ou de nullité, à moins qu'il n'apparaisse clairement que le défendeur a demandé la fixation du chiffre de la caution d'après les frais ou dommages-intérêts auxquels le procès pourra donner lieu sur le fond ; auquel cas il aurait implicitement reconnu la compétence du tribunal et couvert la nullité de l'exploit. Le mieux est au surplus, pour prévenir toute difficulté, de proposer ces exceptions simultanément.

CHAPITRE V.

Des exceptions dilatoires.

Toutes les exceptions tendent également à arrêter le jugement du procès, sans entrer dans l'examen du fond ;

(1) Delvincourt, t. 1, p. 298; M. Berriat, p. 228, not. 45.
(2) Boncenne, t. 3, p. 200; Boitard, t. 2, p. 26.

sous ce rapport elles sont toutes *dilatoires* : mais le code de procédure désigne plus particulièrement sous ce nom les exceptions qui tendent *directement* à l'obtention d'un délai devant le juge qu'on reconnaît d'ailleurs compétemment et valablement saisi. Le code comprend nommément sous cette dénomination, l'exception pour faire inventaire et délibérer, et l'exception de garantie, dont nous allons successivement parler.

§ 1er. *Du délai pour faire inventaire et délibérer.*

« L'héritier, porte l'art. 174, la veuve, la femme divorcée ou séparée de biens, assignée comme commune, auront trois mois, du jour de l'ouverture de la succession ou dissolution de la communauté, pour faire inventaire, et quarante jours pour délibérer ; si l'inventaire a été fait avant les trois mois, le délai de quarante jours commencera du jour qu'il aura été parachevé. S'ils justifient que l'inventaire n'a pu être fait dans les trois mois, il leur sera accordé un délai convenable pour le faire, et quarante jours pour délibérer, ce qui sera réglé sommairement ».

L'exception dont parle cet article ne peut être invoquée que par l'habile à succéder, ou par la femme, qui n'ont pas encore pris qualité : si la succession ou la communauté ont été déjà acceptées, l'héritier ou la femme doivent répondre immédiatement à la demande, quoiqu'il n'y ait pas eu d'inventaire dressé. D'un autre côté, s'il s'agit de mesures conservatoires et d'urgence que l'habile à succéder, ou la femme commune, peuvent provoquer sans prendre qualité, ils doivent, par la raison des contraires, être réputés avoir qualité suffisante pour y répondre, sans qu'ils puissent invoquer l'exception dilatoire.

L'habile à succéder conserve après l'expiration des délais, quand même ils auraient été prorogés par justice, la faculté de faire encore inventaire et de se porter héritier bénéficiaire, s'il n'a pas fait d'ailleurs acte d'héritier, ou s'il n'existe pas contre lui de jugement passé en force de chose jugée qui le condamne en qualité d'héritier pur et simple : c'est ce qu'exprime l'art. 174 dans sa disposition finale qui n'est que la reproduction de l'art. 800 du code civil, et l'art. 1459 de ce dernier code consacre un droit analogue pour la femme commune, pourvu qu'elle ait fait l'inventaire dans les délais.

La difficulté la plus grave qui s'élève en cette matière est celle de savoir si le jugement qui condamne l'habile à succéder comme héritier pur et simple peut profiter aux créanciers ou légataires qui n'ont pas figuré dans le jugement. La raison la plus spécieuse qu'on donne pour l'affirmative c'est que si le législateur avait entendu limiter les effets du jugement à la partie qui l'a obtenu, la disposition des art. 800 C. civ. et 174 C. pr. était inutile ; les principes généraux suffisaient. On peut répondre à cela que ces textes étaient utiles pour empêcher l'habile à succéder de prétendre qu'il n'avait été condamné que d'une manière conditionnelle, et qu'en dépouillant le masque dont il n'avait été que momentanément couvert, la condamnation à son égard devait nécessairement tomber. Il n'est donc pas assez démontré que le législateur ait voulu, dans les articles cités, déroger aux principes ordinaires de la chose jugée, pour que ces principes fondés en raison et en équité restent ici sans application (1).

Nous n'entrons pas dans d'autres détails sur cette première exception dilatoire, parce qu'elle se rattache aux principes du droit civil sur les successions ou les communautés, que nous n'avons pas à expliquer.

---

(1) *Contrà*, Boncenne, t. 3. p. 333 ; Carré, quest. 763, et nombre d'autres.

§ II. *De la garantie.*

L'EXCEPTION de garantie est fondée sur les avantages que trouvent les parties, sous le rapport de la promptitude de la décision et de l'économie des frais, à ce que plusieurs différends liés l'un à l'autre soient jugés en même temps.

C'est le motif qui a porté le législateur à déroger dans l'art. 59 aux règles ordinaires de la compétence, en permettant d'assigner en matière de garantie devant le tribunal où la demande originaire est pendante. L'art. 181 reproduit la même règle, mais en l'accompagnant d'une restriction fort sage. « Ceux qui seront assignés en garantie, porte cet article, seront tenus de procéder devant le tribunal où la demande originaire sera pendante, encore qu'ils dénient être garants ; mais s'il paraît par écrit ou par l'évidence du fait que la demande originaire n'a été formée que pour les traduire hors de leur tribunal, ils y seront renvoyés. » Un exemple fera mieux saisir cette dernière disposition. Pierre cessionnaire d'une créance sur Paul, au lieu de former sa demande contre celui-ci, sauf en cas de dénégation à appeler en garantie le cédant, suit la marche inverse, et, sous le prétexte qu'il n'a pu se faire payer, actionne en remboursement son cédant qui appelle Paul en garantie devant le tribunal de son domicile à lui cédant, qui est celui déjà saisi, pour voir dire qu'il est réellement débiteur de la créance. Cette manière peu naturelle de procéder n'ayant pu avoir d'autre objet que de priver Paul de ses juges naturels, il sera fondé à demander son renvoi.

Pour expliquer tout ce qui a trait à l'exception de garantie, nous allons parler 1° des délais pour appeler garant ; 2° des diverses espèces de garantie et de leurs effets ; 3° de la disjonction de la demande principale et de la demande en garantie. Disons dès l'abord que celui qui a le droit d'exercer une garantie s'appelle *garanti* ; celui contre lequel il l'exerce , *garant* , et celui qui doit garantir à son tour le garant , *sous-garant* ou *contre-garant*.

I. *Des délais pour appeler garant.*

« Celui qui prétendra avoir droit d'appeler en garantie , porte l'art. 175 , sera tenu de le faire dans la huitaine du jour de la demande originaire outre un jour par trois myriamètres (1) ». L'article ne dit point entre quels lieux cette distance de trois myriamètres doit être calculée. Est-ce entre le lieu où siége le tribunal devant lequel le garanti est cité et le domicile du garanti , ou bien entre le domicile du garanti et celui du garant ? C'est ce dernier mode de computation qu'il faut suivre ; si par exemple le garanti et le garant sont domiciliés dans le même lieu, il n'y a lieu à aucune augmentation pour appeler le garant , quoique le garanti soit cité en délaissement devant un tribunal , éloigné de son domicile.

Il peut se faire que le garanti doive exercer son recours contre plusieurs personnes intéressées *en la même garantie* , par exemple , contre tous ceux qui lui ont vendu conjointement , ou contre plusieurs héritiers de son vendeur. En ce cas , d'après la disposition finale de l'art. 175 , il n'y a lieu , pour appeler tous les garants, qu'à un seul délai qui doit être réglé selon la distance du lieu de la demeure du garant le plus éloigné. Si donc le garanti domicilié à Toulouse doit diriger son recours contre deux héritiers de son vendeur dont l'un est domicilié à Bordeaux et l'autre à Paris , le délai pour appeler les deux garants sera de huitaine , plus un jour par 3 myriamètres de distance entre Toulouse et Paris.

----

(1) Le demandeur originaire peut seul se prévaloir de l'expiration des délais , pour passer outre ; le garant ne peut jamais en exciper.

Le cas dont on vient de parler ne doit pas être confondu avec celui de plusieurs garanties différentes et successives, dont s'occupe l'art. 176 qui dispose : « Si le garant prétend avoir droit d'en appeler un autre en sous-garantie, il sera tenu de le faire dans le délai ci-dessus, à compter du jour de la demande en garantie formée contre lui; ce qui sera successivement observé à l'égard du sous-garant ultérieur. » Ainsi, pour faire sentir la différence entre ce cas-ci et le précédent, posé que le garanti domicilié à Toulouse ait acquis l'immeuble pour lequel il est actionné d'une personne domiciliée à Paris, qui l'avait elle-même acquis d'une personne domiciliée à Bordeaux, le garanti aura huit jours, plus un jour par trois myriamètres de distance entre Toulouse et Paris, pour appeler son garant, et le garant aura ensuite, à dater de la citation qu'il aura reçue, le même délai de huitaine, plus un jour par 3 myriamètres entre Paris et Bordeaux, pour appeler le sous-garant.

Le délai pour appeler garant ne court pas toujours à dater de la demande originaire. « Si le défendeur originaire, porte l'art. 177, est assigné dans les délais pour faire inventaire et délibérer, le délai pour appeler garant ne commencera que du jour où ceux pour faire inventaire et délibérer seront expirés. » En serait-il de même si c'était non point le défendeur originaire, mais le garant qui fût dans les délais pour faire inventaire et délibérer? Rodier enseignait l'affirmative sur l'art. 3, tit 8, de l'ordonnance, qui était conçu dans les mêmes termes que l'art. 177 du code : la même doctrine doit être suivie aujourd'hui, d'autant que la disposition de l'art. 177 se trouve reproduite d'une manière plus générale dans l'art. 187.

Si le défendeur oppose dès l'abord une exception d'incompétence ou de nullité, le délai pour appeler garant

5

ne doit-il courir qu'à dater du jugement qui rejette cette exception ? Nous ne le pensons pas ; comment le défendeur pourrait-il être admis à tirer avantage d'une exception qui a été reconnue mal fondée ? Il doit donc, après avoir proposé ses moyens d'incompétence ou de nullité, former à tout événement sa demande en garantie pour le cas où ses autres moyens préjudiciels seraient rejetés.

Mais après que le recours en garantie a été formé le défendeur originaire peut-il encore opposer une exception d'incompétence *ratione personœ*, ou de nullité ? Nous n'y verrions d'obstacle qu'autant que le recours en garantie aurait été dénoncé au demandeur originaire sans rien dire encore de l'incompétence ou de la nullité.

Quant au garant lui-même, il ne serait pas recevable à proposer soit des moyens de nullité contre l'exploit de demande originaire, soit un moyen d'incompétence que le garanti aurait couvert (1), à moins qu'en ce dernier cas il n'y eût une fraude manifeste tendant à distraire le garant de ses juges naturels.

Les délais pour appeler garant ne peuvent jamais être augmentés sous prétexte de minorité ou *autre cause privilégiée* (178), c'est-à-dire que les hospices, les fabriques et autres établissements du même genre restent soumis au droit commun. Mais quoique le défendeur ait laissé passer les délais ci-dessus il n'est point déchu du droit d'appeler son garant devant le tribunal saisi de la demande originaire ; ce recours ne peut être réputé tardif qu'à l'égard du demandeur, et en ce sens seulement qu'il ne saurait retarder le jugement de la demande principale.

Nous venons de voir dans quel délai le garanti doit former son recours ; mais nous n'avons pas encore vu

---

(1) *Contrà*, *Cass.* 4 octobre 1808.

comment ce recours peut avoir pour effet d'arrêter le jugement de la demande originaire; c'est ce qui nous reste à montrer, et ce qu'indique l'art. 179 dont la disposition nécessite quelques développements.

Quand le demandeur originaire veut poursuivre le jugement après l'expiration des délais de l'ajournement, il peut se présenter trois hypothèses qu'on va successivement parcourir.

1re *Hypothèse*. Le défendeur originaire a déjà formé son recours, et les délais de l'assignation en garantie sont pareillement échus; en ce cas, la poursuite de la demande ne peut souffrir aucun retard.

2me *Hypothèse*. Le défendeur a formé son recours en temps utile, et l'original de la citation en garantie est entre les mains de son avoué; mais les délais de la citation en garantie ne sont pas encore échus. En ce cas l'avoué du défendeur doit donner copie de la citation en garantie, ou offrir la communication de l'original, et le demandeur est obligé de s'arrêter jusqu'à ce que le délai de l'assignation en garantie soit expiré.

3me *Hypothèse*. L'avoué du défendeur prétend que le recours en garantie a été formé ou sera formé en temps utile; seulement il est dans l'impossibilité d'en justifier, parce qu'à raison de l'éloignement du garant la citation n'a pu encore être signifiée, ou l'original n'a pu être renvoyé. Il doit alors se borner à déclarer ces faits par un simple acte d'avoué à avoué, et il est cru provisoirement sur sa déclaration. Mais quand l'original de la citation en garantie, qu'il a prétendu avoir été ou devoir être donnée, a eu le temps de revenir, il doit justifier sa précédente déclaration par l'exhibition de cet original; faute de ce faire, non-seulement le demandeur peut passer outre, mais encore le défendeur peut être condamné à des dommages-intérêts à raison de la déclaration mensongère qu'il aurait fait faire par son avoué. Si, au contraire, le renvoi de l'original de la citation en garantie vient prouver l'exactitude de la déclaration de l'avoué et justifier que le recours a été réellement formé dans le délai, le demandeur originaire devra s'arrêter, comme dans la 2me hypothèse, jusqu'à ce que le délai de l'assignation en garantie soit échu.

La justification des demandes en sous-garantie doit se faire de la même manière.

Le demandeur originaire peut soutenir du reste qu'il n'y a point lieu au délai pour appeler garant : l'incident, en ce cas, doit être jugé sommairement (180). La prétention du demandeur peut être basée sur plusieurs causes. Il peut soutenir, par exemple, qu'il n'y a pas lieu à garantie, parce que le possesseur actionné a acheté à ses périls et risques, ou parce que c'est un donataire. Il peut soutenir aussi que la garantie, en supposant qu'elle existe, ne doit avoir aucun effet à son égard, parce que le défendeur a contracté envers lui personnellement, et que le droit de ce dernier à la garantie naît d'un contrat ultérieur auquel le demandeur originaire est complétement étranger.

Mais quand le recours en garantie est fondé et de nature à pouvoir être invoqué contre le demandeur originaire, il s'agit de savoir si celui-ci peut repousser l'exception dilatoire par ce seul motif qu'elle entraînerait de trop longs retards. Le défendeur assigné en matière réelle justifie, par exemple, avoir acheté l'immeuble avec garantie d'un Français domicilié dans les colonies ; le demandeur sera-t-il obligé d'attendre l'expiration des délais de la citation en garantie, qui peuvent quelquefois être d'un an ? Il sera sans doute fâcheux pour le demandeur de subir un si long retard ; mais le délai pour appeler garant est accordé par le législateur comme un droit dont le demandeur originaire doit subir les inconvénients. La loi n'a pas, en cette matière, conféré aux juges un pouvoir discrétionnaire ; elle ne les a pas autorisés à accorder le délai ou à le refuser suivant les circonstances : la longeur du retard ne peut donc être une cause suffisante pour repousser l'exception, sauf aux juges à autoriser des mesures conservatoires.

II. *Des diverses espèces de garantie, et de leurs effets.*

On distingue deux espèces de garantie : la garantie réelle ou formelle, et la garantie simple. Il y a lieu à garantie *réelle* toutes les fois que le possesseur d'un immeuble, actionné par une personne avec laquelle il n'a point contracté, prétend avoir un recours à exercer contre celui dont il tient l'immeuble. La garantie est *simple* lorsque le défendeur actionné personnellement prétend être en droit de faire retomber le poids de sa propre obligation sur un tiers. La garantie est également simple lorsque le défendeur est actionné en matière réelle mobilière, parce que dans notre droit les actions réelles mobilières sont constamment assimilées aux matières personnelles.

« En garantie simple le garant peut seulement intervenir sans prendre le fait et cause du garanti (183). » La raison en est que le défendeur ne saurait jamais se soustraire à l'exécution de l'obligation personnelle qu'il a contractée. Si une caution, par exemple, est actionnée par le créancier, elle pourra sans doute exercer son recours en garantie contre le débiteur principal ; mais elle n'en devra pas moins être condamnée personnellement à l'égard du créancier.

En matière de garantie formelle, comme le défendeur n'a contracté aucune obligation personnelle envers le demandeur originaire, le garant peut toujours, d'après l'art. 182, prendre le fait et cause du garanti qui doit être mis hors de cause s'il le requiert avant le premier jugement (1) : et dans le cas même où le garant formel n'offrirait pas de prendre le fait et cause du garanti, celui-ci n'en serait pas moins fondé à réclamer sa mise hors d'instance, si son droit à la garantie n'est pas d'ailleurs contesté ; c'est une faculté qui résulte de l'absence de tout engagement personnel de sa part à l'égard de celui qui l'actionne. Mais si le garanti redoute quelque collusion entre son garant et le demandeur originaire, ou s'il veut se ménager en cas d'éviction la facilité d'obtenir une condamnation contre son garant, sans être obligé d'engager une action ultérieure contre ce dernier, il peut, quoique mis hors de cause, y assister pour la conservation de ses droits. Le demandeur originaire peut aussi demander qu'il y reste, s'il prétend par exemple qu'il est personnellement responsable de dégradations par lui commises, ou comptable de certains fruits.

Si le garanti assiste simplement dans la cause, les actes du procès doivent-ils lui être signifiés ? L'affirmative paraît probable, s'il y assiste pour la conservation de ses droits (2) ; seulement il est juste de le rendre responsable du surcroit de frais que ces significations peuvent occasionner ; quand au contraire c'est le demandeur originaire qui a demandé que le garanti reste en cause, il n'est nécessaire de signifier à ce garanti que les actes dirigés personnellement contre lui.

Quand le garant a pris le fait et cause du garanti, celui-ci est censé représenté dans le procès par celui-là. De là s'induit cette conséquence posée dans l'art. 185 : « Les jugements rendus contre les garants formels seront exé-

----

(1) Il n'y serait plus à temps même après un jugement de simple remise qui interviendrait après la position des qualités.

(2) *Contra*, M. Chauveau sur Carré, quest. 776.

cutoires contre les garantis. Il suffira de signifier le jugement aux garantis , soit qu'ils aient été mis hors de cause
ou qu'ils y aient assisté , sans qu'il soit besoin d'autre
demande ni procédure ». Le garanti ne serait donc pas
admissible à se pourvoir contre le jugement par la voie
de la tierce opposition , quand même il alléguerait que
le garant aurait négligé frauduleusement quelques moyens
de défense ; il pourrait seulement, si le demandeur avait
été complice de la fraude , s'en faire suivant les cas
un moyen d'appel ou de requête civile.

Mais l'acquiescement exprès ou tacite du garant au
jugement qui a été rendu peut-il empêcher le garanti
de se pourvoir en appel ou en cassation dans les trois
mois de la signification qui lui est personnellement faite ?
Nous aurions peine à l'admettre. Quand le garanti consent à ce que le garant prenne son fait et cause , c'est
pour que ce dernier soutienne le procès , et non pour
qu'il le déserte. L'acquiescement du garant étant par lui-même une preuve évidente sinon de la fraude au moins de la
négligence de ce garant , l'appel ou le recours en cassation
du garanti, formé dans les délais utiles à partir de la signification qu'il reçoit , nous semblerait donc recevable. Tout
ce que l'art. 185 a voulu empêcher , c'est que le demandeur originaire après avoir triomphé contre le garant ne
soit obligé de supporter sur nouveaux frais un autre procès contre le garanti devant la même juridiction.

Le jugement rendu contre le garant n'est exécutoire
contre le garanti qu'en ce qui concerne la condamnation
principale ; le délaissement, par exemple, de l'immeuble :
il en est autrement des condamnations accessoires. L'art.
185 ajoute en effet : « A l'égard des dépens , dommages
et intérêts , la liquidation et l'exécution ne pourront en
être faites que contre les garants. » Cela découle toujours
du principe que le garanti n'est pas obligé personnelle-

ment envers le demandeur originaire, et que sa bonne foi présumée le rend très-favorable. La disposition finale de l'art. 185 contient pourtant une restriction importante. « Néanmoins, y est-il dit, en cas d'insolvabilité du garant le garanti sera passible des dépens, à moins qu'il n'ait été mis hors de cause ; il le sera aussi des dommages-intérêts, si le tribunal juge qu'il y a lieu. »

Pour bien entendre cette dernière disposition il faut distinguer soigneusement trois cas.

1° Si le garanti a été mis hors de cause purement et simplement, ou s'il ne fait qu'y assister, il n'est jamais tenu ni des dommages-intérêts, ni des dépens, même en cas d'insolvabilité du garant ; celui-ci, en effet, ne représente le garanti que pour l'immeuble, et non pour les réparations personnelles. Ce n'est pas à dire que si le garanti pendant le procès a dégradé l'immeuble ou perçu des fruits il ne puisse être déclaré personnellement responsable de ces dégradations ou comptable de ces fruits ; mais il faudra obtenir contre lui un nouveau jugement : seulement, quand il assiste encore dans le procès, il suffit pour cela de signifier un avenir à son avoué.

2° Si le garant a déclaré prendre le fait et cause du garanti, mais que ce dernier n'ait pas demandé à être mis hors de cause, le garanti est passible des dépens subsidiairement et en cas d'insolvabilité du garant, parce qu'il n'a pas cessé d'être l'adversaire du demandeur originaire, quoiqu'il ne figurât plus que sur le second plan.

3° Enfin, si le garant n'a pas même pris le fait et cause du garanti, si celui-ci a continué à figurer dans l'instance comme l'adversaire direct et principal du demandeur originaire, il doit être condamné personnellement aux restitutions de fruits, dommages-intérêts et dépens, sauf son recours tel que de droit contre son garant.

III. *De la disjonction des demandes principale et
en garantie.*

« Si les demandes originaire et en garantie sont en
état d'être jugées en même temps , il y sera fait droit conjointement : sinon , le demandeur originaire pourra faire
juger sa demande séparément. Le même jugement prononce-
ra sur la disjonction , si les deux instances ont été jointes ;
sauf après le jugement du principal à faire droit sur
la garantie , s'il y échet (184). » La disjonction peut
être prononcée d'office , si les juges se trouvent suffisamment éclairés sur la demande principale , pas assez sur
la demande en garantie. La mise de l'instance hors de
droit , par le décès du garanti ou la cessation des fonctions de son avoué , peut fournir au demandeur un motif suffisant de disjonction : c'est assez qu'il ait été obligé
de subir un premier retard (1).

§ III. *De quelques autres exceptions dilatoires , et de
l'ordre dans lequel ces exceptions doivent être proposées.*

L'ORDRE dans lequel les exceptions dilatoires doivent
être proposées est indiqué dans les art. 186 et 187.
Suivant le premier « Les exceptions dilatoires doivent
être proposées conjointement et avant toutes défenses au
fond ». Suivant le second « L'héritier , la veuve , et
la femme divorcée ou séparée , peuvent ne proposer
leurs exceptions dilatoires qu'après l'échéance des délais
pour former inventaire et délibérer ».

Puisque l'exception pour faire inventaire et délibérer
peut être proposée avant l'exception de garantie , que
cependant d'après l'art. 186 les exceptions dilatoires doi-

____

(1) *Cass.* 27 juillet 1810.

vent être proposées *conjointement*, il en résulte que
dans la pensée des auteurs du code de procédure il y
a d'autres exceptions dilatoires que celle pour faire inventaire et délibérer, et celle de garantie.

Nous pensons d'abord qu'on doit considérer comme une
exception dilatoire la faculté que l'art. 27 C. pr. donne
au défendeur au pétitoire d'arrêter l'action de la partie
adverse qui a succombé au possessoire, jusqu'à ce que
celle-ci ait satisfait aux condamnations prononcées contre
elle. Cette exception doit donc être proposée en même
temps que l'exception de garantie, et avant toute défense
au fond, sous peine d'être couverte.

Nous considérons de même le droit qu'a le défendeur
en requête civile d'arrêter l'instance, tant que le jugement entrepris, qui a ordonné le délaissement d'un héritage, n'a pas été exécuté au principal.

Doit-on envisager du même œil le bénéfice de discussion
qui compète à la caution? Quelques-uns enseignent la négative (1), par la raison que si la caution se croit en droit
de contester l'existence de la créance principale ou celle
du cautionnement, elle doit naturellement opposer ces
moyens avant d'opposer le bénéfice de discussion qui emporte, quand il est invoqué, l'aveu du droit du créancier.
Il nous semble pourtant que la caution qui a contesté
mal-à-propos la créance principale ou le cautionnement
peut à bon droit être déclarée déchue du droit d'opposer un nouvel obstacle pris du bénéfice de discussion :
c'est sa faute si de deux moyens qui s'excluaient mutuel-
lement elle a choisi le mauvais.

Les remises de cause, ou sursis sollicités par l'une
des parties constituent aussi de véritables exceptions dilatoires : on ne doit pas en conclure pourtant que ces

_____

(1) V. notamment Boitard, t. 2, p. 136.

demandes sont toujours irrecevables faute d'avoir été présen-
tées avant les défenses au fond ; il y a sur ce point
diverses distinctions à faire. Si le sursis demandé est
fondé sur quelque motif d'ordre public il peut être opposé en tout état de cause : ainsi, après avoir défendu
au fond, la partie ne laisse pas d'être recevable à se prévaloir de l'art. 3 C. Inst. , suivant lequel l'exercice de
l'action civile doit être suspendu tant qu'il n'a pas été
prononcé définitivement sur l'action publique intentée avant
ou pendant la poursuite de l'action civile. Si le sursis
demandé n'est fondé que sur des raisons d'intérêt privé
il doit encore être accueilli après des défenses au fond,
si la nécessité ne s'en est fait sentir qu'après ces défenses. Ainsi, d'après l'art. 74, lorsqu'une assignation à
une partie domiciliée hors de la France est donnée à sa
personne en France, elle ne doit emporter que les délais
ordinaires ; mais le tribunal peut les prolonger s'il y a
lieu : cette prolongation pourra être demandée après des
défenses au fond, si elle a pour objet de procurer au défendeur le moyen de repousser quelque nouvelle pièce produite par son adversaire.

Dans le droit romain, lorsque le créancier était convenu avec le débiteur de ne pas demander la créance
pendant un temps fixé, cette convention conférait au débiteur une exception dilatoire ; dans le système de nos
exceptions, qui comme on l'a dit diffère complétement de
celui des exceptions romaines, un pareil moyen constitue
une défense proposable en tout état de cause.

Les exceptions dilatoires ne doivent être proposées
qu'après l'exception de la caution à fournir par l'étranger,
celle d'incompétence *ratione personæ* , et celle de nullité.
Toutefois si l'habile à succéder proposait une de ces dernières exceptions pendant les délais pour faire inventaire
ou délibérer , il serait fondé à demander que le tribunal

n'y statue qu'après l'expiration des délais dans lesquels il doit prendre qualité, afin qu'en cas de renonciation ultérieure ou d'acceptation sous bénéfice d'inventaire il ne puisse être tenu personnellement des dépens d'un incident élevé dans l'intérêt de la succession (1).

CHAPITRE VI.

De la communication des pièces.

Chacune des parties a intérêt à prendre connaissance des pièces dont on veut se servir contre elle, quoique ces pièces aient été signifiées. Il peut se faire en effet que les copies ne soient pas exactes ou qu'elles ne révèlent point des moyens de nullité ou des indices de faux qui ne pourront se découvrir que par l'inspection de l'original.

« Les parties, porte l'art. 188, pourront respectivement demander par un simple acte communication des pièces employées contre elles, dans les trois jours où lesdites pièces auront été signifiées ou employées. » L'expiration des trois jours n'emporte point de plein droit déchéance (2). La communication ne devrait être refusée après ce délai qu'autant qu'elle serait demandée au moment où l'affaire va être jugée, et dans le seul but de retarder le jugement. Si la pièce a été signifiée avec l'exploit d'ajournement, le délai de trois jours pour en demander communication ne doit courir qu'à dater de la constitution d'avoué.

On peut demander la communication non-seulement des pièces qui ont été déjà signifiées et employées, mais

---

(1) M. Pigeau, Comm. t. 1, p. 413, enseigne que l'exception pour faire inventaire et délibérer peut précéder les autres quand celles-ci n'intéressent que la succession.

(2) Cass. 14 mai 1821.

encore de toutes celles qui seraient communes aux parties, par exemple, celle d'un acte sous seing-privé synallagmatique dont l'existence serait certaine et dont une
des parties prouverait avoir égaré le double; et si l'autre
partie prétendait aussi avoir perdu son original, ce serait à elle à le prouver. Hors ces cas, il faut appliquer
la maxime que nul n'est obligé de fournir des armes à
son adversaire, *nemo tenetur edere contrà se*. Mais dès
qu'une pièce a été produite dans le procès elle devient
commune à toutes les parties ; l'art. 409 C. pén. prononce en effet contre la partie qui soustrait une pièce
après l'avoir produite une amende de 25 à 300 fr., sans
préjudice évidemment des dommages de la partie adverse
et des inductions qu'elle est en droit de tirer de cette
suppression.

La communication doit, au choix de l'avoué qui la fait,
se faire sur récépissé, ou par dépôt au greffe : les pièces
ne peuvent être déplacées, en ce dernier cas, si ce n'est
qu'il y en ait minute ou que la partie y consente (189).
Cette dernière règle, commandée par la prudence, doit
être suivie dans tous les cas où les avoués prennent connaissance de quelques pièces par la voie du greffe.

Le délai de la communication est fixé, ou par le
récépissé de l'avoué ou par le jugement qui l'a ordonné ;
s'il n'est pas fixé il est de trois jours (190). Il peut être
prorogé suivant l'exigence des cas.

« Si après l'expiration du délai l'avoué n'a pas ré-
tabli les pièces, il sera, sur simple requête et même
sur simple mémoire de la partie, rendu *ordonnance* portant qu'il sera contraint à ladite remise, incontinent et
par corps, même à payer trois francs de dommages-intérêts à l'autre partie par chaque jour de retard, du jour
de la signification de ladite ordonnance, outre les frais
desdites requête et ordonnance qu'il ne pourra répéter

contre son constituant (191) ». L'ordonnance portant condamnation à rendre les pièces ne peut être rendue par
le président seul , elle doit émaner du tribunal tout entier (1) : le mot *ordonnance* se trouve employé d'autres
fois dans le sens de jugement, par exemple , dans l'art.
329 , et le principe est que la contrainte par corps ne
peut être exercée qu'en vertu d'un jugement. L'avoué peut
se pourvoir par opposition : en cas d'opposition , dit l'art.
192 , l'incident sera réglé sommairement ; si l'avoué succombe , il doit, suivant le même article , être condamné
personnellement aux dépens de l'incident , même en tels
autres dommages-intérêts et peines qu'il appartiendra ,
suivant la nature des circonstances, par exemple , à une
suspension.

La communication des pièces peut être demandée en
tout état de cause ; elle peut l'être à l'audience même ,
quand une pièce est produite pour la première fois sur
l'audience et qu'elle est de nature à nécessiter un long
examen ; elle peut être demandée pour la première fois
en appel ; elle peut enfin être redemandée en appel quoiqu'elle ait eu lieu en première instance , car l'avoué d'appel
peut avoir besoin de connaître la teneur de la pièce si elle n'a
pas été signifiée , ou d'en vérifier par lui-même la régularité
s'il s'élève quelques soupçons de nullité ou de falsification
qu'on n'avait pas conçus en première instance.

La demande en communication de pièces couvre-t-elle
l'exception de la caution *judicatum solvi* , celles d'incompétence *ratione personœ* ou de nullité, et les exceptions
dilatoires ? Si l'affirmative doit être admise en principe ,
parce que cette demande annonce l'intention de défendre

----

(1) La doctrine est généralement contraire. V. notamment Carré ,
quest. 794, Favard , t. 2 , p. 468.

au fond (1), il doit en être autrement quand la communication est demandée précisément pour appuyer une des exceptions qu'on vient d'indiqner , comme si le défendeur demande la communication de l'original de l'ajournement pour voir s'il a été enregistré dans les quatre jours de sa date ou s'il contient quelque autre cause de nullité. Il faut alors , en demandant la communication , préciser quel en est l'objet.

CHAPITRE VII.

De quelques règles communes à toutes les exceptions.

La renonciation aux diverses exceptions dont on a parlé peut s'induire non-seulement des actes ultérieurs de l'instance , mais encore d'actes étrangers , quand ils ne laissent aucun doute sur cette renonciation.

La constitution d'avoué , quoique faite sans protestation ni réserve, ne peut couvrir aucune exception , puisqu'elle est indispensable pour proposer les exceptions comme les défenses.

En est-il de même de l'avenir ou de la mise au rôle signifiés ou pratiqués au nom du défendeur ? La question est plus douteuse. On peut dire que l'avenir ou la mise au rôle faits au nom du défendeur annoncent clairement son intention de plaider au fond , puisqu'il n'y a à juger d'autre question que celle du fond quand aucune exception n'a été proposée. La présomption de renonciation n'est pourtant pas en cas pareil assez claire (2) : il peut se faire que le défendeur poursuive l'audience précisément pour y proposer ses moyens d'incompétence ou de nul-

---

(1) *Cass*. 30 janvier 1810.
(2) *Cass*. 23 mai 1808.

lité, ou pour y faire fixer le chiffre de la caution que l'étranger demandeur devra fournir. Quant aux exceptions dilatoires, comme elles ne nécessitent pas de jugement préalable, il ne serait pas possible de supposer à la partie qui poursuit le jugement l'intention de réserver des exceptions qui n'ont d'autre but que de l'arrêter.

Les exceptions doivent régulièrement être proposées par des requêtes dont l'art. 72 du tarif détermine l'étendue ; rien n'empêche pourtant qu'elles ne soient proposées à l'audience quand elles n'ont pas été couvertes par des actes antérieurs.

Elles peuvent aussi être invoquées pour la première fois sur l'opposition ou sur l'appel, pourvu qu'elles n'aient pas été couvertes avant le jugement attaqué par l'une de ces voies ; mais il faut que dans la requête d'opposition ou dans l'acte d'appel elles soient proposées avant tous griefs pris du fond.

IIe DIVISION.

DES INCIDENTS RELATIFS A LA COMPOSITION OU FIXATION DU TRIBUNAL.

Ces incidents ont trait à la récusation des magistrats, aux règlements de juges, et aux renvois proprement dits ; ils ont tous de l'affinité avec les déclinatoires dont nous avons parlé dans la division précédente ; c'est ce qui nous engage à en parler maintenant.

CHAPITRE PREMIER.

De la récusation.

Pour que la justice produise tous les fruits qu'on doit en espérer il ne suffit point, suivant la belle pensée de Bentham, qu'elle soit réelle ; il faut encore qu'elle soit apparente, c'est-à-dire que la décision du juge ne doit pas seulement être juste au fond, mais que sa justice ne doit pas même être suspectée. Il faut donc, quand le magistrat monte sur le siége, qu'il soit à l'égard des parties à l'abri de tout soupçon de faveur ou de haine : c'est ce motif qui a fait établir diverses causes de récusation.

A Rome, tant que la procédure formulaire fut en vigueur, il ne pouvait guère y avoir lieu à récusation. Parmi les citoyens à qui le procès était renvoyé pour l'examiner et le juger, le préteur devait naturellement choisir celui qui avait l'agrément des deux parties, ou contre lequel du moins aucune d'elles n'élevait de soupçons de partialité. Quand la qualité de juge fut devenue permanante l'utilité de la récusation devait se faire mieux sentir ; il ne paraît pas pourtant qu'elle ait jamais été d'un grand usage dans le système romain ; peut-être parce que les jugements n'étaient en général rendus que par un seul juge, et que le droit de récusation devait se confondre avec celui de l'appel.

En France au contraire, où l'introduction des mœurs germaniques repoussa dès l'origine les sentences émanées d'un juge seul, où il fut de règle que les décisions devaient être rendues par plusieurs magistrats dont les suffrages avaient la même autorité, le droit de récusation ne tarda pas à s'introduire : nos ordonnances les plus anciennes en font mention, et il fut enfin réglé par le tit. 24 de l'ordonnance de 1667, dont le titre correspondant du code de procédure n'est que la reproduction presque littérale.

Nous allons exposer succinctement les règles qui régissent cette matière.

6

§ 1ᵉʳ *Des causes de récusation.*

Ces causes sont indiquées dans l'art. 378. La première question qui s'élève à cet égard est celle de savoir si la disposition de cet article est limitative. Ce qui rend l'affirmative probable, c'est le soin que le législateur a apporté dans la nomenclature des causes de récusation ; nous n'admettons d'exception à cette règle qu'autant qu'il y a un *à fortiori* puisé dans quelqu'une des dispositions de la loi ; ainsi l'art. 378 ne dit point que le juge doit se récuser dans sa propre cause : cela s'induit pourtant d'une manière évidente des autres causes de récusation qu'il spécifie. Mais lorsqu'un semblable *à fortiori* n'existe pas, si un sentiment de délicatesse peut engager le juge à s'abstenir dès qu'il craint d'être suspecté, la partie ne peut réclamer comme un droit ce qui ne doit être de la part du juge qu'un mouvement spontané de sa conscience (1).

Parcourons maintenant les diverses causes de récusation, en suivant l'ordre de l'article.

« 1° Si le juge est parent ou allié des parties ou de l'une d'elles jusqu'au degré de cousin issu de germain inclusivement ; 2° Si la femme du juge est parente ou alliée de l'une des parties, ou si le juge est parent ou allié de la femme de l'une des parties au degré ci-dessus, lorsque la femme est vivante, ou qu'étant décédée, il en existe des enfants : si elle est décédée et qu'il n'y ait point d'enfant, le beau-père, le gendre ni les beaux-frères ne pourront être juges. »

Ces premières dispositions de l'article sont assez mal rédigées, et la seconde ne fait que répéter en partie ce qui s'induisait déjà de la première ; en effet, tous les

_____

(1) *Contrà*, Demiau-Crouzilhac, p. 279.

parents de la femme du juge sont les alliés du juge , comme tous les parents de la femme de la partie sont les alliés de cette partie. Il suffisait donc de dire, dans la seconde disposition , qu'il y aurait également lieu à récusation quoique l'alliance n'existât qu'entre la femme du juge et la partie, ou entre la femme de la partie et le juge , et qu'il n'y eût point dès lors d'alliance proprement dite entre le juge et la partie, puisque les alliés d'un conjoint ne sont pas les alliés de l'autre. Quoi qu'il en soit, l'alliance proprement dite entre le juge et la partie, comme l'alliance improprement dite résultant de l'alliance de la femme du juge avec la partie, ou de la femme de la partie avec le juge , sont également sans effet si la personne qui produisait l'alliance proprement dite , ou l'une de celles qui produisaient l'alliance improprement dite, est décédée sans enfants. Il n'y a d'exception que pour les beaux-pères, gendres et beaux-frères, à cause des relations plus étroites qu'a dû produire l'alliance entre ces personnes.

Les maris de deux sœurs, quoique dans le langage ordinaire ils se traitent de beaux-frères, ne sont pas beaux-frères dans le sens légal, pas plus que celui qui épouse la fille d'une femme mariée en secondes noces n'est le gendre du mari de sa belle-mère. Partant, le juge qui aurait ce lien d'alliance improprement dite avec la partie ne pourrait être récusé qu'autant que les deux personnes intermédiaires qui auraient produit le lien seraient encore vivantes ou auraient laissé des enfants.

La récusation peut avoir lieu, quoique les parties soient toutes deux parentes ou alliées du juge à des degrés égaux ou inégaux ; c'est ce qui résulte des premiers mots de l'article , *si le juge est parent ou allié des parties*, c'est-à-dire *de toutes les parties ou de l'une d'elles*. D'un autre côté, quand le juge n'est parent ou allié que de l'une des parties , celle-ci est recevable aussi bien que son adversaire à proposer la récusation ; la raison en est que si la parenté ou l'alliance resserre souvent l'amitié , elle occasionne quelquefois aussi des inimitiés et des haines cruelles.

« 3° Si le juge , sa femme , leurs ascendants ou descendants ou alliés dans la même ligne , ont un différend (1) sur pareille question que celle dont il s'agit entre les parties ». Le juge , en pareil cas , serait porté à décider la question dans le sens conforme à ses prétentions ou à celles de ses parents ou alliés , pour établir un précédent en sa faveur ou en faveur des siens. On sait d'ailleurs que l'esprit le plus droit se prévient aisément pour la thèse qui favorise ses intérêts ou ses sympathies. Mais ici la récusation ne peut être exercée que par celle des parties qui plaide un système contraire à celui que soutiennent le juge ou ses proches dans une autre affaire : ce n'est qu'à l'égard de cette partie que le juge peut être suspect. Les causes de récusation qui vont suivre sont aussi purement relatives.

« 4° Si l'une des personnes indiquées dans le n° précédent a un procès en son nom devant un tribunal où l'une des parties sera juge , ou si elle est créancière ou débitrice d'une des parties ». Dans tous ces cas l'intérêt qu'a le juge de ménager l'une des parties se fait sentir de lui-même.

Faut-il pour qu'il y ait lieu à récusation que la créance ou la dette soit échue ou suffit-il qu'elle soit à terme ou conditionnelle ? L'intérêt du juge est sans doute moins grand dans le second cas que dans le premier ; il peut pourtant l'être assez pour le rendre suspect : cela doit dépendre des circonstances. La défiance de la partie

---

(1) Il faut que le différend soit né. *Cass.* 27 nivôse et 15 messidor an 11.

pourra parfois sembler exagérée ; mais il est permis aux plaideurs d'être défiants (1).

« 5° Si dans les cinq ans qui ont précédé la récusation, il y a eu procès criminel entre quelqu'une des personnes désignées dans le n° 3 et l'une des parties, ou son conjoint, ou ses parents ou alliés en ligne directe :
6° S'il y a procès civil entre les personnes indiquées dans le n° 3 et l'une des parties, et que ce procès, s'il a été intenté par la partie, l'ait été avant l'instance dans laquelle la récusation est proposée (2) ; si ce procès étant terminé, il ne l'a été que dans les six mois précédant la récusation ». Ces deux causes sont fondées sur l'animosité que les procès engendrent entre les plaideurs, animosité qui se communique souvent aux proches de ceuxci. Mais les haines que font naître les procès civils sont en général moins vivaces que celles qu'occasionnent les procès criminels. Aussi pour les premiers faut-il qu'ils intéressent la partie elle-même et qu'ils soient actuellement pendants, ou terminés au plus depuis six mois ; pour les autres, il suffit qu'ils aient eu lieu depuis moins de cinq ans et qu'ils aient concerné le conjoint, ou les parents ou alliés de la partie.

· Il semble résulter de la discussion qui eut lieu au conseil d'état, qu'on n'entendit désigner sous le nom de *procès criminels* que ceux qui seraient portés devant les cours d'assises, et non ceux qui seraient portés devant les tribunaux correctionnels ou de simple police : nous inclinerions toutefois à ranger dans cette classe les procès de police correctionnelle, quand le fait imputé

---

(1) Carré, quest. 1374, suppose que cette cause de récusation peut être invoquée par les deux parties ; nous ne partageons pas cet avis.
(2) S'il l'était par le juge, il donnerait lieu à récusation quoique postérieur à l'instance.

par l'une des parties à l'autre pouvait, en le supposant prouvé, donner lieu à d'autres peines qu'à des amendes. Mais si la peine ne pouvait être que pécuniaire, et dans tous les cas, pour les contraventions de police, le procès, sous le rapport de la récusation, doit être assimilé aux procès civils (1).

« 7° Si le juge est tuteur, subrogé-tuteur ou curateur, héritier présomptif ou donataire, maître ou commensal de l'une des parties ; s'il est administrateur de quelque établissement, société ou direction, partie dans la cause ; si l'une des parties est sa présomptive héritière. » Ces causes sont fondées, les unes sur l'affection présumée du juge, le autres sur son intérêt.

Le mot *maître* ne peut s'appliquer aux propriétaires à l'égard des fermiers ou même des colons partiaires.

Le mot *curateur* est pris souvent, en droit, dans un sens large dans lequel il embrasse les conseils judiciaires : c'est en ce sens qu'il doit être pris ici. Il répugnerait d'ailleurs que le conseil judiciaire, qui est censé assister la partie à la barre, occupât le siége du juge.

Si le juge donataire peut être récusé, le donateur ne peut l'être ; un bienfait ne place dans un état de dépendance que celui qui l'a reçu. Mais si le juge n'avait pas exécuté une donation de biens présents, il pourrait être récusé non comme donateur, mais comme débiteur. Quant au juge donataire, il n'y a nulle distinction à faire entre le donataire de biens présents et le donataire de biens à venir.

Il n'y a pas lieu à récusation quand le juge est simplement parent du tuteur ou du curateur de l'une des deux parties, ou des membres ou administrateurs d'un établissement, société, direction ou union, partie dans

(1) *Contrà*, Carré, quest. 1375.

la cause, à moins que lesdits tuteurs, administrateurs ou intéressés n'aient un intérêt distinct ou personnel (379). A part ce dernier cas en effet, l'intérêt d'affection ou l'intérêt pécuniaire que peut avoir le juge est trop éloigné pour le rendre suspect.

« 8° Si le juge a donné conseil, plaidé ou écrit sur le différend; s'il en a précédemment connu comme juge (1) ou comme arbitre; s'il a sollicité, recommandé ou fourni aux frais du procès; s'il a déposé comme témoin; si depuis le commencement du procès il a bu ou mangé avec l'une ou l'autre des parties dans leur maison, ou reçu d'elles des présents. »

Quand le juge a déjà exprimé son avis sur la question que le procès présente à décider, il serait à craindre qu'il ne conservât la même opinion par entêtement ou par d'autres motifs aussi peu honorables. Pourrait-on le récuser parce qu'il aurait traité dans un ouvrage quelqu'une des questions de droit que présente le procès? La négative est certaine, on tient moins obstinément aux opinions théoriques qu'on consigne dans les livres, qu'à celles qu'on émet dans une affaire particulière (2).

Le juge qui aurait invité à sa table l'une des parties, depuis le commencement du procès, ne serait pas sujet à récusation; mais la cause de récusation existe-t-elle quand le juge a bu ou mangé avec la partie hors de la maison de celle-ci, mais à ses frais? Nous ne le pensons pas non plus, malgré l'argument qu'on peut induire de l'art. 383, quand il s'agit de ces politesses insignifiantes qu'il est

---

(1) S'il n'avait statué précédemment sur le différend que pour déclarer son incompétence, il ne serait pas récusable : *Cass.* 2 février 1809. Il faut qu'il s'agisse du même point qu'il a déjà jugé.

(2) Une simple opinion manifestée extra-judiciairement ne peut non plus autoriser la récusation.

d'usage de se faire dans certains lieux de réunion ; mais s'il y avait eu une invitation proprement dite faite à l'avance, ce cas devrait être assimilé à celui où le juge a reçu des présents. Les présents faits à la femme du juge ou à ses enfants demeurant avec lui sont censés faits au juge lui-même.

« 9° S'il y a inimitié capitale entre le juge et l'une des parties : s'il y a eu de sa part agression, injures ou menaces, verbalement ou par écrit, depuis l'instance ou dans les six mois précédant la récusation. » Les injures ou menaces dirigées par la partie contre le juge ne peuvent fournir de cause de récusation ; il ne doit pas dépendre d'une partie d'éloigner, au moyen d'un délit, un juge dont elle redoute les lumières ou l'intégrité. Dans ce dernier cas toutefois, si l'injure ou la menace n'avaient pas eu lieu dans le but frauduleux qu'on vient d'indiquer, elles pourraient autoriser la récusation si elles avaient fait naître dans l'âme du juge une inimitié capitale.

De même un procès criminel ou civil qui ne pourrait plus fournir de cause de récusation parce qu'il remonterait à une époque plus éloignée que celle fixée par la loi, ne laisserait pas de donner lieu à récusation s'il avait engendré une inimitié capitale. Cette dernière cause de récusation est comme le supplément de toutes les autres. La loi n'a point défini l'inimitié capitale ; elle s'en est remise à l'appréciation des juges ; mais cette inimitié ne peut être établie qu'à l'aide de faits précis.

§ II. *Des personnes sujettes à récusation.*

Les personnes sujettes à récusation sont : 1° Les juges titulaires ou suppléants des tribunaux civils ou de commerce, et les membres des cours souveraines ; 2° Les avocats ou avoués, quand ils sont appelés à compléter le tribunal ; 3° Les magistrats du parquet, quand le ministère public est partie jointe ; il en est autrement , s'il est partie principale (381) : les conclusions du ministère public sont de nature à exercer sur les juges une bien plus grande influence lorsqu'il n'est que partie jointe ; car , outre qu'elles sont alors censées dictées par l'ascendant impérieux de la vérité , les parties ne sont pas admises à y répondre ; 4° Les arbitres , pour cause survenue depuis le compromis. Quant aux juges de paix , les causes , comme le mode de récusation, sont spécialement réglés par les art. 44 et suivants.

Rodier, sur l'art. 1 , tit. 24 de l'ordonnance , enseignait que les greffiers pouvaient être récusés. Cela nous paraîtrait inadmissible aujourd'hui ; le président ou le juge-commissaire devant signer les jugements et procès-verbaux comme le greffier, les parties n'ont pas à craindre que celui-ci altère la vérité de ces actes. Un greffier qui persisterait à tenir la plume quoiqu'il y eût en sa personne une des causes de récusation que la loi autorise contre les juges , manquerait pourtant à son devoir , et le tribunal ou le juge devrait alors apporter le plus grand soin dans la vérification du plumitif.

§ III. *A quelle époque la récusation doit être proposée.*

« Si le juge sait quelque cause de récusation en sa personne , il doit la déclarer spontanément à la chambre dont il fait partie, et c'est à la chambre à décider s'il doit s'abstenir (380). » Si la chambre décide qu'il doit siéger , le juge doit obéir ; il ne faudrait pas que des scrupules exagérés pussent entraver à tout instant la marche de la justice. Quel que soit du reste l'avis de la chambre, si le juge s'y soumet, il n'est point nécessaire d'en faire l'objet d'un jugement ou d'un procès-verbal.

Si c'est la partie qui veut proposer la récusation, les art. 382 et 383 déterminent l'époque où elle doit le faire. » Celui qui voudra récuser, porte l'art. 382, doit le faire avant le commencement de la plaidoirie ; et, si l'affaire est en rapport, avant que l'instruction soit achevée, ou que les délais soient expirés, *à moins que les causes de la récusation ne soient survenues postérieurement* ». La ponctuation de l'article porterait à penser que la restriction finale ne s'applique qu'aux affaires en rapport, et non pas aux affaires jugées sur plaidoirie : il est certain pourtant que la restriction s'applique aux deux cas ; le tribunat qui la fit ajouter l'entendait ainsi, et la raison de décider est en effet la même.

Par affaires *en rapport*, il ne faut entendre que les instructions par écrit et non les délibérés avec nomination de rapporteur qui ne sont, comme on l'a dit souvent, que le complément des plaidoiries.

Si depuis le commencement des plaidoiries un nouveau magistrat du parquet vient tenir l'audience, ce qui arrive assez souvent dans la pratique, l'intention de le récuser doit être annoncée à la première audience où il se présente. Si c'est un nouveau juge qui vient prendre place sur le siége, il doit en être de même, d'autant que les conclusions en ce cas doivent être reprises : mais la reprise des conclusions ne ferait pas recouvrer à la partie le droit de récuser les autres juges, qu'elle aurait perdu par les premières plaidoiries.

La plaidoirie est réputée commencée dès que les conclusions ont été contradictoirement prises à l'audience (343). Après cette époque la récusation serait donc tardive, quoique les débats proprement dits ne fussent pas encore engagés.

La partie qui a négligé de récuser un juge, lors d'un préparatoire ou d'un interlocutoire, peut-elle le récuser lorsqu'on revient plaider sur le fond? Nous aurions peine à le penser, à moins que des demandes reconventionnelles formées depuis le premier jugement ne fussent venues élargir la contestation : quand on accepte un juge, on est censé l'accepter pour toute la cause ; mais il va sans dire qu'on peut récuser dans un second procès un juge qu'on n'a pas récusé dans un procès antérieur.

Est-on recevable à récuser le juge-commissaire, qu'on n'avait pas récusé comme simple juge au moment où le jugement préparatoire ou interlocutoire a été rendu? L'affirmative nous semble s'induire clairement de la comparaison des art. 296 et 383. Le premier veut que la descente sur les lieux soit confiée à l'un des juges qui ont assisté au jugement, et le second ne fait pourtant courir le délai pour récuser ce juge qu'à dater du jugement même. Il se peut d'ailleurs que la partie n'ait pas récusé le simple juge dans la pensée que, s'il était prévenu, son suffrage serait dominé par ceux de ses collègues ; mais quand une opération spéciale est confiée à ce juge seul la partie peut craindre qu'il n'induise en erreur tout le tribunal.

La disposition de l'art. 383 s'applique non-seulement aux descentes sur les lieux et aux enquêtes, mais encore aux vérifications d'écritures, aux faux incidents, aux redditions de compte, aux réceptions de serment d'experts, aux rapports sur instruction par écrit ou délibéré, aux taxes de dépens, etc. : bien que quelques-unes de ces commissions soient peu importantes, elles n'en sont pas moins comprises dans ces termes généraux de l'article, *et autres opérations.*

Si le juge commis appartient à un autre tribunal, la récusation peut être faite au greffe du tribunal qui a fait la nomination ; mais elle doit être jugée par le tribunal auquel appartient le juge délégué, ou s'il s'agit d'un juge de paix, par le tribunal civil de son arrondissement.

Le n° 2 de l'art. 383 ne peut s'appliquer qu'aux jugements par défaut faute de conclure : le délai pour les jugements faute de comparaître ne doit courir qu'à dater du jour où l'opposition n'est plus recevable, puisque c'est alors seulement que la partie est présumée avoir acquis connaissance du jugement (1).

Quant aux juges commis pour les distributions par contribution, ou les ordres, le délai paraît devoir courir à dater de l'acte de produit.

Si le jugement contradictoire qui commet le juge est sujet à appel, le délai de la récusation n'en court pas moins à dater de la prononciation du jugement ; il faut provisoirement former la récusation, en faisant par surcroît de précaution des réserves d'appeler.

§ IV. *Dans quelle forme la récusation doit être proposée et jugée.*

« LA récusation, porte l'art 384, sera proposée par un acte au greffe, qui en contiendra les moyens, et sera signé de la partie, ou du fondé de sa procuration authentique et spéciale, laquelle sera annexée à l'acte. » La procuration serait suffisamment spéciale, dans le sens de la loi, si elle contenait pouvoir de *récuser tous juges*. Autrement le délai pour faire la récusation serait insuffisant si la partie était domiciliée au loin, car nous ne pensons pas que l'augmentation à raison des distances s'applique à ce délai.

Si toutefois l'avoué d'une partie éloignée soupçonnait cause de récusation dans le juge, et n'avait pas reçu par avance le pouvoir de le récuser, il devrait, dans le délai, former par acte d'avoué à avoué une demande en pro-

----

(1) *Contrà*, Carré, quest. 1896.

rogation , et cette demande devrait empêcher la déchéance , dès qu'il y aurait eu impossibilité pour l'avoué de se mettre en mesure dans le délai de la loi. L'art. 20 du tit. 24 de l'ordonnance autorisait en cas pareil le procureur à demander un délai pour avertir sa partie et en recevoir procuration expresse.

La récusation serait nulle si elle était faite par exploit. Cette nullité semblerait même pouvoir être opposée en tout état de cause comme basée sur des considérations d'ordre public ; il importe en effet à la société tout entière que le respect dû aux magistrats soit toujours religieusement observé : s'écarter de ce respect, c'est ternir une des gloires de la nation.

« Sur l'expédition de l'acte de récusation, remise dans les vingt-quatre heures par le greffier au président du tribunal , il sera , sur le rapport du président et les conclusions du ministère public, rendu jugement qui , si la récusation est inadmissible, la rejettera , et, si elle est admissible , ordonnera, 1° la communication au juge récusé pour s'expliquer en termes précis sur les faits , dans le délai qui sera fixé par le jugement ; 2° la communication au ministère public , et indiquera le jour où le rapport sera fait par l'un des juges nommés par ledit jugement (385) ». Le juge récusé ne peut prendre part au jugement (1). Le rapport du président , les conclusions du ministère public et la prononciation du jugement doivent avoir lieu à l'audience publique , la loi ne fait pas à cet égard d'exception au principe de la publicité (2): mais la partie ne doit pas être admise à développer verbalement ses moyens dont la pertinence peut s'apprécier par leur simple énoncé dans l'acte de récusation.

---

(1) *Cass.* 30 novembre 1809, 22 décembre 1840.

(2) La section du tribunat avait proposé que l'instruction se fît à huis-clos; mais sa proposition ne fut pas admise.

Il n'est pas nécessaire que l'acte de récusation ni aucun des actes ultérieurs soient signifiés à l'adversaire du récusant, puisque la loi ne l'exige point : l'incident sur la récusation constitue dans le procès primitif un procès particulier qui ne s'agite qu'entre le récusant et le juge.

La récusation ne peut être écartée dès l'abord comme inadmissible qu'autant qu'elle est tardive, ou irrégulièrement formée, ou fondée sur des causes non autorisées par la loi. Quand elle est déclarée admissible, le juge récusé doit faire sa déclaration au greffe, à la suite de la minute de l'acte de récusation (386), et cela dans le délai fixé par le jugement. A compter de ce jugement toutes décisions ou opérations auxquelles devrait prendre part le juge récusé doivent être suspendues : si cependant l'une des parties prétendait que l'opération est urgente et qu'il y a péril dans le retard, l'incident devrait être porté à l'audience, et le tribunal pourrait ordonner qu'il serait procédé par un autre juge (387). Le juge récusé ne doit point prendre part au jugement de cet incident. On devrait procéder de même si quelqu'une des parties élevait une réclamation urgente sur laquelle il y aurait lieu de statuer préalablement, comme si elle demandait une provision alimentaire, un séquestre, etc.

« Si le juge récusé convient des faits qui ont motivé sa récusation, ou si ces faits sont prouvés, il sera ordonné qu'il s'abstiendra (388). » Toutes les causes de récusation autorisées par l'art. 378, doivent donc nécessairement entraîner l'abstention du juge : les tribunaux sont liés à cet égard par la disposition de la loi. Le jugement qui, à la suite de la récusation de la partie, ordonne que le juge s'abstiendra doit être prononcé publiquement, et il doit en rester minute.

Si le récusant n'apporte preuve par écrit ou commencement de preuve des causes de la récusation, il est laissé à la prudence du tribunal de rejeter la récusation sur la simple déclaration du juge, ou d'ordonner la preuve testimoniale (389). Le récusant, sans rapporter aucune preuve écrite, alléguera, par exemple, que le juge a reçu un présent de l'autre partie, le juge déniera le fait : la preuve testimoniale pourra être accordée ou refusée suivant les circonstances.

« Celui dont la récusation est déclarée *non admissible* ou *non recevable* doit être condamné à telle amende qu'il plaît au tribunal, laquelle ne peut être moindre de cent francs, et sans préjudice, s'il y a lieu, de l'action du juge en réparation et dommages-intérêts, auquel cas il ne peut demeurer juge (390). » L'amende doit être prononcée non-seulement quand la récusation a été déclarée non admissible comme basée sur des causes non autorisées par la loi, ou non recevable comme tardive ; mais encore, et à plus forte raison, quand la preuve des faits allégués n'a pas été rapportée.

Si le jugement admet la récusation, le juge récusé doit-il être condamné aux dépens ? Oui, s'il a dénié les faits ; non, dans le cas contraire.

Les jugements qui statuent sur les récusations ne sont en aucun cas susceptibles d'opposition ; l'acte de récusation fait l'office, pendant toute la durée de l'incident, de conclusions contradictoires : c'est un motif analogue qui a fait proscrire l'opposition dans les matières de distribution par contribution et d'ordre. Le seul recours que la loi autorise, c'est celui de l'appel dont il nous reste à parler.

§ v. *De l'appel et de la manière d'y statuer.*

La récusation est un incident qui intéresse l'ordre public ; partant, tout jugement sur récusation, même dans les matières où le tribunal de première instance juge en dernier ressort, est susceptible d'appel (391). L'appel est ouvert dans tous les cas au récusant qui a succombé ; il paraît ouvert au juge dans le cas seulement où des causes de récusation de nature à porter atteinte à son honneur ont été accueillies, ou même rejetées mais sans qu'il ait obtenu toutes les réparations demandées : enfin, il n'est jamais ouvert à l'adversaire du récusant, qui demeure, ainsi qu'on l'a dit, étranger à l'incident de récusation (1).

L'appel produit ici, comme en toute autre matière, un effet suspensif. « Si néanmoins, dit l'art. 391, la *partie* (ce qui semble devoir s'entendre du récusant aussi bien que de la partie adverse) soutient que, attendu l'urgence, il est nécessaire de procéder à une opération sans attendre que l'appel soit jugé, l'incident sera porté à l'audience sur un simple acte, et le tribunal qui aura rejeté la récusation pourra ordonner qu'il sera procédé à l'opération par un autre juge. » Le juge récusé ne pourrait prendre part au jugement de cet incident ; il en est de ce cas comme de celui prévu par l'art. 387.

Le délai et la forme de l'appel sont fixés par l'art. 392 : « Celui qui voudra appeler sera tenu de le faire dans les cinq jours du jugement par un acte au greffe, lequel sera motivé et contiendra énonciation du dépôt au greffe des pièces au soutien ». L'avoué n'a pas besoin d'une nouvelle procuration authentique pour interjeter l'appel ; la loi ne l'exige point : seulement, quand il agit sans pouvoir, il s'expose à être désavoué. Le délai de l'appel ne peut être prorogé pour cause d'éloignement du récusant ; dès que la récusation est formée, le récusant doit donner ses instructions à son avoué pour le cas où elle sera repoussée. L'appel signifié par exploit serait radicalement nul, et d'une nullité, à ce qu'il semble, d'ordre public.

---

(1) *Contrà*, M. Berriat, p. 372, 6° éd. ; Carré, quest. 1407.

« L'expédition de l'acte de récusation, de la déclaration du juge, du jugement, de l'appel, et les pièces jointes, doivent être envoyées sous trois jours par le greffier, à la requête et aux frais de l'appelant, au greffier de la cour royale (393). Dans les trois jours de la remise au greffier de la cour royale, celui-ci doit présenter les pièces à la cour, laquelle indique le jour du jugement et commet l'un des juges : sur son rapport, et sur les conclusions du ministère public, il est rendu à l'audience jugement *sans qu'il soit nécessaire d'appeler les parties* (394) ». Ces derniers termes de l'art. 394 prouvent de plus en plus qu'en matière de récusation la voie de l'opposition n'est jamais ouverte. « Tous les moyens des parties, disait l'orateur du gouvernement, se trouvent nécessairement dans l'acte de récusation d'une part, et de l'autre, dans la déclaration du juge. » Enfin, dans les vingt-quatre heures de l'expédition du jugement, le greffier de la cour royale doit renvoyer les pièces à lui adressées, au greffier du tribunal de première instance (395).

L'effet suspensif que produit l'appel du jugement rendu sur la récusation n'est pas indéfini. « L'appelant, porte l'art. 396, sera tenu dans le mois du jour du jugement de première instance qui aura rejeté sa récusation, de signifier aux parties le jugement sur l'appel, ou certificat du greffier de la cour royale contenant que l'appel n'est pas jugé, et indication du jour déterminé par la cour ; si non le jugement qui aura rejeté la récusation sera exécuté par provision, *et ce qui sera fait en conséquence sera valable encore que la récusation fût admise sur l'appel.* » Cette dernière disposition de l'article mérite d'être remarquée comme présentant une dérogation notable aux principes généraux d'après lesquels ce qui a été fait en vertu d'un jugement exécutoire par provision ne laisse pas d'être annulé quand l'appel est accueilli.

7

CHAPITRE II.

Des règlements de juges.

Il y a lieu à règlement de juges toutes les fois qu'il y a conflit, soit entre des juridictions d'un ordre différent, soit entre des juridictions du même ordre.

Nous avons déjà dit un mot des conflits qui peuvent s'élever entre l'autorité administrative et l'autorité judiciaire (1). Nous n'avons ici à nous occuper que des conflits qui naissent entre des juridictions appartenant également à l'ordre judiciaire. Nous verrons à cet égard, 1° dans quels cas il y a lieu à règlement de juges ; 2° devant quelle autorité doit être portée la demande en règlement ; 3° comment se forme et s'instruit cette demande ; 4° comment elle doit être jugée et quelles sont les voies ouvertes contre le jugement.

§ 1er. *Dans quels cas il y a lieu à règlement de juges.*

Il y a lieu à règlement de juges dans quatre cas que l'on va indiquer.

1er Cas. *Litispendance.* On sait qu'il y a litispendance quand le même différend est pendant devant plusieurs juridictions ; c'est le cas que prévoit plus spécialement l'art. 363, parce que c'est de beaucoup le plus fréquent (2).

La demande en règlement de juges fondée sur cette

---

(1) V. t. 1er, p. 168.

(2) Le cas de litispendance entre diverses chambres de la même cour est réglé par l'art. 25 du décret du 30 mars 1808, ainsi conçu : « S'il s'élève des difficultés, soit sur la distribution, soit sur la litispendance ou la connexité, les avoués seront tenus de se retirer devant le premier président, à l'heure ordinaire de la distribution ; il statuera sans forme de procès et sans frais ». L'art. 63 du même décret contient une disposition analogue pour les tribunaux.

première cause est admissible toutes les fois que l'une
des juridictions saisies n'a pas rendu sur le fond un jugement ayant force de chose jugée.

Le règlement de juges peut donc être demandé, 1°
quand aucune des juridictions saisies n'a rendu de jugement pour déclarer sa compétence ; 2° quand l'une
d'elles seulement a déclaré sa compétence, mais que sa
décision sur ce point n'a pas acquis force de chose jugée; 3° quand chacune des juridictions a déclaré sa
compétence et que leurs décisions sont également sujettes à l'appel ou également inattaquables par cette voie;
4° enfin, la demande semble encore admissible quoiqu'une seule des juridictions saisies ait rendu sur sa compétence un jugement passé en force de chose jugée. Ce jugement n'empêche pas qu'on ne se trouve encore littéralement
dans le cas de l'art. 368 ; mais l'autorité chargée du
règlement doit toujours en cas pareil renvoyer l'affaire
devant celui des tribunaux qui a rendu sur sa compétence la sentence passée en chose jugée.

Que si l'une des juridictions a déjà jugé le fond définitivement, elle a épuisé son pouvoir, elle est désormais
dessaisie du litige, et l'on n'est plus dans les conditions
de l'art. 363, puisqu'il n'y a plus procès actuellement pendant sur le même différend dans plusieurs tribunaux.

Mais si cette sentence sur le fond n'est pas souveraine, la voie du règlement de juges est-elle fermée?
La négative paraît probable si, par la voie de l'appel,
la partie a déjà porté le différend devant le tribunal supérieur, puisque le conflit existe alors avec ce dernier
tribunal (1). La question présente plus de doute si, sans
interjeter appel, mais pourtant dans les délais de cet appel, la partie s'est pourvue en règlement. La juridiction

(1) V. pourtant *Cass.* 14 juin 1815.

inférieure, pourrait-on dire, est dessaisie puisqu'elle a jugé, la juridiction supérieure n'est point saisie puisqu'il n'y a pas d'appel interjeté ; donc il n'y a pas actuellement de conflit, et par une conséquence ultérieure il n'y a pas lieu à règlement de juges. Il serait plus prudent sans doute, en cas pareil, d'interjeter appel de la sentence rendue sur le fond avant de former la demande en règlement : cependant cette demande, pourvu qu'elle soit formée avant l'expiration des délais de l'appel, nous semblerait suffisante pour conserver les droits de la partie, si le tribunal qui aurait jugé le fond était déclaré par l'autorité saisie du règlement, l'avoir fait incompétemment. Si au contraire ce tribunal était reconnu avoir compétemment statué, la demande en règlement formée dans les délais de l'appel ne pourrait pas relever la partie de la déchéance qu'elle aurait encourue sur le fond en n'interjetant pas son appel en temps utile.

Lorsqu'il y a litispendance, la partie peut aussi, comme on l'a vu précédemment, l'opposer par voie d'exception devant le dernier tribunal saisi. Elle a donc l'option entre la demande en règlement et l'exception de litispendance. Mais celle-là paraît plus avantageuse que celle-ci, 1° en ce qu'elle est portée devant un tribunal supérieur qui fait cesser aussitôt le conflit, tandisque l'exception de litispendance peut être proposée sans succès, et le conflit continuer ainsi à subsister ; 2° en ce que sur la demande en règlement de juges on peut obtenir un sursis à toutes les procédures, tandis que l'exception de litispendance, quand elle est repoussée, ne peut empêcher le tribunal de procéder immédiatement au jugement du fond si sa décision est souveraine ou que par la nature de sa juridiction il puisse statuer en même temps sur la compétence et sur le fond.

L'exception de litispendance est pourtant souvent pré-

féréc , parce qu'elle nécessite moins de frais que la demande en règlement.

2ᵐᵉ cas. *Connexité.* La connexité , comme la litispendance, peut donner lieu au règlement de juges. La lettre
de l'art. 363 ne contrarie pas cette doctrine , car l'article
ne dit pas , *si un même différend entre les mêmes parties est porté à deux ou plusieurs tribunaux* , mais seulement, *si un différend est porté ,* etc.: ce qui n'implique
pas identité dans les deux procès. L'esprit de la loi la
seconde ensuite visiblement ; car tout ce qui tend à prévenir des contrariétés de décision et à épargner des frais
aux parties mérite faveur. La jurisprudence de la cour
de cassation paraît d'ailleurs fixée en ce sens (1).

Tout ce que nous avons dit sur le cas de litispendance
s'applique dès-lors au cas de connexité.

3ᵐᵉ Cas. *Rejet d'un déclinatoire tendant à obtenir le
renvoi devant un tribunal du ressort d'une autre cour
royale.* Ce 3ᵐᵉ cas est fondé sur les dispositions des art. 19
et 20 , tit. 2 , du règlement sur les évocations de 1737,
ainsi conçues : « La partie qui aura été déboutée du déclinatoire par elle proposé dans la cour ou dans la juridiction qu'elle prétendra être incompétente , et de sa demande en renvoi dans une autre cour ou dans une juridiction d'un autre ressort , pourra se pourvoir en notre
grande chancellerie ou en notre conseil , en rapportant
le jugement rendu contre elle et les pièces justificatives
de son déclinatoire, moyennant quoi il lui sera accordé
des lettres ou un arrêt , ainsi qu'il a été dit ci-dessus
(art. 19). La disposition de l'article précédent aura lieu
encore que sur l'appel interjeté par le demandeur en
déclinatoire, de la sentence qui l'en a débouté, ladite sentence ait été confirmée par arrêt (art. 20.) »

_____

(1) V. arr. des 28 déc. 1807 et 5 mai 1829.

Les motifs qui avaient fait établir ces dispositions sembleraient ne plus exister aujourd'hui ; cependant la cour suprême a jugé maintes fois qu'elles sont encore en vigueur (1).

4ᵐᵉ Cas. *Conflit négatif.* Il y a évidemment lieu à règlement lorsqu'il y a conflit négatif; mais tandis qu'il y a conflit positif dès que deux tribunaux sont saisis en même temps d'un même différend ou de différends connexes , il n'y a point nécessairement conflit négatif de ce que deux tribunaux se sont recounus incompétents pour connaître du procès : il faut de plus , ainsi qu'on l'a dit , qu'il soit certain que la connaissance du litige appartient à l'un ou à l'autre.

§ II. *Où doit être porté le règlement de juges.*

Le principe est que le règlement doit être porté devant le tribunal supérieur qui exerce la suprématie la plus prochaine sur chacune des juridictions saisies. L'art. 363 ne fait qu'appliquer ce principe en ces termes : « Si un différend est porté à deux ou plusieurs tribunaux de paix ressortissant du même tribunal , le règlement de juges sera porté à ce tribunal. Si les tribunaux de paix relèvent de tribunaux différents , le règlement de juges sera porté à la cour royale. Si ces tribunaux ne ressortissent pas de la même cour royale , le règlement sera porté à la cour de cassation. Si un différend est porté à deux ou à plusieurs tribunaux de première instance ressortissant de la même cour royale , le règlement de juges sera porté à cette cour. Il sera porté à la cour de cassation si les tribunaux ne ressortissent pas tous de la même cour royale , ou si le conflit existe entre une ou plusieurs cours ».

Cette disposition doit aussi régir le cas où le conflit

---

(1) V. arr. des 15 juillet 1812, 14 mars 1826 et 17 juillet 1828.

existe entre deux tribunaux de commerce ou entre un tribunal de commerce et un tribunal civil, c'est-à-dire que le règlement de juges doit être porté à la cour royale ou à la cour de cassation, suivant que les deux tribunaux saisis sont du ressort de la même cour royale ou du ressort de diverses cours.

L'art. 363 ne prévoit pas nommément le cas où le différend est pendant devant des tribunaux d'inégal degré ; par exemple, devant une justice de paix et un tribunal civil ou de commerce, ou bien devant un tribunal civil ou de commerce et une cour royale. Nous pensons qu'il y a lieu à règlement dans ce cas, quoique le différend soit en première instance dans l'une des juridictions et en appel dans l'autre (1) : nous considérons le règlement de juges comme le remède de tous les conflits. Si aucune des juridictions d'inégal degré ne ressort de l'autre le règlement sera porté devant l'autorité la plus prochaine qui est supérieure à toutes deux. Mais si l'une des juridictions a suprématie sur l'autre, comme par exemple, si le conflit existe entre un tribunal civil et une justice de paix de son ressort, la première de ces juridictions peut-elle connaître du règlement ? Nous estimons que non ; il est plus conforme à l'esprit de la loi que le règlement soit porté devant un tribunal supérieur à chacune des juridictions saisies. Dans l'hypothèse que nous venons de faire ce serait donc à la cour royale à faire cesser le conflit. A la vérité le tribunal civil pourrait s'il était saisi par la voie de l'appel réformer la sentence du juge de paix : mais il n'y a pas d'analogie entre la compétence en matière d'appel et la compétence en matière de règlement de juges.

Le conflit pourrait aussi exister entre un conseil de

_____

(1) *Contrà*, *Cass.* 14 juin 1815.

prud'hommes et une juridiction d'un autre ordre : le règlement de juges devrait alors , suivant les circonstances,
être porté devant la cour royale ou devant la cour de
cassation : les cours royales, à raison de leur suprématie
directe sur les tribunaux de commerce qui ont eux-mêmes
la suprématie sur les conseils de prud'hommes , doivent
exercer sur ces derniers la même autorité que sur les
justices de paix.

Les règles de compétence établies par l'art. 363 doivent-
elles être suivies dans le cas de conflit négatif comme
dans le cas de litispendance ou de connexité ? L'affirmative
est vraisemblable , puisque la raison de décider est la
la même. L'art. 504 C. pr. qui n'autorise que le recours
en cassation, en cas de contrariété de jugements souverains
en différents tribunaux , est inapplicable ici.

§ III. *De quelle manière la demande en règlement de
juges est formée et instruite.*

Quand cette demande est portée devant la cour de
cassation il faut suivre les formalités prescrites par le
règlement de 1737. Les dispositions du code de procédure que nous allons parcourir ne sont applicables qu'au
règlement de juges porté devant un tribunal civil ou
une cour royale.

« Sur le vu des demandes formées dans différents tribunaux , il sera rendu sur requête , jugement portant
permission d'assigner en règlement , et les juges pourront ordonner qu'il sera sursis à toutes les procédures
dans lesdits tribunaux (364). » Ce jugement doit être
rendu sur les conclusions du ministère public (83) , et
à l'audience.

La disposition de l'article n'étant conçue en termes facultatifs qu'à l'égard du sursis , on pourrait en conclure que
la permission de citer en règlement doit toujours être

accordée. Nous n'admettons pas pourtant cette conséquence : si la demande paraît dès l'abord sans fondement, on ne voit pas pourquoi les juges seraient obligés d'autoriser une procédure ultérieure qui leur semblerait inutile. Si la loi avait entendu que la permission devrait toujours être accordée, elle aurait sans doute permis de se pourvoir en règlement par simple exploit, ou tout au plus sur ordonnance du président du tribunal ou de la cour. Serait-il convenable d'assembler une compagnie tout entière pour une chose qui ne pourrait être refusée?

La disposition de l'art. 364 est irritante, en ce sens que la demande en règlement de juges formée par citation directe devrait être déclarée nulle : mais la nullité serait-elle d'ordre public, en sorte qu'elle pût être demandée en tout état de cause et prononcée au besoin d'office? Il se pourrait qu'à la cour de cassation une pareille demande fût rejetée d'office, parce que les assignations directes répugnent à la procédure suivie devant cette cour : mais devant les tribunaux et les cours royales qui sont saisis ordinairement par exploit, on ne devrait pas être aussi rigoureux ; le retour au droit commun est toujours favorable.

« Le demandeur, porte l'art. 365, signifiera le jugement et assignera les parties au domicile de leurs avoués. — Le délai pour signifier le jugement et pour assigner sera de quinzaine, à compter du jour du jugement. — Le délai pour comparaître sera celui des ajournements, en comptant les distances d'après le domicile respectif des avoués. » Il résulte clairement de la comparaison du dernier alinéa de l'article avec le second, que le délai de quinzaine pour assigner en règlement n'est pas susceptible d'augmentation à raison des distances : ce délai semble en effet toujours suffisant pour signifier le jugement dans le ressort du tribunal ou de la cour qui l'a rendu. Mais l'augmentation devrait avoir lieu si la signification devait se faire hors du ressort du tribunal ou de la cour, ce qui peut arriver quand le conflit existe entre des justices de paix ou des tribunaux de commerce ; l'assignation en ce cas doit en effet être donnée au domicile réel du défendeur, sauf le cas prévu par l'art. 422 C. pr.

Si le défendeur en règlement a constitué avoué dans chacun des tribunaux civils entre lesquels s'élève le conflit, faut-il laisser deux assignations à chacun des avoués ? Cela serait superflu : chacun d'eux a qualité pour représenter sa partie ; seulement les procédures faites par celui qui n'aurait pas reçu avis de la demande en règlement pourraient être maintenues, quoique le jugement portant permission de citer en règlement eût prononcé le sursis.

Nous pensons aussi que la signification qui serait faite au domicile réel au lieu de l'être au domicile de l'avoué serait valable ; c'est plutôt pour la commodité du demandeur en règlement, que dans l'intérêt du défendeur, que l'art. 365 prescrit l'assignation au domicile de l'avoué; seulement, comme dans le cas précédent, le sursis ordonné serait inefficace, puisque les avoués n'auraient pu en avoir connaissance et arrêter la marche de leur procédure.

« Si le demandeur n'a pas assigné dans les délais ci-dessus, il demeurera déchu du règlement de juges, sans qu'il soit besoin de le faire ordonner, et les poursuites pourront être continuées dans le tribunal saisi par le défendeur en règlement (366). » Le demandeur, en cas pareil, est censé renoncer non-seulement à sa demande en règlement mais encore à l'instance principale qu'il aurait lui-même engagée devant l'un des tribunaux entre lesquels existait le conflit : cette renonciation implicite le rend dès-lors irrecevable à former une seconde demande en règlement de juges (1). Mais si le demandeur en rè-

_____

(1) *Cass.* 11 mai 1807.

glement se trouvait défendeur dans les deux instances principales, ce qui pourrait arriver dans le cas notamment où il serait assigné par deux personnes différentes en paiement de la même dette, la déchéance de la première demande en règlement ne saurait faire obstacle à une seconde demande du même genre. La loi ne contient pas ici une défense semblable à celle qu'elle fait en matière de requête civile dans l'art. 503 C. pr.

L'instance en règlement de juges constitue une instance particulière distincte des instances principales. Elle doit donc être instruite et jugée dans les formes ordinaires, quand même le fond du procès serait sommaire. Dans tous les cas, le ministère public doit être entendu, parce que la matière intéresse l'ordre des juridictions et par cela même l'ordre public (83).

§ IV. *Du jugement sur la demande en règlement de juges, et des voies ouvertes contre ce jugement.*

LE législateur n'a pas indiqué ce que doit contenir le jugement qui statue sur une demande en règlement de juges ; cela est subordonné aux circonstances et nécessite diverses distinctions dont nous allons indiquer les principales.

Si la demande en règlement de juges est repoussée, parce que le conflit allégué n'est pas prouvé, le demandeur doit être condamné aux entiers dépens et en outre à tels dommages-intérêts que de droit envers les autres parties, dans le cas notamment où sa demande aurait arrêté les procédures dans une affaire urgente.

Si le conflit est établi, il faut distinguer encore divers cas.

S'agit-il d'un conflit négatif, le jugement qui statue sur le règlement doit indiquer celle des juridictions qui s'était mal-à-propos dessaisie et devant laquelle le litige devra être de nouveau porté : ici ne s'applique point le principe qui ne permet pas aux juges qui ont rendu une sentence infirmée de connaître de l'exécution de la sentence infirmative. Quant aux dépens, ils devraient suivant les circonstances être réservés jusqu'à fin de cause ou laissés en tout ou en partie à la charge tantôt du demandeur en règlement, tantôt du défendeur. Si, par exemple, le tribunal premier saisi était compétent et qu'il se fût dessaisi d'office, les dépens devraient être réservés jusqu'à fin de cause, puisque les frais exposés ne pourraient être imputés qu'à l'erreur des juges. Si au contraire l'une des parties avait mal-à-propos décliné la compétence de ce premier tribunal, elle devrait être condamnée à tous les frais exposés ultérieurement, car ce serait sa mauvaise contestation qui les aurait occasionnés. D'un autre côté, dans le cas où le premier tribunal se serait à bon droit déclaré incompétent, les frais devant ce premier tribunal devraient être laissés à la charge de la partie qui l'aurait saisi, et ceux faits devant le second tribunal et sur la demande en règlement de juges devraient être réservés.

Quand le règlement a lieu pour cause de conflit positif, trois hypothèses peuvent se présenter : ou les deux juridictions saisies étaient compétentes, ou une seule, ou aucune.

1re *Hypothèse*. Les deux juridictions étaient compétentes dès le principe, ou leur incompétence avait été couverte.

Dans ce cas, le procès doit en général être renvoyé devant la juridiction qui avait été saisie la première. Ce principe doit être suivi à la rigueur lorsqu'il y avait litispendance proprement dite et que le défendeur dans la deuxième instance n'avait point procédé volontairement devant la seconde juridiction saisie. Mais dans le cas de simple connexité, ou en cas de litispendance lorsque le défendeur dans la seconde instance a défendu au fond, le principe n'est plus inflexible : on doit alors considérer quelle est celle des juridictions où les parties pourront plaider avec le plus de commodité et où l'instruction se trouve le plus avancée. C'est seulement quand les choses à cet égard sont égales dans les deux tribunaux qu'on doit donner la préférence à celui qui avait été saisi le premier. De même dans ce dernier cas les dépens devraient être réservés jusqu'à fin de cause, et les actes d'instruction faits dans chacune des juridictions devraient être maintenus ; tandis que dans le précédent, celui de litispendance opposée dès l'abord, tout ce qui aurait été fait devant le second tribunal saisi devrait être annulé, et les frais de cette seconde instance devraient être laissés à la charge de celle des parties qui l'aurait engagée, avec ceux du règlement.

2me *Hypothèse.* L'une des juridictions seulement était compétente, l'autre était incompétente à raison de la matière, ou son incompétence à raison de la personne n'a pas été couverte.

Le procès, en ce cas, doit rester à la première juridiction ; tout ce qui a été fait dans l'autre doit être annulé, et les frais exposés devant celle-ci doivent être mis à la charge de celui qui l'avait saisie, comme ceux du règlement de juges. Si c'est le demandeur en règlement qui avait saisi la juridiction incompétente, il peut même être condamné à des dommages-intérêts (367).

3me *Hypothèse.* Aucune des juridictions saisies n'était compétente, et l'incompétence d'aucune d'elles n'a été couverte.

Les procédures faites devant les deux juridictions doivent être déclarées non avenues ; chacune des parties doit être condamnée aux frais faits devant la juridiction qu'elle a mal-à-propos saisie, et les dépens de l'instance en règlement doivent être compensés.

Un dernier point appelle notre attention.

Quelles sont les voies ouvertes contre le jugement qui statue sur la demande en règlement de juges? La loi n'a établi à cet égard aucune règle spéciale, d'où l'on doit conclure que les principes généraux conservent leur empire.

Ainsi, lorsque le jugement est par défaut à l'égard de quelqu'une des parties, il est susceptible d'opposition dans les délais ordinaires ; s'il est rendu par un tribunal d'arrondissement, comme l'instance en règlement de juges est une instance nouvelle distincte de celles pendantes devant les juridictions en conflit, le jugement est sujet à l'appel ; s'il émane d'une cour royale, il n'est sujet qu'à la requête civile ou au recours en cassation, suivant les règles ordinaires.

CHAPITRE III.

Des renvois proprement dits.

Ces renvois diffèrent de ceux dont nous avons parlé en traitant des exceptions, sous deux rapports essentiels. Lorsqu'un déclinatoire est accueilli, la procédure faite devant le juge qui se dessaisit demeure en général sans effet, et ce juge n'a pas à déterminer devant quel autre tribunal les parties devront se pourvoir. Au contraire, dans les renvois dont nous allons nous occuper, le jugement qui prononce le renvoi doit indiquer le tribunal devant lequel l'affaire devra se poursuivre, et le procès y est porté dans l'état où il se trouvait devant le tribunal dessaisi, c'est-à-dire que tous les actes de procédure faits devant ce dernier tribunal conservent leur effet.

Le renvoi peut être demandé pour cinq causes qu'on va successivement indiquer : la quatrième est la seule qui nécessitera des explications un peu étendues.

1re cause. *Suppression de tribunal*. Quand un tribunal supprimé est remplacé par un autre, les procès qui étaient pendants devant le premier doivent se continuer devant le second : la loi qui opère le changement en contient ordinairement une disposition formelle. En ce cas on n'a nul besoin de provoquer d'une juridiction supérieure une décision qui prononce le renvoi.

Mais dans les cas plus rares où un tribunal serait supprimé de droit ou de fait, sans être remplacé par aucun autre, comme il advint pour les tribunaux français de St.-Domingue lors de la révolution de l'île, on pourrait réclamer le renvoi devant un tribunal du même ordre que celui supprimé; et ce renvoi devrait naturellement être demandé à la cour de cassation, source première de toute justice.

2me cause. *Suspicion légitime*. Cette cause et la suivante résultent de la loi du 27 ventôse an 8.

Le renvoi pour cause de suspicion légitime peut être demandé par chaque partie intéressée ; il ne peut l'être que devant la cour régulatrice.

3me cause. *Sûreté publique*. Ce renvoi, comme le précédent, doit être demandé devant la cour de cassation; mais il ne peut l'être que par le ministère public.

4me cause. *Parenté ou alliance*. Cette cause est la seule dont s'occupe le code de procédure ; elle fait l'objet du tit. 20 du liv. 2 de la première partie de ce code. Nous devons examiner, 1° dans quels cas le renvoi pour cette cause peut être demandé ; 2° par qui il peut l'être; 3° à quelle époque et devant qui la demande doit être formée ; 4° la manière dont elle est instruite et jugée; 5° les recours ouverts contre le jugement.

I. *Dans quels cas le renvoi peut être demandé*.

Nous avons vu dans un des chapitres précédents, qu'on peut récuser le juge parent ou allié de l'une des parties

jusqu'au degré de cousin issu de germain inclusivement :
mais lorsqu'il existe plusieurs parentés ou alliances à ce
degré, la récusation peut ne plus présenter des garanties
suffisantes ; la partie peut craindre que les juges récusés
ne sollicitent auprès de leurs collègues, qu'en l'absence
même de toute sollicitation ceux-ci ne sé laissent prévenir à leur insçu par leur attachement et leur estime pour
des membres de leur compagnie. Tels sont les motifs
qui ont dicté la disposition de l'art. 368, ainsi conçu :
« Lorsqu'une partie aura deux parents ou alliés, jusqu'au
degré de cousin issu de germain inclusivement, parmi
les juges d'un tribunal de première instance, ou trois
parents ou alliés au même degré dans une cour royale,
ou lorsqu'elle aura un parent audit degré parmi les juges
du tribunal de première instance, ou deux parents dans
la cour royale, et que elle-même sera membre du tribunal
ou de cette cour, l'autre partie pourra demander le
renvoi ».

Les dispositions de cet article doivent s'appliquer aux
tribunaux de commerce comme aux tribunaux civils d'arrondissement ; mais elles ne sauraient s'appliquer ni aux
justices de paix devant lesquelles le renvoi pour parenté ou
alliance se confond avec la récusation, ni aux prud'-
hommes, à raison de la modicité de leur compétence en
dernier ressort.

Les juges suppléants doivent-ils être assimilés aux juges titulaires? l'affirmative est probable ; ils font partie
du tribunal. A plus forte raison, pensons-nous qu'on
doit en cette matière assimiler aux juges les magistrats
du ministère public (1).

_____

(1) La section du tribunat émit l'avis contraire en ce qui concerne
les magistrats du ministère public ; mais son sentiment ne prévalut
pas, car la rédaction qu'elle critiquait ne fut pas changée. *Contrà*,
Carré, quest. 1312.

L'art. 378 autorise la récusation du juge, non-seulement quand il est allié de l'une des parties, mais encore lorsque l'alliance n'existe qu'avec sa femme : nous penchons à croire qu'il ne faut pas suivre la même règle pour le renvoi ; l'art. 368 exige en effet une alliance proprement dite. L'affinité doit être réputée dissoute au-delà du second degré, lorsque la personne qui la produisait est décédée sans enfants : nous ne concevrions pas qu'une alliance insuffisante pour la récusation pût avoir plus de force pour le renvoi qui s'écarte bien davantage des règles ordinaires.

Au surplus, quand les parentés ou alliances ne sont pas au nombre ou dans le degré prévus par l'art. 368, elles pourraient, surtout si d'autres circonstances concouraient à faire suspecter l'impartialité du tribunal saisi, autoriser la demande en renvoi pour cause de suspicion légitime. Il en serait de même s'il existait d'autres causes de récusation contre plusieurs juges.

II. *Par qui le renvoi peut être demandé.*

Nous avons dit au chapitre de la récusation que la parenté ou alliance du juge avec l'une des parties est une cause de récusation proposable par chacune d'elles. Il en est autrement pour le renvoi ; il ne peut être demandé que par l'adversaire de la partie avec laquelle existe la parenté ou l'alliance. La loi suppose ici que les haines se communiquent moins aisément que les affections.

Mais la circonstance que le demandeur en renvoi aurait dans le tribunal ou la cour autant ou plus de parents ou alliés que la partie adverse et à des degrés égaux ou plus rapprochés, n'établirait pas une fin de non-recevoir.

Le renvoi peut être demandé par celui-là même qui a saisi le tribunal ; car il ne peut l'être qu'après que l'instance est introduite. Le demandeur ne paraîtrait pas même ir-

8

recevable à réclamer le renvoi, quoiqu'il eût pu porter régulièrement son action devant un autre tribunal : la loi ne l'oblige pas à s'enquérir des parentés ou alliances de ses juges, avant d'engager l'instance.

III. *A quelle époque et devant quel tribunal le renvoi doit être demandé.*

« Le renvoi, dit l'art. 369, sera demandé avant le commencement de la plaidoirie, et si l'affaire est en rapport, avant que l'instruction soit achevée ou que les délais soient expirés : sinon, il ne sera plus reçu. » En cédant à la faiblesse des plaideurs, il ne faut pas, disait avec raison l'orateur du tribunat, que cette déférence fournisse des armes à la chicane.

Le renvoi pourrait néanmoins être demandé après l'époque fixée par l'art. 369, si l'une des alliances n'avait été contractée que depuis cette époque.

C'est au tribunal même saisi de la demande principale qu'il faut s'adresser pour obtenir le renvoi : la discussion qui eut lieu au conseil d'état ne peut laisser à cet égard aucun doute.

IV. *Comment la demande en renvoi doit être formée, instruite et jugée.*

« Le renvoi doit être proposé par acte au greffe, lequel doit contenir les moyens et sera signé de la partie ou de son fondé de procuration spéciale et authentique (370). Sur l'expédition dudit acte présentée avec les pièces justificatives doit être rendu un jugement qui ordonne, 1° la communication aux juges à raison desquels le renvoi est demandé pour faire dans un délai fixe leur déclaration au bas de l'expédition du jugement ; 2° la communication au ministère public ; 3° le rapport, à jour indiqué, par l'un des juges nommé par ledit jugement (371). » Ces articles contiennent des dispositions analogues à celles des art. 384 et 385 sur la récusation ; ce que nous avons dit sur ceux-ci s'applique donc à ceux-là.

Mais l'art. 372 établit une différence notable entre la récusation et le renvoi. La récusation ne doit pas être communiquée à la partie adverse, parce qu'on suppose qu'il n'importe guère à celle-ci d'être jugée par tel juge ou par tel autre : il en est autrement de la demande en renvoi qui peut avoir pour résultat d'obliger cette partie à se transporter devant des juges éloignés, qui ne sont pas ses juges naturels. L'art. 372 veut donc que l'expédition de l'acte à fin de renvoi, les pièces y annexées et le jugement mentionné en l'article précédent, soient signifiés aux autres parties. Si cette signification n'était point faite, ces parties pourraient se rendre opposantes envers le jugement qui aurait à leur insçu prononcé le renvoi.

« Si les causes de la demande en renvoi sont avouées ou justifiées dans un tribunal de première instance, le renvoi sera fait à l'un des autres tribunaux ressortissant en la même cour royale ; et si c'est dans une cour royale, le renvoi sera fait à l'une des trois cours les plus voisines (373). » C'est le seul cas où un tribunal peut renvoyer, de son autorité, les parties devant un tribunal du même degré. Le jugement qui ordonne le renvoi ne doit prononcer aucune condamnation aux dépens contre les défendeurs à cette demande, à moins que ceux-ci n'aient fait quelque mauvaise contestation ; les dépens doivent être réservés jusqu'à fin de cause.

Si, au contraire, la demande en renvoi est rejetée, non-seulement le demandeur doit être condamné aux dépens, mais il doit encore, d'après l'art. 374, être condamné à une amende qui ne peut être moindre de cinquante francs, sans préjudice des dommages-intérêts de la partie, *s'il y a lieu* ; par exemple, si le renvoi n'a été visiblement demandé que pour retarder le jugement du fond.

Les juges à raison desquels le renvoi est demandé ne peuvent jamais prendre part au jugement.

V. *Des recours contre le jugement qui statue
sur la demande en renvoi.*

Quand c'est un tribunal de première instance qui juge
la demande en renvoi, son jugement est sujet à l'appel
quand même le fond devrait être jugé en dernier ressort;
il y a même raison de décider que pour les incidents
de récusation ou d'incompétence où la voie de l'appel
est toujours admise.

L'appel est ouvert au demandeur comme au défendeur,
suivant que le renvoi a été refusé ou prononcé. Il n'est
pas ouvert aux juges qui donnent lieu à la demande,
parce que l'allégation d'une parenté ou alliance ne peut
jamais avoir rien de blessant.

« Dans tous les cas l'appel du jugement de renvoi
est suspensif (376). » Il est douteux pourtant que ce
principe soit obligatoire pour les tribunaux de commerce
qui sont autorisés à juger en même temps la compétence
et le fond.

Cet appel doit, d'après l'art. 377, être formé et jugé
de la manière prescrite pour la récusation par les art.
392, 393, 394, et 395 dont nous avons reproduit précédemment les dispositions. Toutefois, quoiqu'en matière
de récusation, l'adversaire du récusant ne puisse intervenir dans l'instance d'appel, il doit en être autrement
du défendeur à la demande en renvoi; c'est sans doute
pour cela que l'art. 377 n'étend pas aux renvois la disposition de l'art. 396 suivant laquelle l'effet suspensif de
l'appel en matière de récusation cesse de plein droit un
mois après la prononciation du jugement, à moins que
le récusant ne signifie aux parties adverses un certificat du
greffier constatant que l'appel n'est pas encore jugé.

L'arrêt rendu en matière de renvoi, comme celui rendu
en matière de récusation, ne paraît en aucun cas susceptible d'opposition. Il ne peut être attaqué que par la

voie du recours en cassation ou de la requête civile, s'il présente quelque ouverture à ces voies extraordinaires.

« Si le renvoi est prononcé, qu'il n'y ait pas d'appel, ou que l'appelant ait succombé, la contestation sera portée devant le tribunal qui devra en connaître, sur simple assignation ; et la procédure y sera continuée suivant ses derniers errements (375). » Cette disposition doit être considérée comme commune à tous les cas de renvoi.

5me cause. *Insuffisance du nombre des juges ou des avoués*. Quand un tribunal, à raison des causes de récusation qui existent à l'égard de plusieurs de ses membres, est dans l'impossibilité de se constituer régulièrement, il y a lieu à demander le renvoi. Il en est de même dans le cas où il n'existe pas auprès du tribunal un assez grand nombre d'avoués pour représenter toutes les parties qui ont des intérêts opposés.

La difficulté est de savoir devant qui ces demandes en renvoi doivent être proposées. Est-ce devant le tribunal même saisi du litige ? Nous aurions peine à le croire ; 1° parce que si le tribunal ne peut point se constituer régulièrement pour juger le fond, il ne peut se constituer non plus pour juger l'incident ; 2° parce que la faculté pour un tribunal de saisir par voie d'autorité un tribunal du même degré, sur lequel il n'a aucune suprématie, est exorbitante du droit commun, et doit dès-lors être restreinte au seul cas où le législateur l'a formellement autorisée, celui de renvoi pour parenté ou alliance.

Mais sera-ce à la cour royale ou à la cour de cassation qu'il faudra s'adresser ? Il est plus naturel d'autoriser les parties à se pourvoir devant la cour royale, dès qu'il n'existe ici aucun texte qui attribue compétence exclusive à la cour de cassation.

3e DIVISION.

DES INCIDENTS RELATIFS AUX PREUVES.

Nous aurons à parler ici des enquêtes, des rapports d'experts, des descentes sur les lieux, des vérifications d'écritures et du faux incident civil, de l'audition des parties, du serment, et des commissions rogatoires.

CHAPITRE PREMIER.

Des enquêtes (1.

Tant que les mœurs d'un peuple sont pures et que la religion du serment est respectée, la preuve testimoniale est de toutes les preuves la plus décisive ; mais dès que la nation est corrompue, dès qu'on y rencontre des hommes capables de se parjurer pour un sordide intérêt, la fortune des citoyens serait à chaque instant menacée si la preuve testimoniale n'était environnée de nombreuses restrictions.

A Rome, il fut de principe en tout temps que la preuve orale devait l'emporter sur la preuve écrite ; ce principe était sage tant que dans la cité de Romulus on put trouver des Romains ; on aurait dû le changer quand dans la ville des Césars il n'y eut plus que des esclaves.

En France la preuve orale fut aussi en grande faveur à partir de l'époque où le combat judiciaire et les autres

---

(1) On donne le nom d'enquête à la procédure suivie pour l'audition des témoins en justice, ce mot vient du verbe latin inquirere. L'enquête diffère de l'acte de notoriété en ce que ce dernier acte se fait extra-judiciairement sur la demande d'une seule partie, et ne peut dès-lors être invoqué contre un tiers.

épreuves cessèrent d'être en usage; il ne pouvait en être autrement dans des temps d'ignorance où l'usage de l'écriture était fort rare. Jusqu'à la fin du seizième siècle on avait adopté, pour exprimer la supériorité de la preuve orale sur la preuve écrite, cette maxime *témoins passent lettres*; mais dans l'ordonnance de Moulins de 1566, le chancelier de l'Hôpital, vivement frappé des dangers de la preuve testimoniale et des avantages de la preuve écrite dont l'emploi était devenu plus facile, fit défendre la preuve par témoins de tout contrat ou obligation excédant la valeur de 100 livres, quand les parties auraient pu se procurer un titre écrit; l'ordonnance défendit également la preuve contre et outre le contenu aux actes. Depuis cette époque l'ancienne maxime fut changée et remplacée par cette autre, *lettres passent témoins*.

Les preuves écrites peuvent pourtant dans certains cas être renversées par des dépositions de témoins, comme nous le verrons notamment en traitant du faux incident civil : c'est ce qui nous a engagé à parler tout d'abord des enquêtes. Toutefois dans les règles que nous allons tracer nous supposerons qu'il ne s'agit point de combattre la foi due à un acte écrit; nous verrons plus tard les règles relatives à ce cas spécial.

Nous devons dire également dès l'abord qu'on distingue deux espèces d'enquête, l'une plus rapide et moins chargée de formalités, qu'on appelle *enquête sommaire*, l'autre que, par opposition à celle-là, l'on appelle *enquête ordinaire*; il ne sera question maintenant que de celle-ci.

Avant d'en expliquer les règles fort nombreuses il est bon de rappeler que les lois nouvelles ne reconnaissent plus deux sortes d'enquête, fort usitées autrefois, mais dont l'ordonnance de 1667, dans son tit. 8, avait déjà prononcé l'abrogation.

L'une était *l'enquête par tourbe*, qui servait à prouver

une coutume non écrite. Aujourd'hui dans les cas rares
où la loi a conservé les coutumes locales, ces coutumes
se constatent par de précédentes décisions rendues par
les juges de la localité ; s'il fallait recourir pour cela à des dépositions de témoins ce seraient les formes ordinaires
des enquêtes qu'il faudrait suivre.

L'autre était *l'enquête à futur*. Elle avait lieu avant que
le procès fut engagé, et elle était destinée à prévenir le
dépérissement des preuves quand la mort ou la dispari-
tion de quelques témoins étaient imminentes. Aujourd'hui
en cas pareil on devrait se borner à faire recevoir la
déposition du témoin par un notaire, pour en tirer ensuite tel avantage que de droit.

§. I. *Comment l'enquête doit être demandée.*

L'art. 252 dispose : « Les faits dont une partie de-
mandera à faire preuve seront articulés succinctement
par un simple acte de conclusion, sans écritures ni requête. Ils seront également par un simple acte déniés
ou reconnus dans les trois jours; sinon, il *pourront* être
tenus pour confessés où avérés. » Le délai de trois jours
que cet article accorde pour dénier les faits n'est pas
prescrit à peine de déchéance ; ainsi les faits peuvent être
déniés tant que le tribunal n'a pas prononcé : le demandeur en preuve peut seulement, quand les trois jours
sont expirés, poursuivre l'audience. L'avoué du défendeur
devrait au surplus obtenir une prorogation de délai
pour s'expliquer sur les faits, s'il justifiait n'avoir pu recevoir sur l'objet de l'enquête les instructions de sa partie.

L'absence de dénégation ne peut faire considérer les
faits comme avérés dans les matières qui intéressent l'ordre public ou des tiers, comme les demandes en séparation de corps ou de biens ; le silence d'une des parties
ne peut avoir plus de force que n'en aurait son aveu.

Mais quand le procès ne roule que sur les intérêts privés de parties majeures et capables, le tribunal doit tenir les faits pour avérés dès qu'ils ne sont point déniés ; l'art. 252 est conçu, il est vrai, en termes facultatifs ; mais l'art. 253 s'exprime d'une manière plus précise.

Rien n'empêche la partie qui aurait omis dans son acte de conclusion un fait important, d'en offrir la preuve dans un acte postérieur ; seulement, les frais de ce dernier acte ne pourraient être passés en taxe contre l'autre partie.

Le défendeur peut de son côté, sans dénier les faits, s'opposer à la preuve, quand elle manque de quelqu'une des conditions dont nous allons parler dans le paragraphe suivant.

§. II. *Dans quels cas la preuve peut être ordonnée.*

« Si les faits sont admissibles, dit l'art. 253, qu'ils soient déniés, et que la loi n'en défende pas la preuve, elle pourra être ordonnée. » Ainsi pour que la preuve puisse être ordonnée il faut la réunion de trois conditions ; 1° que la loi ne la défende pas ; 2° que les faits soient admissibles ; 3° qu'ils soient déniés. Reprenons chacun de ces points.

L'art. 1341 C. civ. pose en principe qu'aucune preuve par témoins n'est admise dans les matières dont la valeur excède 150 fr. lorsque la partie a pu se procurer un titre écrit, et qu'au-dessous même de cette somme la preuve n'est pas admise contre et outre le contenu aux actes, ni sur ce qui aurait été dit ou fait avant, lors ou depuis les actes. Mais ces défenses, d'après l'art. 1347, souffrent exception quand il existe un commencement de preuve par écrit.

Quelquefois la preuve testimoniale est proscrite d'une manière absolue, quand même il existerait un commencement de preuve par écrit, par exemple, pour la recherche de la paternité naturelle. En pareil cas, la prohibition est fondée principalement sur des considérations d'ordre public ; partant, la preuve doit toujours être repoussée, quand même le défendeur ne s'y opposerait point.

Mais doit-il en être de même dans les cas ordinaires ? La question est controversée. Sans reproduire ici tous les éléments de cette controverse qui se rattache au droit civil plus qu'à la procédure, il suffira de dire qu'à nos yeux la prohibition de l'art. 1341 C. civ. est établie dans l'intérêt des parties plutôt que dans un intérêt général, et que le consentement formel ou tacite du défendeur à ce que la preuve ait lieu, doit être assimilé à un commencement de preuve par écrit qui en principe autorise la preuve (1).

Nous pensons aussi que l'acquiescement du défendeur au jugement qui a ordonné la preuve le rend irrecevable à en appeler ou à demander pour cette cause la nullité de l'enquête lors du jugement définitif (2).

Il faut en second lieu que les faits dont on demande à faire preuve soient *admissibles*, c'est-à-dire qu'ils soient de nature, s'ils sont prouvés, à entraîner la conviction du juge. C'est en vain qu'on autoriserait la preuve de faits qui devraient être sans influence sur la décision de la contestation : *frustrà*, dit un ancien brocard, *admittitur probandum quod probatum non relevat.*

Il faut en troisième lieu que les faits soient déniés : mais on a vu que cette dernière condition n'est pas exigée en toute matière.

Du reste quoique les trois conditions se trouvent réunies, les juges peuvent rejeter la preuve offerte, si les

---

(1) *Contrà*, Toullier, t. 9, n° 36 et suiv.; Boncenne, t. 4. p. 225.
(2) *Cass.* 15 et 27 juin 1831.

autres actes du procès leur fournissent des éléments suffisants de décision. Les termes facultatifs de l'art. 253
leur laissent à cet égard un pouvoir discrétionnaire, ainsi
que la cour de cassation l'a reconnu dans nombre d'arrêts (1).

La preuve testimoniale n'est pas toujours ordonnée sur
la demande d'une partie. Le tribunal peut aussi ordonner
d'office la preuve des faits qui lui paraissent concluants (2)
si la loi ne le défend pas (254). » Le juge a le droit
de se fixer sur tous les faits qui lui semblent de nature
à éclairer sa religion : mais il faut dans ce cas comme
dans le précédent que les faits soient déniés par la partie
à laquelle on les oppose, si le litige ne sort pas du cercle
des intérêts privés.

§ III. *Que doit contenir le jugement qui ordonne*
l'enquête ?

« LE jugement qui ordonne l'enquête doit contenir, 1° les
faits à prouver ; 2° la nomination du juge devant qui l'enquête sera faite (255). » La première de ces indications
est substantielle, et son omission doit entraîner la nullité
du jugement (3). Quant à l'indication du juge-commissaire,
si elle a été omise dans le jugement qui ordonne la preuve,
l'omission peut être réparée par un jugement ultérieur :

(1) V. notamment 25 ventôse an 11, 9 novembre 1814 et 18
août 1836.
(2) L'expression de faits *concluants* présente ici le même sens que
celle de *faits admissibles* employée dans l'art. 253. Les faits admissibles ou concluants sont aussi appelés *faits pertinents* ; cette dernière dénomination semble pourtant plus générale que les précédentes
et indiquer non-seulement que les faits sont probants par eux-mêmes
mais encore que la loi n'en défend pas la preuve.
(3) Il n'y aurait pourtant pas nullité si le dispositif se référait
aux qualités dans lesquelles les faits seraient énoncés : mais il faudrait alors donner copie aux témoins de ce passage des qualités.

on devrait procéder de même si le tribunal avait par inadvertance omis de consigner dans le dispositif du jugement quelqu'un des faits sur lesquels la preuve accueillie doit rouler.

Si le juge-commissaire ne peut procéder à sa commission, il faut en faire nommer un autre par le tribunal ou par le président de la chambre saisie de l'affaire ; nous pensons en effet que le président peut ici, comme dans le cas de l'art. 110, pourvoir seul au remplacement, d'autant que ce remplacement peut être urgent.

Si les témoins sont trop éloignés, il peut être ordonné que l'enquête sera faite devant un juge commis par un tribunal désigné à cet effet (255). Le tribunal peut même, suivant l'art. 1035, désigner directement un juge d'un autre tribunal ou un juge de paix.

Il n'est point nécessaire que le jugement qui ordonne l'enquête autorise la partie défenderesse à la preuve contraire : cette preuve est de droit (256) ; elle est désignée dans le langage de la procédure, sous le nom de *contr'enquête*, ou *contraire enquête*.

La contr'enquête ne doit tendre qu'à démontrer la non-existence des faits allégués par la partie qui a fait ordonner l'enquête. Si, par exemple, un jugement permet la preuve par témoins d'une obligation, le défendeur est de plein droit autorisé à prouver que cette obligation n'a jamais existé ; mais il n'est pas virtuellement autorisé à prouver qu'elle est éteinte, parce que la libération alléguée n'est plus la dénégation pure et simple du fait avancé par le demandeur.

De même, si un jugement permet à une femme mariée de prouver certains excès, sévices ou injures graves pour obtenir la séparation de corps, le mari peut de plein droit produire des témoins pour prouver que ces actes n'ont jamais eu lieu ; mais s'il veut prouver l'adultère de sa femme, pour demander de son propre chef la séparation de corps, il doit s'y faire autoriser expressément par jugement.

Toutes les fois donc qu'une partie ne se borne pas à dénier les faits avancés par son adversaire, mais qu'elle allègue elle-même des faits d'un ordre différent, elle doit se faire autoriser à les prouver. Il peut y avoir alors ce que quelques auteurs appellent une *enquête respective*, c'est-à-dire, deux enquêtes également principales dont chacune autorise une contr'enquête.

Si l'on n'avait pas procédé ainsi, le juge-commissaire devrait refuser d'interroger les témoins sur les faits nouveaux allégués par l'une des parties ; et s'ils déposaient spontanément là-dessus, leur déposition ne saurait être de quelque considération qu'autant que ces autres faits seraient aussi de nature à être prouvés par témoins : encore même l'autre partie pourrait-elle obtenir une nouvelle enquête pour démontrer la fausseté de ces faits nouveaux qu'elle n'avait pas été mise à même de contredire régulièrement.

Dans l'usage, l'enquête et la contraire enquête, comme aussi les enquêtes respectives, lorsqu'il y a lieu à en faire, sont confiées au même commissaire, et cela paraît conforme à l'esprit de la loi. Nous ne pensons pas pourtant qu'il soit interdit, à peine de nullité, de confier l'enquête et la contr'enquête ou les enquêtes respectives à des juges différents.

Le jugement qui ordonne l'enquête doit encore en un cas qu'on va voir dans le paragraphe suivant, indiquer le délai dans lequel elle sera commencée.

§ IV. *Des délais pour commencer l'enquête et la contr'enquête.*

LA loi a établi des délais rigoureux pour commencer et terminer les enquêtes ; elle n'a point voulu que les parties eussent le temps de corrompre les témoins. Ces délais sont communs à la contr'enquête et à l'enquête proprement dite.

« Si l'enquête est faite au même lieu où le jugement a été rendu , ou dans la distance de trois myriamètres, elle sera commencée dans la huitaine du jour de la signification à avoué ; si le jugement est rendu contre une partie qui n'avait point d'avoué, le délai courra du jour de la signification à personne ou domicile : ces délais courent également contre celui qui a signifié le jugement ; le tout à peine de nullité. Si le jugement est susceptible d'opposition , le délai courra du jour de l'expiration des délais de l'opposition (257). » Ces délais ne peuvent être augmentés par le juge (1), et il est bien digne de remarque que la maxime nul se forclot soi-même ne leur est pas applicable.

L'art. 257 prévoit trois cas qu'il faut soigneusement distinguer. Le 1er c'est le cas d'un jugement contradictoire ou d'un jugement rendu par forclusion contre une partie ayant avoué. Le délai court alors à dater de la signification à avoué. Le 2me c'est celui d'un jugement rendu contre une partie qui n'avait point d'avoué , mais qui pourtant n'est point susceptible d'opposition , comme sont les jugements rendus après jonction du défaut. Le délai court alors à dater de la signification à personne ou domicile. Le 3me enfin , c'est celui d'un jugement par défaut qui est susceptible d'opposition : le délai ne court en ce cas qu'à dater de l'expiration des délais de l'opposition. L'application de cette dernière règle est facile quand il s'agit d'un jugement par défaut faute de conclure : le délai pour commencer l'enquête court alors à dater de l'expiration de la huitaine qui suit la signification à avoué. Mais la règle ne paraît plus si simple quand

_____

(1) *Cass.* 13 novembre 1816.

il s'agit d'un jugement par défaut faute de comparaître. L'opposition envers ces jugements est recevable en effet jusqu'à leur exécution : or, comment comprendre que le délai pour commencer l'enquête ne coure qu'à dater du jour où le jugement sera exécuté ou réputé tel, quand il ne peut précisément être exécuté qu'en procédant à l'enquête. On ne peut expliquer d'une manière satisfaisante cette disposition de la loi qu'en supposant que les auteurs du code de procédure avaient en vue les anciens principes d'après lesquels le délai régulier de l'opposition n'était dans tous les cas que de huitaine. D'après cette explication qui est la plus vraisemblable le délai pour commencer l'enquête doit courir, quand la partie adverse n'a pas constitué avoué et que le jugement est susceptible d'opposition, à dater de l'expiration de la huitaine qui suit la signification à personne ou domicile (1). D'un autre côté, l'enquête ne peut être commencée avant l'expiration de cette huitaine, d'après l'art. 155.

Si la partie défaillante ne forme son opposition qu'après l'expiration des délais pour faire l'enquête, est-elle déchue du droit de faire une contr'enquête? Le principe est sans doute que les délais pour faire l'enquête s'appliquent à la contr'enquête : mais ce principe ne doit pas être appliqué ici dès qu'il y a présomption légale que la partie qui n'a pas constitué avoué n'a pas eu connaissance de la demande formée contre elle. Au contraire, si la partie n'appelle du jugement qu'après l'expiration des délais pour faire sa contr'enquête, son appel ne peut la relever de la déchéance encourue : elle aurait dû l'interjeter avant cette déchéance (2).

---

(1) M. Thomine Desmazures entend par ces mots *délais de l'opposition*, le temps pendant lequel l'attente de l'opposition suspend l'exécution aux termes de l'art. 155 : le résultat est le même.

(2) *Cass.* 25 janvier 1820 et 9 mars 1836.

L'effet suspensif de l'appel s'applique au jugement qui ordonne une enquête. L'exécution nonobstant l'appel ne peut avoir lieu qu'autant que le jugement est de sa nature exécutoire provisoirement, ou que l'exécution provisoire a été ordonnée dans l'un des cas prévus par l'art. 135. Si l'un des témoins était en état de maladie mortelle ou sur le point de partir pour un voyage lointain, ce serait à la juridiction saisie de l'appel qu'il faudrait demander la permission de le faire entendre provisoirement. Que si le jugement est exécutoire par provision, la partie qui l'a obtenu a sans doute la faculté de commencer l'enquête nonobstant l'appel; mais si elle ne le fait point elle n'encourt pas de déchéance.

Quand le délai pour faire l'enquête a commencé à courir avant l'opposition ou l'appel, les parties n'ont-elles plus, après le rejet de l'opposition ou de l'appel, que la portion de délai qui restait à courir quand l'opposition ou l'appel ont été formés? Nous ne le pensons pas; le délai étant si court doit être continu; l'art. 447 est inapplicable ici.

Mais quand l'appel a été rejeté, le nouveau délai ne doit pas être calculé à dater de la signification de l'arrêt faite à l'avoué d'appel; il faut pour le faire courir une seconde signification à l'avoué de première instance. Dans les cas que la loi ne prévoit point, il faut restreindre les déchéances (1).

« Si l'enquête doit être faite à plus de trois myriamètres du lieu où siége le tribunal qui l'a ordonnée, le jugement doit fixer le délai dans lequel elle sera commencée (258). » Si le jugement ne fixe pas ce délai, aucune déchéance ne peut être encourue. Ce délai ne doit jamais être plus court que le délai ordinaire réglé

---

(1) *Contrà, Cass.* 30 juillet 1828.

par l'art. 257, et il ne peut courir, comme celui-ci, avant
la signification du jugement. Y a-t-il de plein droit déchéance si l'enquête n'est pas commencée dans le délai
fixé par le jugement? Nous ne craignons pas de répondre négativement, au risque de passer pour trop indulgent : l'art. 258 ne répète pas la peine prononcée dans
l'art. 257, et les raisons de décider ne sont pas absolument les mêmes : toutes les fois en effet qu'il faut faire
une procédure dans des lieux éloignés, il est à redouter,
ou que les pièces n'y arrivent pas en temps utile, ou
que la personne à qui on les adresse, souvent sans la
connaître, ne s'acquitte pas exactement de la commission :
la déchéance ne devrait donc suivant nous être prononcée que suivant les circonstances (1).

Au reste quand une partie des témoins doit être en-
tendue dans la distance de trois myriamètres, et une partie seulement hors de cette distance, ce n'est qu'à l'é-
gard de ceux-ci que le jugement doit fixer un délai plus
long que le délai ordinaire.

A quel moment l'enquête est-elle censée commencée?
Sous l'empire de l'ordonnance, c'était seulement à partir
de l'audition des premiers témoins; mais d'après l'art. 259
C. pr., l'enquête est censée commencée, pour chacune
des parties respectivement, par l'ordonnance qu'elle obtient du juge-commissaire à l'effet d'assigner les témoins
aux jour et heure par lui indiqués. — En conséquence
le juge-commissaire doit ouvrir les procès-verbaux res-
pectifs par la mention de la réquisition et de la délivrance
de son ordonnance. Il doit, en fixant les délais, avoir
égard au domicile des témoins les plus éloignés, qu'il est
bon par cette raison de lui indiquer.

(1) La doctrine est généralement contraire. V. M. Chauveau sur
Carré, quest. 1008.

9

Si tous les témoins n'ont pas été assignés pour le jour fixé par le commissaire, la partie peut provoquer une nouvelle ordonnance pour assigner d'autres témoins, pourvu d'ailleurs que ceux-ci puissent être entendus dans la huitaine de l'audition des premiers : à plus forte raison le juge-commissaire peut-il changer le jour fixé par la première ordonnance, si ce jour doit être férié.

§ v. *Des formalités qui doivent précéder l'audition des témoins.*

Ces formalités sont, indépendamment de l'ordonnance du commissaire dont nous avons parlé dans le paragraphe précédent, 1° l'assignation à la partie adverse avec indication des noms des témoins, 2° l'assignation aux témoins eux-mêmes.

Pour la première de ces formalités l'art. 261 dispose : «La partie sera assignée, pour être présente à l'enquête, au domicile de son avoué si elle en a constitué, sinon à son domicile; le tout trois jours au moins avant l'audition. Les noms, professions et demeures des témoins à produire contre elle lui seront notifiés ; le tout à peine de nullité comme ci-dessus. » Cette assignation et l'indication des témoins sont prescrites afin que la partie adverse puisse s'informer si les témoins sont dans le cas d'être reprochés.

L'assignation doit être donnée, non par un simple acte d'avoué à avoué, mais par un exploit revêtu des formes ordinaires (1); seulement la copie, au lieu d'être laissée au domicile de la partie, doit être laissée au domicile de l'avoué, et il y aurait nullité si la copie était laissée au domicile de la partie, parce que c'est son avoué qui doit naturellement assister à l'enquête.

_____

(1) *Cass.* 24 déc. 1811 et 4 janvier 1813.

Les trois jours avant l'audition doivent être francs, mais le délai n'est pas susceptible d'augmentation à raison des distances (1).

Si l'enquête n'est pas faite dans le lieu où siége le tribunal, il y a lieu pourtant à une augmentation qui doit être calculée du domicile de l'avoué au lieu où doit se faire l'enquête : l'assignation dans ce cas même doit en effet être donnée au domicile de l'avoué, puisque l'art. 261 ne distingue point, et c'est cet avoué qui doit se mettre en mesure de faire représenter la partie dans le lieu où l'enquête va se faire (2).

L'indication des témoins peut être donnée à la partie par un acte distinct de l'assignation : la loi n'exige pas que ce soit par un seul acte ; mais les deux exploits doivent alors être faits dans la même forme, et pour chacun d'eux il faut observer le délai prescrit par l'art. 261 ; car ce délai est principalement utile pour s'enquérir des causes de reproche (3).

Si on avait omis d'indiquer à la partie quelques-uns seulement des témoins qui auraient ensuite été entendus, la nullité n'atteindrait que les dépositions de ces témoins, et non pas l'enquête elle-même : cela résulte des derniers mots de l'art. 261, comparés avec l'art. 260.

Cet article 260 est relatif à l'assignation qu'on doit donner aux témoins, et il dispose : « Les témoins seront assignés à personne ou domicile. Ceux domiciliés dans l'étendue de trois myriamètres du lieu où se fait l'enquête le seront au moins un jour avant l'audition. Il sera ajouté un jour par trois myriamètres pour ceux qui seront domiciliés à une plus grande distance ; il sera donné copie

----

(1) V. t. 1er, p. 228.
(2) *Cass.* 10 décembre 1811.
(3) *Cass.* 12 juillet 1819.

à chaque témoin du dispositif du jugement, seulement en ce qui concerne les faits admis, et de l'ordonnance du juge-commissaire ; le tout à peine de nullité des dépositions des témoins envers lesquels les formalités ci-dessus n'auront pas été observées ».

L'assignation aux témoins doit être faite dans la forme ordinaire des exploits ; mais la partie adverse ne serait pas recevable à se prévaloir de la nullité de cette assignation, ni même de l'inobservation du délai, ni enfin du défaut de copie de l'ordonnance du juge-commissaire, quoique sur les deux derniers points, la lettre de l'art. 260 semble autoriser une solution contraire. La partie paraît seulement recevable à se prévaloir, 1° de l'absence complète d'assignation, le témoin qui comparaît sans être assigné étant suspect de partialité en faveur de la partie qui l'amène ; 2° du défaut de copie du dispositif du jugement, qui a pu empêcher le témoin de recueillir et de bien fixer ses souvenirs. Encore même la dernière de ces causes de nullité, si elle vient à être remarquée, doit-elle par prudence être opposée lors de l'audition du témoin, parce qu'il n'en doit pas rester de trace dans le procès-verbal ; il en est autrement de l'absence complète d'assignation, puisque la représentation de l'assignation doit être mentionnée dans le procès-verbal à peine de nullité, d'après l'art. 269.

§ VI. *Des personnes qui ne peuvent être assignées comme témoins, ou qui sont incapables de déposer.*

IL est des témoins, comme nous le verrons, qui peuvent être reprochés, mais dont la déposition doit être lue si le reproche n'est pas proposé ou accueilli. Il est d'autres personnes qui ne peuvent pas même être assignées comme témoins, en sorte que le juge-commissaire devrait refuser d'office de recevoir leur déposition, la prohibition de la loi étant fondée à cet égard sur des considérations d'ordre public que le consentement des parties ne peut affaiblir. Ainsi, d'après l'art. 268, « Nul ne peut être assigné comme témoin s'il est parent ou allié en ligne directe de l'une des parties, ou son conjoint, même divorcé. » « La nature, disait avec raison le tribun Perrin, ne connaît point de liens plus forts que ceux qui existent du père aux enfants : la corruption ne connaît point d'ingratitude plus criminelle que celle qu'elle élève entre eux. Il ne faut pas que leurs dépositions, quoique rejetées, puissent devenir un monument de parjure ; il ne faut pas qu'un témoin puisse être froissé entre les devoirs de sa conscience et des affections aussi impérieuses. » Si donc une pareille déposition était reçue, la nullité pourrait en être demandée en tout état de cause.

La prohibition contenue dans l'art. 268 doit s'entendre de la parenté naturelle légalement constatée, comme de la parenté légitime (1).

Cette prohibition ne souffre aucune exception en ce qui concerne les descendants et le conjoint : mais en ce qui concerne les ascendants, l'art. 251 C. civ. autorisait leur audition en matière de divorce pour cause déterminée, et il y a même raison de décider pour la séparation de corps (2). Cette exception est basée sur la difficulté de trouver des témoins étrangers à la famille, pour des faits passés dans le foyer domestique : elle est conforme à l'ancienne maxime, *in domesticis non reprobatur domesticum testimonium*. Mais, dans les cas autres que ceux de séparation de corps cette maxime a perdu son autorité.

Outre l'incapacité de déposer dont on vient de parler, il en est d'autres prononcées par la loi à titre de peine. Ainsi, le mort civilement ne peut être admis à porter

_____

(1) *Cass.* 6 avril 1809.
(2) *Cass.* 8 mai 1810.

témoignage en justice (C. civ. 25) : celui qui est dans les liens de l'interdiction légale, l'individu frappé de dégradation civique, le condamné correctionnellement contre lequel cette peine spéciale a été prononcée, ne peuvent être admis à déposer en justice, autrement que pour y donner de simples renseignements (C. Pén. 28, 34 et 42), c'est-à-dire qu'ils doivent être entendus sans prestation préalable de serment.

Les personnes âgées de moins de quinze ans révolus peuvent être entendues, sauf à avoir à leurs dépositions tel égard que de raison (285). Mais on ne doit pas leur imposer le serment.

§ VII. *De l'obligation où sont les témoins de se présenter et de déposer.*

Toute personne assignée pour venir déposer en justice est tenue, par respect pour le juge, de se présenter ou de faire connaître ses causes d'empêchement ; sinon elle encourt diverses peines prononcées par les art. 263 et 264.

Si le témoin comparaît, mais refuse de répondre, il encourt aussi les peines prononcées par les articles précités. Il est pourtant des personnes qui doivent refuser de déposer, si elles sont appelées en témoignage. Ce sont celles qui n'ont reçu les confidences d'une partie qu'à raison de leur état ou profession, et qui ne peuvent révéler les secrets qu'on leur confie, sans s'exposer aux peines prononcées par l'art. 378 du code pénal.

§ VIII. *De la manière de recevoir les dépositions des témoins, et du nombre de dépositions qui passent en taxe.*

« Les témoins doivent être entendus séparément, tant en présence qu'en l'absence des parties (262). » Il ne faut pas que les témoins qui vont déposer puissent être influencés par ceux qui les ont précédés, et la déposition de tout témoin qui en aurait entendu une autre avant la sienne serait nulle d'après l'art. 275. Doit-on du reste induire de ces mots, *tant en présence qu'en l'absence des parties*, que le juge-commissaire peut procéder à l'audition des témoins en l'absence des deux parties? Nous n'en doutons point ; les témoins ont intérêt à n'être pas détournés une seconde fois de leurs travaux, et ils peuvent d'ailleurs demander leur taxe.

Les parties ne peuvent se présenter à l'enquête sans être assistées d'un avoué qui peut seul les représenter si elles ne comparaissent pas en personne, à moins que l'enquête ne soit renvoyée devant un juge de paix.

Le juge-commissaire peut commencer l'enquête à l'heure précise indiquée par son ordonnance et par les assignations ; le code n'exige point, comme le faisait l'art. 6 du titre correspondant de l'ordonnance, qu'on accorde une heure de surséance, si les témoins, ou les parties n'ont pas encore comparu.

« Chaque témoin, avant d'être entendu, doit *déclarer* ses noms, profession, âge et demeure, s'il est parent ou allié de l'une des parties, à quel degré, s'il est serviteur ou domestique de l'une d'elles ; il fera serment de dire la vérité, le tout à peine de nullité (art. 262)». L'audition des témoins constitués en haute dignité est réglée par des lois spéciales, notamment par les art. 510 et suiv. du code d'instruction criminelle qu'on doit appliquer par analogie aux matières civiles, et par le décret du 4 mai 1812.

Quand le témoin ne peut répondre en français et que l'idiome qu'il emploie n'est pas connu de chacune des parties et du juge, celui-ci doit nommer un interprète qui doit lui-même prêter serment de rendre fidèlement la déposition du témoin.

« Le témoin doit déposer sans qu'il lui soit permis de lire aucun projet écrit. Sa déposition sera consignée sur le procès-verbal ; elle lui sera lue, et il lui sera demandé s'il y persiste, le tout à peine de nullité (art. 271)». Un projet écrit donnerait à penser que la déposition du témoin lui a été dictée d'avance. Si le témoin s'était présenté avec un projet écrit que le juge lui aurait défendu de lire, sa déposition verbale ne serait pas nulle, mais elle serait bien suspecte. Quand c'est un sourd-muet qui est appelé en témoignage, il doit répondre par le moyen d'un interprète ou écrire lui-même sa déposition en présence du juge et des parties.

Le juge-commissaire peut dicter la rédaction de la déposition au greffier ; mais il doit en conserver autant que possible la physionomie, et ne doit écarter que les redites ou les détails manifestement inutiles.

« Lors de la lecture de sa déposition le témoin peut faire tels changements et additions que bon lui semble ; ils sont écrits à la suite ou à la marge de sa déposition ; il doit lui en être donné lecture ainsi que de la déposition, et mention doit en être faite ; le tout à peine de nullité (272)». La déposition terminée, le témoin ne peut plus se représenter pour ajouter de nouvelles explications, qui pourraient lui être suggérées par quelqu'une des parties. Le juge-commissaire ne peut pas non plus rappeler le témoin d'office ; la loi ne lui accorde pas le même pouvoir qu'elle donne au président de la cour d'assises dans l'art. 316 du code d'instruction criminelle. L'art. 272 indique au surplus que lorsque le témoin a fait des changements et additions il faut en lui en donnant lecture lui relire aussi sa première déposition.

Le juge-commissaire peut d'office ou sur la réquisition des parties, faire au témoin les interpellations qu'il croit convenables (273). Il doit attendre pour les adresser

que la déposition soit achevée ; d'un autre côté , les interpellations ne doivent porter que sur les faits dont le
jugement a autorisé la preuve, ou sur des faits connexes ;
c'est au juge-commissaire à apprécier provisoirement cette
connexité , sans qu'il ait besoin d'en référer préalablement au tribunal si l'une des parties s'oppose à la position de la question. Les réponses du témoin aux interpellations doivent lui être lues à peine de nullité , d'après
l'art. 273 : mais il n'est pas nécessaire de lui relire sa
déposition spontanée.

La déposition du témoin , les changements et additions
qu'il a pu y faire , et enfin ses réponses aux interpellations du juge doivent être signées par lui , le juge et le
greffier ; et si le témoin ne veut ou ne peut signer , il
doit en être fait mention ; le tout à peine de nullité (273
et 274). Si le témoin ne répond aux interpellations du
juge qu'après avoir signé ses premiers dires , il doit apposer de nouveau sa signature après ses réponses. Si les
additions sont écrites à la marge de la déposition , il ne
suffirait point de les parafer. Mais la nullité d'une addition non signée ne peut entraîner la nullité de la déposition première qu'autant que celle-ci se trouve en opposition avec l'addition non signée. La mention que le témoin
a déclaré ne savoir écrire n'équivaut pas absolument à la
mention qu'il a déclaré ne savoir signer ; l'équipollence
semblerait pourtant suffisante pour faire maintenir la déposition , s'il était reconnu que le témoin ne savait pas
plus signer qu'écrire.

« La partie ne peut interrompre le témoin dans sa déposition , ni lui faire aucune interpellation directe, mais
elle est tenue de s'adresser au juge-commissaire , à peine
de dix francs d'amende , et de plus forte amende , même
d'exclusion en cas de récidive , ce qui doit être prononcé par le juge-commissaire. Ses ordonnances sont exécu-

toires nonobstant appel ou opposition (276). » Le témoin ne déposerait pas avec une entière liberté et pourrait souvent être intimidé si les parties pouvaient l'interrompre à leur gré dans sa déposition, ou lui adresser directement des questions.

Quand la déposition du témoin est terminée, le juge-commissaire doit lui demander s'il requiert taxe (271). S'il la requiert elle doit être faite par le juge-commissaire sur la copie de l'assignation, et elle vaut exécutoire (277).

« Si les témoins ne peuvent être entendus le même jour, le juge-commissaire doit remettre à jour et heure certains, et il ne doit être donné de nouvelle assignation ni aux témoins, ni à la partie, encore qu'elle n'ait pas comparu. » Le juge-commissaire doit, autant que possible, remettre les témoins au lendemain ou au jour non férié le plus prochain, surtout quand ces témoins ne demeurent pas dans le lieu où se fait l'enquête; toujours au moins faut-il que la remise ne dépasse point le délai dans lequel l'enquête doit être achevée.

Chaque partie peut faire entendre tel nombre de témoins qu'elle juge convenable; mais si elle gagne son procès il n'est pas juste que des témoignages inutiles puissent aggraver la condamnation aux dépens prononcée contre l'autre partie. L'art. 281 ne permet de répéter que les frais de cinq dépositions sur le même fait. Mais si l'enquête embrasse plusieurs faits on peut passer en taxe cinq dépositions pour chacun.

§ IX. *Des reproches et de la manière de les proposer.*

La loi permet de reprocher les témoins quand leurs dépositions peuvent être justement suspectées. Les causes de reproche sont indiquées dans l'art. 283 qui dispose : « Pourront être reprochés les parents ou alliés de l'une ou de l'autre des parties jusqu'au degré de cousin issu de germain inclusivement, les parents et alliés des conjoints au degré ci-dessus si le conjoint est vivant ou si la partie ou le témoin en a des enfants vivants : en cas que le conjoint soit décédé et qu'il n'ait pas laissé des descendants, pourront être reprochés les parents et alliés en ligne directe, les frères, beaux-frères, sœurs et belles-sœurs ; pourront aussi être reprochés le témoin héritier présomptif ou donataire ; celui qui aura bu ou mangé avec la partie, et à ses frais, depuis la prononciation du jugement qui a ordonné l'enquête ; celui qui aura donné des certificats sur les faits relatifs au procès ; les serviteurs et domestiques ; le témoin en état d'accusation ; celui qui aura été condamné à une peine afflictive ou infamante, ou même à une peine correctionnelle pour cause de vol ».

Avant d'examiner chacune de ces causes de reproche, nous devons indiquer deux questions graves qui se rattachent à l'ensemble de l'article.

Et d'abord l'art. 283 est-il limitatif? L'affirmative nous semble certaine (1) : nulle analogie à tirer ici des causes beaucoup plus nombreuses qui autorisent la récusation d'un juge. Une partie en effet a plus d'intérêt à écarter un juge prévenu, qu'un témoin suspect, dont il est toujours permis de discuter la déposition. Cependant on doit admettre comme causes de reproche des faits autres que ceux mentionnés dans l'art. 283, quand cet article fournit un argument *à fortiori*.

A l'inverse, quand des causes de reproche indiquées dans l'art. 283 sont justifiées, les juges sont-ils forcés de

---

(1) *Cass.* 25 juillet 1826 : *Contrà*, Toullier, t. 9, n. 291; Pigeau, t. 1er, p. 525.

les accueillir ? Oui , répondrons-nous encore : à quoi bon autrement le législateur eût-il pris la peine d'énumérer les cas de reproche (1) ? Si l'art. 283 dit seulement que les témoins *pourront* être reprochés dans les cas qu'il indi-que c'est parce qu'il est libre aux parties de ne pas pro-poser le reproche.

Reprenons maintenant en détail les divers cas dont parle l'art. 283.

1° *Parenté ou alliance.*

CETTE cause de reproche est absolue, c'est-à-dire qu'elle peut être proposée aussi bien par la partie qui se trou-ve parente ou alliée du témoin que par la partie adverse; la parenté et l'alliance n'engendrent pas toujours l'affec-tion , elles sont souvent l'occasion de haines ardentes : *pro-ximitas inter consortes incitamentum caritatis, inter dis-cordes excitamentum odiorum.*

L'art. 283 contient une inexactitude de rédaction quand il dispose qu'en cas de décès sans enfants de la personne qui produisait l'affinité , la cause de reproche ne laisse pas de subsister à l'égard des alliés en ligne directe ; ces alliés ne peuvent pas même être assignés comme témoins, d'après l'art. 268 auquel il n'est pas vraisemblable que l'art. 283 ait voulu déroger.

Les frères naturels peuvent être reprochés ; la loi les désigne sous ce nom de *frères* dans l'art. 766 C. civ. : nous ne penserions pas qu'il en fût de même du frère adoptif ; la parenté d'adoption n'existe qu'entre l'adoptant et l'adopté ou ses descendants ; et le code civil, dans les art. 351 et 352 semble éviter de donner aux enfants adoptifs , par rapport aux autres enfants de l'adoptant, le nom de frères.

_____

(1) *Contrà*, les auteurs cités dans la note précédente.

2° *Le témoin héritier présomptif ou donataire.*

Cette cause de reproche n'est que relative. L'héritier présomptif est suspect parce qu'il a intérêt à voir augmenter la fortune de son auteur ; le donataire, parce qu'il est lié par la reconnaissance. Quant au donateur, il n'est point reprochable.

3° *Celui qui aura bu ou mangé avec la partie, et à ses frais, depuis la prononciation du jugement qui a ordonné l'enquête.*

Le législateur eût peut-être mieux fait de subordonner cette cause de reproche aux circonstances ; mais, dès qu'il l'a placée sur la même ligne que les autres, les juges ne peuvent se dispenser de l'accueillir dès qu'elle est prouvée. Le reproche toutefois ne serait pas fondé s'il n'y avait eu entre la partie et le témoin qu'une de ces politesses accidentelles qu'on se fait dans les lieux de réunion et qu'on est dans l'usage de rendre à la première occasion.

4° *Celui qui aura donné des certificats sur les faits relatifs au procès.*

Il faut que le certificat ait été donné sur la demande d'une partie, ce n'est qu'alors que le témoin peut être soupçonné de partialité. Ainsi, l'on ne peut reprocher le notaire, et les témoins qui ont concouru à un acte notarié, quand les parties plaident ensuite sur cet acte, non plus que ceux qui avaient fourni précédemment des renseignements aux experts sur la demande de ceux-ci, ou qui avaient délivré, en leur qualité d'officiers publics, un certificat qu'ils ne pouvaient refuser. D'un autre côté le reproche ne peut être proposé que par l'adversaire de celui qui a demandé le certificat ; autrement une partie aurait un moyen facile d'écarter les témoins qu'elle penserait devoir lui être défavorables, et la loi ne doit jamais autoriser des moyens captieux. Le reproche est du reste fondé dès que les faits sur lesquels porte le certificat sont relatifs au procès, quoique ces faits ne soient pas les mêmes que ceux dont la preuve a été ordonnée.

5° *Les serviteurs et domestiques.*

En matière de divorce pour cause déterminée, les serviteurs et domestiques ne pouvaient être reprochés, d'après l'art. 251 C. civ.; il y a même raison de décider pour la séparation de corps.

Le témoin qui a été serviteur ou domestique de l'une des parties, mais qui ne l'est plus au moment de l'enquête, n'est pas reprochable, parce qu'il n'est plus sous la dépendance de cette partie. D'un autre côté, le reproche n'ayant d'autre cause que cette dépendance, il est purement relatif et ne peut être opposé par le maître; c'est aux juges à apprécier si la déposition du domestique a pu être dictée par quelque sentiment haineux envers son maître.

Un fermier ne peut être assimilé à un serviteur; nous ne pensons même pas qu'on puisse faire cette assimilation à l'égard d'un colon partiaire ou d'un métayer, sauf à avoir à leur déposition tel égard que de raison. On ne peut donner le nom de serviteur ou de domestique qu'aux gens qui sont attachés au service de la personne, et que celle-ci peut renvoyer pour ainsi dire à tout instant.

6° *Le témoin en état d'accusation.*

Il n'y a donc lieu à reproche que lorsque le témoin a été renvoyé, par un arrêt de la chambre des mises en accusation, devant la cour d'assises; sa mise en prévention ne sufit point. D'un autre côté, le reproche deviendrait sans objet si le témoin était acquitté avant le jugement qui statuerait sur les reproches; et la déposition de ce témoin devrait être lue.

7° *Celui qui a été condamné à une peine afflictive ou infamante, ou même à une peine correctionnelle pour cause de vol.*

Dans le cas de condamnation à une peine afflictive, ou

à la dégradation civique, le témoin est plus que reprochable ; il est incapable de déposer autrement que
pour donner de simples renseignements, c'est-à-dire que
le juge ne doit pas recevoir son serment, quand même
les parties y consentiraient (Art 28 et 34 C. pén.). La
même incapacité peut être prononcée contre le condamné
pour vol, aux termes de l'art. 401 du même code.

Cette incapacité cesse quand le témoin a été réhabi-
lité : mais est-ce à dire que la cause de reproche cesse
elle-même ? Nous ne le pensons pas ; autrement il arriverait que le condamné à une peine afflictive pourrait cesser
d'être reprochable, tandis que le condamné correctionnellement ne le pourrait point, puisque la réhabilitation n'a
pas lieu en matière de délits (1).

8° *De quelques autres causes de reproche non*
prévues par la loi.

Nous avons dit précédemment que l'art. 283 est limitatif, mais que le reproche est pourtant admissible quand
cet article fournit un argument *à fortiori*.

D'après ce principe nous considérons comme reprochable tout témoin qui a un intérêt *immédiat* à la solution
du procès, parce qu'il est plus suspect qu'un parent ou
allié de l'une des parties. Ainsi tous les habitants d'une
commune sont reprochables quand le procès concerne
des biens sur lesquels ils exercent des droits de dépais-
sance ou d'usage ; si le procès est relatif à des biens
communaux dont ils ne jouissent point par eux-mêmes,
leur intérêt n'est plus assez direct pour motiver le reproche (2). A plus forte raison, est-il impossible d'éten-

---

(1) *Contra*, Carré, quest. 1120. Cet auteur soutient, il est vrai,
que le condamné pour vol n'est reprochable que lorsque le jugement
a prononcé contre lui l'incapacité de déposer ; mais ce n'est pas là
interpréter la loi, c'est la changer.

(2) *Cass.* 29 juin 1831.

dre en aucun cas la cause de reproche aux parents, alliés ou serviteurs des habitants d'une commune qui ne figurent point dans le procès en leur nom personnel.

Un associé est reprochable dans la cause de son associé, si le procès roule sur des biens qui doivent entrer en tout ou en partie dans la masse sociale; *secùs*, dans le cas contraire.

Quant à l'interdit pour cause de démence, on ne peut l'assimiler à celui qui est dans les liens de l'interdiction légale résultant d'une condamnation à une peine afflictive. A la vérité, s'il est actuellement en démence, cette incapacité de fait doit empêcher son audition; mais s'il est dans un intervalle lucide il n'existe aucun motif plausible pour autoriser le reproche, sauf à apprécier plus tard le mérite de sa déposition.

A plus forte raison le sourd-muet ne peut-il être reproché quand il peut s'exprimer à l'aide de l'écriture ou d'un interprète.

De quelle manière les reproches doivent être proposés.

« Les reproches doivent être proposés, par la partie ou par son avoué, avant la déposition du témoin qui est tenu de s'expliquer sur iceux : ils doivent être circonstanciés et pertinents, et non en termes vagues et généraux. Les reproches et les explications du témoin doivent être consignés dans le procès-verbal (270). Aucun reproche ne peut être proposé après la déposition, s'il n'est justifié par écrit (282) ».

La partie qui a cité elle-même le témoin est censée avoir renoncé aux causes de redroche ; elle serait toutefois admissible à proposer ceux qui ne seraient survenus que depuis la citation.

L'avoué, en l'absence de la partie, n'a pas besoin d'un pouvoir spécial pour proposer le reproche ; l'art. 270, à la différence de l'art 6, tit. 23, de l'ordonnance de 1667, ne l'exige point.

Il résulte de la combinaison de l'art. 270 avec l'art. 282, que les reproches justifiés par écrit peuvent être proposés après la déposition, tandis que ceux qui ne peuvent être justifiés que par témoins doivent être proposés avant la déposition, à moins qu'ils ne soient survenus qu'après.

Dans ce dernier cas, l'art. 289 veut que la partie offre d'avance la preuve du reproche et désigne les témoins. Est-ce à dire que cette offre et cette désignation doivent, comme le reproche lui-même, être faites avant la déposition, *à peine de déchéance*? La conséquence ne serait pas juste ; l'art. 71 du tarif passe en effet en taxe un acte pour offrir la preuve du reproche et désigner les témoins, et l'on ne concevrait pas l'utilité de cet acte si l'offre de preuve et la désignation des témoins devaient nécessairement être consignées dans le procès-verbal (1).

§ x. *Du délai dans lequel l'enquête doit être achevée.*

Le législateur cherche toujours à prévenir la subornation des témoins : ce motif, qui l'a déterminé à exiger la prompte ouverture de l'enquête, l'a porté aussi à hâter sa conclusion. « L'enquête, porte l'art. 278, sera respectivement parachevée dans la huitaine de l'audition des premiers témoins, à peine de nullité, si le jugement qui l'a ordonnée n'a fixé un plus long délai ».

Si les premiers témoins n'étaient pas entendus au jour qui avait été d'abord fixé par le juge-commissaire, le délai ne courrait qu'à dater de leur audition ; ce n'est qu'après cette audition que la partie peut juger s'il est à propos d'appeler de nouveaux témoins (2).

_____

(1) *Contrà*, Pigeau, t. 1er, p. 282.
(2) *Contrà*, Dalloz, t. 6, p. 870, n. 2 ; Boitard, t. 2, p. 219.

Les dépositions reçues après la huitaine seraient évidemment nulles ; mais il n'y aurait aucune raison plausible pour prononcer la nullité de celles qui auraient été reçues dans le délai (1).

Quand la partie ne peut faire entendre dans le délai tous les témoins qu'elle juge utile de produire, elle peut demander une prorogation. « Si néanmoins, porte l'art. 279, l'une des parties demande prorogation dans le délai fixé pour la confection de l'enquête, le tribunal *pourra* l'accorder. » La prorogation *peut* être accordée dans le cas même où le jugement aurait fixé d'avance un délai de plus de huitaine pour entendre les témoins ; ce délai n'a pu être fixé par anticipation que d'une manière approximative, et les faits postérieurs peuvent en démontrer l'insuffisance.

Que la prorogation puisse au surplus être demandée, soit pour pouvoir continuer l'audition des témoins déjà cités, soit pour en appeler de nouveaux, c'est ce qui ne paraît nullement douteux, puisque la loi ne distingue point. Mais nous ne pensons pas qu'on puisse à l'aide d'une prorogation d'enquête provoquer une seconde audition des témoins déjà entendus ; c'est la faute de la partie de n'avoir pas provoqué de ces témoins toutes les explications utiles, et les additions ou modifications qu'ils viendraient faire à leur première déposition seraient trop suspectes (2).

La prorogation peut être demandée avant même l'audition des premiers témoins : elle ne laisse point d'être recevable encore qu'elle soit basée sur une faute de l'avoué, par exemple, sur la nullité de l'assignation donnée à la partie adverse (3).

---

(1) *Cass.* 17 déc. 1823.
(2) *Contrà*, Pigeau, t. 1er, p. 468.
(3) *Cass.* 7 déc. 1831.

« La prorogation, dit l'art. 280 , sera demandée sur le procès-verbal du juge-commissaire , et ordonnée sur le référé qu'il en fera à l'audience , au jour indiqué par son procès-verbal, sans sommation ni avenir si les parties ou leurs avoués ont été présents : il ne sera accordé qu'une seule prorogation , à peine de nullité. » La question la plus importante que présente cet article est celle de savoir si la prorogation doit nécessairement être demandée sur le procès-verbal du commissaire , et si elle ne peut pas l'être valablement par requête d'avoué à avoué , pourvu que ce soit dans le délai. Il résulte à nos yeux de la contexture de l'article , que la peine de nullité ne s'applique qu'à la seconde disposition qui défend d'accorder plus d'une prorogation et non pas à la première qui n'a rien dès lors de sacramentel.

Si l'enquête n'est point faite devant un membre du tribunal qui l'a ordonnée , la demande en prorogation ne peut être portée à l'audience que sur incident ; néanmoins la mention , sur le procès-verbal du juge désigné , de l'intention où l'on est de former cette demande doit suffire pour empêcher la déchéance.

Lorsque la prorogation a été accordée , elle constitue en quelque sorte une seconde enquête soumise aux mêmes règles que la première. Ainsi, l'adversaire de la partie qui a obtenu la prorogation est virtuellement autorisé à continuer sa propre enquête dans le même délai (1). Ainsi encore, l'audition des nouveaux témoins doit être parachevée dans le délai fixé par l'art. 278.

§ xi. *De ce que doit contenir le procès-verbal d'enquête ou de contr'enquête.*

Pour traiter avec ordre des indications que doivent

_____

(1) *Cass.* 15 décembre 1830.

contenir les procès-verbaux d'enquête, **nous parlerons**
successivement de celles qui doivent précéder, accompagner et suivre les dépositions.

Les formalités qui doivent précéder les dépositions sont
principalement indiquées dans l'art. 269. « Les procès-
verbaux d'enquête, d'après cet article, doivent mentionner la date des jour et heure, les comparutions ou défauts des parties et témoins, et la représentation des assignations, à peine de nullité. » Il est indifférent que l'assignation soit représentée en original ou en copie ; mais
le procès-verbal doit mentionner la représentation tant de
l'assignation donnée à la partie adverse, que de celles
données aux témoins ; la première de ces mentions est
même la plus importante, parce que son omission entraînerait la nullité de toute l'enquête ; tandis que l'omission de la
seconde, celle relative aux assignations données aux témoins, ne doit entraîner que la nullité des dépositions
à l'égard desquelles la mention a été omise (1).

Pourvu d'ailleurs que le procès-verbal mentionne que
l'assignation donnée à la partie adverse a été représentée,
il n'est point nécessaire, nonobstant le renvoi général que
fait l'art. 275 à l'art. 261, de mentionner qu'elle a été
donnée trois jours avant l'audition des témoins, et qu'elle
contenait l'indication des témoins qui devaient être cités :
dès que le procès-verbal constate que l'assignation a été
représentée, c'est au défendeur à prouver que cette assignation n'était pas conforme au vœu de la loi.

Il importe peu que le juge-commissaire ouvre son procès-
verbal dès le jour où il rend son ordonnance portant
indication du jour où les témoins seront entendus, ou qu'il

_____

(1) *Cass.* 4 janvier 1813. La nullité de la déposition n'est point
du reste couverte par la présence et le silence des parties. *Cass.* 31
janvier 1826.

ne l'ouvre qu'à dater du jour où les témoins sont entendus : le dernier de ces modes est pourtant le plus naturel.

A l'égard de chaque témoin en particulier le procès-verbal, outre la mention de la représentation de son assignation, doit exprimer, comme résultant de sa propre déclaration, ses noms, profession, âge et demeure, s'il est parent ou allié de l'une des parties et à quel degré, s'il est serviteur ou domestique de l'une d'elles ; il doit exprimer aussi qu'il a fait serment de dire la vérité ; le tout à peine de nullité. Suffirait-il d'exprimer par une mention générale à la fin du procès-verbal, que tous les témoins ont prêté serment, et que tous ont déclaré n'être parents, alliés, ni serviteurs d'aucune des parties ? Nous ne le pensons pas, par la raison surtout que ces déclarations doivent être constatées par la signature même que le témoin doit apposer à sa déposition.

Faut-il exprimer aussi à peine de nullité, et à l'égard de chaque témoin, qu'il a été entendu en l'absence des autres, et qu'il n'a lu aucun projet écrit ? Nous répondons ici négativement : les seules formalités dont la loi exige la mention sont celles qui consistent *in faciendo*. On ne peut considérer comme des formalités proprement dites les prohibitions que la loi prononce, prohibitions auxquelles on est présumé s'être conformé dès qu'aucune des parties n'a réclamé sur-le-champ contre leur violation (1).

Le procès-verbal doit retracer la déposition du témoin, exprimer qu'elle lui a été lue, qu'il a déclaré y persister ; s'il y a fait des changements ou additions, qu'il lui en a été donné lecture ainsi que de la déposition, rapporter ensuite les réponses qu'il aurait faites aux interpellations du juge, exprimer que ces réponses lui ont été lues, déclarer enfin qu'il a signé le tout, ou qu'il n'a pas voulu

---

(1) *Contra*, Carré, quest. 1068.

ou pu signer, et que le juge et le greffier ont également signé. Quoique la signature du témoin se trouve sur la minute, il faut mentionner qu'elle a été apposée, parce qu'elle n'a par elle-même aucune authenticité ; mais la mention n'est pas indispensable à l'égard des signatures du juge et du greffier, qui sont authentiques ; le fait parle alors assez éloquemment, et la supposition que les signatures n'auraient été apposées qu'après coup serait trop invraisemblable.

Le procès-verbal doit aussi mentionner la réquisition faite au témoin s'il demande taxe ; le refus de ce témoin, ou la taxe accordée ; mais l'omission de ces mentions ne peut jamais entraîner la nullité de la déposition.

Les dépositions terminées, le procès-verbal d'enquête doit être signé à la fin par le juge et par le greffier, et par les parties si elles le veulent ou le peuvent ; en cas de refus, il doit en être fait mention : le tout à peine de nullité (275). La signature des parties ne couvre du reste aucune des nullités commises ; signer, ce n'est pas approuver.

Quand les témoins n'ont pu être entendus le même jour, le juge-commissaire doit indiquer dans son procès-verbal le jour et l'heure où il continuera leur audition ; mais il n'est point nécessaire de requérir et de mentionner la signature des parties ou leur refus à la fin de chaque séance ; il suffit de le faire à la fin de l'enquête.

§ XII. *De la signification des procès-verbaux d'enquête.*

« LE délai pour faire enquête étant expiré, porte l'art. 286, la partie la plus diligente fera signifier à avoué copie *des procès-verbaux*, et poursuivra l'audience sur un simple acte. » La partie qui veut poursuivre l'audience doit donc, à la différence de ce qui se pratiquait sous l'empire de l'ordonnance, signifier non-seulement le procès-verbal de son enquête, mais encore celui de la partie adverse.

La loi ne permet auctines écritures sur l'enquête, le mérite des dépositions ne doit être discuté qu'à l'audience. Les requêtes qui seraient signifiées devraient donc être considérées comme frustratoires, si d'ailleurs la requête en défenses et la réponse aux défenses avaient été déjà notifiées.

§ XIII. *De la manière de statuer sur les reproches.*

LE juge-commissaire ne peut juger la validité du reproche ; ce droit n'appartient qu'au tribunal qui a ordonné l'enquête.

« Il doit être statué sommairement sur les reproches (287). » On décidait autrefois que les juges pouvaient se dispenser de statuer sur les reproches quand, abstraction faite des dépositions des témoins reprochés, l'enquête paraissait suffisamment concluante : la même règle doit être suivie aujourd'hui.

Les reproches doivent être jugés préalablement. « Si néanmoins le fond de la cause est en état, il peut être prononcé sur le tout par un seul jugement (288). » On doit toujours en effet chercher à économiser les frais.

Si le reproche est justifié par écrit, ou s'il est manifestement mal fondé, il n'entraîne aucune procédure nouvelle. Si la cause en est fondée mais qu'elle ne soit pas prouvée par écrit, la manière de procéder est réglée par les art. 289 et 290. Suivant le premier ; « Si les reproches proposés avant la déposition ne sont justifiés par écrit, la partie sera tenue d'en offrir la preuve et de désigner les témoins, autrement elle n'y sera plus reçue : le tout sans préjudice des réparations, dommages et intérêts, qui pourraient être dus au témoin reproché. » Nous avons déjà dit que l'offre de prouver le reproche et la désignation des témoins pouvaient être faites après la déposition et même après la clôture de l'enquête : ces mots de l'article , *autrement elle n'y sera plus reçue* , doivent être entendus par rapport aux deux articles qui précèdent , c'est-à-dire que la partie serait irrecevable si le tribunal avait déjà statué sur d'autres reproches ou si le fond avait été déjà discuté.

Au surplus , lorsque un témoin demande une réparation à raison d'un reproche mal fondé qui était de nature à porter atteinte à son honneur , cette demande ne peut avoir pour résultat de faire considérer sa déposition comme non avenue : nulle analogie à tirer ici des art. 315 et 390 relatifs aux récusations d'experts ou de juges ; les témoins ne peuvent point se remplacer comme les juges ou les experts.

Le tribunal peut rejeter dès l'abord le reproche non justifié par écrit , s'il lui paraît dénué de toute vraisemblance ; cela résulte de l'art. 290 qui règle aussi la manière dont la preuve du reproche doit être faite quand elle est admise. « La preuve, *s'il y échet* , sera ordonnée par le tribunal , sauf la preuve contraire , et sera faite dans la forme ci-après prescrite pour les enquêtes sommaires. Aucun reproche ne pourra y être proposé s'il n'est justifié par écrit. » Le motif de cette dernière disposition est facile à sentir ; si , à l'occasion de l'enquête sur le reproche , la partie pouvait demander encore une autre enquête , il n'y aurait pas de raison pour en finir.

« Si les reproches sont admis, la déposition du témoin reproché ne doit pas être lue. » Il faut donc que les juges statuent sur le reproche avant de juger le fond, à moins qu'ils ne déclarent que l'enquête leur paraît suffisamment concluante sans qu'ils aient besoin de consulter les dépositions des témoins reprochés. Il est difficile au surplus quand le reproche est admis, d'empêcher le tribunal de prendre connaissance de la déposition, puisqu'il peut ordonner la remise des pièces sur le bureau ; mais si dans ses motifs il se basait sur cette déposition, la violation de la loi serait flagrante , et le jugement devrait être annulé sur l'appel ou le recours en cassation.

§ XIV. *De l'appréciation des enquêtes.*

Il existait autrefois, en matière d'enquête, deux règles importantes. La première, c'est qu'un seul témoignage ne pouvait suffire pour déterminer la conviction du juge, *testis unus* , *testis nullus ;* la seconde , c'est que les dépostions concordantes de deux témoins réunissant d'ailleurs toutes les conditions requises faisaient pleine et entière foi et liaient le juge. Aucune de ces règles n'a cours aujourd'hui : le juge en matière civile est comme le juré en matière criminelle ; il ne doit consulter que les inspirations de sa conscience.

§ XV. *De la nullité de l'enquête ou de quelqu'une des dépositions.*

Il existe une grande différence dans les résultats de la nullité de l'enquête , suivant que cette nullité provient du juge-commissaire , ou bien de l'officier ministériel , c'est-à-dire de l'avoué ou de l'huissier ; occupons-nous d'abord du premier cas.

« L'enquête ou la déposition déclarée nulle par la faute du juge-commissaire *sera* recommencée à ses frais ; les délais de la nouvelle enquête ou de la nouvelle audition de témoins courront du jour de la signification du jugement qui l'aura ordonnée ; la partie pourra faire entendre les mêmes témoins ; et si quelques-uns ne peuvent être entendus , les juges auront tel égard que de raison aux dépositions par eux faites dans la première enquête (292). » Cet article est basé sur ce principe qu'une partie ne doit pas souffrir de l'erreur ou de la faute d'un juge qu'elle n'a pas choisi. Les mots *sera recommencée* sont impératifs en ce sens que si le tribunal ordonne la nouvelle enquête ou la nouvelle audition, elle devra nécessairement avoir lieu aux frais du juge-commissaire ; mais non pas en ce sens que le tribunal soit toujours obligé d'ordonner cette nouvelle enquête ou audition, si de nouveaux documents recueillis en dehors de l'enquête suffisent pour le fixer; il peut juger en l'état comme il aurait pu statuer d'abord sans enquête s'il l'avait jugée inutile pour la décision de la cause (1).

Le juge étant censé dicter au greffier et relire ce que celui-ci a écrit, ne peut s'affranchir de la responsabilité que prononce contre lui l'art. 292, en rejetant la faute sur le greffier, sauf pourtant son recours contre celui-ci si la faute vient réellement de son chef, ce que le tribunal doit apprécier.

Une difficulté délicate que présente l'art. 292 est celle de savoir si, lors de la nouvelle enquête, la partie peut produire d'autres témoins que ceux qui avaient été entendus dans la première. Nous ne le pensons pas (2) ; le juge ne doit réparer strictement que le préjudice causé, et sa responsabilité deviendrait excessive si la partie pouvait augmenter le nombre des témoins qu'elle avait primitivement cités ; à la vérité, quelques-uns de ces témoins peuvent être décédés ou dans l'impossibilité de déposer, mais l'article pourvoit à cet égard suffisamment aux intérêts de la partie, en disant que les juges auront tel égard que de raison aux dépositions faites par ces témoins dans la première enquête. S'il exprime que la partie peut faire entendre les mêmes témoins, ce n'est pas pour indiquer qu'elle peut aussi en faire entendre d'autres,

---

(1) *Cass.* 17 mars 1819.
(2) *Contrà*, Demiau Crousillhac, p. 216.

mais seulement pour montrer que les témoins déjà entendus ne sont pas reprochables pour cette cause lors
de leur seconde audition. Si toutefois la déposition de
quelqu'un des témoins qu'on ne pourrait plus entendre
de nouveau était viciée jusque dans son germe, comme
si l'on n'avait point constaté son serment, et que les juges
n'eussent plus hors de cette déposition des éléments suffisants de conviction, il semble qu'ils pourraient autoriser l'audition de nouveaux témoins ; mais l'exception ne
fait point la règle.

Du reste, la nouvelle enquête ou la nouvelle audition
ne tendant qu'à refaire l'enquête ou la déposition annulée,
et rien de plus, elle ne peut autoriser l'autre partie à refaire
ou à augmenter sa propre enquête.

D'après un édit du mois de mai 1583, la nouvelle
enquête devait être faite par un autre commissaire ; il
serait sage de suivre aujourd'hui la même règle, mais
il n'y aurait pas nullité à procéder autrement; tout au
plus, y aurait-il lieu à récusation basée sur ce que la
responsabilité prononcée contre le juge doit être assimilée
à un procès entre ce juge et la partie qui a fait prononcer la nullité.

« L'enquête déclarée nulle par la faute de l'avoué ou
par celle de l'huissier ne sera pas recommencée : mais
la partie pourra en répéter les frais contre eux, même
des dommages et intérêts, en cas de manifeste négligence,
ce qui est laissé à l'arbitrage du juge (293)». « Qui garantira, disait l'orateur du gouvernement, que la nullité
commise par l'avoué n'est pas le résultat d'un concert
entre lui et son client ? Et que deviendra la sévérité avec
laquelle la loi prescrit des délais, si l'avoué peut rendre
à son client tous les moyens de séduction que la loi a
voulu lui enlever, si celui-ci, peu satisfait de ses premières tentatives sur la foi des témoins, peut ainsi se

procurer les moyens de se livrer à de nouvelles manœu-
vres, s'il ne lui faut que le léger sacrifice de quelques
frais ? » Ces considérations ne peuvent légitimer à nos
yeux la disposition de l'article. Il est clair en effet qu'une
partie ne saurait être recevable à demander la nullité de
sa propre enquête.

Aussi pensons-nous que l'article doit être interprété
dans un sens restrictif, qu'ainsi les juges peuvent ordonner d'office une nouvelle enquête ou audition. Cela paraît évident pour les procès qui touchent à l'ordre public
et probable pour les autres.

En aucun cas, la nullité d'une ou plusieurs dépositions
n'entraîne celle de l'enquête (294).

§ XVI. *Peut-on ordonner plusieurs enquêtes successives*
dans la même affaire ?

LE vœu de la loi est qu'il n'y ait pas plusieurs enquêtes dans la même affaire. Partant, une partie ne doit
pas être admise à une seconde enquête, même en alléguant des faits nouveaux. Le silence qu'elle aurait gardé
d'abord sur ces faits semblerait un moyen frauduleux pour
se ménager le temps et la facilité de corrompre des
témoins.

Mais la seconde enquête peut être autorisée 1° s'il
s'agit de faits survenus depuis la première, comme
si, en matière de séparation de corps, l'époux demandeur, depuis l'enquête close, prétend avoir été l'objet de
nouveaux excès, sévices ou injures ; 2° si la nécessité de la
seconde enquête ne s'est révélée que parce que depuis la première le procès a changé de physionomie par suite de
quelque demande incidente ou reconventionnelle.

CHAPITRE II.

Des rapports d'experts.

Lorsqu'il s'agit de constater des faits qui ne laissent de trace que dans les souvenirs des hommes, les juges ordonnent l'enquête. Quand il faut déduire de faits certains ou supposés tels des appréciations qui ne peuvent se faire qu'à l'aide d'un art ou d'une science dont les juges ne connaissent pas les règles, on ordonne *l'expertise*, c'est-à-dire un rapport par des gens de l'art. L'expertise n'est donc elle-même qu'une sorte d'enquête; seulement dans celle-ci les témoins se bornent ordinairement à raconter, et leur déposition n'est que l'œuvre de la mémoire; dans l'expertise les experts discutent et leur rapport est l'œuvre du raisonnement.

§ 1er *Dans quels cas il y a lieu d'ordonner l'expertise.*

Il est des cas où l'expertise est *forcée*, c'est-à-dire, où les juges ne peuvent se dispenser de l'ordonner. Ainsi, pour les partages faits en justice, l'art. 824 C. civ. veut que l'estimation des immeubles et les bases du partage soient fixées par experts. Ainsi encore, en matière de rescision de vente pour cause de lésion, l'art. 1678 du même code dispose que la preuve de la lésion ne peut se faire que par trois experts. Il serait superflu de multiplier les exemples.

Mais dans la plupart des cas l'expertise n'est que *facultative*, c'est-à-dire que les juges sont libres de l'ordonner ou de ne pas l'ordonner, suivant les circonstances qu'ils apprécient souverainement. Ils peuvent donc d'un côté, refuser d'ordonner l'expertise demandée par quelqu'une des parties, et d'un autre côté, ils peuvent en ordonner une d'office, comme l'art. 319 le suppose.

Les juges ne peuvent avoir recours à des gens de l'art que lorsqu'il s'agit d'appliquer les règles d'une science qu'ils sont censés ne pas connaître. Si donc il ne faut que résoudre un point de droit, comme ils sont légalement présumés posséder pour cela toutes les lumières nécessaires, ils ne pourraient, ni d'office ni sur la demande des parties, ordonner une consultation de jurisconsultes. D'autre part, pour tout ce qui est du ressort des yeux et ne nécessite la connaissance d'aucune science spéciale, ils peuvent en charger un juge de paix ; c'est alors une véritable descente sur les lieux, qui peut être confiée à un juge de paix, ainsi que nous le verrons plus tard.

Enfin, lorsqu'il s'agit d'un examen de comptes, pièces ou registres, les tribunaux civils n'ont pas, comme les tribunaux de commerce, le droit de renvoyer les parties devant des *arbitres-experts* chargés de les concilier si faire se peut, sinon, de donner leur avis. Il existait dans le projet du code une disposition qui conférait ce droit aux tribunaux civils ; mais elle fut retranchée. Devant les tribunaux civils, en effet, la conciliation a déjà été tentée, ou si elle ne l'a pas été, c'est que la loi l'a supposée impossible ou improbable. C'est donc vainement qu'on ferait une tentative dans ce but pendant le procès ; d'un autre côté, si l'affaire présente une extrême complication, les tribunaux civils peuvent y pourvoir en ordonnant une instruction par écrit.

§ II. *Des personnes qui peuvent être nommées experts.*

Les tribunaux sont dans l'usage de dresser une liste des gens de l'art auxquels ils confient ordinairement les expertises ; les experts inscrits sur cette liste prennent quelquefois la qualité d'*experts assermentés* ; cette inscription ne leur confère pourtant aucun droit exclusif ; encore moins les dispense-t-elle de prêter un serment particulier dans chacune des affaires qui leur sont confiées.

Les personnes qui ne peuvent être témoins ne peuvent à plus forte raison être experts. Nous penserions de plus que le droit d'être expert est un droit civil que les étrangers ne peuvent dès lors exercer que dans les cas prévus par les art. 11 et 13 C. civ. Mais nous ne l'envisageons pas comme un droit politique, parce que les fonctions d'expert ne supposent aucune participation à la puissance publique. Ainsi les femmes elles-mêmes pourraient remplir les fonctions d'expert, et dans tel cas donné il serait plus convenable de confier une vérification à des sages-femmes qu'à des docteurs en médecine ou en chirurgie.

Les fonctions de juge et celles de greffier des cours et tribunaux sont incompatibles avec les fonctions d'expert (1).

§ III. *Du mode de nomination des experts.*

Sous l'empire de l'ordonnance chacune des parties nommait son expert. Il en résultait qu'il y avait presque toujours partage, et les juges étaient obligés de nommer un tiers expert, au grand détriment des parties auxquelles un second rapport occasionnait un surcroît de frais et de nouvelles lenteurs.

Les auteurs du code de procédure ont voulu prévenir l'inconvénient des partages, en disposant dans l'art. 303 : « L'expertise ne pourra se faire que par trois experts, à moins que les parties ne consentent qu'il soit procédé par un seul. » Les juges ne pourraient, même du consentement des parties, confier l'expertise à deux experts, puisque alors on retomberait précisément dans l'inconvénient que la loi a voulu prévenir. Ils ne peuvent non plus nommer plus de trois experts, car cela deviendrait

(1) V. t. 1er, p. 38.

trop coûteux pour les parties. Enfin ils ne peuvent confier l'expertise à un seul expert qu'autant que les parties déclarent expressément y donner leur consentement.

N'y a-t-il que les parties majeures et capables qui puissent donner ce consentement? L'affirmative résulte par analogie de l'art. 971 C. pr., placé au titre des partages et licitations, qui dispose : « Il sera procédé aux nominations, prestations de serment et rapports d'experts, suivant les formalités prescrites au titre des *rapports d'experts* : néanmoins, *lorsque toutes les parties seront majeures* il pourra n'être nommé qu'un expert, si elles y consentent. » Ainsi, dans une affaire qui intéresse un mineur ou un interdit, le tuteur ne peut consentir à ce que l'expertise soit faite par un seul expert, même dans les actions mobilières qu'il peut pourtant engager sans l'autorisation du conseil de famille ; la raison en est qu'un pareil consentement a quelque affinité avec un compromis ou une transaction que le tuteur ne peut jamais consentir.

Quoiqu'il ne s'agisse que de lever un plan ou de traduire des pièces écrites dans une langue étrangère, les juges ne sont pas moins obligés de nommer trois experts si les parties ne consentent pas à ce qu'il soit procédé par un seul ; la loi est conçue en des termes qui n'autorisent aucune exception : cela n'empêche point une partie de produire spontanément un plan ou une traduction faite par un seul expert, dont le travail pourra servir de base au tribunal, s'il n'est pas contesté ; mais s'il est contesté, il faudra recourir à une expertise régulière, à moins que le tribunal ne trouve en dehors de ce document des éléments suffisants de décision.

La cour de cassation a jugé, le 23 février 1837, que les juges peuvent nommer d'office un seul expert quand l'expertise n'est ni commandée par la loi ni réclamée par aucune des parties. Il nous est permis de ne pas approuver cet arrêt : livrer en quelque manière le sort du procès à un seul homme, c'est en conscience exposer un peu trop les droits des parties. Rien n'est, du reste, plus dangereux qu'un faux principe : la cour suprême l'a prouvé en décidant, le 12 juin 1838, que les juges peuvent aussi, dans les expertises facultatives qu'ils ordonnent d'office, ne nommer que deux experts, au risque d'un partage. Elle semble ainsi écarter une à une pour ces sortes d'expertises toutes les règles ordinaires : elle devrait décider par la même raison que les experts peuvent en ce cas être dispensés du serment : c'est le cas de dire, *legibus non exemplis judicandum.*

Nous pensons qu'il faut aussi nommer trois experts quand l'exécution d'une sentence définitive doit être réglée par des gens de l'art, quand il s'agit, par exemple, de mesurer le volume d'eau auquel une partie a été déclarée avoir droit, ou la hauteur d'une chaussée ou d'un déversoir, de faire une délimitation, etc. Il est bien sans doute d'épargner des frais aux parties ; mais il n'est pas permis pour cela de diminuer les garanties que la loi leur donne.

Les experts doivent être choisis par les parties, ou à défaut, nommés d'office. Si lors du jugement qui ordonne l'expertise les parties se sont déjà accordées pour nommer les experts, le même jugement doit leur donner acte de la nomination (304). Si les experts ne sont pas encore convenus par les parties, le jugement doit ordonner qu'elles seront tenues d'en nommer dans les trois jours de la signification ; sinon, qu'il sera procédé à l'opération par les experts qui sont nommés d'office par le même jugement (305). Si le tribunal a omis de réserver aux parties le droit de choisir les experts dans le délai de la loi, cette omission peut être réparée ou par un jugement postérieur, ou même par une sommation faite par le poursuivant à la partie adverse, de convenir des experts dans le délai.

On doit plutôt attribuer aux juges un oubli, qu'une violation intentionnelle de la loi : *in dubiis, rapienda est occasio quæ præbet benignius responsum* (1). Que si l'une des parties poursuit l'exécution de la sentence sans avoir pris l'une ou l'autre des précautions indiquées, elle aggrave le vice, et s'expose à l'annullation ultérieure du jugement et de tout ce qui l'aura suivi.

On ne faisait aucune difficulté autrefois d'admettre les représentants des incapables à choisir leur expert : nous pensons qu'ils peuvent exercer un droit analogue aujourd'hui, si ce n'est dans les cas où des textes spéciaux commandent les nominations d'office. La communication au ministère public prévient suffisamment les conséquences de tout concert frauduleux au détriment de l'incapable. Nous estimons aussi que les parties peuvent s'entendre sur le choix d'un ou de deux experts seulement, avant ou après le jugement, pourvu que dans ce dernier cas elles aient le soin d'indiquer celui ou ceux des experts nommés d'office qu'elles entendent écarter (2). Elles peuvent enfin convenir valablement des experts, même après les trois jours de la signification du jugement, pourvu que les opérations de ceux qui ont été nommés d'office ne soient pas commencées : le tribunal pourrait aussi rétracter la nomination qu'il a faite.

La loi ne dit pas à dater de quelle signification court le délai de trois jours. C'est à dater de la signification à avoué : la signification à partie n'est exigée par l'art. 147 qu'à l'égard des jugements qui prononcent des condamnations. Si le jugement est par défaut, le délai ne doit courir qu'à l'expiration de la huitaine à dater de la signification à avoué ou à partie, suivant l'espèce de défaut, à

---

(1) *Cass.* 7 novembre 1838.
(2) *Contrà*, Carré, quest. 1160.

moins que l'exécution n'ait été autorisée avant ce délai.

Lorsque avant l'expiration du délai les parties se sont accordées pour la nomination des experts, elles doivent en faire leur déclaration au greffe (306), assistées de leurs avoués. Leur choix constaté par tout autre acte ne devrait pas laisser néanmoins de produire son effet.

§ IV. *Du serment des experts.*

Avant de commencer leurs opérations les experts doivent prêter serment; ce n'est qu'à cette condition qu'on peut ajouter quelque foi à leur rapport. L'urgence ou toute autre cause ne saurait jamais autoriser le tribunal à dispenser les experts de cette formalité essentielle : mais nous ne concevrions pas pourquoi les parties elles-mêmes, si elles sont majeures et capables, ne pourraient pas, pour plus de célérité et d'économie, accorder aux experts cette dispense.

Les experts doivent prêter serment devant le juge-commissaire qui a dû être commis à ces fins par le jugement même qui a ordonné l'expertise : le tribunal peut néanmoins ordonner qu'ils le prêteront devant le juge de paix du canton où ils procéderont (305), ou devant un juge d'un autre tribunal (1035).

Dès l'instant donc que le jugement qui ordonne l'expertise a été signifié à avoué, et que les parties se sont accordées pour le choix des experts, ou qu'il s'est écoulé trois jours depuis la signification sans qu'elles se soient entendues pour ce choix, la partie la plus diligente doit prendre l'ordonnance du juge, et faire sommation aux experts nommés par les parties ou d'office, pour faire leur serment, *sans qu'il soit nécessaire que les parties y soient présentes* (307). Ces derniers termes de l'article doivent être entendus en ce sens qu'il n'est point nécessaire d'appeler, même par acte d'avoué, la partie adverse à la prestation du serment.

Le procès-verbal de prestation de serment doit contenir indication , par les experts, du lieu et des jour et heure de leur opération. En cas de présence des parties ou de leurs avoués, cette indication vaut sommation. En cas d'absence , la partie poursuivante doit citer les autres parties , par acte d'avoué, de se trouver aux jour et heure que les experts ont indiqués (315).

Si la partie a été citée pour assister à la prestation de serment et qu'elle n'ait pas comparu , peut-on se dispenser de la citer de nouveau pour le jour indiqué par les experts ? Nous ne le pensons pas ; une sommation qui n'était pas exigée ne saurait dispenser le poursuivant de celle que la loi prescrit ; joint à cela que les parties n'ont pas intérêt à assister à la formalité du serment , tandis qu'il leur importe de pouvoir assister au commencement des opérations.

§ v. *De la récusation et du remplacement des experts.*

Les experts peuvent être récusés par les motifs pour lesquels les témoins peuvent être reprochés (310). Mais lorsque les experts ont été choisis par les parties , celles-ci sont légalement présumées avoir renoncé à toutes les causes de récusation qui pouvaient exister antérieurement ; elles ne peuvent proposer que les causes survenues depuis la nomination et avant le serment (308). Une partie ne serait pas même recevable à prouver qu'au moment de la nomination elle ignorait la cause de récusation existant dans la personne de l'expert : c'est sa faute, si elle n'avait point pris des renseignements suffisants.

A l'égard des experts nommés d'office , la partie qui a des moyens de récusation à proposer est tenue de le faire, dans les trois jours de *la nomination* , par un simple acte signé d'elle ou de son mandataire spécial , contenant les causes de récusation, et les preuves si elle en a, ou l'offre de les vérifier par témoins : le délai ci-dessus expiré, la récusation ne peut être proposée, et l'expert doit prêter serment au jour indiqué par la sommation (309). Il semble que la loi n'aurait point dû fixer pour point de départ le jour de la nomination, puisque si la partie est éloignée, il peut lui être physiquement impossible de faire la récusation dans le délai ; l'avoué doit y pourvoir en sollicitant en temps utile une prorogation qui ne saurait en pareil cas être refusée. Si le jugement était par défaut, le délai ne devrait courir qu'à dater des époques indiquées par l'art. 383.

Le délai fixé par l'art. 309 ne peut s'appliquer qu'aux causes de récusation antérieures à la nomination : quant à celles survenues depuis, elles sont recevables jusqu'à la prestation du serment. Mais, une fois le serment prêté, les experts, soit qu'ils aient été choisis par les parties ou nommés d'office, ne peuvent plus être récusés même pour des causes nouvellement survenues, sauf aux parties à tirer contre le rapport, telles inductions que de droit de ces causes toutes récentes de suspicion.

« La récusation contestée doit être jugée sommairement à l'audience, sur un simple acte, et sur les conclusions du ministère public ; les juges peuvent ordonner la preuve par témoins, laquelle doit être faite dans la forme prescrite pour les enquêtes sommaires (311). Le jugement sur la récusation est exécutoire *nonobstant l'appel* (312). » C'est à tort qu'on induirait de ces derniers termes de l'art. 312 que le jugement rendu sur la récusation est sujet à appel, même dans le cas où le principal peut être jugé en dernier ressort : il est de règle au contraire, ainsi qu'on l'a dit précédemment, que les incidents suivent le sort du principal, à moins que la loi n'en ait disposé autrement, et cette disposition ex=

ceptionnelle, on ne saurait la trouver dans l'art. 312 (1).
L'exécution provisoire autorisée par cet article permet au
surplus au tribunal de statuer même sur le fond, avant
que l'appel sur la récusation de l'expert soit jugé.

Si la récusation est admise, le même jugement nomme
d'office un nouvel expert ou de nouveaux experts à la
place de celui ou de ceux récusés (313), sans qu'il doive
réserver aux parties le droit de faire elles-mêmes ce remplacement ; ce qui n'empêche pas celles-ci d'y procéder
tant que les choses sont entières.

Si au contraire la récusation est rejetée, la partie qui
l'a faite doit être condamnée en tels dommages-intérêts
qu'il appartiendra, même envers l'expert s'il le requiert ;
mais dans ce dernier cas il ne peut demeurer expert
(314). L'expert ne paraît fondé à demander des dommages que lorsque la cause de récusation alléguée a quelque
chose d'injurieux pour lui ; quant à la partie adverse,
elle peut obtenir des dommages toutes les fois que la
récusation n'a été proposée que pour gagner du temps.

Si quelque expert n'accepte point la nomination, ou
ne se présente point, soit pour le serment, soit pour l'expertise, aux jour et heure indiqués, les parties qui ont
la libre disposition de leurs droits peuvent s'accorder
sur-le-champ pour en nommer un autre à sa place ; sinon, la nomination doit être faite par le tribunal. Avant
le serment, au surplus, l'expert peut refuser la mission
qui lui est *déférée ;* l'expertise n'est pas une charge publique ; mais si, après avoir prêté serment, il ne rem-
plit pas sa mission, il peut être condamné par le tribunal
qui l'a commis à tous les frais frustratoires, et même
aux dommages-intérêts s'il y échet (316) : l'expert n'é-

_____

(1) *Contrà,* Pigeau, t. 1er p. 295 ; Carré, quest. 1178.

chapperait à cette responsabilité qu'autant qu'il pourrait invoquer une excuse légitime.

§ VI. *Des opérations des experts.*

Il est inutile de notifier aux experts le jugement qui les nomme : la loi n'exige pas même qu'on leur notifie le dispositif du jugement, comme elle l'exige pour les témoins : de semblables notifications devraient donc être rejetées de la taxe comme frustratoires. L'art 317 veut seulement qu'au moment où les experts vont procéder à leurs opérations, on leur remette le jugement qui a ordonné le rapport, et les pièces nécessaires : il faut bien en effet qu'ils aient sous les yeux les termes du mandat qui leur a été confié, afin qu'ils s'y conforment avec toute l'exactitude possible.

Les parties peuvent, suivant ce même art. 317, faire tels dires et réquisitions qu'elles jugent convenables. Ces dires font-ils foi jusqu'à inscription de faux ? Il est difficile de l'admettre : les experts qui n'exercent dans leur opération qu'un droit civil et non pas un droit politique ne sauraient à nos yeux, rentrer dans la classe des officiers publics dont parle l'art. 1317 C. civ., et dont les actes ont un caractère d'authenticité qui ne peut être détruit que par l'inscription de faux. Les dires consignés dans le procès-verbal des experts semblent donc pouvoir être combattus par la preuve contraire : les experts ne sont jamais qu'une sorte de témoins. Cela n'empêche point que le procès-verbal ne fasse foi de sa date à l'égard des parties (1) ; car les actes même sous seing privé font foi de leur date à l'égard des ayants cause de ceux de qui ils émanent.

Il est certain que les experts ne peuvent entendre des

_____

(1) *Cass.* 6 frimaire an 14.

témoins lorsque le jugement ne les a pas formellement chargés de ce soin : ils outre-passeraient évidemment leur mandat. Mais le tribunal peut-il du moins leur conférer ce droit ? On peut dire pour la négative que les sages prescriptions établies par la loi en matière d'enquête ne doivent pas être impunément éludées. C'est pourtant l'affirmative que nous adoptons, par la raison que de semblables indications peuvent souvent être indispensables aux experts, et que la loi ne défend pas aux juges d'autoriser ces derniers à les prendre; seulement, les dépositions des témoins ne doivent porter que sur des points afférents à l'objet même de l'expertise, et les juges doivent se tenir en garde contre ces dépositions qui, n'étant pas faites avec les solennités ordinaires des enquêtes, ne sauraient mériter la même confiance.

Lorsque les experts ne terminent pas à la première vacation, ils doivent se borner à indiquer les jour et heure des vacations suivantes, et cette indication vaut sommation pour les parties (1034), même pour celles qui sont absentes : c'est la faute de celles-ci si elles n'assistent pas exactement à toutes les vacations.

§ VII. *De la rédaction et du dépôt du rapport, et des honoraires des experts.*

Le rapport doit, aux termes de l'art. 317, être rédigé sur le lieu contentieux ou dans le lieu et aux jour et heure qui sont indiqués par les experts (1); c'est afin que les parties puissent y assister si bon leur semble, et faire les observations qu'elles jugeront convenables. Toutefois les parties ne peuvent assister qu'à la

_____

(1) Si l'une des parties est absente lorsque les experts indiquent le lieu et le jour où ils rédigeront leur rapport, il n'est pas nécessaire de lui donner cette indication par exploit (*Cass.* 19 juin 1838).

rédaction de la première partie du rapport, celle qui retrace les faits, les dires des plaideurs, les opérations des experts, les indications qu'ils ont recueillies, etc. Quant à la partie du rapport qui contient l'avis des experts, elle doit être rédigée secrètement.

« La rédaction doit être écrite par un des experts, et signée par tous : s'ils ne savent pas tous écrire, (c'est-à-dire, si un seul ou plusieurs d'entre eux ne savent pas écrire), elle doit être écrite et signée par le greffier de la justice de paix du lieu où ils auront procédé » (317). Il ne faut pas qu'un expert plus lettré que les autres puisse abuser de l'ignorance de ceux-ci pour présenter d'une manière inexacte les conclusions du rapport.

Si un des experts, quoique sachant écrire, refuse de signer, les autres n'ont pas besoin de s'adresser au greffier du juge de paix; il leur suffit de faire mention du refus de leur co-expert, et le rapport obtient alors la même foi que s'il était signé par tous (analogie de l'art. 1016).

Les experts ne doivent dresser qu'un rapport, et former un seul avis à la pluralité des voix : ils doivent néanmoins indiquer, en cas d'avis différents, les motifs des divers avis, sans faire connaître quel a été l'avis personnel de chacun d'eux (318). Il faut que les experts indiquent les motifs des divers avis, afin que les juges puissent donner la préférence à l'avis de la minorité, s'il leur semble mieux motivé que l'autre. Il pourrait arriver que chacun des experts eût un avis différent de celui des autres; chacun d'eux motiverait alors son opinion, et le tribunal aurait à choisir entre les trois avis.

La minute du rapport doit être déposée au greffe du tribunal qui a ordonné l'expertise, sans nouveau serment de la part des experts : leurs vacations doivent être taxées par le président au bas de la minute, et il doit en être délivré exécutoire contre la partie qui a requis l'expertise , ou qui l'a poursuivie si elle a été ordonnée d'office (319). La manière dont les vacations des experts sont réglées est indiquée dans le chap. 6 du tarif. L'ordonnance permettait aux experts d'exiger la consignation préalable d'une certaine somme pour faire face par approximation aux frais de l'expertise : nous pensons qu'ils ont le même droit aujourd'hui; ils ne doivent pas être exposés à travailler en pure perte. Mais nous n'accorderions pas aux experts d'action directe ni même subsidiaire contre celle des parties qui n'a pas demandé l'expertise ou qui ne l'a point poursuivie ; si la partie contre laquelle l'exécutoire doit être délivré n'est pas à même de payer , les experts ont à s'imputer de n'avoir pas exigé la consignation préalable des frais de l'expertise , et il ne serait pas juste qu'ils pussent faire retomber les effets de leur propre imprudence sur l'autre partie. Nous ne reconnaissons de solidarité entre les parties que lorsqu'elles ont toutes deux provoqué l'expertise (1), ou quand les experts ont été choisis volontairement; dans ces deux cas seulement , les experts peuvent invoquer la disposition de l'art. 2002 C. civ. qui prononce la solidarité des mandants au profit du mandataire.

Les experts n'ont pas besoin de faire enregistrer leur rapport avant de le déposer.

« En cas de retard ou de refus de la part des experts de déposer leur rapport, ils peuvent être assignés à trois jours , sans préliminaire de conciliation , par-devant le tribunal qui les a commis, pour se voir condamner , même par corps s'il y échet , à faire ledit dépôt : il doit y être statué sommairement et sans instruction (321). » L'abréviation du délai pour comparaître ayant lieu en

----

(1) *Cass.* 11 août 1813.

vertu de la disposition de la loi, il est inutile de demander la permission au président, mais l'augmentation à raison des distances doit être observée.

§ VIII. *De la signification du rapport.*

Le rapport doit être levé et signifié à avoué par la partie la plus diligente, et l'audience doit être poursuivie sur un simple acte (321). Toute requête tendant à obtenir l'homologation ou le rejet du rapport devrait donc être rejetée de la taxe comme frustratoire : ce n'est que verbalement et à l'audience que le mérite du rapport peut être discuté.

Il semble au surplus qu'une partie ne peut poursuivre l'audience sans avoir fait expédier et signifier le rapport; puisque le tribunal a jugé l'expertise nécessaire, il faut bien qu'il en connaisse les résultats.

Quelques auteurs (1) enseignent que si la partie adverse de celle qui a demandé l'expertise est obligée pour poursuivre de faire lever et signifier le rapport, elle peut obtenir exécutoire pour le montant de ses frais, et s'en faire rembourser comme *de frais préjudiciaux.* Ils invoquent par analogie la disposition de l'art. 220, au titre du *faux incident;* cette analogie est trop éloignée pour justifier leur doctrine.

§ IX. *De l'annulation du rapport.*

La loi qui, dans le titre *des enquêtes,* s'est montrée en quelque sorte prodigue de nullités ne prononce pas une seule fois cette peine dans le titre *des rapports d'experts.* La conséquence qu'on doit tirer de ce silence c'est que les expertises ne peuvent être annulées que pour cause de nullité substantielle ; mais le point difficile est de

(1) Pigeau, t, 1ᵉʳ, p. 308 ; Carré, quest. 1,211.

déterminer dans quels cas l'irrégularité commise peut être considérée comme une nullité substantielle. Nous ne pouvons citer à cet égard que quelques exemples.

Il y a nullité substantielle à nos yeux, 1° si quelqu'un des experts n'avait pas les qualités requises pour exercer ces fonctions, ou si elles ne lui avaient pas été légalement dévolues ; 2° si les experts, ou l'un d'eux, n'avaient pas prêté serment, ou l'avaient prêté devant un autre fonctionnaire que le juge commis ; 3° si la partie n'avait pas été sommée en temps utile d'assister aux premières opérations des experts, parce que son droit de légitime défense aurait par là même été paralysé, ou du moins gêné dans son exercice. Le droit de défense souffre aussi quelque atteinte quand le rapport n'est pas rédigé sur le lieu contentieux, et que les experts n'ont pas indiqué les lieu, jour et heure où cette rédaction doit se faire : il peut arriver en effet qu'au moment où les experts vont commencer la rédaction quelqu'une des parties ait à leur rappeler certains faits importants et de nature à exercer une influence décisive sur leur avis. Il y aurait donc, suivant nous, nullité substantielle dans ce dernier cas, comme dans les précédents.

Mais l'irrégularité ne paraît pas suffisante pour entraîner la nullité dans les cas suivants : 1° si les experts négligent de mentionner que le jugement leur a été remis ; 2° s'ils font écrire leur rapport par un tiers, pourvu qu'ils en attestent tous l'exactitude par leur signature ; 3° si, dans le cas où quelqu'un d'eux ne sait pas écrire, ils font écrire leur rapport par un notaire (1) ou par un greffier d'un autre justice de paix que celle dans le ressort de laquelle ils ont opéré ; 4° si, en cas d'avis différents, ils font connaître l'avis personnel de chacun d'eux.

(1) *Contra*, Carré, quest. 1196.

§ x. *De l'homologation ou entérinement du rapport et des nouvelles expertises.*

Lorsque le rapport n'est infecté d'aucune nullité substantielle, et que les experts se sont conformés au mandat qui leur a été donné, le tribunal doit prononcer l'homologation ou entérinement du rapport.

Mais il peut arriver que le rapport, quoique régulier, ne contienne pas des éclaircissements suffisants. En ce cas, les juges, aux termes de l'art. 322, peuvent ordonner d'office une nouvelle expertise par un ou plusieurs experts qu'ils doivent nommer également d'office, et qui peuvent demander aux précédents experts les renseignements qu'ils trouvent convenables. Les parties peuvent sans doute aussi solliciter une nouvelle expertise ; mais la demande qu'elles font à cet égard n'a rien d'obligatoire pour le juge (1).

Les nouvelles expertises diffèrent des premières sous deux rapports : 1° les juges, dans les nouvelles expertises, peuvent se borner à nommer un seul expert, ou même deux experts (2), sans qu'il soit besoin dans aucun cas du consentement des parties ; 2° ils nomment alors les experts d'office, sans réserver aux parties le droit de les choisir elles-mêmes dans les trois jours de la signification. Nous pensons pourtant que les parties ont le droit de choisir elles-mêmes les nouveaux experts, toutes choses étant entières, sauf à supporter par égales parts les frais de la seconde expertise, s'il arrivait qu'elle ne fournît pas non plus aux juges des éclaircissements

---

(1) *Cass.* 3 août 1836.

(2) La loi ne dit pas en effet ici *un* ou *trois* experts, mais *un ou plusieurs* ; et le partage est d'ailleurs moins à craindre quand il ne s'agit que d'expliquer un précédent rapport.

suffisants et qu'il fallût en dernière analyse en revenir aux gens de l'art que le tribunal aurait désignés.

Les nouveaux experts tiennent de la loi le droit de demander aux précédents experts les renseignements qu'ils trouvent convenables ; il n'est donc point nécessaire que ce droit leur soit réservé par le jugement.

Le tribunal peut-il confier le nouveau rapport aux mêmes experts qui ont déjà procédé? Nous n'y voyons nul inconvénient, et cela offre au contraire aux parties de grands avantages. Le nouveau rapport peut même être confié à un seul des précédents experts, pourvu toutefois qu'ils aient été unanimes ; car s'il n'y a pas eu unanimité, il serait à craindre que l'expert désigné de nouveau eût été d'un avis contraire à la majorité, et qu'il ne cherchât dans le second rapport à faire prévaloir cet avis.

Les juges peuvent aussi, au lieu d'ordonner une nouvelle expertise, ordonner simplement que les experts qui ont déjà procédé viendront fournir à l'audience des explications sur les passages de leur rapport qui ont besoin d'être éclaircis. Cette manière de procéder n'est pas expressément défendue par la loi, et elle paraît conforme à son esprit, puisqu'elle épargne aux parties des frais et leur évite des lenteurs. Elle serait toutefois impraticable si les experts avaient été d'avis opposés ; car leurs explications feraient nécessairement connaître l'avis personnel de chacun, ce que la loi ne veut pas.

Lorsque la première expertise est annullée pour cause de nullité substantielle, est-ce le cas de procéder conformément à l'art. 322, ou bien au contraire faut-il considérer tout ce qui a été fait comme non avenu? C'est à ce dernier parti qu'il faut s'arrêter. Dans le cas de l'art. 322 le second rapport n'est en effet que le complément du premier, et se rattache intimement à celui-ci, puisque les nouveaux experts sont même autorisés à demander des renseignements aux experts qui ont opéré avant eux. Mais lorsque le premier rapport a été annulé, comment un second rapport pourrait-il être considéré comme un complément du précédent qui est réputé ne plus exister ? Comment les nouveaux experts pourraient-ils demander des renseignements aux experts précédents, si le rapport de ceux-ci a été annulé précisément parce qu'ils étaient sans caractère, ou qu'ils n'avaient pas prêté serment, ou qu'ils avaient porté atteinte au droit de défense de quelqu'une des parties ? Nous estimons donc qu'en ce cas il faut procéder comme si la première expertise n'avait pas eu lieu ; seulement le tribunal ne pourrait confier la seconde expertise aux mêmes experts si la nullité de la première provenait de leur fait et annonçait quelque partialité à l'égard de l'une des parties. Les experts au contraire à qui l'on ne demande qu'un supplément d'un rapport d'ailleurs régulier ne paraissent nullement suspects, et partant, ne peuvent être récusés.

Il ne faudrait pas non plus confondre une seconde expertise qui, dans le cours du procès, serait devenue nécessaire après l'homologation de la première et qui porterait sur des faits tout différents, avec l'expertise nouvelle dont parle l'art. 322. Cette seconde expertise, étant complètement distincte de la première, demeure soumise aux règles ordinaires.

§ XI. *De l'autorité du rapport.*

Les experts ne décident jamais eux-mêmes le procès, ils ne sont chargés que d'éclairer la religion des juges. De là s'induit une conséquence importante consacrée par l'art. 323 en ces termes : « Les juges ne sont point astreints à suivre l'avis des experts, si leur conviction s'y oppose. » C'est la traduction de ce vieux brocard, d'une latinité un peu barbare : *Dictum expertorum numquam transit in rem judicatam.*

L'application de cette règle ne peut souffrir aucune difficulté lorsque l'expertise était facultative : mais est-elle également applicable quand l'expertise était forcée ? L'affirmative est évidente, si les experts n'ont pas été unanimes. Ils doivent en effet, en pareil cas, indiquer les motifs de chacun des avis ; l'art. 1679 C. civ. en contient une disposition spéciale en matière de rescision de vente pour cause de lésion. Or, cette indication n'est exigée que dans le but de mettre les juges à portée de choisir entre l'avis de la majorité et celui de la minorité, ou d'adopter un moyen terme. Mais, dans le cas même où les experts ont été unanimes, l'art. 323 doit encore recevoir son application, puisque sa disposition conçue en termes généraux n'autorise aucune exception, et que parfois les juges peuvent trouver dans le rapport même les moyens d'en réfuter les conclusions. Il faut pourtant qu'ils expriment pourquoi ils s'écartent de l'avis des experts (1) ; car toute décision doit être motivée.

Disons en terminant que dans les matières fiscales qui sont soumises à des règles spéciales, l'avis des experts est obligatoire pour les juges : c'est du moins ce qui résulte d'une jurisprudence constante de la cour régulatrice.

CHAPITRE III.

Des descentes sur les lieux.

Les dépositions des témoins ou les rapports des gens de l'art ne sont point toujours pour le juge les guides les plus sûrs : souvent une inspection personnelle des lieux est la meilleure manière d'éclairer sa religion. S'agit-il, par exemple, de savoir si une servitude est apparente, et partant, si elle a pu s'acquérir par prescription ? les

(1) *Cass.* 7 août 1813.

yeux du juge le fixeront bien mieux en un instant, que ne pourraient le faire les rapports les plus circonstanciés. C'est dans des cas semblables que le tribunal ordonne une *descente sur les lieux*, ou un *accès de lieux*; car les deux expressions sont également reçues.

« Le tribunal pourra, dit l'art. 295, dans le cas où il le croira nécessaire, ordonner que l'un des juges se transportera sur les lieux. » Le tribunal peut donc ordonner la descente, sur la demande de l'une des parties, ou d'office; mais comme le juge commis a droit à une indemnité, il ne faut pas que les juges abusent de la faculté d'ordonner le transport pour grever inutilement les parties; c'est pourquoi le même art. 295 ajoute : « mais il ne pourra l'ordonner dans les matières où il n'échoit qu'un simple rapport d'experts, s'il n'en est requis par l'une ou par l'autre des parties. » Ainsi, en matière de partage, en matière de rescision de vente pour lésion, et autres cas semblables où la loi ne prescrit qu'une expertise, les juges ne peuvent d'office ordonner une descente.

La descente peut concourir avec l'expertise toutes les fois notamment qu'une partie manifeste la crainte que son adversaire n'empêche les opérations des experts si ceux-ci ne procèdent en la présence d'un magistrat. Elle peut aussi n'être pas accompagnée d'expertise, et c'est le cas le plus ordinaire.

Les juges peuvent-ils prendre pour base de leur jugement l'inspection personnelle qu'ils auraient faite de l'état des lieux sans en prévenir les parties? La négative est certaine; il faut que chacun des plaideurs puisse concourir à tous les actes d'instruction afin de soumettre aux juges toutes les observations qu'il croit utiles à ses intérêts; les juges le privent de ce droit inhérent à celui de la défense, quand ils se livrent à une inspection qu'ils n'ont pas annoncée et qui peut avoir été faite en présence

12

et d'après les indications frauduleuses de la partie adverse. Si donc les juges prennent cette inspection irrégulière pour base de leur décision, ils fournissent par là-même, suivant les cas, un grief d'appel ou un moyen de cassation contre leur jugement (1).

Mais le tribunal peut-il ordonner valablement par un jugement qu'il se transportera en corps sur les lieux contentieux pour les inspecter? Nous faisons à cet égard une distinction : si les lieux contentieux se trouvent dans la ville ou commune où siége le tribunal, nous pensons que le transport en corps et *sans frais* peut être ordonné ; mais dans le cas où les lieux sont éloignés le déplacement de tous les juges d'une chambre entraînerait pour l'administration de la justice de trop graves inconvénients. Le transport, dans ce dernier cas, serait donc contraire à l'esprit de la loi, quand même les juges déclareraient qu'ils entendent l'effectuer à leurs propres frais. Mais au moins est-il certain que le transport d'un tribunal en corps ne peut jamais autoriser ses membres à réclamer chacun une indemnité.

Revenons maintenant aux descentes de lieux faites suivant les règles ordinaires.

« Le jugement doit commettre l'un des juges qui y ont assisté (296). » Les juges qui ont déjà entendu les plaidoiries des parties savent mieux que tous autres ce qu'il peut être utile de constater sur les lieux ; mais ce n'est pas à dire que, si les lieux contentieux sont hors du ressort du tribunal, ce tribunal puisse confier valablement la descente à l'un de ses membres : il faudrait une disposition plus explicite que celle de l'art. 296 pour déroger à cette règle fondamentale d'après laquelle les fonctionnaires ou officiers publics ne conservent leur caractère

_____

(1) *Cass.* 16 janvier 1839.

que dans l'étendue de leur ressort. D'un autre côté, si les lieux contentieux sont situés dans le ressort du tribunal, mais hors du canton, le tribunal, pour économiser les frais, peut confier valablement la descente au juge de paix : ce droit résulte clairement de la disposition générale de l'art. 1035 (1). Mais toutes les fois que le tribunal ordonne la descente par voie de commission rogatoire, il doit avoir le soin d'indiquer autant que possible dans son jugement les faits que le juge commis devra constater, tandis que cette précaution est inutile quand l'opération est confiée à l'un de ses membres.

« Sur la requête de la partie la plus diligente, le juge-commissaire doit rendre une ordonnance fixant les lieu, jour et heure de la descente; la signification doit en être faite d'avoué à avoué, et vaut sommation (297). » Bien que cet article ne parle que de la signification de l'ordonnance, il ne serait pas exact d'en conclure qu'il est inutile de faire expédier et signifier à avoué le jugement même qui ordonne la descente. La disposition de l'art. 147, d'après laquelle les jugements même préparatoires ne peuvent en principe être exécutés qu'après avoir été signifiés à avoué, conserve ici son empire; l'art. 297 ne constate pas suffisamment que le législateur ait voulu y déroger.

« Les frais de transport doivent être avancés par la partie requérante, et par elle consignés au greffe (304). » C'est au greffier à évaluer ces frais par approximation, sans y comprendre les frais de transport des plaideurs eux-mêmes ou de leurs avoués, qui ne doivent être réglés qu'en fin de cause.

_____

(1) *Contra*, sur les deux points, Boncenne, t. 4., p. 426. Dans la doctrine de cet auteur un juge pourrait chevaucher d'un bout du royaume à l'autre, traînant à sa suite greffiers, avoués et huissiers!

Mais que doit-on entendre par ces mots *partie requérante* ? Nulle difficulté si la descente est poursuivie par la
partie qui l'avait demandée, ou si elle a été ordonnée
d'office : dans l'un et l'autre cas c'est la partie poursuivante qui doit consigner les frais. Mais si la partie
même qui avait demandé la descente néglige ensuite de
la poursuivre et d'en consigner les frais, l'autre partie
est-elle obligée de faire elle-même cette consignation ?
Nous ne le pensons pas ; elle peut se pourvoir à l'audience pour faire déclarer que la partie qui a fait ordonner la descente sera déchue du bénéfice du jugement,
sauf pourtant aux juges à ordonner la mesure d'office,
s'ils la croient indispensable.

Le juge-commissaire doit être assisté d'un greffier conformément à la disposition générale de l'art. 1040 ; il peut
aussi se faire assister d'un huissier, lorsqu'il le juge convenable. Quant au ministère public, sa présence n'est nécessaire que dans le cas *où il est lui-même partie* (300) :
c'est-à-dire, *partie principale*, comme le prouvent les
discussions du conseil d'état ; ce qui ne peut avoir lieu
que dans des cas bien rares.

Le juge-commissaire doit relater avec le plus grand
soin dans son procès-verbal tout ce qui peut être de
nature à exercer quelque influence sur la décision du
tribunal.

Le juge doit dicter le procès-verbal au greffier, en présence
des parties, ou elles dûment prévenues, afin qu'elles puissent
faire toutes les observations qu'elles jugeront utiles. Au
demeurant, ce procès-verbal peut être rédigé sur le lieu
contentieux, ou à tels lieu, jour et heure que le juge
aura eu le soin d'indiquer (analogie de l'art. 317).

Le juge-commissaire doit faire mention, sur la minute
de son procès-verbal, des jours employés aux transport,
séjour et retour (298). Cette mention est nécessaire pour

régler tant l'indemnité du juge, du greffier, de l'huissier et du magistrat du ministère public, s'il y a lieu, que les droits des avoués. Les droits de vacation dus aux avoués sont réglés par l'art. 92 du tarif en matière civile. Quant à l'indemnité due au juge, au greffier et au magistrat du ministère public, ce tarif ne l'indique point; mais il est naturel d'accorder par analogie à ces fonctionnaires la même indemnité que celle qu'ils obtiennent en matière criminelle, d'après les art. 88 et 89 du tarif criminel (1).

« L'expédition du procès-verbal doit être signifiée par la partie la plus diligente aux avoués des autres parties; et trois jours après elle peut poursuivre l'audience sur un simple acte (299). » Le procès-verbal de descente, pas plus que les procès-verbaux d'enquête ou d'expertise, ne peut donc donner lieu à aucunes écritures. Mais on ne peut poursuivre valablement l'audience avant d'avoir levé et fait signifier le procès-verbal, soit que la descente ait été ordonnée d'office, soit qu'elle ait été ordonnée sur la demande de l'une des parties. Dans tous les cas, il est bon que le tribunal connaisse les résultats d'une mesure qu'il a jugée indispensable, ou du moins utile.

Le procès-verbal de descente ne peut au surplus être annulé, qu'autant que le droit de défense de quelqu'une des parties n'a pas été pleinement respecté. Mais il n'est pas douteux que le tribunal ne puisse ordonner d'office une seconde descente, si la première ne présente pas des éclaircissements suffisants.

Quant à la question de savoir si le jugement qui ordonne une descente sur les lieux doit être considéré comme

---

(1) Boncenne, t. 4, p. 443, veut que le greffier tienne note exacte des dépenses de voyage, de logement et de nourriture. Cela serait peu digne; mieux vaut suivre une règle fixe.

préparatoire ou interlocutoire, elle doit être résolue suivant les circonstances, comme on le verra au titre de *l'appel*.

CHAPITRE IV.

De la preuve par titres.

La meilleure preuve et la plus concluante, c'est sans contredit la preuve par titres : mais les titres peuvent eux-mêmes être contestés. Si ce sont des titres privés, la partie à laquelle on les oppose peut en dénier ou ne pas en reconnaître l'écriture ou la signature, et il y a lieu dès-lors d'ordonner une *vérification d'écritures*. Si ce sont des titres authentiques, ou même des titres privés, vérifiés ou non, la partie à laquelle on les oppose peut en contester l'autorité par la voie du *faux incident civil*. Nous allons parler successivement de ces deux espèces de procédure.

SECTION PREMIÈRE.

DE LA VÉRIFICATION D'ÉCRITURES.

§ 1er. *Dans quels cas la vérification d'écritures doit être ordonnée.*

La 1re condition pour qu'il y ait lieu d'ordonner une vérification d'écritures, c'est qu'il s'agisse d'un titre privé : cette procédure ne peut jamais être employée à l'égard des actes authentiques.

La 2me condition, c'est que l'écriture ou la signature soient contestées : l'aveu du titre est en effet une preuve bien plus certaine de sa vérité que ne pourrait l'être sa vérification. Mais c'est le cas d'examiner comment on peut demander l'aveu d'une pièce privée, et quels sont les effets de cet aveu.

Lorsqu'une pièce privée est produite dans le cours d'une contestation, ou comme base de la demande, la partie qui la produit est, par cela même, censée en demander l'aveu à la partie adverse; celle-ci doit donc déclarer qu'elle la méconnaît; si non, elle est censée l'avouer (1), et les frais qu'a pu nécessiter l'enregistrement de la pièce doivent, en thèse générale, être mis à la charge de la partie qui vient à succomber sur le principal.

Mais, avant même toute contestation, une partie peut avoir intérêt à faire reconnaître une pièce privée; elle peut craindre, par exemple, que l'autre partie ne vienne à décéder, et que ses héritiers n'élèvent ensuite des difficultés sur la vérité de la pièce, ou que par le laps du temps les preuves de la vérité de l'écrit ne viennent à dépérir. C'est de ce cas que s'occupe l'art. 193 ainsi conçu : « Lorsqu'il s'agira de reconnaissance et vérification d'écritures privées, le demandeur pourra, sans permission du juge, faire assigner à trois jours pour avoir acte de la reconnaissance, ou pour faire tenir l'écrit pour reconnu. — Si le défendeur ne dénie pas la signature, tous les frais relatifs à la reconnaissance ou à la vérification, même ceux de l'enregistrement de l'écrit, seront à la charge du demandeur. » Dans le cas où il y aurait urgence le président pourrait permettre de citer à un délai plus bref que celui de trois jours (2).

« Si le défendeur ne comparaît pas, il sera donné défaut, et l'écrit *sera* tenu pour reconnu; si le défendeur reconnaît l'écrit, le jugement en donnera acte au demandeur (194). » Cet article, en disposant qu'en cas de défaut l'écrit sera de plein droit tenu pour reconnu, contient une exception au principe général posé

---

(1) *Cass.* 24 juin 1806 et 7 janvier 1814.
(2) *Contrà*, Thomine-Desmazures, t. 1er, p. 251.

dans l'art. 150 , et d'après lequel les conclusions du demandeur ne doivent lui être adjugées qu'autant qu'elles sont trouvées justes et bien vérifiées ; mais , comme les exceptions sont de droit étroit , nous ne pensons pas que le tribunal soit obligé de tenir l'écrit pour reconnu lorsque le défaillant est le représentant d'un incapable , quand c'est , par exemple , le tuteur d'un mineur ou d'un interdit.

Quand plusieurs parties sont assignées conjointement en reconnaissance d'un écrit privé, si quelqu'une comparaît et confesse l'écrit , comme il n'y a point en réalité de procès à son égard , il est inutile de joindre le défaut , et l'écrit doit aussi être tenu pour reconnu à l'égard des défaillants , sauf à eux à se pourvoir par opposition. Mais si la partie comparante conteste l'écrit , comme il y a alors procès réglé, et que cette contestation affaiblit d'ailleurs la présomption d'aveu de la part des parties défaillantes , la jonction préalable du défaut paraît indispensable (1).

Si la reconnaissance de l'écrit privé est demandée avant l'exigibilité de la dette , le demandeur ne peut , en vertu du jugement qui constate l'aveu ou qui tient l'aveu pour fait , requérir immédiatement une inscription hypothécaire : c'est ce qui résulte de l'art. 1er de la loi du 3 septembre 1807.

La partie à laquelle on oppose la pièce peut-elle , en avouant la signature , contester pourtant l'écriture ou quelques mots de cette écriture , sans être obligée de s'inscrire en faux ? Nous faisons une distinction ; si l'acte peut être valable quoique les mots de l'écriture contestés n'aient

_____

(1) Carré, quest. 801 , exige la jonction du défaut quand l'aveu est demandé à plusieurs héritiers du même souscripteur ; il ne l'exige point quand il est demandé à plusieurs souscripteurs. Cette distinction n'a pas de base dans la loi.

réellement pas été écrits par la partie qui a signé, s'il s'agit, par exemple, d'une convention synallagmatique, la méconnaissance de l'écriture n'est pas suffisante et l'inscription en faux paraît nécessaire. Il doit en être autrement si les mots contestés, en supposant qu'ils n'aient pas été écrits par le signataire, doivent rendre l'acte nul ou irrégulier, comme s'il s'agit d'un testament olographe, ou du *bon* ou *approuvé* qui doit accompagner les obligations sous seing privé unilatérales (1).

Du reste, il est un cas où, nonobstant même l'aveu de la partie à laquelle l'acte privé est opposé, la vérification peut pourtant être ordonnée : c'est celui où cette partie représente un incapable dont le tribunal pourrait craindre que les intérêts ne soient sacrifiés.

Il existe au surplus deux manières bien différentes de contester un écrit privé. Si celui qui oppose l'écrit prétend qu'il est émané de la partie adverse elle-même, celle-ci ne pouvant concevoir aucun doute sur la vérité ou l'inexactitude du fait, doit avouer ou dénier purement et simplement. Mais lorsque l'écrit n'est opposé qu'aux héritiers ou ayants-cause de la partie qu'on prétend l'avoir souscrit, ces héritiers ou ayants-cause peuvent, sans dénier positivement l'écriture, se borner à dire qu'ils ne connaissent point l'écriture ou la signature de leur auteur (art. 1323 C. civ.).

La 3ᵐᵉ condition pour que la vérification soit ordonnée, c'est que l'allégation de la partie qui produit l'écrit, comme aussi la dénégation ou méconnaissance de celle à qui on l'oppose, ne soient point dénuées de toute vraisemblance. Si, par exemple, l'écrit paraît dès l'abord évidemment faux, comme si l'on attribue un corps d'écriture tracé avec une perfection remarquable à une per-

---

(1) *Cass.* 4 février 1836.

sónne qui, de notoriété publique, ne sait pas écrire, le tribunal peut tout d'abord rejeter l'écrit. D'un autre côté, il peut immédiatement le tenir pour vrai si sa vérité lui semble constatée par d'autres faits constants au procès ou par d'autres écrits qu'il a sous les yeux et qui peuvent servir légalement de pièces de comparaison.

Ces propositions sont suffisamment justifiées par l'art. 195 C. pr., qui est conçu en tout autres termes que l'art. 1324 C. civ., et qui dispose : « Si le défendeur dénie la signature à lui attribuée, ou déclare ne pas reconnaître celle attribuée à un tiers, la vérification en *pourra* être ordonnée tant par titres que par experts et par témoins. » Cette doctrine est d'ailleurs consacrée par une jurisprudence aujourd'hui constante de la cour suprême (1).

Les juges toutefois ne doivent user du pouvoir discrétionnaire que leur confère l'art. 195 C. pr. qu'avec une extrême réserve.

Enfin une 4me et dernière condition pour que la vérification soit ordonnée, c'est que l'acte ne puisse être écarté par une voie plus simple ; car s'il est aussi subsidiairement querellé de nullité, et que cette nullité absolue ou relative puisse être établie sans recourir à des procédures aussi longues que la vérification d'écritures, il semble qu'elle peut être jugée préalablement. Les juges doivent toujours prendre la voie la plus courte pour terminer le procès, lorsque cette voie n'a rien de contraire à la justice.

Quoi qu'il en soit, voyons maintenant comment doit se faire la vérification.

§ II. *De quelle manière la vérification doit avoir lieu.*

La vérification, d'après l'art 195 déjà cité, peut se

_____

(1) V. entr'autres, 6 décembre 1827, 27 août 1835, 14 mars et 24 mai 1837.

faire tant par titres que par experts et par témoins. Le tribunal peut donc autoriser simultanément ou successivement les trois genres de preuve. Si ces preuves donnent des résultats différents, la preuve par titres doit en général l'emporter sur toutes les autres; et la preuve par témoins, sur la preuve par experts; en supposant, bien entendu, que les diverses preuves paraissent également concluantes quoique donnant des résultats opposés.

1° *La preuve par titres* peut résulter de la mention plus ou moins explicite de l'écrit privé, ou des faits qu'il contient, dans d'autres titres postérieurs, soit authentiques, soit même sous seing privé si ces derniers sont reconnus. Mais c'est là pour le demandeur une sorte de bonne fortune qui ne se présente que bien rarement.

2° *La preuve par témoins* doit tendre non pas à prouver directement l'obligation ou son extinction, mais seulement à prouver la vérité de l'écrit. Les témoins, par exemple, n'ont pas à dire s'ils ont vu compter les deniers, mais s'ils ont vu faire l'écrit, ou s'ils pensent que cet écrit a été fait par la personne à laquelle on l'attribue. S'il en était autrement on pourrait éluder trop aisément, sous l'apparence d'une vérification d'écritures, la prohibition de la preuve testimoniale au-dessus de 150 fr. C'est avec ce tempérament qu'il faut entendre la disposition de l'art. 211 qui porte : « Pourront être entendus comme témoins ceux qui auront vu écrire ou signer l'écrit en question, *ou qui auront connaissance de faits pouvant servir à découvrir la vérité.* » Mais on peut conclure de ces derniers termes qu'on peut entendre en témoignage non-seulement ceux qui ont vu écrire ou signer l'écrit ou qui ont entendu mentionner son existence, mais encore ceux qui connaissent par ailleurs l'écriture de la personne à laquelle la pièce est attribuée, et qui peuvent déposer du rapport qui existe entre cette écriture et la pièce contestée (1). Tout moyen de s'éclairer que la loi n'interdit pas au juge doit être réputé permis.

« En procédant à l'audition des témoins, les pièces déniées ou méconnues doivent leur être représentées et être par eux parafées ; il doit en être fait mention ainsi que de leur refus : doivent au surplus être observées les règles prescrites pour les enquêtes (212).» Le défaut de parafe ou de la mention du parafe, comme aussi le défaut de mention de la représentation de la pièce, n'entraînerait pas nullité, puisque l'article cité ne la prononce pas : mais ces irrégularités affaibliraient l'autorité du témoignage.

Dès que la loi prescrit l'observation de toutes les autres règles des enquêtes, il en résulte que la prohibition d'appeler en témoignage les personnes indiquées dans l'art. 268, et les causes de reproche énumérées dans l'art. 283, sont applicables aux vérifications d'écritures, et que l'enquête doit aussi être commencée dans le délai indiqué dans l'art. 257 (2). En un mot, les enquêtes sur vérifications d'écritures ne sont affranchies d'aucune des règles des enquêtes ordinaires, et sont soumises aux mêmes nullités.

3° *La preuve par experts,* qui est le plus souvent la seule à laquelle on puisse avoir recours quoique ce soit la plus conjecturale, est aussi celle qui nécessite le plus de détails.

« Le jugement qui autorisera la vérification , porte l'art. 196, ordonnera qu'elle sera faite par trois experts, et les nommera d'office, à moins que les parties ne se soient accordées pour les nommer. Le même jugement commettra le juge devant qui la vérification se fera ; il portera aussi

---

(1) *Cass.* 25 juillet 1833.
(2) *Cass.* 8 mars 1816.

que la pièce à vérifier sera déposée au greffe, après que son état aura été constaté et qu'elle aura été signée et parafée par le demandeur ou son avoué et par le greffier, lequel dressera du tout un procès-verbal ». Les parties peuvent-elles convenir des experts même après le jugement, conformément à la règle générale ? Nous n'y voyons nul obstacle, puisqu'elles peuvent en convenir avant, et que la procédure de vérification d'écritures n'est pas en effet, comme celle de faux incident, reputée intéresser l'ordre public. Nous penserions, par la même raison, que l'expertise peut être confiée valablement à un seul expert, demeurant le consentement des parties, sauf au tribunal à ordonner ensuite une nouvelle expertise s'il ne se trouve pas suffisamment éclairé (1).

La loi n'exige pas que le tribunal fixe un délai dans lequel le demandeur devra déposer la pièce : il est pourtant à propos de le faire, et le demandeur qui ne ferait pas le dépôt dans ce délai ou après que la partie adverse l'aurait sommé de l'effectuer, pourrait, suivant les circonstances, être déclaré déchu. Il est également à propos que le juge-commissaire parafe la pièce et que le défendeur soit sommé d'assister au procès-verbal de dépôt, quoique la loi n'exige ni l'une ni l'autre de ces formalités.

« En cas de récusation contre le juge-commissaire ou les experts il sera procédé ainsi qu'il est prescrit aux tit. xiv et xxi du présent livre (197). » Les causes de récusation contre les juges et les experts ont été précédemment expliquées.

« Dans les trois jours du dépôt de la pièce, le défendeur pourra en prendre communication au greffe, sans

---

(1) La doctrine est généralement contraire sur ces deux points. V. aussi *Cass.* 13 novembre 1816.

déplacement. Lors de ladite communication la pièce sera paraſée par lui, ou par son avoué, ou par son fondé de pouvoir spécial, et le greffier en dressera procès-verbal (198). » Le délai de trois jours, malgré les termes de l'article, ne saurait courir qu'à dater du jour où le procès-verbal de dépôt a été notifié au défendeur, à moins que celui-ci n'ait assisté à ce procès-verbal : ce délai n'est du reste que comminatoire. L'art. 6 du tit. 12 de l'ordonnance exigeait la présence du juge-commissaire à la communication; le code ne l'exigeant plus, il suffit qu'elle ait lieu en présence du greffier.

L'essentiel pour que les experts puissent faire la vérification, c'est qu'ils aient des pièces de comparaison. Voici comment on obtient ces pièces :

« Au jour indiqué par l'ordonnance du juge-commissaire, et sur la sommation de la partie la plus diligente, signifiée à avoué s'il en a été constitué, sinon à domicile par un huissier commis par ladite ordonnance, les parties sont tenues de comparaître devant le commissaire pour convenir des pièces de comparaison : si le demandeur en vérification ne comparaît pas, la pièce doit être rejetée; si c'est le défendeur, le juge peut tenir la pièce pour reconnue. Dans les deux cas le jugement doit être rendu à la prochaine audience sur le rapport du juge-commissaire, sans acte à venir plaider : il est susceptible d'opposition (199). » L'article ne distinguant pas, comme le faisait l'art. 7 du tit. 12 de l'ordonnance, entre le cas où la pièce est attribuée au défendeur lui-même et celui où elle est attribuée à un tiers, il en résulte que dans les deux hypothèses l'écrit peut être également tenu pour reconnu. Quant au demandeur, il doit être relevé de la déchéance, s'il présente des excuses reconnues fondées; autrement c'est bien en vain que l'article aurait autorisé l'opposition dans ce cas comme dans celui de défaut du défendeur. Toutes les fois au surplus que le premier jugement ou celui rendu sur l'opposition ordonne que la vérification sera continuée, il faut obtenir du juge-commissaire la fixation d'un nouveau jour pour convenir des pièces de comparaison, à moins que ces pièces n'aient déjà été indiquées par le demandeur lors de sa première comparution, et qu'elles n'aient été admises plus tard par le défendeur, ou d'office par le tribunal.

Les parties sont libres de convenir des pièces de comparaison, demeurant toujours le droit des juges de repousser les aveux qu'ils supposeraient être faits au détriment d'un incapable;

« Si les parties ne s'accordent pas sur ces pièces, le juge ne peut recevoir comme telles : 1° que les signatures apposées aux actes par-devant notaires, ou celles apposées aux actes judiciaires en présence du juge et du greffier, ou enfin les pièces écrites et signées par celui dont il s'agit de comparer l'écriture, en qualité de juge, greffier, notaire, avoué, huissier, ou comme faisant, à tout autre titre, fonction de personne publique ; 2° les écritures et signatures privées, reconnues par celui à qui est attribuée la pièce à vérifier, mais non celles déniées ou non reconues par lui, encore qu'elles eussent été précédemment vérifiées et reconnues être de lui. Si la dénégation ou méconnaissance ne porte que sur partie de la pièce à vérifier, le juge pourra ordonner que le surplus de ladite pièce servira de pièce de comparaison (200). » En toute matière, on ne doit procéder que du connu à l'inconnu, du certain à l'incertain.

Il résulte clairement de l'art. 200 qu'on ne peut admettre comme pièces de comparaison : 1° les signatures mises sur des actes extra-judiciaires autres que les actes notariés, par exemple, sur des registres de l'état civil, comme la section du tribunat en fit l'observation lors de la discussion du projet ; la raison en est que les officiers de l'état civil, n'étant point comme les notaires obligés de connaître les parties et les témoins, n'attestent pas d'une manière aussi certaine l'identité de la personne qui est dénommée dans l'acte qu'ils ont dressé ; 2° l'on ne peut admettre non plus les signatures apposées sur des actes même judiciaires, si ces actes ont été reçus par le juge seul ou par le greffier seul ; à plus forte raison, s'ils n'ont été dressés que par un avoué ou un huissier.

Mais c'est épiloguer trop subtilement sur le mot *judiciaires* que de ne pas admettre les signatures apposées sur des procès-verbaux de conciliation ou de non conciliation, puisque ces actes, étant rédigés en présence du juge de paix et de son greffier, présentent les mêmes garanties de vérité que les actes judiciaires proprement dits (1). Plus vainement encore essaierait-on de repousser les signatures apposées par un officier public à un acte qu'il n'aurait pas lui-même écrit, sous le prétexte que la loi ne parle que des pièces *écrites et signées* par ces officiers : la signature d'un officier public a certes par elle-même autant d'authenticité que celles que les parties apposent aux actes notariés.

Les signatures apposées sur les actes dont parle l'art. 200 peuvent servir de pièces de comparaison, quoiqu'il s'agisse de vérifier un corps entier d'écriture, un testament olographe ; par exemple, sauf aux experts à déclarer ensuite, s'il y a lieu, qu'ils n'ont pas trouvé dans ces signatures des éléments suffisants de comparaison pour former leur conviction.

En cas de contestation sur les pièces qui doivent servir de comparaison, ce n'est pas le juge-commissaire seul, mais le tribunal tout entier qui doit vider le dé-

_____

(1) *Contrà*, Pigeau, t. 1ᵉʳ, p. 308, Carré, quest. 817.

bat. Le mot *juge*, employé dans l'art. 200, doit naturellement être entendu, comme dans l'art. 199, dans son acception générique, et dans le doute il serait encore naturel de donner la préférence à la juridiction ordinaire sur la juridiction déléguée (1).

Le tribunal n'est pas obligé d'admettre comme pièces de comparaison toutes les pièces qui réunissent les conditions exigées par l'art. 200 : il peut s'en tenir à celles qu'il croit suffisantes pour fixer l'opinion des experts : mais lorsqu'il procède ainsi, il doit choisir les pièces les plus rapprochées en date de la pièce à vérifier, parce que dans l'espace de plusieurs années l'écriture de la même personne peut changer sensiblement.

D'un autre côté, de ce que le tribunal ne peut indiquer aux experts d'autres pièces de comparaison que celles dont parle l'art. 200, il ne serait pas exact d'en conclure qu'il ne puisse lui-même, lors du jugement définitif, consulter d'autres pièces authentiques signées par la partie, pour y avoir tel égard que de raison. La loi ne le lui défend pas ; et souvent la conviction intime, et pour ainsi dire intuitive du juge lui révèle plus clairement la vérité, que l'analyse minutieuse et les procédés peu sûrs des experts (2).

« Si les pièces de comparaison sont entre les mains de dépositaires publics ou autres, le juge-commissaire doit ordonner qu'aux jour et heure par lui indiqués les détenteurs desdites pièces les apporteront au lieu où doit se faire la comparaison, à peine contre les dépositaires publics, d'être contraints par corps, et les autres, par les voies ordinaires, sauf même à prononcer contre ces derniers la contrainte par corps, s'il y échet (201). »

_____

(1) *Contrà*, Demiau-Crousilhac, p. 180 ; Carré, quest. 815.
(2) *Contrà*, *C. Cass.* de Bruxelles, 12 février 1822.

Les simples particuliers, détenteurs de pièces de comparaison, sont donc obligés de les produire, et la généralité de la règle embrasse le défendeur lui-même qui ne saurait ici invoquer la maxime *nemo tenetur edere contra se*. Mais si un tiers ne peut se dispenser de fournir à la justice les éléments de décision qu'il a en son pouvoir, il n'est pas juste que pour l'avantage d'un autre il supporte lui-même un préjudice : le tribunal peut donc excuser son refus de produire la pièce, si cette production doit, par exemple, entraîner contre lui une peine fiscale, telle qu'une amende ou un double droit, à moins que le demandeur en vérification n'offre de les payer.

La loi ne fixant pas elle-même le délai dans lequel l'apport des pièces doit s'effectuer, c'est au juge-commissaire à le fixer en ayant égard aux distances. L'ordonnance de ce juge ne saurait du reste suffire pour ramener la contrainte par corps à exécution contre les dépositaires publics en retard de faire l'apport : cette contrainte ne peut être exercée qu'en vertu d'un jugement du tribunal, d'après la règle générale posée dans l'art. 2067 C. civ., à laquelle l'article précité du code de procédure ne déclare point déroger.

Si les pièces de comparaison ne peuvent être déplacées, comme s'il s'agit d'opérer sur le registre courant d'un officier public, ou si les détenteurs sont trop éloignés, il est laissé à la prudence du tribunal d'ordonner, sur le rapport du juge-commissaire et après avoir entendu le procureur du roi, que la vérification se fera dans le lieu de la demeure des dépositaires ou dans le lieu le plus proche, ou que dans un délai déterminé les pièces seront envoyées au greffe par la voie indiquée par le tribunal, comme par la poste, par quelque messagerie, etc. (202). Dans ce dernier cas, le dépositaire, si c'est une personne publique, doit prendre certaines précautions indiquées dans l'art. 203.

Les pièces de comparaison convenues ou arrêtées par le tribunal, « la partie la plus diligente doit faire sommer par exploit les experts et les dépositaires de se trouver aux lieu, jour et heure indiqués par l'ordonnance du juge-commissaire ; les experts, à l'effet de prêter serment et de procéder à la vérification, et les dépositaires, à l'effet de représenter les pièces de comparaison ; il doit être fait sommation à la partie d'être présente, par acte d'avoué à avoué ; il doit être dressé du tout procès-verbal, et il doit en être donné aux dépositaires copie par extrait, en ce qui les concerne, ainsi que du jugement (204). »

Si quelqu'une des parties ne comparaît pas, le juge-commissaire se borne à constater le défaut, et les opérations sont continuées. Si c'est un des experts, les parties peuvent s'accorder de suite pour le remplacer ; sinon, le juge-commissaire doit en référer au tribunal qui fait la nomination d'office. Enfin, si c'est le dépositaire de quelque pièce, le commissaire en réfère encore au tribunal pour qu'il prononce, s'il y a lieu, la contrainte par corps ; et en attendant, les opérations des experts, jusqu'à nouvelle décision du tribunal, doivent être suspendues, parce qu'il peut se faire que la pièce non représentée soit précisément celle qui fixerait le mieux l'opinion des experts.

Si la sommation à la partie n'a pas été faite, les opérations ultérieures sont nulles à moins que cette partie n'ait ensuite comparu volontairement ; le droit d'assister à l'ouverture des opérations des experts tient au droit de la défense.

Quant à la copie par extrait du procès-verbal et du jugement, qui doit, d'après la disposition finale de l'article, être laissée aux dépositaires, elle n'a d'autre but que de mettre leur responsabilité à couvert si la pièce vient à s'égarer, ou de justifier l'impossibilité où ils seraient de délivrer les expéditions qui leur seraient demandées. Partant, l'omission de cette signification ne peut jamais entraîner la nullité de la procédure.

Toutes les fois que les pièces sont représentées par les dépositaires en personne, il est laissé à la prudence du juge-commissaire d'ordonner qu'ils resteront présents à la vérification pour la garde desdites pièces, et qu'ils les retireront et représenteront à chaque vacation, ou d'ordonner qu'elles resteront déposées ès mains du greffier, qui s'en chargera par procès-verbal : dans ce dernier cas, le dépositaire, s'il est personne publique, peut en faire expédition, ainsi qu'il est dit par l'art. 203, encore que le lieu où se fait la vérification soit hors de l'arrondissement dans lequel il a le droit d'instrumenter (205).

Nous avons supposé jusqu'ici qu'il existait des pièces de comparaison convenues entre les parties ou arrêtées par le tribunal ; mais il peut se faire que ces pièces manquent complètement, ou que celles produites ne soient pas suffisantes pour déterminer la conviction des experts. L'art. 206 pourvoit à cet inconvénient, pour le cas où la pièce est attribuée à la partie adverse elle-même, en disposant : « A défaut ou en cas d'insuffisance des pièces de comparaison, le juge-commissaire pourra ordonner qu'il sera fait un corps d'écriture, lequel sera dicté par les experts, le demandeur présent ou appelé. » La présence du demandeur en ce cas tient aussi au droit de défense ; il y aurait donc nullité s'il n'était pas appelé (1).

Du reste, le droit de poursuivre l'exécution de l'ordonnance appartient au demandeur aussi bien qu'au défendeur.

_____

(1) *Contrà*, arr. de Rennes, du 16 juillet 1817.

Si le défendeur fait défaut ou refuse de faire le corps d'écriture, le juge commissaire en réfère au tribunal qui doit tenir la pièce pour reconnue, à moins que la partie ne propose quelque excuse légitime.

Le juge-commissaire doit assister à la confection du corps d'écriture aussi bien que les experts ; et si la partie suit visiblement une manière d'écrire qui ne lui est pas naturelle, les experts peuvent en tirer telle induction que de droit.

Après que les experts ont prêté serment, que les pièces leur ont été communiquées, et que le corps d'écriture, s'il y a lieu, a été fait, les parties doivent se retirer après avoir fait sur le procès-verbal du juge-commissaire telles réquisitions ou observations qu'elles jugent convenables (207). Si, nonobstant cette prescription de la loi, les parties ou quelqu'une d'elles restaient présentes, l'opération semblerait nulle, parce que les experts seraient censés n'avoir pas opéré et exprimé leur avis avec une entière liberté.

Les experts doivent procéder conjointement à la vérification, au greffe, devant le greffier ou devant le juge, s'il l'a ainsi ordonné : et, s'ils ne peuvent terminer le même jour, ils doivent remettre à jour et heure certains, indiqués par le juge ou par le greffier (208). Il est dans l'esprit de la loi que la rédaction même soit faite au greffe.

Les experts perdraient ce caractère s'ils se réunissaient hors la présence du greffier ou du juge ; ils seraient censés alors n'avoir pas eu sous les yeux les pièces de comparaison dont le greffier ne doit pas permettre le déplacement : mais, tandis qu'en matière d'enquête les formalités prescrites à peine de nullité sont censées n'avoir pas été observées s'il n'en est pas fait mention, en matière d'expertise, au contraire, les experts sont présumés s'être conformés aux prescriptions de la loi tant que le con-traire n'est pas prouvé.

« Les trois experts sont tenus de dresser un rapport commun et motivé, et de ne former qu'un seul avis à la pluralité des voix : s'il y a des avis différents, le rapport en contiendra les motifs, sans qu'il soit permis de faire connaître l'avis particulier des experts (210). » Le rapport doit être annexé à la minute du procès-verbal du juge-commissaire, sans qu'il soit besoin de l'affirmer : les pièces doivent ensuite être remises aux dépositaires qui en déchargent le greffier sur le procès verbal. La taxe des journées et vacations des experts est faite sur ce même procès-verbal, et il en est délivré exécutoire contre le demandeur en vérification (209). »

Le rapport fait, la partie la plus diligente doit le faire expédier et signifier, et poursuivre ensuite l'audience. En cette matière, plus qu'en toute autre, les juges ne sont nullement liés par l'avis des experts; ils peuvent aussi ordonner, si bon leur semble, une nouvelle expertise; en un mot, les règles ordinaires des expertises reçoivent ici leur application.

Quand les pièces de comparaison n'ont pas été apportées par le dépositaire, mais qu'elles ont été transmises par quelqu'autre voie, le tribunal peut autoriser le greffier à les renvoyer par la même voie, et le greffier doit mentionner ce renvoi dans son procès-verbal, en y joignant toutes les pièces qui peuvent servir à l'attester, telles que bulletins d'envoi par les diligences, lettres contenant accusé de réception, etc.

§ III. *Du jugement qui statue sur la vérification.*

QUAND le tribunal rejette la pièce son jugement ne doit rien contenir de particulier; les dépens doivent manifestement être mis à la charge de celui qui avait produit la pièce, lequel peut même, suivant les cas, être condamné à des dommages-intérêts.

Si, au contraire, le tribunal tient la pièce pour vraie, il y a lieu de faire une distinction.

Si la pièce était attribuée à la partie adverse elle-même, sa dénégation n'a pu être suggérée que par une mauvaise foi caractérisée qui mérite une peine particulière. C'est pourquoi l'art. 213 dispose : « S'il est prouvé que la pièce est écrite ou signée par celui qui l'a déniée, il sera condamné à 150 fr. d'amende envers le domaine, outre les dépens, dommages et intérêts de la partie, et pourra être condamné par corps même pour le principal. » Par *principal* il faut entendre toutes autres condamnations qui peuvent être prononcées en capital, intérêts et frais, outre les dépens, dommages et intérêts résultant de l'incident de la vérification.

Les juges ne peuvent se dispenser de prononcer l'amende de 150 fr. contre celui qui a dénié d'abord sa signature en justice, quoiqu'il l'ait reconnue ensuite avant qu'aucune vérification fût faite ; l'amende est encourue par le seul fait de la dénégation (1).

Si c'est un héritier ou ayant-cause qui a déclaré ne pas reconnaître l'écriture ou la signature attribuée à son auteur, comme cette écriture et cette signature pouvaient en effet ne pas lui être suffisamment connues, et qu'il peut par conséquent avoir été de bonne foi, il n'encourt jamais l'amende ; mais il n'en doit pas moins, lorsque la pièce est reconnue, être condamné aux dépens conformément à l'art. 130, puisqu'il succombe dans sa défense : il pourrait même, suivant les circonstances, être condamné à des dommages ; mais en aucun cas il ne saurait être soumis à la contrainte par corps pour les dépens.

---

(1) *Cass.* 5 janvier 1820.

SECTION II.

DU FAUX INCIDENT CIVIL.

La preuve écrite la plus puissante est celle qui résulte des actes authentiques. Cependant la présomption de vérité qui s'attache à ces actes disparaît quand leur fausseté ou leur falsification sont démontrées par la voie de l'inscription de faux, et il n'est point d'acte authentique si solennel qu'il ne puisse être attaqué par cette voie : les arrêts des cours souveraines y sont eux-mêmes sujets.

Les actes sous seing privé peuvent aussi être l'objet d'une inscription de faux : mais il est en général plus simple et moins périlleux, pour celui à qui l'on oppose un acte privé, de se borner à la dénégation ou méconnaissance de l'écriture ou de la signature. On est pourtant quelquefois obligé de s'inscrire en faux quand on prétend que la pièce privée, quoique revêtue d'une signature vraie, a été falsifiée dans quelque autre de ses parties : la loi ouvre aussi ce dernier refuge quand un jugement rendu sur la vérification d'écriture a déclaré que l'écrit ou la signature émanent de la personne à qui ils sont attribués (art. 214), tant elle considère la procédure de vérification d'écritures comme incertaine dans ses résultats.

On distingue deux espèces de faux, le faux *matériel* et le faux *intellectuel* ou *moral*. Le premier est celui qui consiste dans la fabrication d'un acte à l'aide de fausses signatures, ou dans l'altération par additions, changements ou suppressions, d'un écrit originairement vrai. Le second a lieu quand un acte, sans signatures fausses et sans altération postérieure de la pièce, se trouve pourtant contenir le contraire de ce qu'il devrait présenter, comme lorsqu'un officier public insère des conventions autres que celles qui lui ont été déclarées ou dictées, constate comme vrais des faits faux, comme avoués des faits qui ne l'étaient pas , etc. Au demeurant , ces deux sortes de faux doivent se prouver de la même manière (1).

On distingue aussi deux procédures de faux ; une principale , qui se poursuit devant la cour d'assises , et qu'on désigne sous le nom de *faux principal* ; l'autre incidente, qui a lieu ordinairement devant les tribunaux civils , à l'occasion d'un procès dont ces tribunaux sont saisis , et qu'on appelle par cette raison *faux incident civil*. Dans cette dernière procédure c'est la pièce seulement qu'on attaque , sans inculper la personne qui la produit ; dans le faux principal c'est le faussaire qu'on recherche pour le punir.

La procédure de faux incident est souvent réclamée par les plaideurs ; mais elle est rarement autorisée par les tribunaux : c'est ce qui nous engage à restreindre aux points les plus importants l'exposition de cette matière.

§ 1er. *A quelle époque l'inscription de faux peut-elle être employée ?*

ELLE peut l'être à toutes les périodes du procès , et devant les juges d'appel comme devant les juges inférieurs. Elle peut même être employée devant la cour de cassation quand elle n'a pu l'être devant les juges du fait, ce qui arrive notamment lorsqu'elle est dirigée contre la décision même soumise à la cour régulatrice, comme quand la partie condamnée allègue que la publicité de l'audience ou la présence de quelque juge ont été faussement mentionnées.

Avant même qu'il y ait procès engagé , celui qui soupçonne entre les mains d'un tiers l'existence d'une pièce fausse qui menace ses intérêts peut prendre l'offensive

___

(1) Thomine-Desmazures est le seul auteur qui enseigne que l'inscription de faux n'est pas nécessaire quand on n'allègue qu'un faux moral.

pour prévenir le dépérissement des preuves, et citer le détenteur de la pièce pour voir dire qu'il sera tenu de la produire afin que le demandeur puisse régulariser le faux incident, ou qu'à défaut, la pièce sera déclarée sans effet pour le cas où elle serait produite plus tard.

Enfin, si le procès dans lequel la pièce fausse a été produite est jugé par sentence qui n'ait été l'objet d'aucun recours dans les délais ordinaires, l'inscription de faux peut encore être tranchée, si le faux n'a été découvert qu'après la sentence ; car la loi accorde alors pour l'appel et la requête civile un délai qu'on pourrait appeler *de grâce* (art. 448 et 488); et c'est naturellement la juridiction saisie de l'appel ou de la requête civile qui devra connaître du faux allégué.

Le faux incident ne laisse pas d'ailleurs d'être admissible, quelle que soit l'ancienneté de la pièce versée dans le procès. La prescription peut bien protéger le faussaire ; mais elle ne peut protéger la pièce attaquée comme fausse, par voie d'exception.

§ II. *Des actes qui précèdent l'inscription de faux.*

Celui qui veut s'inscrire en faux contre une pièce produite dans le cours d'une instance est tenu préalablement de sommer l'autre partie, par acte d'avoué à avoué, de déclarer si elle veut ou non se servir de la pièce, avec déclaration que dans le cas ou elle s'en servirait il s'inscrira en faux (art. 215). La loi n'exige point que cette sommation soit signée de la partie.

Dans les huit jours la partie sommée doit faire signifier par acte d'avoué sa déclaration, signée d'elle ou du porteur de sa procuration spéciale et authentique, dont copie sera donnée, si elle entend ou non se servir de la pièce arguée de faux (art. 216). Nous admettons ici que le délai doit être augmenté à raison des distances et que l'augmentation doit être double parce que l'avoué n'a pu se munir dès l'origine d'une procuration pour défendre une pièce que rien ne faisait supposer devoir être attaquée. La réponse du défendeur doit être précise, c'est-à-dire sans réserve ni condition ; s'il déclare renoncer à se servir de la pièce, il ne peut rétracter sa renonciation que pour les causes qui autorisent la rétractation de l'aveu judiciaire.

Si le défendeur ne fait point sa déclaration dans le délai, ou s'il déclare qu'il ne veut pas se servir de la pièce, le demandeur peut se pourvoir à l'audience sur un simple acte, pour faire déclarer que la pièce maintenue fausse sera rejetée par rapport au défendeur ; sauf au demandeur à en tirer telles inductions ou conséquences qu'il jugera à propos, ou à former telles demandes qu'il avisera pour ses dommages et intérêts (art. 217). S'il s'agit d'un acte dont l'existence intéresse l'ordre public, d'un acte de mariage par exemple, le silence du défendeur, pas plus que sa renonciation expresse, ne peut suffire pour motiver le rejet de la pièce.

Si le défendeur déclare qu'il veut se servir de la pièce, le demandeur doit déclarer par acte au greffe signé de lui ou de son fondé de pouvoir spécial et authentique, qu'il entend s'inscrire en faux ; il doit poursuivre ensuite l'audience par un simple acte, à l'effet de faire admettre l'inscription, et de faire nommer le commissaire devant lequel elle sera poursuivie (art. 218). Cet article ne fixe point de délai pour la déclaration du demandeur, qu'il entend s'inscrire en faux : s'il y a négligence de la part de celui-ci, le défendeur peut poursuivre l'audience et faire prononcer la déchéance. Si le demandeur en faux ne sait pas écrire ou ne comparaît pas en personne, il faut qu'il constitue pour procureur fondé une personne qui sache écrire, puisque l'art. 218 exige la signature du demandeur en faux, ou de son procureur fondé : mais rien n'empêche que la procuration soit donnée à l'avoué.

Les juges peuvent rejeter la demande en inscription de faux, si elle leur semble destituée de tout fondement, et cela avant même que les formalités préliminaires qu'on a retracées aient été observées. Cette doctrine, qui s'induit avec évidence des termes de l'art. 214, est d'ailleurs consacrée par une jurisprudence imposante (1).

A l'inverse, les juges peuvent-ils rejeter dès l'abord l'acte comme faux si sa fausseté se révèle à la première inspection ? L'affirmative a encore été consacrée par plusieurs arrêts de la cour suprême (2). Il faut pourtant restreindre cette doctrine au cas où la fausseté déclarée n'implique point la participation d'un officier public. Sans cette restriction la foi due aux actes authentiques ne serait plus qu'un vain mot.

Si le jugement admet l'inscription de faux, il peut suspendre provisoirement l'exécution de l'acte qui a force parée (C. civ. 1319).

§ III. *De la procédure depuis l'admission de l'inscription de faux jusqu'au jugement qui admet la preuve des moyens.*

LE défendeur est tenu de remettre la pièce arguée de faux au greffe dans les trois jours de la signification du jugement qui a admis l'inscription et nommé le commissaire, et de signifier l'acte de mise au greffe dans les trois jours suivants (art. 219). Le délai court à dater de la signification du jugement à avoué, et il n'est pas susceptible d'augmentation

(1) *Cass.* 8 mai et 25 juillet 1827, 16 février 1830, 7 juillet 1835 et 5 avril 1837.

(2) 18 août 1813, 20 février 1821, 12 janvier 1833 et 23 août 1836.

à raison des distances, parce que l'avoué a la pièce en son pouvoir.

Faute par le défendeur de déposer la pièce ou d'en signifier l'acte de dépôt dans les délais qu'on vient d'indiquer, le demandeur peut se pourvoir à l'audience pour faire statuer sur le rejet de ladite pièce, si mieux il n'aime demander qu'il lui soit permis de la faire remettre au greffe à ses frais, dont il doit être remboursé par le défendeur comme de frais préjudiciaux ; à l'effet de quoi il peut obtenir exécutoire (art. 220). Si le défendeur ne dépose pas la pièce, le demandeur ne peut donner suite à l'inscription de faux qu'autant qu'il existe une minute ou un double de cette pièce dans quelque dépôt public ou dans les mains d'un tiers.

S'il y a minute de l'acte argué de faux, le juge-commissaire ou le tribunal peuvent en ordonner l'apport, et le tribunal peut autoriser néanmoins la continuation des poursuites. Le commissaire ou le tribunal doivent fixer le délai dans lequel le défendeur en faux sera tenu d'agir contre les détenteurs de la minute, et le délai dans lequel ceux-ci devront effectuer l'apport. Le premier de ces délais court à dater de la signification de l'ordonnance ou du jugement à l'avoué du défendeur en faux, le second, à dater de la signification faite au domicile des détenteurs de la minute.

La remise de la pièce prétendue fausse, et de la minute, s'il y a lieu, étant faite au greffe, l'acte doit en être signifié à l'avoué du demandeur, avec sommation d'être présent au procès-verbal, et trois jours après cette signification il est dressé procès-verbal de l'état de la pièce. Si c'est le demandeur qui a fait faire la remise, le procès-verbal doit avoir lieu dans les trois jours de ladite remise, sommation préalablement faite au défendeur d'y être présent (art. 225 et 226).

Le procès-verbal doit contenir mention et description des ratures, surcharges, interlignes, et autres circonstances du même genre telles que les teintes différentes de l'encre, les altérations du papier, etc. ; il doit être dressé par le juge-commissaire, en présence du procureur du roi, du demandeur et du défendeur, ou de leurs fondés de procurations authentiques et spéciales ; lesdites pièces et minutes doivent être parafées par le juge-commissaire et le procureur du roi, par le défendeur et le demandeur, s'ils peuvent ou veulent les parafer : sinon, il en est fait mention. Dans le cas de non comparution de l'une ou l'autre des parties, il doit être donné défaut, et passé outre au procès-verbal (227). S'il n'y avait pas eu de sommation préalable donnée au défaillant, le droit de défense de celui-ci aurait été lésé, et la nullité du procès-verbal devrait s'en suivre, à moins qu'elle ne fût couverte par les actes ultérieurs.

L'art. 228 permet au demandeur en faux ou à son avoué de prendre communication en tout état de cause des pièces arguées de faux, par les mains du greffier, sans déplacement et sans retard. Il peut se faire assister d'un expert. Le défendeur peut aussi prendre communication des pièces, de la même manière ; c'est au greffier à veiller à ce qu'il n'y puisse faire des altérations.

Dans les huit jours qui suivent le procès-verbal, le demandeur est tenu de signifier au défendeur ses moyens de faux, lesquels doivent contenir les faits, circonstances et preuves par lesquels il prétend établir le faux ou la falsification ; sinon, le défendeur peut se pourvoir à l'audience pour faire ordonner, s'il y échet, que le demandeur demeurera déchu de son inscription de faux (art. 229). Le demandeur peut avant le jugement faire signifier de nouveaux moyens : mais on ne peut plaider à l'audience que des moyens précédemment signifiés.

En principe une partie peut poursuivre l'audience sans répondre aux moyens de l'autre : il en est autrement ici (1). Le défendeur *est tenu*, dans les huit jours de la signification des moyens de faux, d'y répondre par écrit; sinon, le demandeur peut se pourvoir à l'audience pour faire statuer sur le rejet de la pièce (art. 230). Trois jours après cette réponse la partie la plus diligente poursuit l'audience.

Le tribunal peut rejeter tous les moyens de faux, et dans ce cas la procédure ne va pas plus avant. S'il en admet quelques-uns, il peut ou rejeter les autres, ou ordonner qu'ils demeureront joints soit à l'incident de faux, si l'admissibilité de ces moyens doit dépendre des résultats de la preuve sur les faits déjà admis, soit à la cause ou au procès principal, s'il est nécessaire d'examiner le fond du procès pour apprécier ces mêmes moyens, ou s'ils sont indépendants de la vérité de l'acte et de nature pourtant à exercer de l'influence sur le jugement de la cause (art. 231).

« Le jugement *ordonnera* que les moyens admis *seront* prouvés, tant par titres que par témoins, devant le juge-commissaire, sauf au défendeur la preuve contraire, et qu'il sera procédé à la vérification des pièces arguées de faux par trois experts écrivains qui seront nommés d'office par le même jugement (art. 232) ». Cette disposition est impérative à la différence de celle de l'art. 195 relative à la vérification d'écritures : le tribunal doit donc autoriser les trois genres de preuve, à moins qu'il ne s'agisse d'un faux intellectuel où l'expertise serait sans objet.

Les moyens de faux qui sont déclarés pertinents et admissibles doivent être énoncés expressément dans le dis-

_____

(1) *Contrà*, Carré, quest. 914.

positif du jugement qui permet d'en faire preuve, et il ne peut être fait preuve d'aucun autre moyen (art. 233).

§ IV. *De la preuve des moyens de faux et du jugement définitif.*

Les formalités spéciales à observer dans l'enquête et l'expertise sont indiquées dans les art. 234, 235, 236 et 237 : ce sont les mêmes, à de légères différences près, que celles prescrites pour la vérification d'écritures. Les témoins qui ont concouru à l'acte notarié argué de faux ne sont pas reprochables pour ce motif. Quant aux règles générales des enquêtes, elles sont également applicables ici sous la même sanction.

Lorsque l'instruction est achevée, le jugement doit être poursuivi sur un simple acte. La loi n'autorise aucunes écritures ni requêtes : mais la signification des procès-verbaux d'enquête et d'expertise est indispensable. S'il résulte de la procédure des indices de faux ou de falsification, et que les auteurs ou complices soient vivants et la poursuite du crime non éteinte par la prescription d'après les dispositions du code pénal, le président peut délivrer un mandat d'amener contre les prévenus (Inst. crim. 462) : il est alors sursis à statuer sur le civil jusque après le jugement sur la poursuite criminelle.

Après le jugement définitif sur les moyens de faux, les pièces qui ont été l'objet de l'inscription de faux doivent rester dans le même état jusqu'à ce que les délais de l'appel, de la requête civile et du pourvoi en cassation soient expirés. S'il en était autrement, la partie, au détriment de laquelle le jugement aurait reçu provisoirement son exécution par la lacération ou le déplacement des pièces, serait exposée à un préjudice irréparable. Les pièces de comparaison doivent aussi rester au greffe jusqu'à ce que le jugement soit devenu inattaquable, pour éviter les frais et les lenteurs d'un nouveau déplacement : mais ici le tribunal peut faire fléchir le principe suivant les circonstances.

Les greffiers ne peuvent délivrer aucune copie ou expédition des pièces prétendues fausses si ce n'est en vertu d'un jugement. Pour l'expédition des autres actes déposés au greffe il faut suivre les mêmes règles qu'en matière de vérification d'écritures.

§ v. Des peines encourues par le demandeur en faux qui succombe.

Pour empêcher qu'on n'abuse de la procédure extra-ordinaire du faux incident, l'art. 246 veut que le demandeur en faux qui succombe soit condamné à une amende de trois cents francs au moins, et à tels dommages-intérêts qu'il appartiendra. L'amende n'est due que lorsque, après l'inscription de faux, le demandeur se désiste ou succombe sur tous les points; elle est due alors de plein droit. Les dommages-intérêts sont subordonnés aux circonstances : les juges peuvent en accorder quoique le demandeur n'ait pas été admis à trancher l'inscription de faux, et ils peuvent les refuser quoiqu'il n'ait succombé qu'après cette inscription.

§ 6. De quelques règles applicables à toute la procédure de faux.

On a vu que pour la plupart des actes de la procédure de faux, la loi fixe les délais dans lesquels ils doivent être faits. Sous l'empire de l'ordonnance de 1737 on avait décidé, dans les derniers temps, que l'expiration des délais emportait de plein droit déchéance. Sous l'empire du code de procédure la jurisprudence a consacré la doctrine contraire qui nous semble préférable (1).

V. notamment *Cass.* 8 août 1837.

14

Nous avons déjà posé en principe que les délais fixés pour l'instruction des procès n'emportent déchéance qu'autant que la loi s'en est formellement exprimée. Nous pensons donc qu'après même que la partie adverse s'est pourvue à l'audience pour faire prononcer la déchéance les juges peuvent accorder une prorogation, en laissant toutefois les frais de l'incident à charge de la partie qui y a donné lieu. Pareille règle doit être suivie pour le délai fixé par le commissaire ou le tribunal, dans le cas de l'art. 224.

Le demandeur en faux peut toujours se pourvoir par la voie criminelle en faux principal ; dans ce cas il doit être sursis au jugement de la cause, à moins que les juges n'estiment que le procès peut être jugé indépendamment de la pièce arguée de faux (art. 250), ce qu'ils doivent déclarer dans leur jugement. La règle est, en effet, que le jugement de l'action publique doit précéder celui de l'action civile ; mais la plainte du demandeur en faux ne doit entraîner le sursis qu'autant qu'elle a donné lieu à des poursuites de la part du ministère public.

Si au criminel la pièce est jugée fausse, les juges civils ne peuvent ensuite la déclarer vraie ; mais l'acquittement de l'accusé par les tribunaux criminels n'empêche point que la pièce puisse être jugée fausse par la juridiction civile. Les conditions de la chose jugée existent dans un cas, non dans l'autre.

La procédure de faux incident pouvant révéler à chaque instant l'existence d'un crime, le ministère public doit être à même d'en suivre toutes les phases, pour changer, dès qu'il le juge opportun, son rôle de surveillant en celui d'accusateur. Tel est le motif qui a dicté les deux règles qui nous restent à expliquer.

Aucune transaction sur la poursuite du faux incident ne peut, d'après l'art. 249, être exécutée, si elle n'a été homologuée en justice après avoir été communiquée au ministère public, lequel peut faire à ce sujet telles réquisitions qu'il juge à propos. Cet article nous semble avoir modifié le principe posé dans l'art. 2046 C. civ., qui permet de transiger sur l'intérêt civil résultant d'un délit, en ce sens que si le demandeur en faux a facilité la destruction des preuves du crime, on doit lui refuser toute action pour l'exécution d'un accord qui n'a pas obtenu le baptême de la justice. Mais si, après qu'il aurait reçu le prix de la transaction, l'autre partie venait en demander la restitution, elle serait écartée par la maxime : *in turpi causâ, melior conditio possidentis.*

L'art. 251 porte enfin que tout jugement d'instruction ou définitif en matière de faux ne peut être rendu que sur les conclusions du ministère public. Mais ici comme ailleurs le défaut de ces conclusions ne peut fournir qu'un moyen d'appel ou de requête civile, suivant la nature du jugement, et jamais un moyen de cassation : encore moins peut-il présenter une de ces nullités radicales qui vicient tellement le jugement dans son essence qu'elles peuvent être opposées en tout temps par voie d'exception (1). Le concours du ministère public n'est d'ailleurs nécessaire qu'à partir du jugement qui statue sur la demande en inscription de faux : ce qui précède ce jugement ne fait point partie intégrante de la procédure de faux incident (2).

CHAPITRE V.

De l'audition des parties.

PARMI les manières de découvrir la vérité l'une des plus sûres c'est l'audition même des parties. L'homme

---

(1) La doctrine est pourtant généralement contraire, mais les autorités doivent toujours être pesées plutôt que comptées. Or, nous ne voyons rien dans l'article 251 qui modifie les principes généraux.

(2) *Cass.* 10 avril 1827.

véridique , en effet , se reconnaît aisément à la fermeté de ses réponses et à l'harmonie de ses dires ; au contraire , il est difficile que l'homme de mauvaise foi ne se trahisse point par ses hésitations , ses contradictions ou ses réticences.

Les juges ont deux moyens pour arriver ainsi à la vérité en interrogeant les parties , l'un est la comparution personnelle , l'autre est l'interrogatoire sur faits et articles , appelé aussi *audition catégorique.*

Le premier de ces modes est celui qui mérite évidemment la préférence. Dans la comparution personnelle , en effet , les parties sont en présence , et la vérité peut jaillir précisément du choc de leurs réponses ; d'un autre côté, elles ignorent les questions qui leur seront adressées, et ne sauraient guère dès-lors combiner des réponses mensongères ; enfin leur véracité ou leur duplicité peut se révéler aux yeux scrutateurs des magistrats par leur accent , leur air , leur physionomie. L'audition catégorique n'offre aucun de ces avantages ; cette audition n'a lieu que pour une des parties ; cette partie peut préparer plusieurs de ses réponses , puisqu'elle connaît plusieurs des questions qui lui seront posées ; enfin , il est impossible que le juge-commissaire puisse retracer dans son procès-verbal ces nuances délicates d'accent ou de geste qui sont pourtant les indices les plus sûrs de la vérité ou de la fausseté d'un récit.

SECTION PREMIÈRE.

DE LA COMPARUTION PERSONNELLE DES PARTIES.

Les juges peuvent en toute matière ordonner la comparution personnelle des parties ; l'art. 119 du code de procédure, qui leur suppose ce pouvoir, ne l'accompagne d'aucune restriction : « Si le jugement , porte cet article, ordonne la comparution des parties , il doit indiquer le jour de la comparution. »

La comparution peut être ordonnée sur la demande de l'une des parties, ou d'office. Elle doit, en général, être ordonnée à l'égard de toutes les parties ; rien n'empêche pourtant, si l'une d'elles est trop éloignée, que l'obligation de comparaître soit imposée simplement à l'autre.

La comparution doit avoir lieu à l'audience, ou à la chambre du conseil (art. 428).

En principe, il n'est point nécessaire de notifier aux parties les jugements de simple instruction ; il suffit de les notifier à avoué. Quant au jugement qui ordonne la comparution, comme il ne peut être exécuté que par les parties elles-mêmes, il doit être notifié à personne ou domicile, et il faut observer dans la citation les délais fixés par les art. 72 et 1033.

Si l'une des parties refusait d'obtempérer au jugement sans excuses jugées suffisantes, le tribunal pourrait, suivant les circonstances, en induire un aveu tacite des faits allégués par l'autre partie.

Au reste, le législateur, comme on va le voir, s'est occupé avec plus de détail de l'audition catégorique que de la comparution personnelle dont il n'a jeté qu'un mot en passant dans le titre *des jugements* ; mais à raison de l'analogie et de l'identité d'objet qui existe entre ces deux procédures, les règles de l'interrogatoire sur faits et articles doivent s'appliquer à la comparution personnelle toutes les fois que la nature de cette dernière procédure ne répugne pas à cette extension.

SECTION II.

DE L'INTERROGATOIRE SUR FAITS ET ARTICLES.

§ 1er. *Quelles sont les personnes qu'on peut faire ouïr catégoriquement ?*

L'ART. 324 les fait connaître clairement : ce ne sont que les parties. On ne peut donc jamais faire ouïr catégoriquement une personne qui ne figure point dans le procès ; ce serait une enquête déguisée sous un autre nom.

Mais on peut faire ouïr toute personne qui est réellement partie dans la cause, quoique elle n'y ait qu'un intérêt indirect, par exemple, un mari qui n'est dans le procès que pour autoriser sa femme. Seulement, les aveux que fait la partie interrogée ne peuvent être opposés à une autre partie de la cause, qu'autant que les principes généraux du droit le permettent. S'il s'agit au contraire d'une action engagée par le mari comme administrateur des biens de sa femme, sans le concours de celle-ci, si on veut le faire interroger la femme, il semble nécessaire de l'appeler préalablement en cause (1).

Peut-on faire ouïr catégoriquement le représentant d'un incapable, le tuteur, par exemple, d'un mineur ou d'un interdit ? L'affirmative paraît certaine s'il s'agit d'une action mobilière que ce tuteur peut intenter ou à laquelle il peut acquiescer sans aucune autorisation ; elle est même probable quand il s'agit de droits immobiliers ou de tous autres droits que le représentant de l'incapable ne peut exercer ou confesser sans autorisation, sauf à n'avoir aux déclarations de ce représentant que tel égard que de raison. Mais il faut que les faits sur lesquels le tuteur est interrogé lui soient personnels, comme le prouve l'art. 336 relatif à l'audition des administrateurs des établissements publics.

§ II. *Dans quelles circonstances et sur quels faits l'interrogatoire peut être ordonné.*

L'interrogatoire, d'après l'art. 324, peut être ordonné *en toute matière et en tout état de cause* ; mais toutefois *sans retard de l'instruction ni du jugement.*

_____

(1) *Contrà*, Boncenne, t. 4, p. 530.

Partant, l'interrogatoire peut être ordonné, même dans les litiges excédant 150 fr. où le demandeur ne représente aucun titre écrit : il peut être ordonné non-seulement dans les affaires d'intérêt purement privé, mais encore dans celles qui intéressent l'ordre public, dans une question d'état, par exemple, sauf dans ce dernier cas à n'avoir aux aveux de la personne interrogée que tel égard que de raison : il peut être ordonné avant les écritures préliminaires de l'instruction (1) : il peut enfin être ordonné en cause d'appel, comme en première instance. Il ne faut point pourtant qu'une partie puisse se faire du droit de demander l'interrogatoire un moyen frauduleux de retarder le jugement : partant, une demande de ce genre qui ne serait formée qu'à l'audience au moment des plaidoiries pourrait, suivant les circonstances, être rejetée comme tardive.

Quant aux faits sur lesquels l'interrogatoire peut être demandé et ordonné, ce sont, toujours d'après l'art. 324, *les faits et articles pertinents concernant seulement la matière dont est question* : mais les juges du fait apprécient souverainement cette pertinence et cette corrélation avec l'objet du procès. On n'admettait pas autrefois que l'interrogatoire pût porter sur des faits qui auraient pu inculper la partie interrogée ; le code de procédure a abrogé cette ancienne règle par son silence.

§ III. *Dans quelle forme l'interrogatoire doit être ordonné et subi.*

« L'INTERROGATOIRE ne peut être ordonné que sur requête contenant les faits, et par jugement rendu à l'audience : il doit y être procédé soit devant le président, soit devant un juge par lui commis (325) ».

L'interrogatoire ne peut être ordonné que *sur requête,*

_____

(1) *Contrà*, Carré, quest. 1231.

il ne peut donc être ordonné d'office ; les juges, pour s'éclairer, peuvent, s'ils le jugent à-propos, recourir à un moyen plus simple, à la comparution personnelle : il doit être ordonné par *jugement* rendu à l'audience, c'est-à-dire par le tribunal tout entier et non pas seulement par le président : nul doute aussi que le tribunal ne puisse commettre directement un juge pour le recevoir.

« En cas d'éloignement le président peut commettre le président du tribunal dans le ressort duquel la partie réside, ou le juge de paix du canton de cette résidence (326). » Mais dans ce cas, comme dans le précédent, le tribunal peut faire lui-même la désignation.

Le juge commis doit indiquer au bas de l'ordonnance qui l'a nommé les jours et heure de l'interrogatoire, le tout sans qu'il soit besoin de procès-verbal contenant réquisition ou délivrance de son ordonnance. Si le juge a été commis par le tribunal, il peut mettre son ordonnance au bas de l'expédition du jugement. Il doit fixer un jour assez éloigné pour que la partie puisse être citée et ait le temps de comparaître.

« En cas d'empêchement légitime de la partie, le juge doit se transporter au lieu où elle est retenue (328) », pourvu, bien entendu, que ce lieu soit situé dans le ressort du tribunal auquel le juge appartient : dans le cas contraire il faut solliciter du président une commission rogatoire. C'est du reste au juge commis à apprécier les causes d'empêchement de la partie. L'art. 328 est relatif au cas d'un empêchement qui est de nature à se prolonger long-temps. Si l'empêchement n'est que momentané, le juge n'a qu'à retarder le jour de l'interrogatoire.

Jusqu'ici la partie dont le tribunal a ordonné l'audition n'a reçu aucune connaissance du jugement : il est temps de l'en instruire, mais il ne faut pas lui donner un trop long délai de peur qu'elle ne cherche à en profiter pour concerter des réponses mensongères.

« Vingt-quatre heures au moins avant l'interrogatoire, seront signifiées par le même exploit, à personne ou domicile, la requête et les ordonnances du tribunal, du président ou du juge qui devra procéder à l'interrogatoire, avec assignation donnée par un huissier qu'il aura commis à cet effet. » Le délai de *vingt-quatre heures*, à la différence de celui d'un jour, se calcule *de horâ ad horam*; si donc le juge a fixé l'heure de l'audition à dix heures du matin, il suffit que la partie soit citée la veille avant cette heure ; mais l'huissier doit alors coarcter l'heure dans l'exploit. Nul doute, au surplus, qu'il ne faille accorder à la partie l'augmentation d'un jour par trois myriamètres de distance. Si l'assignation était donnée par un autre que l'huissier commis, elle serait nulle, à moins que la partie ne comparût volontairement, auquel cas la nullité serait couverte.

« Si, ayant fait défaut sur l'assignation, la partie se présente avant le jugement, elle doit être interrogée, en payant les frais du premier procès-verbal et de la signification sans répétition (331). » Elle serait même admissible à subir l'interrogatoire en cause d'appel si elle s'était déjà laissé condamner par le tribunal, faute de l'avoir subi : les déchéances sont de droit étroit.

« Si, au jour de l'interrogatoire, la partie assignée justifie d'empêchement légitime (et que cet empêchement soit de nature à disparaître bientôt), le juge doit indiquer un autre jour pour l'interrogatoire, sans nouvelle assignation (332). » La partie doit faire présenter ses excuses par son avoué ; une simple lettre adressée au juge pourrait ne pas paraître suffisante.

« La partie doit répondre en personne, sans pouvoir lire aucun projet de réponse par écrit et sans assistance de conseil, aux faits contenus en la requête, même à ceux sur lesquels le commissaire juge à propos de

l'interroger d'office : les réponses doivent être précises
et pertinentes sur chaque fait, et sans aucun terme ca-
lomnieux ni injurieux : celui qui a requis l'nterrogatoire
ne peut y assister (333). » Cette dernière défense doit
s'appliquer non-seulement à la partie adverse elle-même ;
mais encore à ses conseils, elle a pour but d'empêcher
que la partie interrogée ne soit intimidée par la présence
de ses adversaires.

Qu'arriverait-t-il, du reste, si les prescriptions de
l'art. 333 n'étaient pas observées ? Que le tribunal pourrait ou bien ordonner un nouvel interogatoire, ou bien
tirer de l'inobservation des dispositions de la loi telle induction que de droit au détriment de la partie interrogée,
ou en sa faveur.

« L'interrogatoire achevé doit être lu à la partie, avec
interpellation de déclarer si elle a dit vérité et persiste :
si elle ajoute, l'addition est rédigée en marge ou à la
suite de l'interrogatoire ; elle doit lui être lue, et il lui
est fait la même interpellation : la partie doit signer l'interrogatoire et les additions ; et si elle ne sait ou ne veut
signer, il doit en être fait mention (334). » Des diverses
formalités exigées par cet article la seule qui paraisse substantielle c'est la signature ou la mention que
la partie n'a pas su ou voulu signer : quant aux autres,
leur omission peut seulement atténuer les présomptions
qui s'induiraient des réponses de la partie.

« La partie qui veut faire usage de l'interrogatoire doit
le faire signifier, sans qu'il puisse être un sujet d'écritures
de part ni d'autre (335)». L'audience peut donc être
poursuivie sans qu'il soit nécessaire de faire expédier et
signifier le procès-verbal d'audition.

§ IV. *Des effets de l'interrogatoire ou du refus de le
subir, et des voies ouvertes contre le jugement.*

Si l'interrogatoire contient des aveux explicites, l'effet

de ces aveux est déterminé par l'at. 1356 du code civil, qu'il n'entre pas dans notre plan d'expliquer.

Quand il n'y a pas d'aveu explicite, les contradictions de la partie, ses hésitations sur des faits qu'on ne peut pas supposer être sortis de sa mémoire, ses affirmations sur des faits controuvés, ou ses dénégations sur des faits constants, peuvent, suivant les circonstances, fournir à la partie adverse des commencements de preuve par écrit de nature à faire admettre la preuve par témoins ou les simples présomptions, quelle que soit l'importance du litige. C'est un point consacré par une jurisprudence constante. Le principe de l'indivisibilité de l'aveu ne peut du reste être appliqué ici, qu'autant qu'on voudrait scinder les parties d'une même réponse qui serait d'ailleurs en parfait accord avec toutes les autres. (1).

Si l'assigné n'a pas comparu ou a refusé de répondre après avoir comparu, il doit en être dressé procès-verbal sommaire, et les faits *peuvent* aussi être tenus pour avérés (330). Les juges ont en cette matière un pouvoir discrétionnaire. Mais dans le cas où l'aveu formel de la partie ne ferait pas preuve complète, parce que la matière intéresserait l'ordre public, cette preuve complète ne saurait, à plus forte raison, s'induire de son refus de comparaître ou de répondre.

Si la partie n'a par subi l'interrogatoire au premier jour indiqué, et que les juges aient la conviction que ce retard n'a eu lieu que pour préparer des réponses mensongères, ils peuvent en induire contre cette partie un commencement de preuve.

Quand le jugement a refusé d'ordonner l'interrogatoire, la partie qui l'a demandé est fondée à appeler de ce jugement, qui manifestement lui fait grief.

---

(1) *Cass.* 19 juin 1839.

Si l'interrogatoire a été ordonné, comme il l'a été sans que la partie adverse ait été avertie et qu'elle ait pu contester la pertinence des faits, cette partie doit être admise à se pourvoir par opposition. Si les délais de l'opposition sont écoulés, elle ne peut se pourvoir par appel qu'autant que l'interrogatoire ordonné préjuge le fond. Dans les deux cas s'il apparaissait que l'opposition ou l'appel n'eussent été formés que pour ménager à la partie le temps de combiner des mensonges, les juges pourraient en tirer telles inductions que de droit (1).

CHAPITRE VI.

Du serment.

Ici encore c'est par la déclaration de l'une des parties que les juges cherchent à connaître la vérité, mais par une déclaration solennelle qui commandera leur sentence. Le serment est le supplément nécessaire de toutes les autres preuves. Combien de faits qui s'accomplissent dans l'ombre et dont aucun écrit, aucun témoignage ne peuvent constater l'existence ! Mais aux actes les plus cachés assiste toujours un témoin redoutable, c'est Dieu. L'homme voit se reproduire dans ses yeux les scènes les plus magnifiques du monde physique ; son art a même dans ces derniers temps forcé la nature à se peindre elle-même, et tente aujourd'hui de fixer sur ce tableau ingénieux ce qu'il y a de plus fugitif, les objets en mouvement ; dans l'histoire, il cherche aussi à conserver l'image des grands événements du passé : mais toutes ces images, d'ailleurs admirables, sont bornées, incomplètes, périssables, tandis que dans la divinité vont se réfléter avec une fidélité

(1) Boncenne, t. 4, p. 541, n'admet en cette matière ni l'opposition ni l'appel.

parfaite et se graver en traits ineffaçables jusqu'aux pensées les plus secrètes et les plus rapides des intelligences.

Le serment est fondé sur l'existence de ce miroir mystérieux où l'homme parjure doit se reconnaître un jour avec effroi ; c'est une protestation instinctive, mais éclatante, des législateurs de tous les temps et de tous les peuples contre les doctrines du matérialiste et de l'athée.

On distingue deux espèces de serment, le serment décisoire, et le serment supplétif. Les règles qui les régissent et les différences qui les séparent appartiennent au droit civil : nous n'avons à nous occuper que des formalités qui doivent précéder et accompagner la prestation du serment.

Tout jugement qui ordonne un serment doit énoncer les faits sur lesquels il sera reçu (art. 120). L'indication de ces faits est substantielle ; mais le dispositif peut se référer sur ce point aux qualités. Il est un cas où le serment peut être prêté sans jugement préalable ; c'est lorsqu'il est déféré par l'une des parties à l'autre et que celle-ci, présente à l'audience, consent à le prêter sur-le-champ. Si celui à qui le serment a été déféré décède sans l'avoir prêté, le jugement qui l'ordonnait doit être réputé non avenu ; ceux qui recueillent les biens du défunt ne succèdent pas toujours à sa probité.

Dans l'ancienne jurisprudence on permettait de prêter le serment par procureur fondé ou devant un notaire : c'était faciliter le parjure. La majesté des juges, le nombre des assistants, la présence de l'autre partie ; tout doit rappeler à celui de qui on attend le serment l'infamie dont il va se couvrir s'il trahit la vérité. Aussi l'art. 121 dispose-t-il : « Le serment sera fait en personne et à l'audience. Dans le cas d'un empêchement légitime et dûment constaté le serment pourra être prêté devant le juge que le tribunal aura commis, et qui se transportera chez la partie, assisté du greffier. Si la partie à laquelle le serment est déféré est trop éloignée, le tribunal pourra ordonner qu'elle prêtera le serment devant le tribunal du lieu de sa résidence. Dans tous les cas le serment sera fait en présence de l'autre partie, ou elle dûment appelée par acte d'avoué à avoué, et s'il n'y a pas d'avoué constitué, par exploit contenant l'indication du jour de la prestation. » Nombre d'auteurs enseignent que le défaut de sommation à la partie adverse ne vicie pas le serment prêté (1); quant à nous, cette sommation préalable nous semble aussi essentielle que l'appareil de l'audience; s'il est en effet une circonstance qui puisse arrêter celui qui veut se parjurer, c'est la présence accusatrice de la partie qui a concouru aux faits qu'il va dénier, ou celle du conseil que cette partie a rendu le dépositaire de tous ses secrets. Mais, comme nous l'avons dit ailleurs, nous ne pensons pas qu'il faille avoir égard, pour fixer le jour du serment, à l'éloignement de la partie adverse, sauf à son avoué à en faire l'objet d'un incident.

Si celui qui doit prêter le serment appartient notoirement à l'une de ces sectes religieuses qui considèrent tout serment comme un sacrilège, on doit se contenter de son affirmation (2) : la loi qui consacre la liberté de conscience est une de ces lois d'un ordre supérieur qui planent au-dessus de toutes les autres. On ne peut pas exiger non plus de celui qui est disposé à prêter le serment dans la forme ordinaire qu'il le prête de la manière usitée dans sa religion, qu'un juif, par exemple, prête le serment *more judaico* (3); les juges ne doi-

<hr>

(1) V. notamment Pigeau, *comm.* t. 1er, p. 292; M. Chauveau sur Carré, quest. 520 *bis*.
(2) *Cass.* 28 mars 1810.
(3) La jurisprudence de la cour de cassation est constante en ce sens. V. notamment 19 mai 1826, 10 et 12 juillet 1828.

vent point s'ériger en inquisiteurs, et celui qui aurait en pareil cas prêté un faux serment dont il serait plus tard convaincu n'échapperait pas aux peines prononcées par le code pénal contre le parjure, sous le prétexte qu'il ne pouvait se croire lié par un serment prêté contre les rites de sa secte.

CHAPITRE VII.

Des commissions rogatoires.

Pusieurs articles du code de procédure permettent aux juges saisis d'un litige de déléguer leurs pouvoirs pour quelque acte d'instruction à des juges plus voisins des parties ou des lieux contentieux. V. notamment les art. 121, 156, 255, 305 et 306. L'art. 1035 généralise le principe en ces termes : « Quand il s'agira de recevoir un serment, une caution, de procéder à une enquête, à un interrogatoire sur faits et articles, de nommer des experts, et généralement de faire une opération quelconque en vertu d'un jugement, et que les parties ou les lieux contentieux seront trop éloignés, les juges pourront commettre un tribunal voisin, un juge ou même un juge de paix, suivant l'exigence des cas. Ils pourront même autoriser un tribunal à nommer soit un de ses membres, soit un juge de paix, pour procéder aux opérations ordonnées. » Ces mandats donnés à un autre tribunal étaient connus autrefois sous le nom de *commissions rogatoires*, et cette dénomination est encore usitée aujourd'hui.

La commission rogatoire peut être révoquée comme tout autre mandat. Les juges, en principe, ne sont pas obligés de l'accorder sur la demande de l'une des parties ou même de toutes deux : la disposition de l'art. 1035 est facultative. D'un autre côté, les parties ne peuvent les gêner dans l'exercice de ce pouvoir, quand ils en font usage dans leur propre intérêt pour éviter un déplacement à quelqu'un de leurs membres, ou dans l'intérêt des témoins d'une enquête ou des experts.

La question la plus importante que présente cette matière est celle de savoir si le juge délégué est soumis aux mêmes formalités que le déléguant, quoiqu'elles ne soient pas exigées dans sa propre juridiction; si, par exemple, un juge de paix chargé d'une enquête doit observer les mêmes formalités que si l'enquête était faite devant le tribnnal d'arrondissement. Nous adoptons l'affirmative consacrée par la jurisprudence de la cour de cassation (1); seulement, si la nullité vient du fait du juge de paix, nous ne pensons pas qu'il faille mettre à sa charge les frais de la seconde enquête. S'il en était autrement, la mission qu'il reçoit deviendrait pour le juge de paix un honneur trop périlleux, ou pour mieux dire, l'occasion d'une rigueur injuste. Ces juges en effet ont droit à l'indulgence sous un double rapport, et parce que l'état les rétribue pauvrement, et parce qu'on n'exige d'eux aucune condition préalable de capacité.

_____

(1) 17 décembre 1811 et 22 juillet 1828.

IVᵉ DIVISION.

DES INCIDENTS QUI ÉLARGISSENT LA SPHÈRE DU PROCÈS.

Les divers incidents dont nous avons parlé jusqu'ici ont cela de commun qu'ils ne changent point le fond du litige dont les termes restent les mêmes : ceux dont nous allons parler maintenant étendent au contraire l'objet du procès et en modifient la physionomie. Quand ces incidents s'élèvent entre les parties qui sont déjà en cause, ils prennent le nom de *demandes incidentes* : si c'est un tiers qui les provoque, on les désigne sous le nom *d'intervention*; le tiers vient en effet entre les deux plaideurs, *venit inter litigantes.*

CHAPITRE Iᵉʳ.

Des demandes incidentes.

La demande incidente peut être formée ou par le demandeur originaire ou par le défendeur : dans le premier cas c'est une demande *additionnelle*; dans le second, une demande *reconventionnelle.*

Il ne faut pas croire que dans un procès engagé une partie puisse élever incidemment toutes sortes de prétentions : le droit de former des demandes incidentes se trouve restreint dans des limites que la loi elle-même n'a point fixées, mais que la doctrine peut tracer d'une manière assez exacte.

Et d'abord quant à la partie qui a engagé le procès, elle peut demander incidemment des mesures conservatoires, un séquestre par exemple, ou le versement d'une somme à la caisse des consignations; une exécution pro-

15

visoire nonobstant opposition ou appel, une condamnation par corps, ou enfin des accessoires de la demande
principale. Ainsi, elle peut demander incidemment une
restitution de fruits quand elle n'avait d'abord conclu qu'au
délaissement, des intérêts ou des intérêts des intérêts
ou des dépens quand elle n'avait demandé d'abord que
le capital, comme aussi une provision pendant procès, une
somme pour faire face aux frais du partage, etc.

Peut-elle demander incidemment une chose connexe à
celle qui a déjà été demandée, quoique plus importante
que celle-ci ? Elle ne le pourrait pas pour la première
fois en cause d'appel ; mais nous estimons qu'elle le peut
en première instance. La loi ici ne prohibe pas expressément toute demande nouvelle ; elle laisse par conséquent
davantage à l'appréciation du juge, et de même que le
droit d'intervenir est plus étendu en première instance
qu'en appel, de même il est naturel de donner aux demandes incidentes formées devant les premiers juges une
plus grande extension. S'il fallait d'ailleurs engager un
second procès, il y aurait lieu à jonction s'il était porté
devant le même tribunal, ou, s'il l'était devant un autre,
à renvoi pour cause de connexité ou à règlement de juges. Or, pourquoi ne pas autoriser immédiatement un
résultat auquel on doit arriver après un long circuit ?
Ne faut-il pas tendre toujours à l'économie des frais ?
Nous estimons donc qu'après avoir seulement demandé
dans l'exploit introductif les fermages et arrérages échus,
on peut conclure incidemment au résiliement du bail ou
au remboursement de la rente, surtout quand les causes
qui donnent lieu à la demande incidente ne sont survenues que depuis l'introduction de l'instance. Que si ces
causes existaient avant, on ne serait pas recevable à les
proposer incidemment dans le cas où le préliminaire de
la conciliation devait être tenté sur cet objet principal.

C'est une conséquence de ce principe posé ailleurs, qu'on ne peut rien faire en fraude de la loi.

Quant au défendeur, il peut demander incidemment, d'abord tout ce qui dérive du contrat même ou du quasi-contrat pour lequel il est actionné. Si plusieurs difficultés naissant du même contrat étaient soumises à des juges différents, il serait à craindre qu'aucun d'eux ne saisît la portée exacte des obligations réciproques des parties : on ne juge bien des choses qu'en les envisageant dans leur ensemble. Le défendeur peut encore demander incidemment tout ce qui a de la connexité avec la demande de son adversaire; si celui-ci par exemple n'a demandé le bornage que d'un seul des champs contigus, il peut de son chef demander le bornage des autres champs. Il peut enfin demander tout ce qui peut avoir pour résultat de *paralyser* ou *d'atténuer* l'action de son adversaire, quoique basé sur un contrat ou un fait différent. En d'autres termes, il peut demander reconventionnellement tout ce qui, étant d'une liquidation ou évaluation assez facile comparativement à la demande principale, pourra produire au besoin la compensation lors du jugement de celle-ci. Mais il ne peut jamais élever par la voie reconventionnelle, une prétention qui, en la supposant fondée, ne peut faire obstacle à l'action de l'adversaire. Ainsi, s'il est actionné en paiement d'une somme d'argent, il ne peut demander reconventionnellement un immeuble ou un droit réel, ni réciproquement. De même s'il est actionné en restitution d'un commodat ou d'un dépôt, il ne peut provoquer une condamnation contre son adversaire pour quelque autre cause. De même enfin, il ne peut opposer à une demande en paiement d'une créance certaine, que son adversaire lui doit un compte pour d'autres affaires.

Tels sont les principes généraux de cette matière : la pratique des affaires enseigne le reste.

« Les demandes incidentes doivent être formées par un simple acte d'avoué à avoué, contenant les moyens et les conclusions, avec offre de communiquer les pièces justificatives sur récépissé ou par dépôt au greffe. Le défendeur à l'incident ne peut répondre aussi que par un simple acte (337) ». Si la demande incidente était formée par exploit, ce ne serait pas un 'motif suffisant pour la rejeter ; mais la partie qui aurait suivi ce mode plus dispendieux devrait dans tous les cas être passible du surcroît de frais qu'elle aurait occasionné.

Les conclusions, ainsi qu'on l'a dit précédemment, peuvent être modifiées sur l'audience. On peut donc pour la première fois proposer à l'audience un moyen nouveau ; à plus forte raison peut-on y restreindre la demande. Mais les modifications qu'on peut porter sur le barreau aux conclusions précédentes autorisent-elles aussi à former sur l'audience des demandes incidentes, c'est-à-dire des demandes additionnelles ou reconventionnelles? Cela se fait dans l'usage, et rien dans la loi ne s'y oppose, sauf aux juges à renvoyer à une autre audience, ou même à ordonner la communication des pièces si l'importance de la demande incidente peut y donner lieu. L'art. 337, en prescrivant un simple acte, a voulu seulement condamner les requêtes, et non pas un mode plus économique encore que le simple acte. A plus forte raison, le défendeur à l'incident peut-il s'abstenir de répondre par un simple acte, sans qu'on puisse induire aucun aveu de son silence.

Toutes demandes incidentes doivent être formées en même temps ; si elles sont formées successivement, il ne s'ensuit pas pourtant que les dernières soient non recevables ; seulement les frais de celles-ci ne peuvent être répétés. Si les causes des diverses demandes incidentes n'avaient existé que successivement, comme si l'on avait demandé à diverses reprises des loyers ou arrérages échus dans le cours du procès, les frais de chaque demande devraient même être passés en taxe.

Souvent la demande incidente est subordonnée à l'examen et au jugement de la demande principale, comme lorsqu'elle a trait aux intérêts du capital déjà demandé, aux fruits de l'immeuble revendiqué, à l'exécution provisoire non-obstant appel, etc. En ce cas les juges ne peuvent la décider qu'en jugeant le fond.

D'autres fois, elle peut être jugée par préalable, comme lorsqu'elle tend à faire ordonner un séquestre, à obtenir une provision alimentaire, une somme pour faire face aux frais du partage, etc. En pareille occurrence, si une instruction par écrit a déjà été ordonnée sur le fond, l'incident doit pourtant, d'après l'art. 338, être porté à l'audience et jugé sur plaidoirie, à moins que les juges ne se croient hors d'état de le juger sans examiner le fond, auquel cas ils doivent ordonner qu'il demeurera joint à l'instruction par écrit (1).

D'un autre côté, dans les procès qui se jugent sur plaidoirie, si la cause est en état sur le provisoire et sur le fond, les juges sont tenus de prononcer par un seul jugement (art. 134). Cette disposition peut recevoir une application fréquente dans les matières sommaires qui se jugent sur simple avenir et sans écritures; mais elle doit aussi être appliquée dans les matières ordinaires, quand il y a lieu. Au premier abord, on ne voit pas qu'il soit utile de statuer sur le provisoire quand on juge le fond : c'est utile pourtant, d'une part pour apprécier qui doit supporter les frais de l'incident qui

_____

(1) Si l'incident se rattache évidemment au fond et qu'aucune des parties n'en ait en effet demandé le jugement préalable, il demeure joint de plein droit à l'instruction par écrit. *Cass.* 21 août 1834.

avait été élevé à cet égard, d'autre part en ce que l'exécution nonobstant appel peut souvent être ordonnée sur la demande provisoire, tandis qu'elle ne peut l'être sur le fond.

La demande provisoire est formée le plus souvent après la demande principale ; rien n'empêche pourtant qu'elle le soit en même temps ou même avant, sauf dans ce dernier cas à rejeter de la taxe ou même à laisser à la charge de l'officier ministériel les frais qui auraient été exposés sans utilité.

CHAPITRE II.

De l'Intervention.

On distingue deux espèces d'intervention : l'intervention *passive* ou *l'appel en cause* (nous en avons vu un exemple en parlant de la garantie) et l'intervention *active* ou spontanée. C'est celle-ci qu'on désigne particulièrement sous le nom d'intervention, et c'est la seule dont nous allons nous occuper.

La question la plus importante en cette matière est précisément celle que la loi ne resout point : savoir, qui a qualité pour intervenir : sa solution découle pourtant par induction de l'art. 466 C. pr. qui dispose qu'en appel aucune intervention ne peut être reçue si ce n'est de la part de ceux qui auraient droit de former tierce-opposition. Ce texte a eu évidemment pour but de restreindre l'intervention en cause d'appel. Il faut donc en conclure qu'en première instance le droit d'intervenir est plus étendu ; et comme la loi ne pose aucune limitation, il faut dire que le droit d'intervention appartient à quiconque a intérêt à la solution du procès : c'est une des nombreuses applications de ce brocard dicté par la raison, *l'intérêt est la mesure des actions.*

On doit donc admettre en première instance : 1° l'intervention de tous ceux qui ont des droits distincts de ceux des parties en cause, droits qui pourraient être lésés par le jugement à rendre sur le litige ; 2° et c'est ici ce qui différencie essentiellement l'intervention en première instance de celle en cause d'appel, l'intervention de tous ceux dont les droits s'identifient avec celui de l'une des parties en cause, mais qui ont intérêt à ce que ces droits soient reconnus, c'est-à-dire l'intervention des créanciers de chacune des parties.

Mais il y a entre ces deux causes d'intervention une différence importante. La première donne lieu en quelque sorte à un procès nouveau soumis aux règles générales quant aux dépens ; c'est-à-dire, que l'intervenant doit gagner ou perdre les dépens vis-à-vis des autres parties suivant qu'il réussit ou succombe dans ses prétentions. La seconde au contraire, ne présentant pas un litige distinct de celui déjà engagé, est soumise, quant aux dépens, à une règle spéciale ; ceux qui interviennent en effet doivent le faire à leurs frais conformément à l'art. 882 C. civ. dont la disposition, quoique spéciale au cas de partage, doit être considérée comme l'expression d'un principe général. Mais par une juste réciprocité, les intervenants, en ce cas, ne doivent être passibles d'aucune portion des dépens exposés vis-à-vis de la partie dont l'intérêt s'identifie avec le leur. et qui vient à succomber. En un mot, quel que soit le résultat du procès, ils doivent supporter le surcroît de frais que leur intervention a occasionné, mais pas au-delà.

Pour que l'intervention des créanciers soit recevable, il faut au surplus 1° que le procès porte directement sur des intérêts pécuniaires, qu'il s'agisse en un mot des biens de leur débiteur, ou de ces droits que les créanciers peuvent exercer du chef de leur débiteur parce qu'ils ne sont pas exclusivement attachés à sa personne. Ainsi, dans une question d'état l'intervention des créanciers n'est point recevable. Il faut 2° que la perte du procès soit de nature à compromettre la fortune du débiteur et par-là même la créance de l'intervenant; et ceci est un point qui doit nécessairement être livré à l'appréciation des magistrats. Bacon n'a point dit qu'il ne faut rien laisser à l'arbitraire du juge, mais seulement qu'il faut lui laisser le moins possible : *optima lex quæ minimum judici.*

« L'intervention, porte l'art. 339, sera formée par requête qui contiendra les moyens et conclusions dont il sera donné copie ainsi que des pièces justificatives. » Les formalités prescrites pour les exploits d'ajournement ne sont pas applicables ici : il faut seulement indiquer dans la requête la personne de l'intervenant, de manière à ce qu'il n'y ait point de doute sur son identité (1) : cette indication et celle des conclusions sont les seules qui puissent être considérées comme substantielles. Le défaut de copie des pièces justificatives ne vicie pas l'intervention, seulement il y a lieu de rejeter de la taxe les copies signifiées plus tard.

L'avoué qui signe la requête est constitué de droit : cette requête est signifiée aux autres avoués de la cause, et il n'est pas nécessaire qu'elle soit au préalable répondue d'une ordonnance.

« L'intervention ne peut retarder le jugement de la cause principale quand celle-ci est en état (340) » ; mais quoique le procès soit en état, elle ne laisse pas d'être recevable si elle n'offre aucune difficulté sérieuse, et qu'elle ne puisse par conséquent retarder le jugement du fond. Si l'affaire n'est pas en état et que la matière soit ordi-

_____

(1) *Cass.* 6 avril 1830.

naire, les adversaires de l'intervenant doivent avoir quinzaine pour signifier leur réponse (arg. de l'art 77); mais ils peuvent renoncer à ce délai et poursuivre immédiatement l'audience. Quant à l'intervenant, il en est comme de l'opposant, *il doit venir prêt ;* il ne peut solliciter qu'un délai de trois jours pour obtenir la communication des pièces des autres parties (190), sans qu'il puisse répliquer aux requêtes en réponse de celles-ci.

Si l'intervention n'est contestée par aucune des parties, il est inutile de provoquer un jugement qui la déclare recevable. Dans le cas même où elle est contestée, si le fond est aussi en état d'être jugé, il doit être statué sur le tout par un seul et même jugement : mais si le fond n'est pas encore en état d'être jugé, la recevabilité de l'opposition doit être jugée par préalable, et l'incident doit être porté à l'audience, quoique l'affaire principale soit instruite par écrit (341); sauf au tribunal, s'il y a lieu, à ordonner qu'il sera écrit aussi sur la question de recevabilité de l'intervention. Quand l'intérêt de l'intervenant s'identifie avec celui de quelqu'une des parties en cause, la recevabilité de son intervention reconnue ou jugée, cette intervention ne présente plus aucune question particulière à décider : mais si les intérêts de l'intervenant diffèrent de ceux de toutes les autres parties, il y a à examiner si ses conclusions sur le fond doivent être accueillies; et l'on sent qu'après avoir triomphé sur la question de recevabilité, l'intervenant peut néanmoins succomber sur le fond de ses prétentions.

Ve DIVISION.

DES INCIDENTS RELATIFS A LA REPRISE OU A L'EXTINC-TION DE L'INSTANCE.

CHAPITRE Ier

De la reprise d'instance.

La reprise d'instance peut être provoquée ou spontanée; occupons-nous d'abord du premier cas qui est le plus important.

§. 1er. *De la reprise provoquée.*

Quand l'affaire est en état le jugement ne peut être différé ni par la mort des parties, ni par la cessation des fonctions de leurs avoués (342). L'affaire est en état lorsque la plaidoirie est commencée, et la plaidoirie est réputée commencée quand les conclusions ont été contradictoirement prises à l'audience. Dans les affaires qui s'instruisent par écrit, la cause est en état quand l'instruction est complète, ou quand les délais pour les productions et réponses sont expirés (343).

Ces dispositions se justifient d'elles-mêmes. Pourquoi en effet différerait-on le jugement quand les juges sont censés posséder déjà tous les documents nécessaires pour le bien rendre ? Sous l'empire de l'ordonnance les affaires qui se jugeaient sur plaidoirie n'étaient réputées en état que lorsque les plaidoiries étaient terminées. Boitard (1) donne la préférence à l'ancienne règle, et critique avec vivacité celle que le code de procédure a posée : sa critique ne paraît pas très-fondée. Dès l'instant en effet que les conclusions ont été posées, les avocats des parties sont cen-

_____

(1) Tom. 2, p. 277 et suiv.

sés avoir reçu toutes leurs instructions : les héritiers de la partie qui vient de décéder ou un nouvel avoué de cette partie ne pourraient guère apprendre à l'avocat chargé de la cause que ce qu'il sait déjà ; et si dans des cas extraordinaires l'avocat n'avait pas encore reçu tous les renseignements ou pièces nécessaires, il demanderait pour la continuation des plaidoiries un sursis qui ne saurait être refusé dès que la nécessité en serait démontrée.

L'affaire ne cesse pas d'être en état quand il intervient un délibéré simple ou même un délibéré avec nomination de rapporteur ; dans ce dernier cas toutefois, si l'avoué d'une partie avait cessé d'exercer, et que le rapport ne fût pas fait au jour indiqué par le jugement qui l'aurait ordonné, ou remis ce jour-là à un autre jour fixe, l'affaire ne semblerait plus en état, parce que la partie privée de son représentant ne saurait plus légalement le jour où le rapport serait fait, et qu'elle a pourtant un intérêt majeur à le connaître avec certitude. L'affaire instruite par écrit cesse aussi d'être en état s'il y a lieu de nommer un autre rapporteur.

S'il intervient un jugement de partage, l'affaire cesse d'être en état, puisque les plaidoiries doivent être recommencées. A plus forte raison, en est-il de même quand il intervient un jugement préparatoire qui doit être signifié à avoué.

Quand l'affaire n'est pas en état, elle peut être mise hors de droit par deux causes qu'indique l'art. 344 ainsi conçu : « Dans les affaires qui ne seront pas en état, toutes procédures faites postérieurement à la notification de la mort de l'une des parties seront nulles : il ne sera pas besoin de signifier les décès, démissions, interdictions ni destitutions des avoués ; les poursuites faites et les jugements obtenus depuis seront nuls s'il n'y a constitution de nouvel avoué. » Le décès des parties doit être notifié pour mettre l'instance hors de droit et arrêter l'instruction, parce que les avoués sont censés l'ignorer ; mais ils sont toujours présumés connaître la cessation des fonctions d'un de leurs confrères : c'est un de ces événements dont toutes les voix du palais ont dû les instruire.

Il suffit pour arrêter la procédure que la mort d'une partie soit dénoncée, sauf à en justifier plus tard ; la loi n'exige point qu'on notifie l'acte de décès. Ici comme ailleurs la mort civile doit être assimilée à la mort naturelle.

Si la dénonciation de la mort d'une partie ou la cessation des fontions d'un avoué survient après un jugement qui ordonne une enquête ou une expertise, l'instance ne laisse pas d'être mise hors de droit, et toute procédure doit être immédiatement suspendue ; mais aussi si un délai fatal avait commencé à courir, il est suspendu, ou même interrompu, et ne peut reprendre son cours que lorsque l'instance a été régularisée.

La nullité du jugement obtenu contre la partie dont l'avoué a cessé d'exercer peut être demandée par la voie de l'opposition. Ce jugement doit être considéré comme un jugement par défaut contre partie, susceptible d'opposition jusqu'à son exécution.

Pour le cas de mort de l'une des parties, l'art. 344 dit seulement que les *procédures* faites postérieurement à la notification de cette mort seront nulles : pour le cas de cessation des fonctions d'un avoué, il prononce la nullité des *poursuites faites* et des *jugements obtenus*. Est-ce à dire que le jugement obtenu serait moins irrégulier dans le premier cas que dans le second ? On ne saurait indiquer aucune raison plausible d'une pareille différence. Les héritiers de la partie décédée peuvent donc aussi se pourvoir par opposition jusqu'à l'exécution du jugement. Il est sensible que la nullité des poursuites et du jugement ne peut être demandée que par celle des parties dont l'avoué a cessé d'exercer, ou par les héritiers de la partie décédée.

Quand l'instance a été mise hors de droit par l'une des causes qu'on a indiquées, comment la partie qui veut passer outre doit-elle s'y prendre pour la régulariser ? Elle doit assigner en reprise d'instance en cas de décès de l'autre partie, ou en constitution de nouvel avoué dans le cas où l'avoué de cette partie a cessé ses fonctions. L'assignation doit être donnée aux délais fixés au titre *des ajournements*, avec indication des avoués qui occupaient, et du rapporteur, s'il y en a (346). Le nom de l'avoué qui occupait indique à la partie citée l'étude où se trouvent ses pièces, celui du rapporteur, le magistrat chez qui il faudra les produire : mais, quoique ces indications soient utiles, leur omission n'emporte pas nullité.

Quand la partie a été citée *en reprise*, et nous comprendrons désormais sous ce seul nom les deux causes qui mettent l'instance hors de droit, trois hypothèses peuvent se présenter.

1° La partie citée peut comparaître et consentir à la reprise de l'instance ; elle en fait alors la déclaration par un simple acte, comme dans le cas de la reprise spontanée dont nous parlerons dans le paragraphe suivant, et chacune des parties peut dès ce moment continuer les procédures, sans qu'il soit nécessaire de faire constater la reprise par un jugement dont les frais ne devraient pas passer en taxe.

2° La partie citée peut comparaître et contester qu'il y ait lieu à reprise. Elle peut prétendre, par exemple, que son avoué n'a pas cessé d'exercer, ou qu'elle n'est pas héritière de l'individu qui figurait dans l'instance, ou que l'instance était éteinte par transaction, péremption, désistement, etc. Dans tous ces cas l'incident doit être jugé sommairement (348), sans autres écritures qu'une requête pour proposer l'incident et une requête en réponse, qui ne peuvent excéder six rôles (T. art. 75).

3° La partie assignée peut ne pas comparaître. En ce cas, à l'expiration du délai, il est rendu jugement qui tient la cause pour reprise, et ordonne qu'il sera procédé suivant les derniers errements, et sans qu'il puisse y avoir d'autres délais que ceux qui restaient à courir (349); c'est-à-dire par exemple que si le délai pour produire dans une instruction par écrit avait commencé à courir avant que l'instance fût mise hors de droit, le délai reprendrait son cours aussitôt après la signification du jugement, et dès que ce complément de délai serait expiré, le demandeur pourrait poursuivre le jugement du fond.

La loi a voulu s'assurer que la signification du jugement parviendra à la partie défaillante : c'est pourquoi l'art. 350 reproduit ici le principe général qui veut que les jugements par défaut contre partie soient signifiés par huissier commis, et comme on l'a dit précédemment la signification faite par un autre huissier serait nulle et entraînerait la nullité de tout ce qui s'en serait suivi. Si l'affaire est en rapport, l'art. 350 veut aussi que la signification énonce le nom du rapporteur; mais l'omission de cette indication peu importante ne peut entraîner la nullité de l'exploit.

Le jugement par défaut, qui tient l'instance pour reprise, est comme tous autres sujet à opposition, et l'opposition doit être portée à l'audience, même dans les affaires en rapport (351). Mais le point difficile est de déterminer jusqu'à qu'elle époque l'opposition est recevable. Il est certain qu'elle est recevable jusqu'à l'expiration de la huitaine qui suit la signification à personne ou domicile, puisque jusqu'à cette époque les poursuites de l'instance ne peuvent pas être continuées. Elle l'est aussi après cette époque s'il n'a pas été fait de nouveaux actes dans l'instance, puisque alors le jugement n'a pas été exécuté. Mais le sera-t-elle encore quand ce jugement aura été exécuté de la seule manière qu'il peut l'être, c'est-à-dire, par la continuation des poursuites? On peut argumenter pour la négative de l'art. 158 du code qui n'admet pas l'opposition après l'exécution consommée. Cependant, comme ici, de même que dans les cas ordinaires, les copies de l'ajournement en reprise et de la signification du jugement peuvent être successivement soufflées, nous admettrions l'opposition jusqu'à ce qu'il soit certain que la partie citée a eu connaissance de l'exécution de la sentence qui a ordonné la reprise.

Nous estimons aussi que le jugement qui intervient ensuite sur le fond est susceptible d'opposition jusqu'à ce qu'il soit exécuté de l'une des manières indiquées dans l'art. 159; même lorsqu'il est rendu sur une instruction par écrit. Si la partie citée en reprise est présumée n'avoir pas eu une connaissance certaine de l'assignation en reprise et du jugement rendu sur cette assignation, elle est excusable de n'avoir pas présenté ses moyens sur le fond dans les délais ordinaires (1).

Si l'une des parties citées en reprise comparaît, et que l'autre ne comparaisse point, il y a lieu à la jonction du défaut, à moins que la partie comparante ne consente formellement à la reprise. L'art. 153 pose un principe général auquel le titre qui nous occupe ne déroge point (2).

L'art 156, qui prononce la péremption des jugements

(1) *Contrà*, Pigeau, *Comm.*, t. 1, p. 616.
(2) *Contrà*, M. Chauveau sur Carré, quest. 1292, et les auteurs qu'il cite.

par défaut non exécutés dans les six mois, paraît par la même raison applicable aux jugements sur reprise d'instance (1).

Nous n'avons indiqué que deux causes qui mettent l'instance hors de droit : le décès notifié de l'une des parties, ou la cessation des fonctions de son avoué. En effet, le changement d'état des parties, ou la cessation des fonctions dans lesquelles elles procédaient n'empêchent point la continuation des procédures (art. 347), quand même ces événements seraient dénoncés (2). Ainsi un mineur deviendra majeur, un majeur tombera dans les liens de l'interdiction, une fille contractera mariage, une femme mariée deviendra veuve, un tuteur ou administrateur sera remplacé par un autre ; aucun de ces événements n'empêche l'autre partie de poursuivre l'instance : elle est d'abord présumée les ignorer, mais lui fussent-ils dénoncés, ils n'auraient pas plus d'effet, puisque celui qui a changé d'état, ou son représentant, peut lui-même reprendre spontanément l'instance. Par réciprocité l'avoué adverse continuera valablement à poursuivre au nom de la partie qui a changé d'état ou cessé ses fonctions.

L'art 345 ne fait qu'une exception à cette règle. « Néanmoins, dit-il, le défendeur qui n'aurait pas constitué avoué avant le changement d'état ou le décès du demandeur, sera assigné de nouveau à un délai de huitaine pour voir adjuger les conclusions, et sans qu'il soit besoin de conciliation préalable. » Peut-être, en effet, que si le défendeur persiste à ne pas constituer avoué, c'est qu'il pense que son nouvel adversaire renonce à poursuivre le procès. C'est pour lui ôter cette pensée qu'il faut l'assigner

---

(1) *Contrà*, Sirey, 25. 2. 247.

(2) **Demiau Crousilhac**, p. 256 et suiv., est le seul auteur qui enseigne le contraire ; on ne sait sur quel fondement.

de nouveau , et quoique l'article ne parle que du changement d'état , il y a même raison de décider pour la
cessation des fonctions ; mais le défendeur *peut*, s'il veut,
se présenter sans attendre la nouvelle assignation. La disposition de la loi ne paraît établie que dans son intérêt (1).

Un exploit nouveau contenant constitution de nouvel
avoué, est à plus forte raison nécessaire quand l'avoué
du demandeur cesse ses fonctions avant que le défendeur
ait constitué le sien. A qui en effet le défendeur pourrait-il signifier sa constitution ?

§ II. *De la reprise spontanée.*

Nous avons dit que la partie citée en reprise ou en
constitution de nouvel avoué peut consentir par un simple
acte à la reprise , et qu'alors il est inutile de faire rendre
un jugement ; son consentement implicite peut même suffire,
comme lorsque citée en constitution de nouvel avoué elle
constitue avoué purement et simplement. Elle peut aussi
prendre les devants , et sans attendre une citation , reprendre elle-même spontanément l'instance ou constituer nouvel
avoué ; et comme cette reprise spontanée ne peut en rien
retarder le jugement du procès , elle peut être faite et
dans le cas de changement d'état ; et dans le cas de cessation des fonctions dans lesquelles la partie procédait :
de manière qu'à dater de cet instant la partie adverse
doit continuer ses poursuites contre la nouvelle partie dont
la qualité lui a été légalement dénoncée.

Mais l'instance ne peut être reprise spontanément que
par les successeurs universels d'une personne décédée :
nous ne reconnaissons pas le même droit aux successeurs

---

(1) *Contrà*, Carré, quest. 345; Favard, t. 4, p. 882, n. 2.

à titre particulier (1). Ceux-ci peuvent seulement intervenir dans l'instance. Ils peuvent bien aussi demander à prendre le fait et cause de leur auteur ; mais l'autre partie a le droit de s'y opposer si elle aime mieux que la condamnation sur l'objet principal du procès ou les dépens soit prononcée contre son adversaire primitif ou les représentants de celui-ci à titre universel.

CHAPITRE II.

De l'extinction de l'instance.

L'INSTANCE peut s'éteindre, 1° par le jugement définitif, ce qui est le mode le plus naturel ; 2° par le compromis ; 3° par la transaction ; 4° par la péremption ; 5° par le désistement.

Quant au compromis, il n'éteint pas l'instance absolument ; il ne l'éteint que d'une manière conditionnelle. Si, par exemple, les pouvoirs des arbitres viennent à expirer, il serait superflu de contraindre les parties à intenter un procès nouveau ; elles peuvent continuer l'ancien suivant ses derniers errements, sans même qu'il soit nécessaire de citer en reprise d'instance, en supposant que les avoués des parties exercent encore.

Il doit en être de même si le compromis ou la transaction sont nuls dans la forme ; alors en effet ils ne méritent pas même ce nom, et c'est le cas d'appliquer dans toute sa rigueur la règle *quod nullum est nullum producit effectum.*

Il y a plus de doute si le moyen de nullité est pris du fond du droit. Toutefois, si ce moyen de nullité est d'une preuve facile, il serait certainement contraire au vœu de la loi d'obliger les parties à recommencer le procès sur

_____

(1) *Contrà*, Pigeau, t. 1, p. 422.

nouveaux frais. Un tuteur, par exemple, compromettra ou transigera de sa seule autorité au nom de son pupille, un mari agira de même pour des biens dotaux ; la nullité du compromis ou de la transaction sera si manifeste qu'il sera inutile d'en faire l'objet d'un procès particulier, et qu'on pourra la demander incidemment devant le tribunal saisi du premier litige.

Il n'y a donc de difficulté sérieuse, à notre avis, que lorsque la nullité du compromis ou de la transaction est demandée pour quelque cause qui n'est pas de nature à se prouver tout d'abord, par exemple, pour cause de violence ou de vol, et pourtant dans ce cas là même nous admettons qu'on doit incidemment demander la nullité du compromis ou de la transaction devant les juges saisis du premier litige. Deux raisons nous y engagent. D'une part, si l'affaire était déjà en appel, le principe dévolutif de l'appel, qui interdit aux juges inférieurs de rien statuer au mépris de l'appel porté devant les juges supérieurs, semblerait applicable. D'autre part, quelle doit être dans tous les cas la conséquence de la nullité prononcée? De replacer les parties dans les termes où elles étaient avant le compromis ou la transaction, en sorte que le procès reprendra son cours au point où il s'était arrêté. Mais ne vaut-il pas mieux demander immédiatement la nullité aux juges devant lesquels on devra revenir?

Dans tous les cas qu'on vient de parcourir l'instance n'a cessé d'exister qu'en apparence, elle n'a jamais été éteinte en réalité, et l'autorité des juges saisis de l'ancien litige ne doit pas s'effacer devant un vain simulacre de transaction.

Que si la transaction au contraire avait été valable dans l'origine et que la résolution n'en fût demandée qu'à raison de faits postérieurs, l'ancien procès aurait été bien réellement éteint, et ce serait le cas d'en commencer un nouveau.

Nous allons parler maintenant de la péremption et du désistement auxquels le code a consacré des titres particuliers.

SECTION PREMIÈRE.

De la péremption.

Les procès ne doivent pas être éternels : telle est la raison principale qui a fait établir la péremption ; elle se trouve rappelée dans le premier monument législatif qui consacra ce mode particulier d'extinction des procès. *Properandum nobis visum est*, dit Justinien dans la L. 13, C., *de judiciis*, *ne lites fiant pene immortales et vitæ hominum modum excedant*, *omnes lites non ultra triennii metas post litem contestatam esse protrahendas*. » L'art 15 de l'ordonnance de Roussillon de 1563 consacra en France le principe de la péremption déjà rappelé dans l'ordonnance de Villers Cotterets de 1539 : ce principe fut diversement appliqué dans les ressorts des divers parlements. Ici, la péremption s'accomplissait de plein droit ; là, elle devait être demandée ; ailleurs, elle n'était admise qu'autant qu'elle devait entraîner la prescription de l'action. Ces diversités s'étaient maintenues jusqu'au code de procédure, car l'ordonnance de 1667 ne disposa rien sur la péremption. Nous allons exposer brièvement les principales règles de cette matière.

§. i. *Du délai de la péremption.*

« Toute instance, porte l'art. 397, encore qu'il n'y ait pas eu constitution d'avoué, sera éteinte par discontinuation de poursuites pendant trois ans (1). Ce délai sera aug-

_____

(1) Il faut que les trois ans soient révolus. Si, par exemple, le dernier acte a été signifié le 31 décembre 1840, la péremption ne peut être demandée qu'à dater du 1er janvier 1844.

menté de six mois dans tous les cas où il y aura lieu à demande en reprise d'instance ou constitution de nouvel avoué. »

Toute instance, dit la loi ; ainsi il n'y a pas même d'exception pour les questions d'état.

L'article ne dit point que le délai sera augmenté toutes les fois qu'il y aura lieu *à reprise d'instance*, mais toutes les fois qu'il y aura lieu à *demande en reprise d'instance*, ou, en d'autres termes, toutes les fois que le demandeur sera obligé d'assigner en reprise d'instance, ce qui est bien différent. Ainsi, quand il n'y a que changement d'état de l'une des parties, ou cessation des fonctions dans lesquelles elle procédait, l'instance, comme on l'a vu, peut être reprise spontanément; mais la demande en reprise n'est pas exigée, et partant, le délai de la péremption ne doit pas être augmenté. Pareillement le délai ne doit pas être augmenté, quand c'est le demandeur qui est décédé, ou quand c'est le défendeur, mais que son décès n'a pas été notifié (1). Que si l'un des avoués vient à cesser ses fonctions, l'augmentation doit toujours avoir lieu sans distinguer entre le cas où c'est l'avoué du défendeur, et le cas inverse. L'article lui-même ne distingue pas. Ses termes un peu louches doivent en effet se prendre naturellement en ce sens : « lorsqu'il y aura lieu à demande en reprise d'instance, ou à constitution de nouvel avoué. »

Si l'instance a été mise hors de droit par plusieurs causes, il n'y a pourtant lieu qu'à une seule augmentation. Le délai supplémentaire de six mois est plus que suffisant pour régulariser l'instance (2).

---

(1) La jurisprudence de la plupart des cours et de la cour suprême elle-même est contraire : nous souhaiterions que le texte de la loi nous permît de l'adopter. Quelques cours jugent pourtant dans notre sens. V. M. Chauveau sur Carré, quest. 1423 bis.

(2) *Cass.* 19 août 1816.

Mais l'augmentation doit-elle avoir lieu quand la cause qui met l'instance hors de droit n'est survenue qu'après les trois ans? La négative nous a toujours semblé certaine ; on ne peut comprendre en effet qu'un événement imprévu puisse avoir pour résultat de soustraire le demandeur à une déchéance à laquelle il s'est exposé par sa faute, et la section du tribunat entendait au surplus la chose ainsi (V. Locré, sur l'art. 397). La jurisprudence s'est pourtant prononcée dans le sens contraire (1) ; et dans le système qu'elle a consacré, il est clair que le délai supplémentaire ne doit courir qu'à dater de l'événement qui a mis l'instance hors de droit, quand cet événement survient après les trois ans.

§. ii. *Par qui et contre qui la péremption d'instance peut être demandée.*

La péremption peut être demandée par tout défendeur principal ou intervenant ; mais nous n'admettons pas qu'elle puisse l'être par le demandeur : ce serait de la part de celui-ci un véritable désistement caché sous une autre forme, et le principe est que le désistement n'éteint l'instance qu'autant qu'il est accepté par l'autre partie. Les communes défenderesses n'ont pas besoin d'autorisation pour demander la péremption ; nous en disons autant du tuteur en matière immobilière.

La péremption peut être invoquée contre tout demandeur : « Elle court, dit l'art. 398, contre l'état, les établissements publics, et toutes personnes même mineures, *sauf leur recours contre les administrateurs et tuteurs.* » Ces derniers mots ont donné lieu à la question de savoir si la péremption peut courir contre les mineurs non pourvus de tuteurs. Il faut répondre affir-

_____

(1) *Cass.* 5 janvier 1808, et divers arrêts de cours royales.

mativement; l'art. 398 n'a voulu dans ses derniers termes
que rappeller un recours de droit commun (1). Autrement
il y aurait même raison de suspendre le cours de la péremption au profit du mineur dont le tuteur serait insol-
vable, et l'on arriverait ainsi à établir nombre d'exceptions, quand le législateur a voulu les proscrire toutes.

A plus forte raison décidons-nous que la péremption
court contre les communes ou fabriques même non autorisées, contre les militaires en activité de service, contre
les curateurs d'une succession vacante; et même contre
l'héritier bénéficiaire pour les procès qu'il a contre la succession, puisque l'art. 996 du code lui fournit les moyens
de les poursuivre.

§. III. *De quelle manière s'opère la péremption.*

« LA péremption n'a pas lieu de droit; elle se couvre
par les actes valables faits par l'une ou l'autre des parties avant la demande en péremption (399). » Il faut
que les actes soient faits dans l'instance, mais ceux faits
par l'avoué du défendeur couvrent la péremption aussi
bien que ceux faits par l'avoué du demandeur, sauf le
recours du défendeur contre son avoué dans le cas où
celui-ci a agi contre les intérêts et les instructions de sa
partie.

Les actes nuls dans la forme sont les seuls qui ne
couvrent pas la péremption : les actes frustratoires qui
ne peuvent être passés en taxe ne laissent pas de la
couvrir, parce qu'ils annoncent suffisamment l'intention de
ne pas laisser périr l'instance. A plus forte raison, des actes
utiles, quoique non signifiés, couvrent-ils la péremption
quand ces actes sont devenus communs à l'autre partie

---

(1) *Contrà*, M. Pigeau, t. 1, p. 446; M. Chauveau sur Carré, quest.
1453.

qui a pu en prendre connaissance : ainsi, il n'est point douteux pour nous que la mise au rôle interrompt la péremption (1); qu'un jugement de simple remise de cause, rendu même en l'absence de l'avoué, produit le même effet, etc. Un compromis interrompt la péremption qui ne peut reprendre son cours qu'à dater du jour où le compromis a pris fin.

Il est arrivé souvent que la demande en péremption et un acte valable de nature à la couvrir ont été signifiés le même jour sans que l'heure de la signification fût coarctée dans les actes ou du moins dans l'un d'eux. Les tribunaux doivent alors apprécier d'après les circonstances quelle est celle des deux significations qui a eu lieu la première. En général, il est naturel de présumer que c'est la demande en péremption qui a tout-à-coup fait sortir celui contre qui elle est formée de sa longue torpeur, mais cette présomption peut fléchir suivant les circonstances. Tout est livré ici à l'appréciation du juge.

§ IV. *Comment la péremption doit être demandée.*

« La péremption, d'après l'art. 400, doit être demandée par requête (2) d'avoué à avoué, à moins que l'avoué ne soit décédé, ou interdit, ou suspendu, *depuis le moment où elle a été acquise.* » On aurait dû bannir de l'article ces derniers termes. Qu'importe, en effet, que l'avoué ait cessé d'exercer après ou avant les trois ans ? Mais l'article avait été rédigé dans le système primitif du projet où la cessation des fonctions de l'avoué avant les trois ans devait empêcher absolument la péremption (V. Locré, sur l'art. 397), et quand on sub-

_____

(1) *Cass.* 14 août 1837.
(2) Il n'est pas nécessaire que cette requête soit répondue d'une ordonnance. *Cass.* 14 février 1831 et 3 février 1835.

stitua à ce système d'une interruption absolue une simple augmentation du délai pendant six mois, on oublia sans doute de modifier la rédaction de l'art. 400. Toutes les fois donc que l'avoué du demandeur n'exerce plus, la péremption doit être demandée par exploit signifié à personne ou domicile. Mais s'il continue d'exercer, il faut absolument demander la péremption par requête : cette forme doit être considérée comme essentielle, car elle est et plus prompte et plus économique. Si la péremption pouvait, en cas pareil, être valablement demandée par exploit, serait-il juste de la prononcer quand l'avoué du demandeur avant d'en être instruit aurait ravivé l'instance? Et d'un autre côté, l'écarter alors ne serait-ce pas autoriser un arbitraire que la loi a voulu prévenir?

Quand la péremption est demandée par exploit, l'exploit doit renfermer les indications prescrites par l'art. 61 C. pr.; mais il n'est point nécessaire d'y indiquer, conformément à l'art. 64, les confronts des immeubles qui ont donné lieu à la demande. Si l'instance a été mise hors de droit, la partie qui sollicite la péremption est-elle obligée préalablement de la reprendre ou d'en faire prononcer la reprise? On s'étonne que l'affirmative ait pu, dans l'origine, être décidée par quelques cours : commencer en effet par reprendre l'instance ou par citer en reprise, c'est couvrir la péremption qu'on veut demander (1).

§ v. Des effets de la péremption.

LES principaux effets de la péremption sont indiqués dans l'art. 401.

---

(1) La cour de cassation l'a en effet jugé ainsi le 22 janvier 1816 ; aussi décide-t-elle que la péremption peut être demandée sans reprendre l'instance. V. 3 février 1835 et 19 janvier 1837.

La péremption n'éteint pas l'action ; c'est en cela qu'elle diffère esséntiellement de la prescription. Mais quoiqu'elle n'éteigne pas l'action d'une manière directe, elle peut en opérer l'extinction d'une manière indirecte en ce que l'instance cesse de produire l'interruption de la prescription quand elle est périmée, et que dans l'intervalle le délai de la prescription aura pu s'accomplir.

La péremption emporte seulement extinction de la procédure, sans qu'on puisse, dans aucun cas, *opposer aucun des actes de la procédure éteinte, ni s'en prévaloir.* Ainsi, les enquêtes, les expertises, et autres procédures du même genre, sont réputées non avenues. En est-il de même des aveux qui auraient été faits par l'une des parties ? C'est ce que nous ne pensons pas (1). Un aveu n'est pas un simple acte de la procédure ; on ne peut donner ce nom qu'aux actes d'instruction qui tendent à mettre le procès en état d'être jugé : l'aveu est plus que cela, c'est un véritable jugement qui termine le procès sur ce qui en fait l'objet, et ce jugement, accent spontané d'une conscience qui rend hommage à la vérité, est autrement sûr que les décisions des juges qui suivent bien plus souvent les lueurs incertaines des probabilités que la clarté brillante de la certitude. Mais ce que nous venons de dire, nous ne l'entendons que de *l'aveu précis*, signé par la partie ; car nous n'admettrions point qu'on pût aller rechercher péniblement dans la combinaison des diverses réponses d'une audition catégorique, des présomptions et des semi-preuves, ni qu'on pût se prévaloir de l'aveu fait par l'avoué seul, et obliger la partie à recourir au désaveu.

En cas de péremption, le demandeur *principal* est

---

(1) La plupart des auteurs sont contraires. V. M. Chauveau sur Carré, quest. 1451.

condamné à tous les frais de la procédure périmée : l'intervenant doit donc obtenir les dépens contre lui, comme le défendeur originaire. -

§. ᴠɪ. *De quelques cas où la péremption ne peut s'accomplir.*

La péremption ne laisse pas de s'accomplir, quoique les pièces soient entre les mains d'un rapporteur, ou que les plaidoiries aient eu lieu et que le ministère public ait été entendu : c'est au demandeur à activer le rapport ou le jugement, et à faire au besoin les réquisitions autorisées par l'art. 507.

Mais la péremption ne peut plus s'accomplir quand il est intervenu dans la cause un jugement définitif prononçant quelque condamnation ou reconnaissant certains droits. Ce jugement devient en effet un titre nouveau dont la vertu doit se conserver pendant trente ans ; et puisqu'il échappe à la péremption, il est naturel qu'il en préserve les autres chefs de l'instance qui peuvent en être considérés comme dépendants (1). Ainsi, un jugement aura ordonné le partage et nommé des experts pour l'estimation des immeubles, l'instance en partage échappera dès ce moment à la péremption. De même, un jugement aura condamné à des dommages non liquidés, à une restitution de fruits, à rendre un compte, etc, la péremption n'exercera plus nul empire sur les faits qui restent à juger. Mais la péremption ne laisse pas de s'accomplir, quand il n'a été rendu que des jugements préparatoires (2) ou interlocutoires, ou même des jugements définitifs qui n'ont fait que statuer sur des moyens préjudiciels. Ainsi, l'instance peut, suivant nous, tomber en péremption,

---

(1) *Cass.* 19 décembre 1837.
(2) *Cass.* 14 décembre 1813, 14 juin et 9 août 1837.

quoiqu'un jugement ait rejeté des exceptions d'incompétence ou de nullité : de semblables jugements laissent le fond absolument intact.

Le jugement définitif sur le fond empêche la péremption, quoiqu'il ait été rendu par défaut et qu'il n'ait été ni expédié ni signifié (1) : mais dès qu'une opposition a été pratiquée dans les formes et délais voulus par la loi, le jugement est censé non avenu, et la péremption doit reprendre son cours contre le demandeur principal. Le jugement est pareillement non avenu lorsque c'est un jugement de défaut contre partie, qui n'a pas été exécuté dans les six mois ; et le délai doit se compter alors à dater de l'ajournement, comme si aucun jugement n'avait été rendu.

L'opposition n'étant pas une instance nouvelle, la péremption ne peut atteindre l'opposition taxativement ; elle s'accomplit dans tous les cas au détriment du demandeur principal (2).

La requête civile doit être considérée comme une instance nouvelle. La péremption s'accomplira donc au détriment du demandeur en requête civile jusqu'au rescindant ; après le rescindant, elle s'accomplit au détriment du demandeur originaire. Pareillement, après un arrêt de cassation, la péremption devant la cour de renvoi s'accomplit au détriment de la partie qui avait interjeté l'appel principal devant la cour dont l'arrêt a été cassé, quoique aucune assignation n'ait été donnée devant la cour de renvoi (3).

----

(1) *Cass.* 19 avril 1830. Cette doctrine a rencontré des contradicteurs ; V. M. Chauveau sur Carré, quest. 1421 bis.

(2) *Cass.* 23 octobre 1810 et 27 avril 1825.

(3) *Cass.* 12 juin 1827. La péremption reprend même son cours à dater de l'arrêt de cassation et avant sa signification, si c'est le demandeur principal qui l'a obtenu. *Cass.* 18 février 1828.

La demande en péremption peut-elle elle-même tomber en péremption? Non ; à notre avis cette demande ne constitue pas une instance particulière, distincte de la principale, ce n'est qu'un appendice de celle-ci, et l'arme que la loi donne ne doit pas être retournée contre celui qu'elle est destinée à protéger (1).

§. VII. *De l'indivisibilité de l'instance en matière de péremption.*

Que l'instance soit indivisible quand l'objet sur lequel elle porte est indivisible lui-même, c'est ce qu'il n'est venu dans l'esprit de personne de contester. En pareil cas donc, la péremption interrompue vis-à-vis de l'un des défendeurs l'est certainement vis-à-vis de tous.

Mais doit-il en être de même lorsque l'objet de l'instance est divisible ? C'est notre opinion conforme au surplus à la jurisprudence (2). Le principe de l'indivisibilité de l'instance a cours depuis bien des siècles, et cette haute antiquité forme déjà en sa faveur un préjugé puissant. Une preuve d'ailleurs que le nouveau législateur a considéré toute instance comme indivisible, c'est l'obligation qu'il a imposée au demandeur de faire joindre le défaut contre ceux des défendeurs qui ne comparaissent point, avant de pouvoir passer outre. Aussi pensons-nous que lorsque l'instance est mise hors de droit vis-à-vis d'un seul des défendeurs, elle l'est vis-à-vis de tous les autres jusqu'à ce qu'elle ait été régulièrement reprise avec les premiers. Or, s'il faut nécessairement régulariser l'instance vis-à-vis de ceux-ci avant de pouvoir obtenir aucune condamnation contre les autres, n'est-il

---

(1) *Contrà*. Cass. 19 décembre 1837.

(2) *Cass.* 8 juillet 1813 et 13 juin 1830. Toutes les cours jugent dans le même sens.

pas juste que la péremption interrompue ou prorogée vis-à-vis de l'un, le soit vis-à-vis de tous? Seulement, le demandeur principal doit toujours, en pareil cas, être condamné aux dépens de la requête en péremption vis-à-vis de celle des parties qui l'a présentée dans l'ignorance où elle était des poursuites particulières dirigées contre un de ses litisconsorts.

Que si le délai de la péremption est écoulé vis-à-vis de tous, la péremption demandée par quelques-uns seulement ne peut être couverte par des poursuites ultérieures dirigées contre les autres (1) ; la renonciation de ceux-ci, fût-elle expresse, ne saurait nuire à ceux-là.

SECTION II.

Du désistement.

On distingue deux espèces de désistement : le désistement qui porte sur le fond du droit, et par lequel on abandonne sans retour une prétention qu'on avait élevée ; et le désistement qui ne porte que sur le mode dont la prétention a été manifestée et non sur la prétention elle-même. Le premier de ces désistements doit être bien explicite ; s'il y a le moindre doute sur l'intention de celui qui s'est désisté, comme s'il déclare se désister sans rien ajouter de plus, on doit présumer qu'il a abandonné seulement l'enveloppe extérieure, pour ainsi parler, dont il avait revêtu son droit, l'instance en un mot, et non pas le droit lui-même. Le code de procédure ne s'occupe que de la seconde espèce de désistement ; nous allons en tracer brièvement les règles.

§. 1. Qui peut faire le désistement.

Celui-là peut valablement se désister, qui n'a eu besoin d'aucune autre volonté que la sienne pour engager

_____
(1) *Cass.* 6 janvier 1841.

l'instance. Si le concours de quelques autres volontés lui a été nécessaire pour intenter le procès, ce concours lui sera aussi nécessaire pour s'en désister. Ainsi, un tuteur ne peut se désister d'une action immobilière sans l'autorisation du conseil de famille; un mineur émancipé, sans cette même autorisation et celle de son curateur; un prodigue ne peut se désister d'aucun procès sans le consentement de son conseil; une femme mariée, sans l'autorisation de son mari ou de la justice (1); le maire d'une commune, sans l'autorisation du conseil municipal et celle du conseil de préfecture, etc. La maxime d'Ulpien, *nihil tam naturale est quam eo genere quidque dissolvere quo colligatum est*, doit être appliquée ici (2).

Mais celui qui a pu engager seul le procès est toujours libre de s'en désister, quoiqu'il n'ait pas la libre disposition des objets auxquels ce procès est relatif. Ainsi le mari peut se désister de l'action engagée contre les détenteurs d'un bien dotal de sa femme, sauf le cas de fraude qui fait exception à toutes les règles. Le désistement serait au contraire sans valeur, s'il portait sur le fond du droit.

§. II. *De quels actes on peut se désister.*

LE désistement porte en général sur l'instance tout entière; mais rien n'empêche de le limiter à quelque partie de l'instance, à un incident par exemple; le désistement peut même n'avoir trait qu'à un acte extrajudiciaire.

§. III. *Comment le désistement doit être fait et accepté.*

« LE désistement, dit l'art. 402, peut être fait et ac-

_____

(1) *Cass.* 15 juillet 1807 et 14 février 1810.
(2) *Contrà*, M. Chauveau sur Carré, quest. 1452.

cepté par de simples actes signés des parties ou de leurs
mandataires, et signifiés d'avoué à avoué. » Dire que la
volonté des parties *peut* être exprimée dans cette forme,
c'est indiquer qu'elle peut l'être de toute autre manière
que les principes généraux du droit autorisent ; ainsi le
désistement peut être valablement fait et accepté par acte
notarié.

L'art. 352 défend aux avoués de faire aucune offre ou
aveu et de donner aucun consentement sans un pouvoir
spécial, à peine de désaveu. Mais ici la loi est plus exi-
geante ; elle veut que l'acte contenant le désistement ou
son acceptation soit signé par la partie. L'absence de
cette signature vicierait donc l'acte dans sa substance, sans
qu'il fût nécessaire de recourir au désaveu. La signature
de la partie doit même, par identité de raison, être exigée
quand le désistement est fait par acte d'huissier.

La procuration du mandataire doit en général être spéciale ; mais il n'est pas indispensable qu'elle soit authentique, ni qu'il en soit donné copie ; il suffit que son existence
soit certaine.

Il est plus régulier que l'acte soit signé par la partie
ou son mandataire sur l'original et sur la copie ; mais la
signature sur la copie paraît seule indispensable.

Le désistement doit être pur et simple.

Le désistement est une sorte de contrat ; il n'est donc parfait que lorsque les volontés des deux parties se sont rencon-
trées. Il n'est qu'à l'état de projet tant que l'une de ces
volontés n'a pas répondu à l'appel de l'autre ; il peut donc
être rétracté jusqu'alors. (1) Ces principes doivent être
étendus au désistement de l'instance d'appel (2).

Mais la partie à laquelle le désistement est offert peut-

(1) *Cass.* 9 décembre 1834 et 19 août 1839.
(2) *Cass.* 21 décembre 1819.

elle refuser de l'accepter ? Elle le peut, quand elle y a
quelque intérêt, comme si elle a formé quelque demande
incidente, ou si l'extinction du procès engagé doit rendre
un second procès inévitable, comme dans une action en
partage ; ou si le désistement n'a été fait que sous condition, etc. Mais nous n'admettons pas qu'elle puisse
refuser un désistement pur et simple qui ne peut lui causer aucun préjudice sérieux, *malitiis hominum non est
indulgendum* (1) ; et si elle a repoussé le désistement sans
motif raisonnable, elle doit être condamnée à tous les
dépens exposés depuis ce désistement jusques et compris
le jugement qui le déclare valable. Le défendeur ne peut
pas non plus, en acceptant le désistement, exiger qu'il
soit constaté par jugement, à moins qu'il ne consente
à supporter les frais de ce jugement (2).

§ iv. *Des effets du désistement.*

Les effets du désistement sont analogues à ceux de la
péremption.

« Le désistement, lorsqu'il est accepté, emporte de
plein droit consentement que les choses soient remises
de part et d'autre au même état qu'elles étaient avant la
demande (403) ». Par suite, on peut dire ici, comme pour
la péremption, que les parties ne peuvent se prévaloir
d'aucun des actes de la procédure éteinte. Le désistement
replace les parties dans l'état où elles étaient avant la
demande, c'est-à-dire avant l'ajournement ; car la conciliation ne doit pas être de nouveau tentée, si l'action se
reproduit plus tard.

---

(1) *Cass.* 12 décembre 1820.

(2) La plupart des cours jugent le contraire, par ce motif fri-
vole que la partie à qui le désistement est signifié pourrait égarer
sa copie. V. les arrêts cités dans le *Dictionnaire* de M. A Dalloz,
v° *Désistement*, n° 76 et suiv.

17

Se désister d'une procédure, c'est reconnaître qu'on l'a irrégulièrement engagée. C'est confesser par conséquent virtuellement et sans qu'il soit nécessaire de l'exprimer, qu'on doit en supporter tous les dépens. Le désistement, ajoute l'art. 403, « emportera également soumission de payer les frais au paiement desquels la partie qui se sera désistée sera contrainte sur simple ordonnance du président mise au bas de la taxe, parties présentes, ou appelées par acte d'avoué à avoué. Cette ordonnance, si elle émane d'un tribunal de première instance, sera exécutée non-obstant opposition ou appel; elle sera exécutée non-obstant opposition, si elle émane d'une cour royale. » Cette dernière disposition contient une inexactitude évidente, puisque ce n'est pas du tribunal ou de la cour que l'ordonnance a dû émaner, mais de son président. L'opposition est-elle recevable quoique la partie ait comparu devant le président? L'affirmative résulte clairement de la disposition générale de l'article (1); c'est un point au surplus sur lequel nous reviendrons plus tard. L'appel ne paraîtrait plus recevable depuis le décret du 16 février 1807 qui n'autorise l'appel sur la taxe des dépens que lorsqu'il y a appel de quelques dispositions sur le fond: c'est ce même décret qui doit régler le délai de l'opposition.

LIVRE III.

DES PROCÉDURES SOMMAIRES.

La procédure dont nous avons développé les règles dans les livres précédents paraît souvent lente dans sa mar-

---

(1) *Cass.* 2 avril 1811. *Contrà*, M. Chauveau sur Carré, quest. 1464.

che, et quelque peu chargée d'écritures; mais quand il s'agit de grands intérêts et de questions compliquées, on ne saurait déployer trop de prudence; une décision a d'autant plus de chances d'être juste qu'elle est rendue avec plus de maturité. Le litige est-il modique, ou le procès plus simple, la loi elle-même élague toutes les écritures qui ne sont pas indispensables; elle a hâte, pour ainsi dire, d'arriver au jugement, *semper ad eventum festinat*. Cette instruction simple et rapide a lieu quelquefois devant les tribunaux civils eux-mêmes, dans les matières qu'on appelle *sommaires* : on n'en connaît pas d'autre devant les tribunaux d'exception.

Nous allons donc parler, dans ce livre, des matières sommaires et de la procédure devant les tribunaux de commerce, les justices de paix, et les prud'hommes : ce sera la matière d'autant de chapitres.

CHAPITRE Ier.

Des matières sommaires.

Nous allons exposer successivement ici quelles sont les matières sommaires, quelles sont les différences qui séparent la procédure qui les régit de la procédure ordinaire, et quel est le caractère qu'on doit assigner aux affaires que la loi déclare devoir être jugées sommairement. Nous ajouterons un mot sur la procédure exceptionnelle suivie dans certaines matières fiscales.

§ Ier. *Quelles sont les matières sommaires.*

ELLES sont indiquées dans l'art. 404 C. pr. et dans l'art. 1er de la loi du 11 avril 1838 (1) : nous allons

---

(1) Toutes les affaires qui ne sont pas sommaires sont désignées sous le nom d'affaires *ordinaires*.

les énumérer dans l'ordre où ces articles les présentent.

1° *Les appels des juges de paix.*

2° *Les demandes pures personnelles, à quelque somme qu'elles puissent monter, quand il y a titre, pourvu qu'il ne soit pas contesté.* On doit considérer comme demandes *pures personnelles* toutes celles qui ne contiennent rien d'immobilier ; partant, les actions mixtes comme les actions réelles ne sauraient jamais rentrer dans cette seconde catégorie des affaires sommaires.

Il importe peu que le titre soit privé ou authentique ; il y a mieux, une promesse verbale reconnue devrait être assimilée à un titre, et l'affaire devrait être réglée comme sommaire dès que la promesse aurait été reconnue.

L'affaire cesse d'être sommaire, dès que le titre est contesté : il importe peu que l'acte soit attaqué comme nul dans la forme, ou comme faux, ou comme infecté d'une nullité intrinsèque, telle que le dol, l'erreur, la violence ; dans tous ces cas l'intérêt du litige s'agrandit et l'affaire rentre aussitôt dans la classe des affaires ordinaires. En est-il de même quand la force primitive du ttire n'est pas contestée, mais que le défendeur soutient ce titre éteint par le paiement, la prescription ou quelque autre mode reconnu par la loi? C'est notre avis (1): l'importance du litige est la même que lorsqu'on conteste la validité du titre dans son origine, et les questions à résoudre peuvent être aussi épineuses dans un cas que dans l'autre. N'est-ce pas d'ailleurs contester le titre que de prétendre qu'il est actuellement sans vertu, que ce n'est plus qu'un papier sans valeur : qu'importe pour le présent que le droit que ce titre mentionne soit mort ou qu'il n'ait jamais eu vie ?

3° *Les demandes formées sans titre lorsqu'elles n'ex-*

_____

(1) *Contrà*, *Cass.* 13 nov. 1823 et 30 janvier 1827.

cèdent pas quinze cents francs. L'art. 404 disait *mille francs* ; mais il a été modifié sous ce rapport par la loi du 11 avril 1838. Si la demande inférieure à 1500 fr. est fondée sur un titre, elle ne cesse pas d'être sommaire, quoique ce titre soit contesté : la loi, pour classer l'affaire, ne prend ici en considération que le chiffre de la demande.

4° *Les demandes provisoires ou qui requièrent célérité.* On doit ranger dans cette classe toutes les affaires dont il est question dans la seconde disposition de l'art. 135. C'est aux juges au surplus à apprécier si l'affaire requérait ou non célérité : ainsi ils peuvent déclarer ordinaire une affaire engagée à bref délai, et sommaire, une affaire où l'abréviation n'a pas eu lieu. Il ne saurait dépendre de l'avoué du demandeur d'enlever à l'affaire son véritable caractère, en négligeant de faire abréger les délais.

5° *Les demandes en paiement de loyers et fermages et arrérages de rentes.* Mais s'il vient s'y joindre une demande en résiliement du bail ou en remboursement de de la rente, ou que le titre servant de base à la demande soit contesté, l'affaire devient ordinaire. La demande en résiliement du bail peut toutefois rester sommaire quand elle requiert célérité (2).

6° *Les actions réelles ou mixtes de nature à être jugées en dernier ressort.* Cette dernière catégorie n'a été établie que par la loi du 11 avril 1838; auparavant les actions réelles ou mixtes ne pouvaient jamais être classées parmi les affaires sommaires.

Depuis la loi du 11 avril 1838, il y a donc corrélation entre le dernier ressort et la nature sommaire de l'affaire, en ce sens que toute affaire jugée en dernier

_____

(2) *Cass.* 27 juin 1810.

ressort est nécessairement sommaire. Mais de ce qu'une affaire est sommaire, elle ne laisse pas pour cela d'être susceptible d'appel quand elle excède 1500 francs.

§ II. *Des différences entre les matières sommaires et les matières ordinaires.*

CES différences se réduisent à cinq.

1° « Les matières sommaires sont jugées à l'audience, après les délais de la citation échus, sur un simple acte, sans autres procédures ni formalités (art. 405) ». Ainsi, il n'y a pas lieu dans ces affaires à signifier des défenses ni par conséquent à y répondre, et elles ne peuvent jamais être l'objet d'une instruction par écrit.

2° Les requêtes en intervention dans les affaires ordinaires peuvent être grossoyées ; dans les matières sommaires, elles ne doivent contenir que des conclusions motivées, absolument comme les demandes incidentes (406).

3° L'enquête sommaire diffère à plusieurs égards de l'enquête ordinaire. Dans celle-ci, la partie qui demande l'enquête doit articuler les faits dans un acte signifié à la partie adverse, et l'enquête ordonnée se fait devant un juge-commissaire qui en dresse toujours procès-verbal. En matière sommaire, le jugement qui ordonne l'enquête doit, aux termes de l'art. 407, contenir les faits, sans qu'il soit besoin de les articuler préalablement, et fixer les jour et heure où les témoins seront entendus à l'audience (1), ce qui ne dispense pas pourtant de signifier le jugement à la partie adverse. Enfin l'audition des témoins ne doit pas toujours donner lieu à un procès-verbal : les art. 410, 411 et 412 font à cet égard diverses distinctions.

---

(1) Le jugement qui renvoie pour une enquête en matière sommaire devant un juge-commissaire doit être annullé. *Cass.* 1er août 1832. Mais la nullité de l'enquête ne peut être demandée pour cette cause devant le tribunal même qui l'a ordonnée. *Cass.* 27 mai 1839.

Si le jugement est susceptible d'appel, il doit être dressé procès-verbal contenant les serments des témoins, leur déclaration s'ils sont parents, alliés, serviteurs ou domestiques des parties, les reproches qui auraient été formés contre eux, et *le résultat de leurs dépositions* (411). L'absence de procès-verbal devrait emporter nullité. Si les témoins sont éloignés ou empêchés, le tribunal peut commettre le tribunal ou le juge de paix de leur résidence ; dans ce cas l'enquête doit toujours être rédigée par écrit, et il en est dressé procès-verbal (412). Mais si les témoins sont entendus à l'audience et que le jugement ne soit pas susceptible d'appel, il n'est point dressé procès-verbal de l'enquête : il doit seulement être fait mention dans le jugement des noms des témoins et *du résultat de leurs dépositions* (410). Que faut-il entendre par ces mots *le résultat de leurs dépositions* ? Est-ce une analyse de la déposition de chaque témoin en particulier, ou bien seulement un résumé de toutes les dépositions prises dans leur ensemble ? C'est suivant nous une analyse détaillée, et ce mode nous paraît indispensable quand le jugement est sujet à l'appel ; s'il est en dernier ressort, l'irrégularité a moins d'importance. La cour de cassation a même jugé qu'il n'y a pas cause suffisante de nullité quand le jugement en dernier ressort n'indique pas les noms des témoins (1).

Quand l'enquête se fait devant le tribunal dans une affaire sujette à l'appel, il n'est point nécessaire que le procès verbal contienne à peine de nullité toutes les mentions exigées dans l'art. 275 pour les enquêtes ordinaires ; il suffit qu'il contienne les indications exigées par l'art. 410, et l'omission de quelqu'une de ces indications ne peut même vicier que la déposition à laquelle elle se réfère.

***

(1) V. Arr. des 18 avril 1810, 15 février 1832 et 30 juillet 1833.

Si l'enquête se fait devant un juge délégué en vertu de commission rogatoire, comme l'art. 412 n'indique point ce que le procès-verbal doit contenir, il semble se référer à l'art. 275 : toutefois, comme il n'y renvoie pas expressément, le procès-verbal nous paraîtrait suffisamment régulier, pourvu qu'il contînt les mentions exigées par l'art. 411. Le procès-verbal de l'audition des témoins doit, en cas pareil, être signifié.

Il est plusieurs dispositions du titre des enquêtes ordinaires auxquelles le législateur renvoie expressément dans le titre qui nous occupe, et pour lesquelles il est par conséquent présumé consacrer les mêmes sanctions. « Seront observées, dit l'art. 413, en la confection des enquêtes sommaires, les dispositions du titre 12, *des enquêtes*, relatives aux formalités ci-après : — la copie aux témoins du dispositif du jugement par lequel ils sont appelés ; — copie à la partie des noms des témoins (1) ; — l'amende et les peines contre les témoins défaillants ; — la prohibition d'entendre les conjoints des parties, les parents et alliés en ligne directe ; — les reproches par la partie présente, la manière de les juger, les interpellations aux témoins, la taxe ; — le nombre des témoins dont les voyages passent en taxe ; — la faculté d'entendre les individus âgés de moins de quinze ans révolus ».

Si le reproche proposé contre le témoin est admis, le tribunal ne doit pas recevoir la déposition, même dans les matières sujettes à l'appel (2).

« Si l'une des parties demande prorogation, l'incident

____

(1) Cette copie doit être donnée trois jours au moins avant l'audition, à peine de nullité, conformément à l'art. 261. *Cass.* 30 déc. 1828.

(2) *Cass.* 2 juillet 1835. Si toutefois il la recevait pour le cas où le juge d'appel écarterait le reproche, ce ne serait pas une cause de nullité.

doit être jugé sur-le-champ (409). » Ce texte indique assez que la prorogation doit être demandée aussitôt que l'audition des témoins cités est terminée ; mais comme il ne prononce pas de déchéance, cette peine ne doit être prononcée par les juges que suivant les circonstances. Si l'enquête est faite devant un juge délégué par commission rogatoire, la prorogation doit être demandée comme dans les enquêtes ordinaires.

4° La différence la plus importante entre les matières sommaires et les matières ordinaires est celle relative aux droits des avoués. Dans les matières ordinaires les avoués ont un droit particulier pour chaque acte qu'ils ont à faire dans le procès : dans les matières sommaires l'art. 67 du tarif ne leur accorde pour tous les actes qu'ils font, qu'une somme déterminée, dont le chiffre varie seulement suivant l'importance de la demande : en sus de cette somme, on ne leur passe en taxe que les simples déboursés, en supposant encore que l'acte fût indispensable. Ainsi ils n'ont droit qu'aux simples déboursés pour la constitution d'avoué, l'avenir, la mise au rôle, les actes contenant demande incidente, etc.

5° Les affaires sommaires peuvent être jugées par les chambres de vacations. D'après l'art. 24 du décret du 30 mars 1808, les cours devraient employer une heure dans chaque audience ordinaire pour l'expédition des affaires sommaires ; mais cette disposition n'est guère exécutée.

A part les différences qu'on a indiquées, les affaires sommaires sont soumises aux mêmes règles que les affaires ordinaires. Ainsi, il faut appliquer à ces affaires les règles concernant la conciliation, l'ajournement, la constitution d'avoué, l'avenir, la plaidoirie, la correction et modification des conclusions, la publicité des audiences, les délibérés, les jugements, les jugements par défaut, la durée du mandat des avoués, les exceptions, récusations et règlements de juges, renvois, expertises, descentes sur les lieux, vérifications d'écritures et faux incidents, l'audition des parties, le serment, les commissions rogatoires, les demandes incidentes et interventions, les reprises d'instance, la péremption et le désistement. Toutefois, plusieurs des incidents qu'on vient d'indiquer doivent être considérés comme formant en quelque sorte des procès particuliers dans le procès principal, et doivent être instruits et jugés comme dans les affaires ordinaires. Tels sont les règlements de juges et récusations, renvois, vérifications d'écritures, et faux incidents.

§ III. *Des incidents qui doivent dans tous les cas être jugés sommairement.*

Nous venons de voir qu'il peut s'élever en matière sommaire des incidents qui doivent être instruits et jugés et où les frais doivent être taxés comme en matière ordinaire. A l'inverse, il est un grand nombre d'incidents qui, même dans les affaires ordinaires, doivent être jugés sommairement. Les art. 172, 174, 180, 287, 311, 348, 521, 608, 718, 795, 809, 840, 847 et 884 C. pr. en offrent particulièrement des exemples. Tout le monde convient qu'aucun de ces incidents ne peut donner lieu à une instruction par écrit, et qu'il ne peut donner lieu à d'autres écritures que celles que la loi ou le tarif ont formellement autorisées ; on ne nierait pas non plus sans doute que si quelqu'un de ces incidents donnait lieu à une enquête, cette enquête ne dût être sommaire : mais ce que plusieurs ont contesté, c'est que la taxe des frais faits sur ces incidents, à part les requêtes spéciales que le tarif autorise, doive être faite comme dans les matières sommaires (1). Nous estimons pourtant que telle a été la

---

(1) V. notamment, M. Chauveau, *Comm. du tarif*, t. 1, p. 406, et arrêt de Limoges du 9 février 1819.

véritable pensée des auteurs du code de procédure, et de ceux du tarif. Les jugements rendus sur ces incidents sont généralement moins importants que les jugements définitifs rendus sur les matières sommaires proprement dites : il ne serait pas dès-lors raisonnable qu'ils donnassent lieu à des droits plus élevés. Mais comme cette dernière considération est la raison déterminante, nous pensons qu'il faut taxer à l'ordinaire les frais faits sur les contestations qui s'élèvent en matière de partage, lesquelles présentent souvent des questions aussi importantes qu'épineuses. Quand l'art. 823 C. civ. disposa que le tribunal prononcerait *comme en matière sommaire*, ou commettrait un juge sur le rapport duquel ces contestations seraient décidées, il ne voulut sans doute rien dire autre chose, sinon que le tribunal statuerait sur simple plaidoirie, ou sur rapport, suivant qu'il le jugerait convenable. Pareillement, en matière de distribution par contribution, si l'intérêt du litige excède 1,500 fr., les frais, nonobstant l'art. 669, doivent être taxés à l'ordinaire, tant en appel qu'en première instance. C'est ce qui résulte formellement de l'art. 101 du tarif.

L'intérêt des divers incidents mentionnés dans les articles précités étant généralement indéterminé, c'est au juge taxateur à indiquer, conformément à l'art. 67 du tarif, celui des droits mentionnés dans cet article, qui doit être accordé aux avoués ; il doit avoir égard pour cela à l'importance de l'incident et à celle de l'affaire. S'il fallait toujours régler l'émolument de l'avoué suivant l'importance de la demande principale, il pourrait arriver qu'il obtiendrait un droit plus élevé que si les frais étaient taxés à l'ordinaire, ce que la raison ne peut admettre.

§ IV. *De quelques procédures sommaires d'une nature spéciale.*

EN matière d'enregistrement, l'instruction se fait par

simples mémoires respectivement signifiés. Les jugements doivent être rendus dans les trois mois au plus tard, à compter de l'introduction des instances, sur le rapport d'un juge, fait en audience publique, et sur les conclusions du ministère public (L. 22 frimaire an 7, art. 65). Le ministère des avoués n'est point nécessaire, et les plaidoiries sont interdites (L. 27 ventôse an 9, art. 17). Les contestations en matière de timbre se jugent de la même manière (L. 28 avril 1816, art. 76). Mais quand il s'agit des revenus des biens domaniaux, réclamés par l'administration des domaines, la procédure spéciale qu'on vient d'indiquer ne doit plus être suivie (1).

En matière électorale, la cause doit être jugée sommairement, toutes affaires cessantes, et sans qu'il soit besoin de ministère d'avoué. Les actes judiciaires auxquels elle donne lieu sont enregistrés *gratis*. L'affaire est rapportée en audience publique par un des juges, et la décision est prononcée après que le ministère public a été entendu (L. 2 juillet 1828, art. 18, et L. 21 mars 1831, art. 41).

CHAPITRE II.

De la procédure devant les tribunaux de commerce.

Montesquieu a déterminé avec sa justesse ordinaire le véritable esprit de la procédure commerciale. « Xénophon, dit-il, au livre *des revenus*, voudrait qu'on donnât des récompenses à ceux des préfets du commerce qui expédient le plus vite les procès. Il sentait le besoin de notre juridiction consulaire. Les affaires du commerce sont très-peu susceptibles de formalités. Ce sont des actions de

_____

(1) *Cass.* 16 juin 1807.

chaque jour, que d'autres de même nature doivent suivre chaque jour. Il faut donc qu'elles puissent être décidées chaque jour. Il en est autrement des actions de la vie qui influent beaucoup sur l'avenir, mais qui arrivent rarement. On ne se marie guère qu'une fois ; on ne fait pas tous les jours des donations ou des testaments ; on n'est majeur qu'une fois (1). » Armés ainsi de l'autorité de Montesquieu, la solution des nombreuses questions que présente la procédure commerciale ne saurait nous embarrasser : nous croyons tenir le fil conducteur qui doit nous guider dans le labyrinthe. Dans tous les cas, en effet, que la loi n'a point prévus, l'application des règles ordinaires à la juridiction consulaire peut-elle se faire sans retarder la décision ? Elle doit avoir lieu sans difficulté : il faut l'écarter sans hésiter, dans le cas contraire.

Nous allons suivre dans l'exposé de la procédure commerciale, la même marche que nous avons suivie pour l'explication de la procédure devant les tribunaux civils, en signalant, à mesure qu'elles s'offriront à nous, les différences qui séparent les deux systèmes.

SECTION PREMIÈRE.

De la procédure commerciale dégagée d'incidents.

RAPPELONS tout d'abord que la procédure devant les tribunaux de commerce se fait sans le ministère d'avoués (art. 414). Partant, tous ceux des actes de la procédure ordinaire qui supposent nécessairement l'action des avoués sont écartés ici, comme la constitution d'avoué, les requêtes en défenses et en réponse aux défenses, l'avenir, etc. Il n'est pas question non plus d'essai préliminaire

_____

(1) *Esprit des lois*, liv. 20, ch. 18.

de la conciliation devant les tribunaux de commerce, ni de communication au ministère public, puisque cette magistrature n'y a point d'organe. Tout se réduit ici à l'ajournement, à la plaidoirie, et au jugement.

§. i. De l'ajournement.

L'ajournement devant les tribunaux de commerce ne diffère de l'ajournement devant les tribunaux civils que sous deux rapports : 1° en ce qu'il ne peut contenir de constitution d'avoué ; 2° en ce que le délai pour la comparution est plus court (1).

Le délai, d'après l'art. 416, peut n'être que d'un jour *franc*, sauf l'augmentation à raison des distances. Il peut même être abrégé en vertu de permission du juge, et dans certaines matières c'est la loi elle-même qui autorise l'abréviation. Occupons-nous d'abord de la première hypothèse.

« Dans les cas qui requerront célérité, porte l'art. 417, le président du tribunal pourra permettre d'assigner, même de jour à jour et d'heure à heure, et de saisir les effets mobiliers ; il pourra, suivant l'exigence des cas, assujettir le demandeur à donner caution, ou à justifier de solvabilité suffisante. Ses ordonnances seront exécutoires nonobstant opposition ou appel. » En l'absence du président, c'est au juge le plus ancien qu'il faut s'adresser. Le pouvoir que cet article confère au président du tribunal de commerce est plus étendu que celui qu'exerce le président du tribunal civil. L'art. 72 en effet autorise bien

_____

(1) Les tribunaux de commerce ont des huissiers audienciers ; mais ces huissiers n'ont aucun privilége sur les autres pour les ajournements ou autres significations ; seulement c'est sur eux que tombe ordinairement le choix du tribunal de commerce quand il faut commettre un huissier.

ce dernier magistrat à abréger les délais, mais non pas à permettre une saisie conservatoire des meubles qui se trouvent dans le domicile du débiteur. Quand le président du tribunal de commerce autorise la saisie préventive, à la charge seulement par le demandeur de justifier de solvabilité suffisante, cette solvabilité peut être établie par la simple représentation du dernier inventaire du demandeur, constatant que son actif dépasse notablement son passif. L'ordonnance du président du tribunal de commerce peut-elle être attaquée par opposition ou appel ? L'affirmative semble s'induire des termes de l'art. 417, mais la négative nous semble plus conforme aux principes que nous développerons plus tard en parlant des voies ouvertes contre les ordonnances des présidents et juges commis, et c'est elle que nous adoptons (1).

L'art. 418 indique les cas où le délai est abrégé par la loi elle-même. « Dans les affaires maritimes où il existe des parties non domiciliées, et dans celles où il s'agit d'agrès, victuailles, équipages et radoubs de vaisseaux prêts à mettre à la voile, et autres matières urgentes et provisoires, l'assignation de jour à jour ou d'heure à d'heure pourra être donnée sans ordonnance, et le défaut pourra être jugé sur-le-champ. » Malgré la rédaction un peu louche de cet article, il faut tenir pour certain qu'il n'est pas permis *en toute matière urgente* d'assigner à bref délai sans permission du juge (2), mais seulement dans les matières urgentes maritimes semblables à celles dont l'article parle nommément, en sorte que l'abréviation de délai dont nous parlons ici suppose la réunion de ces

---

(1) *Contrà*, M. Chauveau sur Carré, quest. 1492 *bis*.

(2) Demiau Crouzilhac, p. 304, admet la citation d'heure à heure dans toutes les matières provisoires; c'est créer arbitrairement des distinctions.

deux conditions ; 1° que l'affaire a trait au commerce de mer ; 2° qu'elle est urgente et que le moindre retard pourrait occasionner au demandeur un préjudice sérieux. C'est au tribunal de commerce, saisi à bref délai sans permission préalable, à apprécier si ces deux conditions sont réunies, et à ordonner un renvoi ou un réassigné, suivant les cas.

Les règles relatives à la remise de la copie sont les mêmes en matière commerciale qu'en matière civile. L'art. 419 n'y fait qu'une exception en ces termes : « Toutes assignations données à bord à la personne assignée seront valables. » Quelques-uns (1) entendent cette disposition en ce sens que la remise de l'assignation donnée à bord doit être faite à la personne même de l'assigné. Mais si tel était le sens de l'article, sa disposition serait bien inutile, puisqu'il est de principe que tous les exploits peuvent être valablement remis à la personne. Il faut donc entendre l'article en ce sens que le bord du vaisseau doit être considéré comme le domicile du capitaine et des hommes de l'équipage ou même des passagers dans les affaires concernant l'objet de leur navigation ; que l'exploit peut donc être remis à toute personne trouvée à bord, qui est dans la dépendance de l'assigné, à un matelot par exemple ou à un mousse pour le capitaine, ou même à toute autre personne qui s'en charge en signant, comme cela se pratique pour les voisins en matière ordinaire ; et qu'enfin si l'on ne trouve personne dans le navire qui puisse recevoir régulièrement la copie, on peut la remettre valablement au maire de la commune où le navire est en station. Les bateaux à vapeur et autres grands bateaux employés à la navigation des rivières ou des canaux doivent être assimilés aux navires de mer.

---

(1) Carré notamment, quest. 1507.

L'art. 419 nous semble au surplus applicable à toutes les matières commerciales ; c'est arbitrairement qu'on restreindrait son application aux matières maritimes urgentes indiquées dans l'article qui précède (1).

§ II. *De l'instruction.*

Les ajournements devant les tribunaux de commerce sont donnés à jour fixe ou pour la première audience qui doit suivre l'expiration des délais. « Les parties sont tenues de comparaître en personne ou par le ministère d'un fondé de procuration spéciale (art. 421). » Les agréés eux-mêmes ne sont pas dispensés de la représentation du pouvoir (2), et un avocat ne peut non plus être admis à plaider pour la partie s'il n'est assisté d'elle ou de son mandataire ou s'il ne représente lui-même un pouvoir. La procuration ne peut être donnée à un huissier, d'après l'art. 627 du code de commerce rectifié par la loi du 3 mars 1840.

Le pouvoir peut être sous seing privé, mais il doit être enregistré. Dans les tribunaux de commerce où les affaires sont en grand nombre et où il devient difficile de les juger à la première audience indiquée, on dresse un rôle comme dans les tribunaux civils, et les parties sont tenues de se représenter aux audiences subséquentes, sans nouvel ajournement.

Toutes les fois qu'il n'intervient pas de jugement définitif à la première audience, les parties non domiciliées dans le lieu où siége le tribunal sont tenues de faire l'élection d'un domicile, qui doit être mentionnée sur le plumitif de l'audience ; à défaut de cette élection , toute signification , *même celle du jugement définitif*, est faite

---

(1) *Contrà*, Thomine Desmazures, t. 1, p. 643 ; Carré, quest. 1503.
(2) Ord. du 10 mars 1825.

valablement au greffe du tribunal (art. 422). La signification du jugement définitif, faite au domicile élu ou au
greffe, suffit donc pour autoriser l'exécution de ce jugement,
sans qu'il soit nécessaire de la réitérer au domicile réel
de la partie condamnée ; mais comme la disposition de
l'article précité, en ce qui concerne le jugement définitif, est exorbitante du droit commun, il faut l'interpréter
dans un sens restrictif, et décider que la signification au
domicile élu ne suffît point pour faire courir le délai de
l'appel. D'un autre côté, l'effet de l'élection de domicile
doit cesser un an après le jugement définitif (arg. de l'art.
1038).

Les parties plaident elles-mêmes leur cause, ou la font
plaider par leurs mandataires. La plaidoirie devant les
tribunaux de commerce, pas plus que devant les tribunaux
civils, ne peut être confiée aux magistrats indiqués dans
l'art. 86, sauf les cas d'exception que prévoit cet article.
Les plaidoiries doivent être publiques, à moins que le
tribunal, dans des cas qu'on ne prévoit guère pouvoir se
réaliser, n'ordonne le huis clos, conformément à l'art 87.

Une instruction par écrit ne peut jamais être ordonnée
dans les matières commerciales ; mais la procédure consulaire admet le délibéré simple, et même le délibéré avec
nomination de rapporteur, qui pourtant, nous devons
le dire, n'est guère employé dans l'usage.

Dans les affaires qui présentent quelque complication
les juges de commerce ont un moyen de s'éclairer qui
est particulier à leur juridiction ; c'est celui dont il est
question dans la première disposition de l'art. 429 ainsi
conçue : « S'il y a lieu à renvoyer les parties devant des
arbitres pour examen de comptes, pièces ou registres, il
sera nommé un ou trois arbitres pour entendre les parties
et les concilier, si faire se peut, sinon, donner leur
avis. » Ces arbitres sont désignés souvent sous le nom

d'*arbitres-experts*, parce qu'à la différence des arbitres
proprement dits qui rendent de véritables sentences, ils
n'émettent qu'un simple avis qui, comme celui des experts, n'est jamais obligatoire pour le tribunal. Le tribunal peut renvoyer les parties devant eux toutes les fois
qu'il s'agit de fixer des débats compliqués ; l'art. 429
n'est pas limitatif. Ces arbitres sont récusables pour les
mêmes causes que les experts et dans le même délai.

Toute personne jouissant des droits civils peut remplir
les fonctions d'arbitre-expert. Certains tribunaux de commerce, celui de la Seine notamment, confient souvent ces
fonctions à des avocats. Ces arbitres ne prêtent point serment. Les parties sont citées devant eux par assignation donnée à leur domicile réel, ou au domicile d'élection indiqué
par l'art. 422, à moins qu'elles ne consentent à comparaître volontairement. Après avoir entendu les parties qui
comparaissent devant eux, les arbitres-experts dressent
leur rapport qu'ils déposent au greffe du tribunal de commerce (art 421). Ils n'effectuent ordinairement le dépôt
qu'après avoir été payés de leurs honoraires qui, en cas
de difficulté, sont réglés par le tribunal de commerce. Il
n'est pas nécessaire que le rapport soit signifié ; il suffit
que les parties aient été mises en demeure d'en prendre
connaissance au greffe.

§ III. *Des jugements commerciaux en général.*

LE tribunal de commerce, en cas d'insuffisance de juges
et de suppléants, se complète par un négociant pris sur
la liste des notables (décret du 6 octobre 1809, art. 4) ;
mais le tribunal serait irrégulièrement composé si des notables y siégeaient en majorité (1). On doit suivre pour
l'appel des notables l'ordre d'inscription sur la liste dressée

----

(1) *Contrà*, Poitiers, 2 déc. 1824.

en exécution de l'art. 649 C. comm., et le jugement doit, sinon exprimer d'une manière tout-à-fait précise, au moins indiquer qu'on a procédé ainsi (1).

Les règles relatives à la manière de recueillir les voix et de les compter, au partage d'opinion et à la manière de le vider, à la prononciation et à la signature des jugements, sont les mêmes pour les tribunaux de commerce que pour les tribunaux civils.

Quant à la rédaction du jugement, on a déjà dit que le greffier dressait les qualités, et que dans les tribunaux où il existe des agréés il est d'usage que l'agréé qui a gagné le procès remette au greffier les qualités toutes préparées. Mais comme ces qualités ne sont point signifiées préalablement à la partie adverse, cette partie devrait être admise à y former opposition, même après l'expédition et signification du jugement. Au demeurant, les jugements des tribunaux de commerce doivent contenir les mêmes indications que les jugements des tribunaux civils, et l'expédition doit être revêtue de la formule exécutoire (art. 433).

Les jugements de simple remise de cause, et autres analogues, ne doivent être ni levés ni signifiés : tous autres jugements, même préparatoires, doivent, avant leur exécution, être signifiés à partie, soit au domicile réel, soit au domicile d'élection indiqué par l'art. 422.

§ IV. *Des dispositions accessoires que le jugement peut contenir.*

LES tribunaux de commerce peuvent accorder des délais de grâce, excepté en matière de lettre de change et de billet à ordre.

La contrainte par corps est de règle devant eux, même

_____

(1) *Cass.* 9 août 1831.

pour les dépens ; mais il faut que la somme principale soit au moins de 200 francs. Les personnes affranchies de cette contrainte et le temps après lequel elle doit cesser sont indiqués dans les art. 2, 3, 4, 5 et 6 de la loi du 19 avril 1832. Les juges ne peuvent prononcer un sursis à l'exercice de la contrainte par corps qu'autant qu'ils pourraient accorder un délai de grâce : mais la contrainte ne doit être prononcée que lorsqu'elle a été demandée.

Quand les tribunaux de commerce accordent des dommages intérêts, il est dans l'esprit de la loi que la liquidation en soit faite dans le jugement même : il n'y aurait pas nullité toutefois dans le jugement qui aurait omis de faire cette liquidation ; les dommages devraient alors être réglés par état.

Quand il s'agit de régler des comptes, il n'y a pas lieu de suivre la procédure tracée pour les redditions de compte en matière civile, le tribunal de commerce renvoie les parties devant les arbitres-experts.

Les règles relatives à la condamnation aux dépens et à leur compensation s'appliquent aux tribunaux de commerce ; il en est autrement de la distraction des dépens, les agréés ne peuvent la demander. Quant à la liquidation des dépens, elle doit être faite dans le jugement même. Si la partie qui a obtenu gain de cause s'est fait représenter par un agréé ou défendre par un avocat, les tribunaux de commerce sont dans l'usage de passer un droit pour cela, qui est réglé en général comme le droit des avoués en matière sommaire. Si la partie s'est défendue elle-même ou par le ministère d'un procureur fondé ordinaire, on ne lui passe en taxe que les simples déboursés ; il y aurait lieu pourtant de lui accorder une indemnité de voyage, si elle avait fait une déclaration analogue à celle autorisée pour les tribunaux civils par l'art. 146 du tarif.

Les règles touchant l'exécution provisoire sont indiquées dans l'art. 439 C. pr. , qui dispose : « Les tribunaux de commerce *pourront* ordonner l'exécution provisoire de leurs jugements nonobstant l'appel et sans caution , lorsqu'il y aura titre non attaqué, ou condamnation précédente dont il n'y aura pas d'appel. Dans les autres cas l'exécution provisoire n'aura lieu qu'à la charge de donner caution ou de justifier de solvabilité suffisante. »

Que l'exécution provisoire , dans ces derniers cas , doive toujours être ordonnée quand elle est demandée , c'est ce qui n'est point douteux , et les dépens eux-mêmes doivent participer ici aux avantages de la créance principale. Mais est-ce à dire que l'exécution provisoire puisse avoir lieu aux conditions indiquées par l'article, quoique le jugement n'en dise rien ? C'est ce que nous ne pensons pas (1). Quand le jugement ne contient aucune disposition là-dessus , comment savoir si la partie gagnante devra fournir caution , ou seulement justifier d'une solvabilité suffisante (2) ? Comment savoir si la caution offerte devra , ou non , fournir elle-même des titres de solvabilité ? D'un autre côté, si la partie n'a pas demandé l'exécution provisoire avant le jugement, c'est sa faute : si elle l'a demandée , et que le tribunal ait omis de l'ordonner , elle peut la demander à bref délai sur l'appel. L'art. 647 C. com. , qui défend aux cours royales de surseoir en aucun cas à l'exécution provisoire des jugements des

---

(1) La jurisprudence de la cour suprême est contraire : V. 2 avril 1817 et 3 février 1819. Les auteurs sont partagés.

(2) Demiau, p. 317, suppose , il est vrai, que le tribunal ne peut enlever au créancier le droit de remplacer la caution par une simple justification de sa solvabilité : mais sa doctrine nous paraît inadmissible. Si le tribunal peut ordonner que la caution fournira des titres , il peut à plus forte raison obliger le créancier à fournir caution.

tribunaux de commerce doit donc s'entendre du cas où cette exécution a été ordonnée.

S'il y a titre, ou condamnation précédente non attaquée, le tribunal de commerce n'est pas obligé d'accorder l'exécution provisoire *sans caution* ; l'art. 439 est conçu à cet égard en termes facultatifs. D'un autre côté, si le titre est attaqué comme nul ou prescrit, quoiqu'il soit authentique ou qu'il porte une signature reconnue, l'exécution ne doit être ordonnée qu'à la charge de fournir caution ou de justifier de solvabilité suffisante. Ces deux restrictions au droit commun sur l'exécution provisoire résultent clairement des termes de l'article, et ce qui peut jusqu'à un certain point les justifier, c'est que les cautions sont reçues en matière commerciale d'une manière plus prompte qu'en matière civivle, et que la justification de la solvabilité peut s'y faire d'une manière plus prompte encore par la représentation du dernier inventaire.

La manière dont la caution doit être reçue est indiquée dans les art. 440 et 441. « La caution, dit l'art. 440, sera présentée par acte signifié au domicile de l'appelant, s'il demeure dans le lieu où siége le tribunal, sinon au domicile par lui élu en exécution de l'art. 422, avec sommation à jour et heure fixes de se présenter au greffe pour prendre communication, sans déplacement, des titres de la caution, s'il est ordonné qu'elle en fournira, et à l'audience pour voir prononcer sur l'admission en cas de contestation. Si l'appelant, ajoute l'art. 441, ne comparaît pas, ou ne conteste point la caution, elle fera sa soumission au greffe ; s'il conteste, il sera statué au jour indiqué par la sommation : dans tous les cas le jugement sera exécutoire nonobstant opposition ou appel ». Le même mode doit être suivi dans tous les cas où les tribunaux de commerce ordonnent de fournir caution.

Les huissiers sont responsables des nullités des ajournements ou autres actes par eux signifiés devant les tribunaux de commerce ; mais ces derniers tribunaux sont incompétents à raison de la matière pour statuer sur cette responsabilité. Ils peuvent, au contraire, comme les tribunaux civils, prononcer des injonctions, supprimer des écrits, et ordonner l'affiche de leurs jugements.

§ v. *Des jugements par défaut.*

LES règles relatives aux jugements par défaut sont consignées dans les art. 434 et suivants C. pr., modifiés, à quelques égards, par l'art 643 du code de commerce.

« Si le demandeur ne se présente pas, le tribunal donnera défaut, et renverra le défendeur de la demande. — Si le défendeur ne comparaît pas, il sera donné défaut, et les conclusions du demandeur seront adjugées si elles se trouvent justes et bien vérifiées (art. 434). » Jusquelà, nulle différence entre les jugements par défaut des tribunaux de commerce et ceux des tribunaux civils.

« Aucun jugement par défaut ne pourra être signifié que par un huissier commis à cet effet par le tribunal (1). La signification contiendra, à peine de nullité, élection de domicile dans la commune où elle se fait, si le demandeur n'y est domicilié. Le jugement sera exécutoire un jour après la signification, et jusqu'à l'opposition (art. 435). L'opposition ne sera plus recevable après la huitaine du jour de la signification (art. 436). » Ce dernier article a été modifié par l'art. 643 C. com., qui a assimilé les jugements par défaut des tribunaux de commerce aux jugements par défaut contre partie rendus par les tribunaux civils, et permis en conséquence l'opposition jusqu'à l'exé-

---

(1) Il faut ajouter, comme dans l'art. 156 : ou par le juge du domicile du défaillant, que le tribunal aura désigné.

cution du jugement, conformément aux art. 158 et 159 C. pr. — Le même article du code de commerce a étendu aussi à la juridiction consulaire le principe de la péremption du jugement par défaut, faute d'exécution dans les six mois.

Mais l'extension du délai de l'opposition jusqu'à l'exécution du jugement, et la péremption faute d'exécution dans les six mois, ne doivent s'appliquer qu'au cas où la partie assignée n'a pas comparu et a pu dès-lors n'avoir pas connaissance de l'assignation. Si elle comparaît, pour contester par exemple la compétence, et qu'elle fasse ensuite défaut sur le fond, ce n'est plus le délai de l'opposition envers les jugements par défaut faute de comparaître, mais bien celui de l'opposition envers les jugements faute de conclure, qu'il faut suivre; c'est-à-dire que la partie condamnée n'a pour former son opposition que huitaine à dater de la signification faite à sa personne ou à son domicile : c'est du moins ce que la cour de cassation a jugé par plusieurs arrêts (1), et il y a même raison pour décider que le jugement échappe alors à la péremption de six mois.

Mais faut-il aller jusqu'à dire que le délai de l'opposition doit courir à dater de la signification faite au domicile d'élection indiqué par l'art 422 ? En admettant le principe posé par la cour de cassation, la pente est glissante. Nous ne pensons pas pourtant qu'il faille descendre jusque-là. Il n'est pas toujours sûr, en droit, de suivre indéfiniment les conséquences d'un principe, parce qu'elles peuvent heurter un autre principe auquel il faut tracer aussi sa sphère d'application. Sous ce rapport le droit s'apprécie mieux à l'aide du tact de l'homme de sens, qu'au moyen des procédés inflexibles du logicien. Dans le

(1) Les derniers sont des 7 nov. 1827 et 13 sept. 1838.

cas donné il nous paraîtrait trop dangereux de faire courir le délai de l'opposition à dater d'une signification dont la partie condamnée peut n'avoir pas eu connaissance.

L'opposition se fait par exploit. « L'opposition, dit l'art. » 437, contiendra les moyens de l'opposant, et assignation » dans le délai de la loi, elle sera signifiée au domicile élu. » Mais serait-elle nulle si elle était signifiée au domicile réel de la partie adverse ? Pour le décider ainsi, il faudrait avoir oublié le principe d'après lequel chacun peut renoncer à un droit introduit en sa faveur, pour se replacer sous la bannière du droit commun.

Il peut se faire que la partie condamnée n'ait pas eu le temps de former une opposition régulière avant l'exécution qui va la frapper. La loi lui vient en aide dans l'art. 438 qui dispose : « L'opposition faite à l'instant de l'exécution, par déclaration sur le procès-verbal de l'huissier, arrêtera l'exécution, à la charge par l'opposant de la réitérer dans les trois jours (1) par exploit contenant assignation ; passé lequel délai elle sera censée non avenue ». Ajoutons qu'il ne peut plus en être formé une seconde, puisqu'il est certain que la partie condamnée a acquis connaissance de l'exécution du jugement (2) ; le même recours ne s'emploie d'ailleurs jamais deux fois contre la même sentence.

Mais prenons garde qu'en autorisant l'opposition jusqu'à l'exécution du jugement, et en proclamant l'insuffisance du délai fixe de huitaine accordé par le code de procédure, les auteurs du code de commerce n'ont pas entendu que le délai de l'opposition fût dans aucun cas moins étendu. Ainsi, posé que le débiteur eût été emprisonné ou recommandé avant l'expiration de la huitaine de la signi-

---

(1) Ce délai doit être augmenté à raison des distances.
(2) *Contrà*, M. Chauveau sur Carré, quest. 1546.

fication sans déclarer son opposition, il serait recevable à la former jusqu'à l'expiration de cette huitaine.

Le tribunal de commerce peut-il, dans le cas où il estime qu'il y a péril en la demeure, autoriser l'exécution aussitôt après la signification, et même nonobstant l'opposition ? Qu'il puisse d'abord autoriser la saisie conservatoire des effets mobiliers aussitôt après la signification et nonobstant l'opposition, c'est ce qui ne paraît point douteux, puisque le président peut même donner cette permission sur requête. Nous induisons même des art. 159 C. pr. et 643 C. comm. combinés que l'exécution nonobstant opposition peut être autorisée pour la saisie des immeubles ou la contrainte par corps ; mais toutefois à la charge par le créancier de fournir caution ou de justifier de sa solvabilité, car il impliquerait que l'exécution provisoire pût avoir lieu nonobstant opposition sans les conditions nécessaires pour qu'elle ait lieu nonobstant appel.

Y a-t-il lieu à jonction du défaut devant les tribunaux de commerce ? Nous ne le pensons pas ; on doit plus redouter ici l'inconvénient réel, résultant du retard dans le jugement, que l'inconvénient possible d'une contrariété dans les décisions (1).

SECTION II.

Des incidents qui peuvent s'élever devant le tribunal de commerce.

§ 1er. *Des exceptions.*

La caution *judicatum solvi* n'est jamais due en matière commerciale (423).

Les déclinatoires sont réglés par l'art. 424 qui dispose :

----

(1) *Cass.* 26 mai 1829 ; *Contrà*, 29 janvier 1819.

« Si le tribunal est incompétent à raison de la matière, il renverra les parties, encore que le déclinatoire n'ait pas été proposé. Le déclinatoire *pour toute autre cause* ne pourra être proposé que préalablement à toute autre défense. » Il résulte clairement de cette dernière disposition que l'exception de litispendance ou de connexité ne peut être proposée après des défenses au fond, pas plus que l'incompétence à raison de la personne ; c'est une dérogation aux règles ordinaires, qui se justifie par l'urgence des affaires commerciales. L'inconvénient, on l'a déjà dit, d'une contrariété possible entre deux décisions est moins grand ici aux yeux de la loi que celui d'un retard dans le jugement.

L'art. 425 déroge sous un autre rapport aux règles ordinaires, en autorisant le tribunal de commerce à statuer en même temps sur la compétence et sur le fond, pourvu que ce soit par deux dispositions distinctes.

Les veuves et héritiers des justiciables du tribunal de commerce peuvent et doivent y être assignés en reprise ou par action nouvelle, sauf, si les qualités sont contestées, à les renvoyer aux tribunaux ordinaires pour y être réglés, et ensuite être jugés sur le fond au tribunal de commerce (426). La veuve non plus que les héritiers ne peuvent, du reste, être condamnés par corps (L. 19 avril 1832, art. 2).

L'exception de nullité est soumise aux mêmes règles que devant le tribunal civil.

Quant aux exceptions dilatoires, il faut distinguer.

L'exception pour faire inventaire et délibérer peut être proposée devant les tribunaux de commerce, à moins qu'il ne s'agisse de mesures conservatoires que l'habile à succéder ou la veuve commune peuvent faire sans prendre qualité. Si l'assigné prétend qu'il y a lieu à proroger le délai ordinaire, le tribunal de commerce doit passer outre si cette prétention lui paraît sans fondement, et dans le cas contraire fixer un délai dans lequel l'assigné devra obtenir la prorogation du tribunal civil.

Quant au délai pour appeler garant, nous ne pensons pas qu'il puisse être accordé en matière commerciale ; autrement le porteur d'une lettre de change qui aurait parcouru plusieurs contrées serait exposé à attendre des années avant d'obtenir jugement contre son endosseur immédiat : la nature des affaires commerciales repousse ces lenteurs.

Il n'y a pas lieu non plus en matière commerciale à un délai pour la communication des pièces : il suffit de communiquer les pièces sur l'audience, à moins qu'à raison de leur nombre et de leur étendue le tribunal de commerce ne juge à propos de fixer un délai pour leur communication, ce qu'il a certainement le droit de faire.

§ ii. *Des incidents relatifs à la composition ou fixation du tribunal.*

Les règles relatives aux récusations, règlements de juges et renvois, sont applicables sans difficulté aux tribunaux de commerce.

§ iii. *Des incidents relatifs aux preuves.*

I. *Des enquêtes.*

En matière commerciale, la preuve testimoniale est admissible dans tous les cas, même au-dessus de 150 fr., et outre ou contre le contenu aux actes (1).

« Si le tribunal ordonne la preuve par témoins, il doit y être procédé dans les formes prescrites pour les enquêtes sommaires. Néanmoins, dans les causes sujettes à appel, les dépositions seront rédigées par écrit par le

_____

(1) La jurisprudence de la cour suprême est constante en ce sens : V. entre autres arrêts, 24 mars 1825 et 11 juin 1835.

greffier, et signées par le témoin; en cas de refus, mention en sera faite (432)». «Dans les matières sommaires, disait la section du tribunat sur la dernière disposition de l'article, il peut suffire de constater le résultat des dépositions; mais dans les matières de commerce, qui peuvent être du plus grand intérêt, il est *indispensable* de constater les entières dépositions.» Il paraît donc que, dans l'esprit de la loi, la rédaction particulière et littérale de chaque déposition est une formalité substantielle dont l'inobservation doit emporter nullité; la signature du témoin a moins d'importance, et l'absence de cette signature ou de la mention que le témoin n'a pu signer ne peut avoir d'autre effet que d'affaiblir le témoignage.

Au demeurant, toutes les formalités des enquêtes ordinaires que l'art. 413 rend communes aux matières sommaires s'appliquent virtuellement aux enquêtes commerciales et sous les mêmes peines. Il faut donc notamment, à peine de nullité, assigner la partie adverse, à son domicile réel, ou au domicile élu en conformité de l'art. 422, et lui dénoncer les noms des témoins qui doivent être entendus, le tout trois jours avant l'audition.

II. *Des expertises.*

« S'il y a lieu à visite ou estimation d'ouvrage ou marchandises, il sera nommé un ou trois experts. — Les experts sont nommés d'office par le tribunal, à moins que les parties n'en conviennent à l'audience (429). » Les expertises commerciales diffèrent donc des expertises ordinaires, 1° en ce que les juges peuvent ne nommer qu'un seul expert, sans qu'il soit besoin du consentement des parties; 2° en ce qu'ils doivent faire la nomination d'office, si les parties ne s'entendent pas immédiatement sur l'audience, sans qu'il soit nécessaire de leur réserver le droit de choisir les experts dans les trois jours de la signification , ce qui n'empêche pas qu'elles ne puissent faire ce choix après le jugement, les choses étant entières : mais la partie la plus diligente peut , aussitôt après la signification du jugement , sommer les experts nommés d'office de procéder à leur commission.

Sous tous les autres rapports , les expertises commerciales sont soumises aux règles ordinaires. Ainsi , les experts doivent prêter serment devant un juge commis , les parties doivent être averties du jour et de l'heure où ils commenceront leurs opérations , puis du jour et de l'heure où ils rédigeront leur rapport. Si quelqu'un d'eux ne sait pas écrire , ils doivent faire écrire le rapport par le greffier de la justice de paix ou un notaire , et ces diverses formalités paraissent substantielles comme dans les expertises ordinaires. Les incapacités , les causes de récusation et la manière de les proposer sont aussi les mêmes. La signification préalable du rapport paraît indispensable, à la différence du rapport des arbitres-experts dont les parties sont seulement sommées de prendre connaissance au greffe.

III. *Des descentes sur les lieux.*

LES tribunaux de commerce ne connaissant jamais des matières immobilières ou mixtes , une descente ne pourrait guère être ordonnée dans ces juridictions. Si elle l'était il faudrait suivre les règles ordinaires.

IV. *De la preuve par titres.*

« Si une pièce produite est méconnue , déniée ou arguée de faux , et que la partie persiste à s'en servir , le tribunal renverra devant les juges qui doivent en connaître , et il sera sursis au jugement de la demande principale. — Néanmoins si la pièce n'est relative qu'à un des chefs de la demande , il pourra être passé outre au jugement des autres chefs (427). » L'incident jugé, il faut pour le jugement du fond revenir devant le tribunal de commerce.

Le sursis prononcé par l'article n'est nécessaire qu'autant que la demande ne peut pas se justifier par ailleurs. Ainsi il n'est pas indispensable de surseoir quand un négociant dénie sa signature apposée sur un effet de commerce, si la réalité de l'opération est constatée par des livres régulièrement tenus, ou peut l'être par témoins (1). Il faut, autant que possible, enlever aux débiteurs de mauvaise foi toute espèce de faux-fuyants. Mais si le tribunal de commerce n'a d'autre élément de décision que la pièce, il n'a pas comme le tribunal civil le droit de la tenir dès l'abord pour vraie ou fausse. Il doit nécessairement prononcer le sursis, sauf à ordonner des mesures conservatoires s'il y a péril en la demeure.

Le tribunal doit ordonner le renvoi, même quand c'est un tribunal civil qui juge commercialement : la procédure de vérification d'écritures exige le concours des avoués, celle de faux incident exige en outre le concours du ministère public, et le tribunal siégeant commercialement n'a ni avoués, ni ministère public.

En prononçant le sursis, le tribunal peut fixer un délai dans lequel le demandeur en faux devra régulariser sa demande devant le tribunal civil, faute de quoi il sera passé outre. On doit permettre aux juges d'exception tout ce qui rentre dans l'esprit de leur institution.

V. *De l'audition des parties.*

« LE tribunal peut dans tous les cas ordonner, même d'office, que les parties seront entendues en personne, à

_____

(1) *Cass.* 18 août 1806.

l'audience ou dans la chambre, et s'il y a empêchement légitime, commettre un des juges ou même un juge de paix pour les entendre, lequel dressera procès-verbal de leurs déclarations (428) ». Rodier, sur l'art. 4, tit. 16 de l'ordonnance, enseignait que les juges consuls pouvaient aussi ordonner l'audition catégorique devant un commissaire, suivant les règles ordinaires. Cette procédure surannée et si peu utile de l'audition catégorique n'est pourtant pas pratiquée dans les tribunaux de commerce, et c'est avec raison; il est certainement dans le vœu de la loi que les parties, comme les témoins, soient entendues par le tribunal tout entier sans qu'on leur pose préalablement les questions (1).

VI. *Du serment et des commissions rogatoires.*

Quand les juges de commerce ordonnent un serment, il faut procéder comme devant les tribunaux civils, si ce n'est que la partie adverse doit être appelée par exploit, signifié soit à son domicile réel soit au domicile élu en conformité de l'art. 422.

Les juges de commerce peuvent donner des commissions rogatoires comme les tribunaux civils; cela s'évince de la disposition spéciale de l'art. 428, et de la disposition générale de l'art. 1035.

§ IV. *Des incidents proprement dits.*

On peut devant les tribunaux de commerce former des demandes incidentes et reconventionnelles, soit sur l'audience, soit par exploit signifié au domicile réel ou au domicile élu. On peut aussi former des demandes en inter-

_____

(1) Les auteurs enseignent pourtant que l'audition catégorique peut avoir lieu devant les tribunaux de commerce. V. notamment M. Dalloz, t. 9, p. 574, Carré, quest. 1227.

19

vention, mais seulement par exploit signifié au domicile réel ; l'élection de domicile exigée par l'art. 422 ne paraît prescrite que dans l'intérêt respectif des parties.

§ v. *De la reprise et de l'extinction de l'instance.*

Les instances commerciales ne peuvent être mises hors de droit que par le décès de l'une des parties dûment notifié : le décès de la personne chez laquelle on aurait fait l'élection de domicile prescrite par l'art. 422 ne produit pas le même effet ; cette élection de domicile est censée se continuer chez les héritiers. On a déjà dit que la veuve commune en biens et les héritiers doivent être cités en reprise devant le tribunal de commerce.

Les instances commerciales comme les instances civiles s'éteignent par un jugement définitif, par l'acquiescement du défendeur, par un compromis suivi de sentence, par une transaction ; ce sont des points indubitables. Il est certain aussi que ces instances peuvent s'éteindre par un désistement fait sur l'audience par la partie elle-même ou par son procureur fondé muni d'un pouvoir spécial, ou bien signifié au domicile réel ou au domicile élu et signé par la partie ou son mandataire, et dans tous les cas régulièrement accepté par l'autre partie.

Mais on a mis en doute que la péremption pût s'accomplir devant le tribunal de commerce. Le doute n'existe point pour nous ; s'il est une juridiction où l'on doit surtout désirer que les procès soient bientôt terminés, c'est la juridiction consulaire. Les motifs qui ont fait établir la péremption sont donc applicables ici par majorité de raison (1). La péremption des instances commerciales doit être demandée par exploit signifié au domicile réel

_____

(1) *Cass.* 21 décembre 1836. La doctrine contraire, soutenue par par Pigeau et Carré, ne trouve plus d'écho dans les tribunaux.

ou au domicile élu ; sous tous les autres rapports, elle est soumise aux règles ordinaires.

CHAPITRE III.

De la procédure devant les justices de paix.

Le législateur a tracé les règles de cette procédure au commencement du code, comme s'il s'était complu à s'arrêter d'abord dans ces juridictions modestes qui semblent une réminiscence de la justice patriarcale des premiers âges. Il en a fait l'objet du livre 1er de la 1re partie, dont les dispositions ne sont en général que la reproduction d'une loi antérieure du 26 octobre 1790. En proposant cette dernière loi à l'assemblée constituante, le jurisconsulte Thouret en avait clairement révélé l'esprit en disant : « Il faut mettre les juges de paix en état de terminer les différends qui leur seront déférés, par des formes expéditives, très-peu dispendieuses, et qui fassent arriver au jugement sans que l'on se soit aperçu, pour ainsi dire, qu'on ait fait une procédure. » L'esprit de la loi de 1790 respire encore dans le code. La célérité de la décision et l'économie des frais, voilà donc les deux pivots de la procédure des juges de paix ; et dans les cas qui ont échappé aux prévisions du législateur, il ne faut appliquer les règles ordinaires qu'autant qu'elles peuvent se combiner avec ces bases primitives.

Nous allons suivre pour l'explication de la procédure des juges de paix le même ordre que nous avons suivi pour la procédure commerciale ; ces deux procédures ont en effet la même physionomie ; ce sont comme deux sœurs que l'on confond au premier aspect et qu'on ne distingue qu'après examen.

SECTION PREMIÈRE.

DE LA PROCÉDURE DEVANT LES JUGES DE PAIX, DÉGAGÉE D'INCIDENTS.

§ 1er. *Du billet d'avis et de la citation.*

Il existe deux manières d'appeler une partie devant le juge de paix : l'une est une simple invitation sans frais à laquelle la personne appelée n'est pas tenue d'obéir, c'est le *billet d'avis* : l'autre est une convocation par huissier à laquelle il faut déférer sous peine d'être condamné par défaut, c'est la *citation* qui correspond à l'*ajournement* devant le tribunal civil.

Sous l'empire du code de procédure, la convocation par billet d'avis était simplement facultative. La loi du 25 mai 1838 l'a rendue obligatoire dans certains cas. L'art. 17 de cette loi dispose en effet : « Dans toutes les causes, excepté celles où il y aurait péril en la demeure et celles dans lesquelles le défendeur serait domicilié hors du canton ou des cantons de la même ville, le juge de paix pourra interdire aux huissiers de sa résidence de donner aucune citation en justice, sans qu'au préalable il n'ait appelé sans frais les parties devant lui. » Le juge de paix ne peut-il prononcer cette défense, que pour une affaire particulière ? Peut-il la prononcer pour toutes les affaires qui seront portées devant lui, autres que celles que l'article excepte ? C'est en ce dernier sens qu'il faut répondre. L'art. 5 C. civ. défend, il est vrai, aux juges de statuer par voie réglementaire : mais le législateur peut, quand il lui plaît, faire fléchir les règles générales qu'il a posées. Or, il n'est point douteux pour nous que les auteurs de la loi de 1838 ont voulu permettre au juge de paix de faire un véritable règlement : la disposition précitée serait autrement sans utilité, car il serait difficile au juge de paix d'intimer pour chaque affaire particulière une défense à tous les huissiers de son canton (1).

Dans l'usage, c'est le greffier de la justice de paix qui délivre le billet d'avis : il l'envoie à son adresse, ou le remet au demandeur lui-même qui le fait parvenir à l'autre partie. Mais cette convocation, comme on l'a dit, n'a rien d'obligatoire pour le défendeur ; s'il refuse d'y obtempérer, il faut donc le citer.

« Toute citation devant les juges de paix, porte l'art. 1er du code, contiendra la date des jour, mois et an, les nom, profession et domicile du demandeur, les nom, demeure et immatricule de l'huissier, les nom et demeure du défendeur ; elle énoncera sommairement l'objet et les moyens de la demande, et indiquera le juge de paix qui doit connaître de la demande, et le jour et l'heure de la comparution. » Cet article, comme on le voit, ne prononce pas la peine de nullité. Si donc le défendeur comparaît, la citation ne peut jamais être annulée même sous prétexte de nullité substantielle (2), c'est comme s'il comparaissait sur simple billet d'avis. S'il ne comparaît point, le juge doit ordonner le réassigné quand l'irrégularité lui paraît grave, en laissant les frais de la première citation à la charge du demandeur. Si le défendeur a été condamné par défaut, il doit sur l'opposition obtenir la nullité de toute la procédure lorsque la citation renfermait quelque nullité substantielle. Il y a nullité substantielle si le demandeur, le défendeur, ou l'objet de la demande n'ont pas été indiqués du tout, si la citation n'est pas signée par l'huissier, si le défendeur a pu équivoquer sur le juge devant lequel il était cité, si on ne lui a pas indiqué le jour et l'heure où il devait se pré-

(1) *Contrà*, M. Bénech, *traité des justices de paix*, p. 448.
(2) *Contrà*, Pigeau, Comm. t. 1, p. 3.

senter : cette dernière indication est en effet indispensable devant les juges de paix vu que ces juges peuvent changer quand bon leur semble les jours et heures de leurs audiences. Il n'y aurait qu'une simple irrégularité dans l'omission de la date quand le jour de la comparution aurait été suffisamment indiqué, dans l'omission de la profession du demandeur ou de son domicile, ou des nom, demeure et immatricule de l'huissier, ou de la demeure du défendeur quand il n'aurait pu raisonnablement supposer que la citation s'adressait à un autre, ou des moyens de la demande.

Il est bon, dans les actions possessoires et autres actions réelles de la compétence du juge de paix, d'indiquer la situation des héritages ; mais l'absence de cette indication ne peut, en aucun cas, autoriser l'annullation de la citation.

Copie de la citation doit être laissée à la partie : s'il ne se trouve personne en son domicile, la copie doit être laissée au maire ou adjoint de la commune, qui doit viser l'original sans frais (art. 4). L'exploit peut être remis à un voisin, conformément à l'art. 68; mais il peut aussi être porté directement au maire. Quand l'huissier laisse la copie au domicile, il est bien d'exprimer à qui il a parlé : mais l'article précité ne l'exige point.

La citation, d'après le même article, devait être notifiée par l'huissier audiencier de la justice de paix du domicile du défendeur ; en cas d'empêchement, par un huissier commis par le juge. Mais le privilége des huissiers audienciers des juges de paix a été abrogé par l'art. 16 de la loi du 25 mai 1838 qui dispose : « Tous les huissiers d'un même canton auront le droit de donner toutes les citations et de faire tous les actes devant la justice de paix. Dans les villes où il y a plusieurs justices de paix, les huissiers exploitent concurremment dans le ressort de la juridiction assignée à leur résidence. Tous les huissiers du même canton seront tenus de faire le service des audiences et d'assister le juge de paix toutes les fois qu'ils en seront requis ; les juges de paix choisiront leurs huissiers audienciers. » Ce texte, dans sa seconde disposition, se réfère implicitement à l'art. 19 du décret organique du 14 juin 1813 qui porte : « Dans les communes divisées en deux arrondissements de justice de paix, ou plus, chaque huissier ordinaire sera tenu de fixer sa demeure dans le quartier que le tribunal de première instance jugera convenable à cet effet. » Quand cette disposition du décret de 1813 est exécutée, il est clair que dans chaque justice de paix les citations et autres actes ne peuvent être régulièrement signifiés que par les huissiers qui résident dans le ressort de cette justice. Mais la disposition du décret reçoit rarement son exécution, et alors force est bien que tous les huissiers de la ville puissent signifier les citations et autres actes devant chacune des justices de paix indistinctement. Du reste, il n'y aurait point nullité dans la citation signifiée par un huissier résidant hors du canton, puisque la loi ne la prononce pas (1). Il y aurait lieu seulement contre l'huissier à une amende de six francs, d'après la loi du 27 mars 1790, dont la disposition est encore en vigueur.

Les prohibitions d'instrumenter résultant de la parenté ou alliance sont moins étendues devant les justices de paix que devant les tribunaux ordinaires. La prohibition, d'après l'art. 4 du code, se borne ici aux parents en ligne directe, aux frères et sœurs, et aux alliés au même degré : mais le mépris de cette défense emporterait la nullité de l'exploit, quoique l'art. 4 ne la prononce pas. L'huissier en effet aurait agi sans caractère et serait bien

_____

(1) *Cass.* 24 frimaire an XI et 6 juillet 1814.

plus suspect qu'un huissier ordinaire qui aurait instrumenté hors du canton : mais cette nullité substantielle serait couverte comme les autres par la comparution du défendeur, à moins qu'elle ne fût invoquée pour appuyer un moyen de prescription.

Dans les exploits devant les justices de paix comme dans les autres, les huissiers doivent mentionner le coût sur l'original et la copie (décret du 14 juin 1813, art. 48).

« Il y aura un jour au moins entre celui de la citation et le jour indiqué pour la comparution, si la partie citée est domiciliée dans la distance de trois myriamètres. Si elle est domiciliée au delà de cette distance, il sera ajouté un jour par trois myriamètres (art 5). » Il est évident ici que les fractions de myriamètre sont négligées, c'est-à-dire que de trois à six myriamètres il n'y a qu'un jour d'augmentation, deux de six à neuf, et ainsi de suite. « Dans le cas, ajoute l'article, où les délais n'auraient point été observés, si le défendeur ne comparaît pas, le juge ordonnera qu'il sera réassigné, et les frais de la citation seront à la charge du demandeur », sauf, bien entendu, son recours contre l'huissier. Si le défendeur comparaît, l'irrégularité est couverte ; s'il est condamné par défaut, il fera annuler la citation et le jugement en formant opposition.

« Dans les cas urgents, le juge donnera une cédule pour abréger les délais, et pourra permettre de citer, même dans le jour et à l'heure indiqués (art. 6).» La cédule est une espèce d'ordonnance au bas de laquelle l'huissier met la citation, et il donne copie du tout au défendeur. La cédule est délivrée par le juge qui doit connaître de la contestation. Le juge peut permettre de citer à son hôtel ou en tel autre lieu qu'il désigne, quoique ce ne soit pas le lieu ordinaire de ses audiences.

Il n'est pas toujours besoin de citation ni même de billet d'avis ; nous avons vu que les parties peuvent comparaître volontairement devant le juge de paix au bureau de conciliation ; elles ont la même faculté dans les affaires dont il doit connaître comme juge (art. 7). Quant à la prorogation de la juridiction des juges de paix, elle a été précédemment expliquée.

§ ii. *Des audiences du juge de paix, de la comparution des parties, et du jugement.*

« Les juges de paix indiqueront au moins deux audiences par semaine : ils pourront juger tous les jours, même ceux de dimanches et fêtes, le matin et l'après-midi. — Ils pourront donner audience chez eux en tenant les portes ouvertes (art. 8) ». Quand le juge de paix tient audience un jour de dimanche ou de fête, il est de bienséance qu'il la tienne à d'autres heures que celles consacrées aux offices.

La loi du 29 ventôse an 9, art 9, oblige les juges de paix à tenir leurs audiences au chef-lieu du canton : cette loi n'est pas abrogée. Si le juge de paix a sa résidence hors du chef-lieu, ce n'est donc que dans des cas extraordinaires qu'il peut permettre de citer chez lui; et il ne saurait jamais user de ce droit s'il a sa demeure hors du canton. Quand le juge de paix tient l'audience chez lui, le jugement doit exprimer, au moins par équipollents, que l'audience a eu lieu portes ouvertes c'est-à-dire publiquement. L'indication de la publicité est nécessaire dans tous les jugements, à peine de nullité.

Mais le juge de paix peut ordonner le huis-clos soit dans le local ordinaire de ses séances, soit chez lui, dans les cas indiqués par l'art. 87 C. pr. (1), à la condition pourtant que la sentence soit prononcée publiquement.

(1) Cass. 9 juillet 1825.

« Au jour fixé par la citation , ou convenu entre les parties , elles comparaîtront en personne , ou par leurs fondés de pouvoir , sans qu'elles puissent faire signifier aucune défense (art. 9) ». Si le jour de la comparution avait seulement été convenu entre les parties , fût-ce par écrit , et que l'une d'elles ne comparût pas , le juge de paix ne pourrait donner défaut qu'après une citation régulière : mais quand les parties ont comparu volontairement une fois , elles doivent se représenter sans citation , au jour auquel la cause a été renvoyée.

Le pouvoir du procureur fondé doit être exprès et écrit : il est plus prudent de le donner par acte authentique , de peur que l'autre partie ne révoque en doute la signature du mandant.

Toute personne capable d'accepter un mandat peut représenter la partie devant le juge de paix , excepté les femmes qui n'ont jamais été admises en France à plaider que leurs propres causes. L'art. 18 de la loi du 25 mai 1838 dispose pourtant : « Dans les causes portées devant la justice de paix , aucun huissier ne pourra ni assister comme conseil , ni représenter les parties en qualité de procureur fondé , à peine d'une amende de 25 à 50 fr. qui sera prononcée sans appel par le juge de paix. Ces dispositions ne seront pas applicables aux huissiers qui se trouvent dans l'un des cas prévus par l'art 86 du code de procédure civile. »

Si quelqu'une des parties juge à propos de signifier des défenses , les frais ne peuvent jamais en être passés en taxe contre l'autre partie.

Les art. 10 , 11 et 12 sont relatifs à la police de l'audience.

« Les parties ou leurs fondés de pouvoir sont entendus contradictoirement (art. 13). » Les parties peuvent se faire assister d'un conseil , et charger ce conseil de plaider la cause. Mais en l'absence de la partie, un avocat ou un avoué ne serait pas admis à plaider sans représenter une procuration. Si toutes les affaires ne peuvent être discutées dans la même audience, le juge doit renvoyer à l'audience prochaine, à laquelle les parties sont tenues de se représenter sans nouvelle citation, sous peine d'être jugées par défaut.

Les parties ouies « la cause, ajoute l'art. 13, sera jugée sur-le-champ ou à la première audience; le juge, s'il le croit nécessaire, se fera remettre les pièces. » Le juge peut renvoyer le jugement à l'audience prochaine, dans le cas même où les parties ont comparu devant lui volontairement; à cette dernière audience, il peut renvoyer encore le jugement à une audience suivante, mais dans tous les cas, il est bon que les parties soient informées du jour où le jugement sera prononcé, sans qu'il y ait pourtant nullité à procéder autrement (1).

« Les minutes de tout jugement doivent être portées par le greffier sur la feuille d'audience, et signées par le juge qui a tenu l'audience, et par le greffier (art. 18). » Si donc c'est un suppléant qui a tenu l'audience, c'est lui qui doit signer la minute. Les greffiers des juges de paix peuvent, d'après une décision ministérielle du 24 pluviôse an 12, se faire remplacer par un commis assermenté.

L'art. 18 n'exige pas que le jugement soit signé à l'issue de l'audience ou au plus tard dans les vingt-quatre heures; les signatures exigées peuvent donc être apposées en tout temps : seulement le greffier ne peut délivrer aucune expédition avant que le jugement ait été signé, sous peine d'être poursuivi comme faussaire.

Devant les tribunaux civils et de commerce, les jugements de remise de cause et ceux qui ordonnent des délibérés

(1) *Cass.* 22 mars 1825.

sont les seuls qui ne doivent être ni expédiés ni signifiés.
Il en est autrement devant les justices de paix. « Les
jugements qui ne seront pas définitifs, dit l'art. 28, ne
seront point expédiés quand ils auront été rendus contradictoirement, et prononcés en présence des parties.
Dans le cas où le jugement ordonnerait une opération à
laquelle les parties devraient assister, il indiquera le lieu,
le jour et l'heure, et la prononciation vaudra citation. »
On ne doit pas conclure de ce texte que l'expédition et
la signification des jugements préparatoires ou interlocutoires soient absolument interdites, mais seulement qu'elles
ne peuvent en aucun cas être passées en taxe à la partie
qui les a fait faire. L'expédition et la signification sont
du reste nécessaires, non-seulement quand le jugement
qui ordonne une opération à laquelle les parties ont intérêt à assister est rendu par défaut, mais encore lorsque
ce jugement est contradictoire, mais qu'il a été prononcé
en l'absence de l'une des parties : cette partie n'ayant
pas alors été avertie par le juge lui-même doit être avertie
par la signification de la sentence.

Dans les jugements qui sont expédiés, c'est le greffier
qui rédige lui-même les qualités. Ces jugements doivent
alors renfermer toutes celles des indications prescrites par
l'art. 141 qui sont substantielles. Seulement, la loi ne
renvoyant pas ici expressément à l'art. 141, comme elle
y renvoie dans le titre *de la procédure devant les tri-*
bunaux de commerce, la nullité substantielle doit être
bien évidente pour qu'elle soit déclarée.

L'absence de motifs est toujours une nullité substantielle.

§ III. *Des dispositions accessoires que la sentence*
peut contenir.

Les juges de paix peuvent dans les mêmes cas que les

tribunaux civils accorder des délais de grâce et prononcer la contrainte par corps. Ils doivent toujours liquider les dépens dans leur jugement.

Leurs jugements au-dessous de 300 francs étaient exécutoires de plein droit, nonobstant l'appel, d'après l'art. 17 du code de procédure ; mais cet article a été abrogé par les art. 11 et 12 de la loi du 25 mai 1838 qui disposent : « L'exécution provisoire des jugements sera ordonnée dans tous les cas où il y a titre authentique, promesse reconnue, ou condamnation précédente dont il n'y a point eu appel. Dans tous les autres cas, le juge pourra ordonner l'exécution provisoire nonobstant appel sans caution, lorsqu'il s'agira de pension alimentaire, ou lorsque la somme n'excédera pas trois cents francs, et avec caution, au-dessus de cette somme. La caution sera reçue par le juge de paix (art. 11). S'il y a péril en la demeure, l'exécution provisoire pourra être ordonnée sur la minute du jugement avec ou sans caution, conformément aux dispositions de l'article précédent (art. 12). » Les dispositions de ces articles doivent être appliquées à l'exécution nonobstant opposition comme à celle nonobstant l'appel.

§ IV. *Des jugements par défaut.*

La loi contient sur les jugements par défaut des juges de paix, une théorie spéciale et complète qui diffère absolument des règles ordinaires et n'a rien à emprunter à celles-ci.

« Si, au jour indiqué par la citation, porte l'art. 19, l'une des parties ne comparaît pas, la cause sera jugée par défaut, sauf la réassignation dans le cas prévu dans le dernier alinéa de l'art. 5. » La jonction du défaut n'est donc point exigée (1).

_____

(1) Quelques auteurs la croient pourtant nécessaire.

« La partie condamnée par défaut pourra former opposition dans les trois jours de la signification faite par l'huissier du juge de paix, ou autre qu'il aura commis (art. 20.) » Aujourd'hui qu'il n'y a pas d'huissier spécialement affecté aux justices de paix, la commission d'un huissier semble indispensable.

L'opposition n'est pas recevable ici jusqu'à l'exécution du jugement ; mais le défaillant peut se faire relever, après l'expiration des délais, quand il prouve qu'il n'a pu être instruit de la procédure (art. 21).

La péremption du jugement, faute d'exécution dans les six mois, ne s'applique pas non plus aux justices de paix (1).

SECTION II.

DES INCIDENTS QUI PEUVENT S'ÉLEVER DEVANT LE JUGE DE PAIX.

§ 1er. *Des exceptions.*

La caution *judicatum solvi* peut être exigée de l'étranger, devant la justice de paix ; cela résulte clairement de la disposition générale de l'art. 16 C. civ.

L'exception d'incompétence, de litispendance et de connexité est régie par les mêmes règles que devant les tribunaux civils, puisque le livre que nous expliquons ne contient à cet égard aucunes règles particulières. Le juge de paix peut pourtant statuer par un seul et même jugement sur la compétence et sur le fond, pourvu que ce soit par des dispositions distinctes. Cela s'évince de l'art 14 de la loi du 25 mai 1838 qui ne permet d'appeler de la sentence par laquelle le juge de paix s'est déclaré compétent, qu'après le jugement définitif.

L'exception de nullité est soumise aux règles ordinaires ; seulement la nullité de l'exploit se couvre, comme on l'a dit, par la seule comparution.

---

(1) *Cass.* 13 septembre 1809.

L'exception pour faire inventaire et délibérer peut être proposée devant le juge de paix : elle est, comme l'exception de la caution *judicatum solvi*, fondée sur le droit civil. Si l'habile à succéder ou la veuve veulent obtenir une prorogation, le juge de paix doit fixer un délai dans lequel ils devront la demander au tribunal civil.

L'exception de garantie est réglée spécialement par les art. 32 et 33. « Si, au jour de la première comparution, le défendeur demande à mettre garant en cause, le juge accordera délai suffisant en raison de la distance du domicile du garant ; la citation donnée au garant sera libellée sans qu'il soit besoin de lui notifier le jugement qui ordonne sa mise en cause (32). » Le garanti peut prendre les devants et appeler le garant avant même la première comparution. Si la garantie est basée sur un titre commun aux deux parties qui sont déjà en cause, le juge de paix doit toujours accorder délai suffisant pour appeler le garant : mais, malgré la rédaction impérative de l'article, nous ne pensons pas qu'il soit *obligé* d'accorder ce délai quand la garantie est basée sur un titre étranger à la partie qui poursuit le jugement ; il ne doit l'accorder en cas pareil qu'autant que cela ne peut causer aucun préjudice sérieux à cette dernière partie, et il doit le refuser absolument, quand il estime que la prétendue garantie n'est pas fondée (1).

« Si la mise en cause n'a pas été demandée à la première comparution, ou si la citation n'a pas été faite dans le délai fixé, il sera procédé sans délai au jugement de l'action principale, sauf à statuer séparément sur la demande en garantie (33). » Le garant pourra pourtant toujours être cité valablement devant le juge saisi de la demande principale tant que celle-ci ne sera pas jugée,

---

(1) *Contrà*, Carré, quest. 143 *ter*.

quoique ce juge ne soit point celui de son domicile : ces mots de l'art. 33, *sauf à statuer séparément sur la demande en garantie*, doivent naturellement être interprétés par ces autres mots de l'art. 184, *sauf après le jugement du principal à faire droit sur la garantie* (1).

Si le garant veut appeler sous-garant, il y a lieu de procéder de la même manière, comme aussi quand c'est le demandeur qui veut appeler garant pour repousser la défense proposée par le défendeur.

Dans les actions possessoires et autres du même genre le garant peut prendre le fait et cause du garanti : il y a lieu d'appliquer alors l'art. 185.

Devant les juges de paix, comme devant le tribunal de commerce, la communication des pièces se fait sur l'audience, sauf au juge à accorder un délai, s'il y a lieu.

§ II. *De la récusation et des renvois proprement dits.*

LES causes de récusation sont bien moins nombreuses à l'égard des juges de paix qu'à l'égard des autres juges : cela tient à la modicité des affaires qu'ils peuvent juger en dernier ressort.

Ces causes de récusation sont indiquées dans l'art. 44 dont la disposition est évidemment limitative; elles se réduisent à cinq.

1° *Si le juge de paix a un intérêt personnel à la contestation.* Il faut entendre cela d'un intérêt *direct*, comme si, en matière de cours d'eau ou dans toute autre action possessoire, les propriétés du juge de paix devaient nécessairement profiter du jugement qui serait rendu en faveur de l'une des parties. L'intérêt *indirect* résultant de ce que l'une des parties est créancière ou débitrice du juge ne suffit pas ici pour motiver la récusation. Cette

_____

(1) *Contrà*, Carré, quest. 145.

première cause de récusation ne peut non plus être in-voquée contre le juge de paix qui exerce les fonctions *gratuites* d'administrateur de quelque établissement public partie dans la cause (1). Le tuteur d'une des parties se-rait pourtant récusable, puisqu'il serait partie lui-même. Nous en disons autant d'un curateur qui devrait, à raison de la natnre de l'action, figurer en nom dans le procès.

2° *S'il est parent ou allié d'une des parties, jusqu'au degré de cousin germain inclusivement.* L'alliance du juge avec la femme d'une des parties, ou de l'une des parties avec la femme du juge, ne suffirait pas pour motiver la récusation. Si la personne qui produisait l'alliance est décédée sans enfants, la cause de récusation ne doit subsister, conformément à la règle générale, qu'à l'égard du beau-père, du gendre, ou du beau-frère. Cette cause de récusation est absolue, toutes les autres ne sont que relatives.

3° *Si dans l'année qui a précédé la récusation, il y a eu procès criminel entre eux et l'une des parties, ou son conjoint, ou ses parents et alliés en ligne di-recte.* Nous avons expliqué ci-dessus, p. 85, ce qu'il faut entendre par procès criminel. Cette cause de récu-sation peut être invoquée si le procès a existé entre la partie et la femme du juge ou ses parents ou alliés en ligne directe : il y a identité de raison.

4° *S'il y a procès civil existant entre le juge et l'une des parties ou son conjoint ;* et réciproquement, comme dans le cas précédent, si le procès existe entre la partie et la femme du juge.

5° *Si le juge de paix a donné un avis écrit dans l'affaire.* Un avis verbal ne pourrait jamais motiver la

_____

(1) *Cass.* 21 avril 1812.

20

récusation ; mais la partie ne paraîtrait pas même admissible à prouver par témoins qu'il y a eu un avis donné par écrit (1). Le juge de paix ne pourrait être récusé parce qu'il aurait précédemment plaidé pour l'une des parties dans la même affaire : on peut, sans forfaire à sa conscience, plaider des questions douteuses contre son avis personnel (2). Mais il serait récusable s'il avait précédemment émis un avis sur l'affaire, comme arbitre, dans un procès verbal de discord par exemple qui aurait mis fin au compromis.

Le juge de paix ne peut jamais être récusé quand il ne doit connaître de l'affaire que comme conciliateur. On ne peut non plus le récuser pour une opération dans laquelle il n'a rien à juger, pour une apposition de scellés par exemple. Nous ne pensons pas non plus qu'il soit récusable comme président du conseil de famille (3). La loi pourvoit suffisamment aux intérêts de l'incapable, en autorisant les membres du conseil de famille qui ont été en minorité à attaquer la délibération devant le tribunal.

« La partie qui voudra récuser un juge de paix sera tenue de former la récusation et d'en exposer les motifs par un acte qu'elle fera signifier par le premier huissier requis, au greffier de la justice de paix, qui visera l'original. L'exploit sera signé sur l'original et la copie par la partie ou son fondé de pouvoir spécial. La copie sera déposée au greffe, et communiquée immédiatement au juge par le greffier (45). » Le juge de paix qui sait cause de récusation en sa personne doit s'abstenir par délicatesse ; mais s'il ne le fait point, la partie qui ne l'a pas récusé ne saurait quereller son jugement de nullité, à

---

(1) *Contrà*, Pigeau, Comm. t. 1, p. 120, Carré, quest. 187.
(2) *Contrà*, M. Chauveau sur Carré, quest. 187.
(3) *Contrà*, Carré, quest. 184.

moins qu'il n'ait été à la fois juge et partie, auquel cas sa décision est nulle d'une nullité radicale (1). Mais dès que la récusation a été formée et communiquée au juge, celui-ci doit s'abstenir jusqu'à ce que le tribunal de première instance ait statué sur le mérite de la récusation. Si le récusant ne sait ou ne peut signer, il doit constituer par acte notarié un procureur fondé qui signera la récusation. Si l'affaire dans laquelle la récusation intervient réclame quelque mesure d'urgence, la partie intéressée peut se pourvoir devant le tribunal et au besoin en référé, pour la faire ordonner.

La récusation formée d'un autre manière que celle indiquée dans l'art. 45 serait nulle : elle serait non recevable si la plaidoirie de l'affaire avait été commencée dans une précédente audience, à moins que la cause de récusation ne fût survenue depuis. Quand donc au premier jour d'audience, le siége est occupé par le juge titulaire ou par un suppléant, sujet à récusation, et qu'on ne devait pas s'attendre à voir siéger, la partie doit avec la mesure convenable demander un renvoi à l'effet de proposer la récusation ; si le juge insiste, elle doit faire défaut sur le fond et signifier sa récusation dès qu'elle a formé opposition.

Le juge, d'après l'art. 46, est tenu de donner au bas de l'acte de récusation sa déclaration par écrit, portant ou son acquiescement à la récusation, ou son refus de s'abstenir, avec ses réponses aux moyens de récusation. S'il acquiesce, il n'y a plus de débat, et l'affaire est dévolue de plein droit à ses suppléants, ou si c'est un suppléant qui siége, à l'autre suppléant ; ce n'est que dans le cas d'empêchement légitime et simultané du juge de paix et de ses suppléants, qu'il y a lieu au renvoi de l'affaire de-

---

(1) *Cass.* 14 octobre 1824.

vant une autre justice de paix (1), renvoi qui ne peut
être prononcé que par le tribunal civil.

« Dans les trois jours de la réponse du juge qui refuse de s'abstenir, ou faute par lui de répondre, expédition de l'acte de récusation et de la déclaration du juge,
s'il y en a, sera envoyée par le greffier, sur la réquisition de la partie la plus diligente, au procureur du
roi près le tribunal de première instance dans le ressort
duquel la justice de paix est située : la récusation y sera
jugée en dernier ressort dans la huitaine, sur les conclusions du procureur du roi, sans qu'il soit besoin d'appeler les parties (47). » Si la récusation est rejetée, le
récusant est condamné à tous les frais ; il peut même,
si les faits allégués avaient quelque chose d'injurieux pour
le juge, être condamné à des dommages-intérêts envers
celui-ci qui ne doit pas en ce cas demeurer juge. Mais
le récusant n'encourt point l'amende prononcée par l'art.
390 : les peines ne s'étendent point par analogie. Si la
récusation est accueillie, l'affaire doit être jugée par un
suppléant du juge récusé. Il peut arriver que par suite de
décès, maladies ou récusations, une affaire pendante devant une justice de paix, ou qui devrait y être portée, ne
puisse être jugée ni par le juge titulaire ni par ses suppléants. Une loi du 16 ventôse an 12 a pourvu à cet
inconvénient, en ces termes : « En cas d'empêchement
légitime d'un juge de paix et de ses suppléants, le tribunal de première instance dans l'arrondissement duquel
est située la justice de paix, renvoie les parties devant
le juge de paix du canton le plus voisin (art. 1). Le
jugement de renvoi est demandé par la partie la plus diligente, sur simple requête et d'après les conclusions du
procureur du roi, parties présentes ou dûment appelées

_____

(1) *Contrà*, Pigeau, *Comm.*, t. 1, p. 121.

(art. 2). » Si ce jugement était rendu à suite de récusation, il serait en dernier ressort d'après l'art. 44 C.
pr.; dans les autres cas, il paraît susceptible d'appel.

§ III. *Des incidents relatifs aux preuves.*

I. *Des enquêtes.*

Les enquêtes des justices de paix se font avec plus de
simplicité encore que les enquêtes sommaires : elle ne sont
soumises à aucune nullité : les irrégularités commises ne
peuvent avoir d'autre effet que d'affaiblir pour les juges
d'appel, quand il y a lieu à appel, l'autorité des témoignages, et de rendre suivant les circonstances une seconde audition nécessaire. Mais si le juge de paix avait
mal à propos ordonné l'enquête et que son jugement fût
réformé, il est clair que l'enquête croulerait par cela
même.

« Si les parties, porte l'art. 34, sont contraires en
faits de nature à être constatés par témoins, et dont le
juge de paix trouve la vérification utile et admissible, il
ordonnera la preuve, et en fixera précisément l'objet. »
Le juge de paix peut entendre de prime abord les
témoins que les parties ont amenés. La preuve est *utile*
quand les faits allégués sont de nature à influer sur la
décision; elle est *admissible* lorsque la loi ne la défend
pas : le juge de paix doit donc respecter la prohibition de la
preuve testimoniale au-dessus de 150 fr., même dans le
cas où les parties ont prorogé sa juridiction. Le juge de
paix peut aussi ordonner la preuve d'office : dans tous
les cas l'enquête emporte implicitement le droit de faire
une contre-enquête.

Le jugement, ainsi qu'on l'a dit, ne doit être expédié
et signifié qu'autant qu'il a été rendu en l'absence de quelqu'une des parties. Le juge de paix, dans tous les cas,
doit délivrer à la partie requérante une cédule de citation

pour appeler les témoins ; cette cédule doit seulement
faire mention de la date du jugement, du lieu, du jour
et de l'heure de la comparution (art. 29).

Il n'y a point de délai fatal pour requérir la cédule,
point de nécessité de donner connaissance aux témoins
du dispositif du jugement, ni d'indiquer à l'avance à la
partie adverse les noms des témoins qu'on veut faire entendre : en un mot, les formalités des enquêtes ordinaires
ou sommaires sont absolument inapplicables aux justices
de paix (1).

« Au jour indiqué les témoins, après avoir dit leurs
noms, professions, âge et demeures, feront le serment
de dire la vérité, et déclareront s'ils sont parents ou
alliés des parties et à quel degré, s'ils sont leurs serviteurs ou domestiques (35). » Les parents et alliés col-
latéraux et les serviteurs doivent être entendus quand ils
ne sont pas reprochés. Les personnes indiquées dans
l'art 268 ne doivent être entendues dans aucun cas. L'o-
mission du serment, qui est irritante dans les enquêtes
sommaires, n'emporte pas ici nullité de la déposition ;
elle ne peut qu'en atténuer la force (2). Bien qu'aucune
des parties ne se présente le juge de paix ne doit pas
laisser d'entendre les témoins pour ne pas les obliger à
se représenter, et pour leur accorder la taxe s'ils la
réclament : il peut rendre ensuite son jugement à l'audience nonobstant l'absence des parties ; et les dépositions
des témoins sont constatées par procès-verbal ou simplement mentionnées dans le jugement, suivant que le
jugement est ou non sujet à l'appel.

Les témoins doivent être entendus séparément, en pré-

----

(1) *Cass.* 2 juillet 1835, et 13 janvier 1836. *Contrà*, Pigeau,
Comm., t. 1, p. 94 et 95.

(2) *Cass.* 19 avril 1810.

sence des parties, si elles comparaissent ; elles sont tenues de fournir leurs reproches avant la déposition et
de les signer ; si elles ne le savent ou ne le peuvent, il
doit en être fait mention : les reproches ne peuvent être
reçus après la déposition commencée qu'autant qu'ils sont
justifiés par écrit (art. 36). Les parties ne doivent point
signer le reproche quand l'affaire doit être jugée en dernier ressort, puisqu'alors il n'est point dressé de procès-verbal.

La loi n'indiquant pas ici les causes de reproche, force
est bien de se référer à l'art. 283. Le juge de paix doit
statuer immédiatement sur le reproche ; s'il l'accueille,
il ne doit pas entendre le témoin, même dans les causes
sujettes à l'appel, sauf au tribunal d'appel, s'il n'ap-
prouve pas lui-même le reproche, à ordonner l'audition
de ce témoin. Si le reproche n'est pas justifié par écrit
et que le juge de paix en admette la preuve par
témoins, il peut en attendant recevoir la déposition, pour
ne pas obliger le témoin à se représenter.

Les parties ne doivent pas interrompre les témoins :
après la déposition, le juge peut, sur la réquisition des
parties, et même d'office, faire aux témoins les interpellations convenables (art. 37). L'enquête ne se fait
pas toujours à l'audience. « Dans tous les cas, porte l'art.
38, où la vue du lieu peut être utile pour l'intelligence
des dépositions, et spécialement dans les actions pour
déplacement de bornes, usurpations de terres, arbres,
haies, fossés ou autres clôtures, et pour entreprise sur
les cours d'eau, le juge de paix se transportera, s'il le
croit nécessaire, sur le lieu, et ordonnera que les témoins y seront entendus. » L'art 8 du tarif n'alloue pourtant des frais de transport au juge, qu'autant que le
transport a été demandé par l'une des parties. La loi
n'indique point la peine encourue par le témoin qui ne

comparaît pas ; force est bien encore ici de recourir aux dispositions des art. 263 et suivants.

Il n'y a point devant les juges de paix de délai fatal pour terminer l'enquête : le juge de paix peut donc, en en tout état de cause, entendre de nouveaux témoins tant que l'instance n'est pas périmée.

Dans les causes que le juge de paix juge en dernier ressort, il n'est point nécessaire de dresser un procès-verbal de l'enquête : il suffit d'après l'art. 40 d'énoncer dans le jugement les déclarations des témoins sur leurs noms et qualités, leur serment, et le résultat général des dépositions. Au contraire, dans les causes sujettes à l'appel, l'art. 39 veut qu'il soit dressé un procès-verbal où la déposition individuelle de chaque témoin soit retracée, et cela afin que les juges d'appel n'aient pas besoin de recourir à une seconde audition.

Une dernière observation bien importante qu'il est à propos de reproduire ici, c'est que l'enquête faite devant le juge de paix est soumise aux règles ordinaires, quand ce juge n'agit qu'en vertu d'une commission d'un tribunal civil : mais, comme nous l'avons dit ailleurs, si l'enquête est annulée, les frais de la seconde enquête ne doivent pas être mis à la charge du juge de paix. A plus forte raison, dans le cas où le tribunal d'appel croirait, pour cause de quelque irrégularité, devoir ordonner de nouveau l'audition des témoins déjà entendus par le juge de paix, ce juge ne devrait pas supporter les frais de la seconde enquête, pas plus qu'un tribunal tout entier ne peut être responsable de la nullité d'une enquête sommaire : la qualité de juge absorbe dans ce cas-ci celle de commisaire (1).

---

(1) *Contrà*, Carré, quest. 169 *quater*.

II. *Des expertises et descentes de lieux.*

Le juge de paix peut, d'après l'art. 41, ordonner son transport sur les lieux pour en constater l'état ou pour apprécier la valeur des indemnités et dédommagements demandés, sans qu'il soit obligé de se faire accompagner de gens de l'art.

Mais il est dans le vœu de la loi que le juge de paix assiste dans leurs opérations les experts auxquels il juge à propos d'avoir recours ; c'est ce qui s'évince de l'art. 42 qui dispose : « Si l'objet de la visite ou de l'appréciation exige des connaissances qui soient étrangères au juge, il ordonnera que des gens de l'art, qu'il nommera par le même jugement, feront la visite avec lui, et donneront leur avis : il pourra juger sur le lieu même sans désemparer. » Il n'y a pourtant pas nullité dans l'expertise faite en l'absence du juge (1).

Le juge de paix doit délivrer à la partie requérante cédule de citation pour appeler les experts ; la cédule doit faire mention du lieu, du jour et de l'heure, et contenir le fait, les motifs et la disposition du jugement relative à l'opération ordonnée (art. 29). Les experts sont sujets à récusation d'après les règles ordinaires.

Dans les causes non sujettes à l'appel, il n'est point dressé de procès-verbal, même dans le cas où le juge ne statue pas incontinent ; mais le jugement énonce les noms des experts, la prestation de leur serment, et le résultat de leur avis (art. 43). Dans les causes sujettes à l'appel, procès-verbal de la visite doit être dressé par le greffier, qui constate le serment prêté par les experts : le procès-verbal doit être signé par le juge, par le greffier et par les experts : et si les experts ne savent ou

---

(1) *Cass.* 20 juillet 1837.

ne peuvent signer, il en est fait mention (art. 42). Un procès verbal séparé, dressé par les experts, serait dans tous les cas un acte frustratoire qui ne devrait point passer en taxe : mais si l'expertise se fait en l'absence du juge de paix, il faut bien que les experts dressent un procès-verbal.

Le juge de paix, comme le tribunal de commerce, peut nommer d'office un seul expert sans attendre le consentement des parties. Il peut aussi n'en nommer que deux. Il fait la nomination d'office sans réserver aux parties le droit de choisir elles-mêmes les experts, ce qui n'empêche pas qu'elles ne puissent user de ce droit tant que les choses sont entières (1). Il peut enfin ordonner une nouvelle expertise, si la première ne lui offre pas des éclaircissements suffisants, et il n'est jamais lié par l'avis des experts.

Au demeurant, il doit en être de l'expertise comme de l'enquête : elle ne doit jamais être annulée, même pour les causes qui ailleurs constitueraient une nullité substantielle, comme si les experts n'avaient pas tous signé le procès-verbal ou n'avaient pas prêté serment. Seulement, dans les causes sujettes à appel, le tribunal d'appel pourrait, suivant les circonstances, ordonner une seconde expertise, si la première, à raison des irrégularités commises, ne lui paraissait pas suffisamment probante.

III. *De la preuve par titres.*

Les juges de paix, pas plus que les tribunaux de commerce, ne peuvent connaître des vérifications d'écritures et faux incidents. C'est ce qui résulte de l'art. 14 du code, qui dispose : « Lorsqu'une des parties déclarera vouloir s'inscrire en faux, déniera l'écriture ou déclarera

---

(1) *Contrà*, M. Chauveau sur Carré, quest. 174.

ne pas la reconnaître, le juge lui en donnera acte : il paraphera la pièce, et renverra la cause devant les juges qui doivent en connaître. » Mais cet article ne dit point comme l'art. 427, qu'après le jugement de l'incident il faudra revenir devant le premier juge saisi : le tribunal civil doit donc juger en même temps l'incident et le fond ; le procès se termine ainsi plus tôt et à moins de frais (1). Le juge de paix n'est pas obligé de prononcer le renvoi quand la cause peut être jugée abstraction faite de la pièce produite ; si la partie qui a produit la pièce refusait de la représenter pour que le juge la paraphe, elle serait censée renoncer à s'en servir. L'article 14 au surplus ne fait pas obstacle à ce qu'on cite à un jour franc devant le juge de paix en reconnaissance d'un écrit privé dans une cause de la compétence de ce juge ; seulement quand le défendeur dénie ou méconnaît l'écrit le renvoi doit être prononcé.

IV. *De l'audition des parties.*

Si les parties ont comparu en personne le juge de paix peut leur adresser toutes les questions qu'il juge convenables ; si elles n'ont comparu que par procureur fondé, il peut ordonner qu'elles comparaîtront en personne à une audience suivante. Il n'est point nécessaire que le jugement qui intervient à cet égard soit expédié et signifié : mais il est à propos de demander au juge de paix une cédule. Le juge pourrait charger directement les procureurs fondés d'avertir leurs mandants de se rendre en personne ; car il n'y a rien ici de rigoureux, rien de sacramentel. Si les parties ou l'une d'elles n'obéissent pas au jugement, le juge de paix peut en tirer telles inductions que de droit, et le jugement ne laisse pas

---

(1) *Contrà*, Pigeau, *Comm.*, t. 1, p. 29 ; Carré, quest. 55.

d'être contradictoire si le procureur fondé se représente et conclut de rechef au fond, à la nouvelle audience. Nous ne pensons pas au surplus que le juge de paix puisse ordonner un interrogatoire sur faits et articles; cette procédure décréditée, si inférieure en avantages à la comparution personnelle, ne doit pas être étendue aux juridictions d'exception : c'est assez qu'elle ait cours là où la loi l'a expressément autorisée, c'est-à-dire dans les juridictions ordinaires (1).

V. *Du serment et des commissions rogatoires.*

QUAND le juge de paix ordonne un serment, il peut le recevoir sur-le-champ, si la partie qui doit le prêter est présente, et que l'autre partie soit présente aussi ou représentée par un procureur fondé : le législateur, dans l'art. 28, témoigne assez son antipathie contre toute citation nouvelle.

Le juge de paix peut user de commission rogatoire, mais seulement vis-à-vis d'un autre juge de paix; un mandat de ce genre ne peut être obligatoire pour un magistrat qui a sur celui qui l'a donné une prééminence de dignité : mais rien n'empêche que le juge supérieur ne renonce à cet égard à la prérogative de son rang.

§ IV. *Des demandes incidentes ou en intervention.*

LES demandes incidentes peuvent être formées à l'audience ou par exploit signifié au domicile de la partie adverse : les demandes en intervention peuvent aussi avoir lieu de l'une et l'autre manière; car les comparutions spontanées sont toujours ici dans le vœu du législateur.

---

(1) *Contrà*, Carré, quest. 44 *quater*.

§ v. *De la reprise et de l'extinction de l'instance.*

L'INSTANCE ne peut être mise hors de droit que par la mort de l'une des parties légalement notifiée, et il y a lieu de la reprendre par exploit, si les héritiers de la personne décédée ne se présentent pas volontairement.

Les règles générales du désistement sont applicables ici, si ce n'est que le désistement et son acceptation ne peuvent se faire qu'à la barre ou par exploits réciproquement signifiés à personne ou domicile.

Il en est autrement des règles ordinaires de la péremption : elles sont inapplicables aux justices de paix qui sont régies par une péremption toute spéciale, dont l'art. 15 contient les règles. « Dans les cas, porte cet article, où un interlocutoire aurait été ordonné, la cause sera jugée définitivement au plus tard dans le délai de quatre mois du jour du jugement interlocutoire. Après ce délai, l'instance sera périmée de droit ; le jugement qui serait rendu sur le fond sera sujet à l'appel, même dans les matières dont le juge de paix connaît en dernier ressort, et sera annulé sur la réquisition de la partie intéressée. Si l'instance est périmée par la faute du juge, il sera passible des dommages et intérêts. » La loi du 26 octobre 1790 était encore plus sévère ; elle prononçait, après les quatre mois, l'extinction de *l'action* : le code ne prononce que l'extinction de *l'instance* qui peut dèslors être renouvelée tant que la prescription n'est pas acquise.

La péremption s'opérant ici de plein droit n'est pas couverte par les poursuites ultérieures du demandeur : mais le défendeur peut y renoncer, soit expressément, soit implicitement, en procédant en exécution du jugement périmé.

Il importe peu que l'interlocutoire ait été prononcé par défaut. Il est indifférent aussi que la sentence soit proprement interlocutoire ou seulement préparatoire : outre que la raison de décider est la même, le sens du mot *interlocutoire* n'avait pas encore été précisé lorsque le livre 1er du code fut promulgué, et l'on donnait autrefois ce nom à toutes les sentences qui n'étaient point définitives.

Mais si la citation n'a été suivie d'aucun jugement, l'art. 15 demeure évidemment sans application, et cette citation n'est point frappée par la péremption de quatre mois (1). Il est difficile d'assigner la raison de cette différence ; peut être est-ce parce que le défendeur est lui-même en faute quand il ne s'est pas présenté au jour marqué par la citation, et qu'il mérite alors peu de faveur. Mais est-ce à dire que la citation conservera *nécessairement* ses effets pendant trente ans ? Quelques auteurs l'ont soutenu (2) ; nous n'approuvons pas leur doctrine : à défaut de la péremption spéciale établie par l'art. 15, reste la péremption ordinaire établie par l'art. 397 qui s'appliquera alors aux justices de paix comme elle s'applique aux justices consulaires, et qui suivant sa nature ne pourra être acquise qu'autant qu'elle aura été demandée avant de nouvelles poursuites. La question n'offre du reste de l'intérêt que sous le rapport de la prescription ; car il faudra dans tous les cas une citation nouvelle pour obtenir un jugement régulier.

CHAPITRE IV.

De la procédure devant les prud'hommes.

Nous avons vu, dans les chapitres précédents, la procédure prendre des allures de plus en plus dégagées. Devant les justices de paix, elle s'est montrée à nous dans

---

(1) *Cass.* 12 février 1822.
(2) Pigeau, *Comm.* t. 1, p. 30 ; Carré, quest. 58.

son mécanisme le plus simple. Aussi le décret du 11 juin 1809 n'a-t-il fait qu'appliquer aux prud'hommes, dans des termes presque identiques, les dispositions du code de procédure sur les justices de paix. Les tit. 5, 6, 7, 8, 9 et 10 de ce décret traitent successivement des citations ; des séances du bureau particulier et du bureau général des prud'hommes, et de la comparution des parties ; des jugements par défaut, et des oppositions à ces jugements ; des jugements qui ne sont pas définitifs, et de leur exécution ; des enquêtes ; enfin, de la récusation des prud'hommes. Ils correspondent exactement aux dispositions comme aux rubriques des tit. 1, 2, 3, 5, 7 et 9 du livre 1er, 1ere partie, de notre code, consacré aux justices de paix.

Il suffira donc de noter quelques dissemblances entre les deux procédures, en avertissant que, pour tout le reste, les règles de l'une doivent s'étendre à l'autre.

Les citations devant les prud'hommes doivent toujours être précédées d'une lettre d'avis, et les parties n'ont pas, comme devant les juges de paix, la latitude indéfinie de se faire représenter par des procureurs fondés. « Tout marchand fabricant, porte l'art. 29 du décret, tout chef d'atelier, tout contre-maître, tout teinturier, tout ouvrier, compagnon ou apprenti, appelé devant les prud'hommes, sera tenu, sur une simple lettre de leur secrétaire, de s'y rendre en personne au jour et à l'heure fixés, *sans pouvoir se faire remplacer*, hors le cas d'absence ou de maladie : alors seulement il sera admis à se faire représenter par l'un de ses parents, négociant ou marchand exclusivement, porteur de sa procuration. » Si l'individu appelé ne comparaît point, on lui fait notifier une citation par l'huissier attaché au conseil (30). Dans les cas urgents, les prud'hommes peuvent ordonner toutes les mesures nécessaires pour empêcher que les objets qui donnent lieu à la réclamation ne soient enlevés, ou déplacés, ou détériorés (art. 28). Les parties sont entendues contradictoirement : le bureau particulier doit tâcher de les concilier avant de les renvoyer devant le bureau général (art. 36).

Les jugements sont exécutoires vingt-quatre heures après leur signification (art. 27) : jusqu'à concurrence de trois cents francs, ils sont exécutoires par provision, nonobstant l'appel, et sans caution (art. 39). Ce dernier article correspond à l'art. 17 du code de procédure; mais celui-ci, comme on l'a dit, a été modifié par la loi du 25 mai 1838, tandisque la disposition du décret reste en pleine vigueur.

Les jugements par défaut, les enquêtes, les descentes de lieux, sont soumis aux mêmes règles que devant les justices de paix. Quant aux expertises, le décret n'en parle point et suppose par là que les prud'hommes n'en peuvent ordonner : ils ne sauraient en effet trouver de meilleurs experts qu'eux-mêmes.

Les causes et le mode de récusation sont aussi les mêmes que pour les juges de paix : la récusation est jugée par le tribunal de commerce (art. 57).

Parmi les exceptions autorisées dans les autres tribunaux, la seule qui paraisse compatible avec la juridiction des prud'hommes, c'est l'exception d'incompétence, de litispendance ou de connexité, qui peut être jugée en même temps que le fond, pourvu que ce soit par une disposition distincte.

La péremption de quatre mois n'est pas applicable aux conseils de prud'hommes, le décret n'en parle pas ; mais la péremption ordinaire doit y exercer son empire.

Il suffit de ces généralités sur une juridiction qui n'existe encore que dans un petit nombre de villes, quoique le gouvernement, suivant en cela le vœu de l'opinion, paraisse disposé à l'étendre graduellement à toutes les localités industrielles : peut-être même va-t-il en doter la capitale qui jusqu'à ce jour en est demeurée privée, quoiqu'elle soit devenue le foyer le plus actif de la production.

LIVRE IV.

DES VOIES OUVERTES CONTRE LES JUGEMENTS ET ORDONNANCES.

LES voies ouvertes contre les jugements se divisent en voies ordinaires qui comprennent l'opposition et l'appel, et en voies extraordinaires qui embrassent la requête civile, le pourvoi en cassation, la prise à partie, le désaveu et la tierce opposition. Nous allons parler successivement de chacune de ces voies : nous consacrerons ensuite un chapitre particulier aux voies ouvertes contre les ordonnances des présidents ou des juges-commissaires : enfin, dans un dernier chapitre, nous exposerons les principes généraux de l'acquiescement.

Avant d'aborder cette division, nous devons faire remarquer qu'il n'est point nécessaire de se pourvoir contre une décision, quand elle ne porte que le nom de *jugement* sans en avoir aucun des caractères constitutifs. Un jugement est une décision rendue par un juge : si donc une prétendue décision ne porte la signature d'aucun juge, ou si elle est signée par une personne qui n'avait en aucune façon le droit de juger, par exemple par un juge de paix siégeant comme conciliateur, ou par de prétendus arbitres dont les pouvoirs étaient supposés, la nullité d'un pareil acte peut être opposée en tout temps par voie d'exception.

Mais, dès qu'une décision a été rendue et signée par un véritable juge, si énormes que soient les vices dont elle est entachée, elle doit être attaquée par les voies

légales : sinon , elle est susceptible d'acquérir l'autorité
de la chose jugée , à moins que l'ordre public n'ait été
si scandaleusement violé , que la société tout entière ne
soit intéressée à la destruction d'un jugement qui présen-
terait une sorte d'attentat.

CHAPITRE Ier.

Des voies ordinaires pour attaquer les juge-
ments, et spécialement de l'appel.

Ces voies sont, comme on l'a dit , l'opposition et l'appel. Elles ont cela de commun qu'en général elles sus-
pendent l'exécution de la sentence contre laquelle elles sont
dirigées, mais elles diffèrent sous tous les autres rapports.
L'opposition est portée devant le même juge qui a rendu
la sentence attaquée; l'appel, devant le juge immédiatement
supérieur : l'opposition est ouverte contre tout jugement
par défaut , quelle que soit la modicité du litige ; l'appel
n'est pas ouvert contre les sentences rendues en dernier
ressort : le délai de l'opposition dans les jugements faute
de conclure n'est que de huitaine ; dans les jugements
faute de comparaître il n'a point de durée fixe , puisqu'il
se prolonge jusqu'à l'exécution du jugement : le délai de
l'appel est toujours fixe et il est ordinairement de trois
mois. Il serait superflu de continuer ce parallèle.

Les règles de l'opposition ont été suffisamment expliquées quand nous avons parlé des jugements par défaut;
nous n'avons à nous occuper ici que de l'appel.

L'utilité de l'appel a été quelquefois contestée : elle le
fut notamment dans le sein de l'assemblée constituante lors
de la discussion de la loi du 16-24 août 1790. Il peut
arriver en effet que la sentence du juge supérieur qui ré-
forme soit moins juste que ne l'était celle du juge inférieur ; mais, pour apprécier le mérite d'une institution,

ce n'est pas à des cas rares qu'il faut s'attacher, mais à ce qui arrive communément. Or, on ne saurait disconvenir que les décisions infirmatives ne soient généralement plus justes que les décisions infirmées, surtout quand le gouvernement, comme c'est son devoir, n'appelle dans les cours souveraines que des hommes d'une capacité reconnue et d'un mérite éprouvé. C'est déjà une garantie d'une justice plus éclairée que le nombre plus considérable de juges qui doit siéger dans le tribunal supérieur. Il est vrai que ceci même a été contesté par des publicistes de renom; sans citer Jérémie Bentham, ce penseur hardi qui semble avoir pris à tâche de s'écarter partout des sentiers battus pour s'aventurer dans des routes nouvelles, un publiciste français, M. Charles Comte, n'a pas craint de soutenir le paradoxe avancé par le novateur Anglais, savoir : qu'il ne faudrait jamais qu'un seul juge. « Multiplier le nombre des hommes, dit M. Comte, n'est pas nécessairement un moyen d'accroître la masse des lumières dans aucun genre de connaissances ; deux demi-savants ne font point un savant. Cela est vrai dans les sciences morales, comme dans les sciences physiques ou mathématiques ; dans les unes comme dans les autres, le nombre ne prouve rien que lui-même. Il serait aussi ridicule de prétendre obtenir un savant mathématicien en réunissant quelques maîtres d'école de village qui n'ont jamais su faire que des additions et des soustractions » (1). Le vice de ce raisonnement est aisé à signaler. La question n'est pas de savoir s'il vaut mieux être livré au jugement d'un seul homme éclairé qu'à celui de plusieurs hommes ignorants, mais bien si un seul juge doit rendre mieux la justice que plusieurs qui lui sont égaux en lumières. La question ainsi posée, et c'est ainsi qu'elle doit l'être, sa solution n'est

_____

(1) Considérations sur le pouvoir judiciaire, ch. 2.

plus douteuse à nos yeux. L'homme le plus docte, confiné dans l'isolement de sa raison superbe, est trop sujet à faillir ; la pierre de touche de la vérité, c'est l'assentiment du grand nombre. Quand plusieurs hommes de bonne foi se réunissent pour résoudre une difficulté, Dieu même, suivant la parole sacrée, est au milieu d'eux : la vérité qui n'est qu'une manifestation divine ne saurait donc tarder à leur apparaître.

Nous avons exposé ailleurs la théorie du dernier ressort, et indiqué par conséquent les sentences qui ne sont point sujettes à l'appel. Nous ajouterons seulement que lorsque la sentence a été rendue en premier ressort, l'appel peut être valablement dirigé contre une disposition particulière du jugement, qui, si elle eût fait l'objet d'un jugement séparé, aurait été inattaquable par cette voie. Ainsi, quand un débiteur est actionné en paiement d'une somme excédant quinze cents francs, rien n'empêche, s'il est condamné, qu'il appelle seulement du chef du jugement relatif aux intérêts, quoique ces intérêts se trouvent bien inférieurs au taux du dernier ressort.

Nous allons examiner ici combien on distingue de sortes d'appel; qui peut interjeter appel; à qui l'appel doit profiter; contre qui il doit être dirigé ; à qui il peut être opposé ; dans quels délais il doit être relevé; dans quels cas il est prématuré ; de quelle manière il doit être interjeté; par quelles fins de non recevoir il peut être écarté; quelles sont les règles spéciales de la procédure devant les cours royales ou les autres tribunaux d'appel ; enfin, quels sont les effets de la sentence confirmative ou infirmative, et quels sont les cas où le droit d'évocation peut s'exercer. Avant tout, il est bon d'avertir que les règles que nous allons exposer s'appliquent, au moins en général, non-seulement aux cours royales, mais encore aux tribunaux civils quand ils statuent sur les appels des justices de paix , et même aux tribunaux de commerce quand ils statuent comme juges d'appel des prud'hommes. Sous ce rapport, dans la nouvelle édition du code qui fut faite en 1816 , on substitua mal-à-propos , dans le livre 3 , 1ʳᵉ partie , cette rubrique , *des cours royales* , à la rubrique , *des tribunaux d'appel* , que ce livre portait précédemment.

§ 1ᵉʳ. *Combien on distingue de sortes d'appel.*

On distingue deux sortes d'appel : l'appel *principal*, et l'appel *incident*. L'appel principal est toujours celui qui a été interjeté le premier ; la partie qui l'interjette se nomme *appelant* ; la partie adverse se nomme *intimé*. Celle-ci peut avoir intérêt à appeler à son tour quand elle a succombé sur quelques chefs ; l'appel qu'elle relève en pareil cas est l'appel incident. Il peut se faire que le second appel ait trait à des chefs plus importants que le premier : celui-ci n'en reste pas moins l'appel principal.

Les règles que nous allons exposer régissent les deux appels , sauf les différences que nous aurons l'occasion d'indiquer.

§ II. *Qui peut appeler.*

Le droit d'appeler appartient à toute partie qui a figuré dans le jugement et dont ce jugement lèse les intérêts. Il importe peu qu'elle ait figuré dans le procès comme partie principale ou seulement comme intervenante(1).

Ce droit appartient aussi sans difficulté aux héritiers ou successeurs universels de la partie. Les successeurs irréguliers peuvent interjeter l'appel avant de s'être fait envoyer en possession , parce que c'est un acte conser-

---

(1) *Cass.* 2 juin 1830 et 13 nov. 1833.

vatoire ; mais l'intimé peut exiger qu'ils se mettent en
mesure avant que l'appel soit jugé.

Le successeur à titre particulier, qui n'a point qualité
suffisante pour reprendre l'instance engagée par son auteur et se substituer dans le procès à celui-ci, a pourtant qualité suffisante pour relever appel du jugement
qui affecte directement son droit. L'appel doit lui être
ouvert, parce qu'il a le principal intérêt à l'interjeter
et que l'intérêt est la mesure des actions. Si donc le
possesseur d'un immeuble, actionné en délaissement, a
vendu, donné ou légué depuis le jugement du procès,
cet immeuble à un tiers ; celui-ci peut interjeter appel de la
sentence qui a accueilli l'action en revendication. Dans
ce cas pourtant, nous admettrions aussi l'ancien possesseur à interjeter l'appel ; il a lui-même intérêt à faire réformer le jugement, ne serait-ce qu'à raison des dépens
auxquels il a été personnellement condamné.

Si la partie qui a figuré en nom dans le jugement a
changé d'état ou cessé ses fonctions depuis l'introduction
du procès en première instance, c'est le nouveau représentant de la partie, ou la partie elle-même si elle a
repris ses droits, qui doit interjeter l'appel. La raison
en est que l'appel ne laisse pas d'être une instance nouvelle quoiqu'il se rattache à une instance précédente, et
qu'il faut dès-lors avoir actuellement qualité, pour l'interjeter valablement. Ainsi, le jugement a été rendu contre
un tuteur dont la tutelle a cessé : l'appel doit, à peine
de nullité, être interjeté par le nouveau tuteur, ou par
l'ancien pupille devenu majeur. De même si le jugement
a été rendu contre une personne alors capable mais depuis
frappée d'interdiction ou tombée en faillite, l'appel ne
peut être interjeté qu'au nom de son tuteur, dans un cas;
des syndics, dans l'autre, quand il ne s'agit, bien entendu,
que d'intérêts pécuniaires. Cette règle ne doit fléchir que

lorsque le changement d'état ou la cessation des fonctions, sont tellement récents que l'huissier a dû naturellement les ignorer quand l'appel a été signifié.

Les créanciers dela partie qui a succombé peuvent-ils interjeter appel en son nom, quand ils n'ont pas figuré dans le jugement de première instance? Nous ne leur reconnaissons cette faculté dans aucun cas. Si ce sont des créanciers qui ont le droit de former tierce-opposition tels que des créanciers hypothécaires, à quoi bon leur ouvrir un recours au nom d'autrui, quand le recours qu'ils peuvent exercer en leur propre nom suffit pour garantir leurs intérêts ? Si ce sont de simples créanciers cédulaires qui n'ont pas le droit de former tierce-opposition, ils doivent s'imputer de n'être pas intervenus en première instance : comment pourrait-on recevoir leur appel quand leur simple intervention serait irrecevable ?

Un procureur fondé ne peut interjeter l'appel en son nom ; mais il le peut au nom de son mandant. Il n'est pas nécessaire que la procuration ait acquis date certaine avant l'appel ; l'huissier est censé en avoir exigé la représentation en signifiant l'appel, et il suffit de la montrer à la partie adverse, à la première réquisition (1). L'avoué de première instance peut, à plus forte raison, interjeter appel au nom de la partie : mais l'intimé peut exiger en appel la représentation d'un pouvoir exprès de la partie, pour ne pas s'exposer aux conséquences d'un désaveu.

Les communes appelantes ont besoin d'une nouvelle autorisation du conseil de préfecture pour l'instance d'appel (L. 18 juillet 1837, art. 40). Mais l'appel peut être interjeté valablement, pour prévenir la déchéance, avant que

_____

(1) *Contrà*, *Cass.* 24 brumaire an 9 et 16 prairial an 12. D'après ce dernier arrêt il ne suffirait pas même que la procuration eût date certaine avant l'appel ; il faudrait encore, à peine de nullité, en donner copie avec l'exploit d'appel : n'est-ce pas créer une nullité arbitrairement ?

l'autorisation ait été accordée, il suffit qu'elle le soit plus tard. Pareillement, un tuteur n'a pas besoin de l'autorisation préalable du conseil de famille pour interjeter un appel en matière immobilière, sauf à l'obtenir ultérieurement. La femme peut aussi relever appel sans autorisation préalable de son mari ou de la justice. Toutes ces conséquences dérivent du même principe, savoir : que l'appel est une mesure conservatoire et d'urgence.

§ III. *A qui l'appel doit profiter.*

En droit canon, l'appel d'une des parties condamnées profitait à toutes celles qui se trouvaient dans une position identique, quoique la matière fût divisible. « *Una sententia pluribus condemnatis, si unus solus ad appellationis beneficium convolaverit, illius victoria jure communi suffragatur, si communi jure juventur, idemque negotium et eadem causa defensionis existat.* Cap. 72, *extrà, de appellationibus.* L'Église a toujours été comme une mère pleine de sollicitude qui veille aux intérêts de ses enfants endormis. Notre loi civile témoigne moins de souci ; elle n'accorde sa protection qu'à ceux qui viennent l'implorer, *vigilantibus jura subveniunt.*

Si donc la matière est divisible, l'appel ne profitera qu'à la partie qui l'a interjeté : si elle est indivisible, l'appel de l'une profitera par la force des choses à toutes les autres (1).

Dans les hautes régions des généralités, ce principe est incontestable ; mais on rencontre bientôt des difficultés ardues, quand on descend aux applications. Commençons par ce qui est le moins problématique.

S'agit-il d'une enquête ou de toute autre mesure d'in-

---

(1) *Cass.* 13 juillet 1830.

struction préjugeant le fond ? l'indivisibilité de la cause fait que l'appel interjeté par l'une des parties profite aux autres (1).

En matière de garantie formelle, l'appel relevé par le garant à l'encontre du demandeur originaire, doit profiter au garanti (2), et réciproquement.

En matière de garantie simple, l'appel du garant doit aussi en général profiter au garanti ; mais la réciproque ne paraît point vraie. Raisonnons par exemple dans l'hypothèse d'un jugement rendu contre un débiteur principal et une caution. L'appel du débiteur principal qui est le garant, profitera nécessairement à la caution qui est le garanti, parce qu'il ne peut pas y avoir de cautionnement s'il n'y a pas de dette principale ; mais on ne voit pas comment l'appel de la caution pourrait profiter au débiteur principal.

La circonstance que la caution s'est obligée solidairement ne doit rien changer au principe. Mais que décider à l'égard de plusieurs débiteurs solidaires ? La question présente ici des doutes sérieux. La dette devant en effet se diviser ultérieurement par égales parts entre les coobligés, chacun des débiteurs est débiteur principal de sa part, et caution de ses coobligés pour tout le surplus. Dans le doute, c'est la supposition la plus favorable au débiteur qui doit prévaloir, c'est-à-dire que l'appel d'un seul des coobligés profitera à tous les autres quand il sera fondé sur des moyens résultant de la nature de l'obligation ou de toute autre circonstance commune à tous les coobligés (art 1208 C. civ.).

Pareillement dans les obligations *in solidum* résultant des délits ou des quasi-délits, l'appel interjeté par l'un

---

(1) *Cass.* 3o mars 1825 et 15 décembre 1829.
(2) *Cass.* 11 mai 1830.

des condamnés doit profiter aux autres quand il est basé sur la non-existence du fait allégué, ou sur toute autre cause qui n'a rien d'exclusivement personnel à celui des condamnés qui a appelé.

Nous adoptons cette doctrine avec quelque confiance quand, au moment de l'appel interjeté par l'un des condamnés solidairement, les délais n'étaient pas encore écoulés vis-à-vis des autres : la déchéance semble alors avoir été interrompue dans l'intérêt de tous. Nous n'éprouvons de l'hésitation que lorsque les délais étaient déjà expirés à l'égard d'un des condamnés quand un autre a relevé appel : dans ce cas-là même toutefois, il est permis de supposer que celui qui a reçu la première signification s'en est remis par avance à quelqu'un de ses coobligés du soin d'appeler dans l'intérêt de tous. Cette supposition est surtout plausible dans le cas de la solidarité proprement dite dont les règles reposent sur la supposition d'un mandat réciproque que les coobligés se sont donné l'un à l'autre vis-à-vis du créancier.

Nous avons dit dans le paragraphe précédent que les créanciers ne peuvent jamais appeler du chef de leur débiteur, quand ils n'ont pas été parties dans le procès de première instance. Mais s'ils sont intervenus devant les premiers juges, ils peuvent appeler au nom de leur débiteur toutes les fois que le litige n'a pas trait à des droits exclusivement attachés à la personne de celui-ci (1). L'appel de ces créanciers, s'il vient à réussir, doit-il profiter au débiteur? Pour la négative, on peut argumenter de l'art. 788 C. civ. qui n'annulle que dans l'intérêt des créanciers et jusqu'à concurrence seulement de leurs créances, la renonciation à une succession, faite par le débiteur. Mais le silence du débiteur qui n'a pas appelé, peut-

(1) *Cass.* 7 février 1832.

être dans la seule crainte d'exposer de nouveaux frais, ne peut être assimilé à une renonciation volontaire de sa part : l'appel de ses créanciers qui n'agissent à vrai dire qu'en vertu d'une sorte de mandat légal, doit donc lui profiter ; c'est du moins l'opinion que l'équité favorise.

Que si une partie n'est intervenue en première instance que pour y faire valoir des prétentions tout opposées à celles des parties qui figuraient déjà dans le procès, comme si un tiers est venu revendiquer de son chef une propriété débattue entre le demandeur et le défendeur originaires, l'appel de l'intervenant ne peut profiter à la partie qui a, comme lui, perdu son procès, ni réciproquement.

En résumé, peut-on supposer que la partie qui a appelé l'a fait dans l'intérêt d'autres parties dont les droits étaient intimement unis aux siens ? l'appel doit profiter à celles-ci : *secus*, dans le cas inverse.

§ IV. Contre qui l'appel doit être interjeté.

L'APPEL doit être dirigé uniquement contre celles des parties ayant figuré dans le jugement de première instance, qui doivent profiter des condamnations prononcées contre l'appelant ou du rejet total ou partiel de ses conclusions.

L'appelant ne doit jamais intimer sur l'appel les parties qui avaient exactement le même intérêt que lui : si non, il doit en toute hypothèse supporter les dépens inutiles occasionnés par cet appel. Tout ce que la prudence peut conseiller dans certains cas, c'est de dénoncer simplement l'appel à ces parties, pour qu'elles aient à intervenir si bon leur semble.

Au contraire, l'appelant peut intimer celles des parties qui ont succombé comme lui, quand ces parties avaient pris à son encontre des conclusions qu'elles pourraient reproduire, s'il ne les faisait proscrire par les juges d'appel. Ainsi, quand un immeuble a été simultanément revendiqué par un demandeur originaire et un tiers intervenant qui ont tous deux succombé, le demandeur originaire, en appelant du jugement contre le possesseur de l'immeuble, peut intimer l'intervenant pour faire constater sa propriété vis-à-vis de l'un et de l'autre.

Si la partie au profit de laquelle le jugement a été rendu est décédée, l'appel doit être dirigé contre ses héritiers ou successeurs universels.

Si cette partie a, depuis le jugement, vendu, donné ou autrement aliéné les objets ou droits donnant lieu au procès, l'appel est pourtant toujours dirigé utilement contre elle : la partie adverse est censée ignorer ces actes quoiqu'ils aient été transcrits. De même, si la partie gagnante a transmis par testament ces droits ou objets à un légataire particulier, cette circonstance pouvant être ignorée de la partie adverse, celle-ci interjettera utilement son appel contre les héritiers légitimes ou contre les successeurs irréguliers ou testamentaires envoyés en possession. On peut d'ailleurs avoir intérêt à diriger l'appel contre le même adversaire qu'on a eu en première instance ou ses successeurs universels, pour répéter contre eux, en cas de réussite sur l'appel, les dépens faits en première instance, dépens dont un successeur particulier ne saurait être tenu.

Mais l'appelant peut aussi, ce semble, diriger spontanément son appel contre le successeur à titre particulier, quand le droit de ce dernier lui est connu ; c'est une faculté pour lui de ne pas changer d'adversaire, ce n'est pas une obligation.

L'appelant doit, au contraire, s'enquérir exactement de tous les changements d'état ou de qualité survenus dans la position de son adversaire depuis le jugement de première instance, et diriger l'appel contre les nou-

veaux représentants de la partie ou contre la partie elle-
même si elle a repris l'exercice de ses droits.

Nul doute qu'en principe la partie qui a succombé
n'agisse très-prudemment en dirigeant son appel contre
toutes celles des parties ayant figuré en première instance
qui peuvent profiter du jugement directement ou indirectement, même contre celles de ces parties qui s'en sont remises à la sagesse du tribunal. Mais est-ce une obligation pour
la partie d'actionner tous ces adversaires directs ou même
indirects ? C'est un point que nous allons discuter dans le
paragraphe suivant.

§ v. *A qui l'appel peut être opposé.*

Si la matière est divisible, l'appel ne peut être opposé
qu'aux parties vis-à-vis desquelles il a été régulièrement
interjeté. Si elle est indivisible, il faut faire une distinction. Les intérêts des parties qui ont obtenu gain de
cause en première instance sont-ils distincts les uns des
autres, et l'une de ces parties ne peut-elle être réputée
avoir mandat de défendre dans l'intérêt de toutes les
autres ? L'appel relevé contre une d'elles seulement ne
saurait être d'aucune utilité, parce qu'il ne peut être opposé aux autres. Ainsi un propriétaire prétendra qu'il a,
pour arriver à son héritage, droit de passage sur
deux fonds qui le séparent de la voie publique; un jugement rejetera sa demande. S'il n'interjette appel que
vis-à-vis d'un des voisins, cet appel ne pourra être opposé à l'autre; et il ne pourra présenter d'intérêt sérieux
à l'égard du premier que pour les dépens.

De même, si deux créanciers ont querellé simultanément une collocation, et que la collocation ait été en effet
rejetée à l'égard des deux, c'est vis-à-vis des deux que
l'appel doit être relevé, sous peine d'être déclaré non
recevable. Nous reviendrons au surplus sur ce point en

parlant de la distribution par contribution et de l'ordre.

Si au contraire la partie, seule intimée, paraît avoir mandat légal de défendre dans l'intérêt des autres, l'appel pourra être opposé à celles-ci.

Ainsi, dans une obligation indivisible, si le créancier n'intime sur son appel qu'un seul des héritiers du débiteur, l'appel ne laisse pas d'être utile vis-à-vis de tous; c'est à l'héritier intimé à mettre en cause ceux-ci. (Arg. de l'art 1225 C. civ.)

En garantie formelle le garant a-t-il pris le fait et cause du garanti, c'est contre lui que l'appel doit être interjeté; il le serait inutilement contre le garanti. Dans le cas contraire, le garanti continuant d'être le principal adversaire du demandeur originaire, il suffirait d'interjeter appel contre lui sauf son recours contre le garant (1).

En matière de cautionnement, il ne paraît point que l'appel interjeté contre le débiteur principal taxativement, puisse être opposé à la caution, ni même que l'appel dirigé contre la caution puisse être opposé au débiteur principal. Nous n'admettons point que la caution simple ait mandat légal de représenter le débiteur principal; partant, le créancier perd alors ses droits même vis-à-vis de la caution, puisqu'il ne peut plus par son fait subroger celle-ci aux droits qu'il avait contre le débiteur principal.

Dans les obligations *in solidum*, dérivant de délits ou quasi-délits, nous ne voyons non plus aucun mandat légal qui autorise à supposer qu'un des obligés représente tous les autres; l'appel dirigé contre un seul ne peut donc être opposé à ses coobligés; mais il n'en subsiste pas moins vis-à-vis de l'intimé, parce que son obligation est indépendante de celle des autres.

Au contraire dans les obligations solidaires proprement dites, l'appel dirigé contre un seul des débiteurs, peut

----

Cass. 23 juin 1834.

être, ce semble, opposé aux autres, quand la demande du créancier a été repoussée par des moyens communs à tous les coobligés ; là en effet il est exact de dire que l'un des débiteurs représente tous les autres, au moins quand il s'agit pour le créancier d'éviter une déchéance.

Les signataires successifs des effets de commerce doivent être régis par les principes des obligations *in solidum*, plutôt que par ceux des obligations solidaires proprement dites.

On remarquera qu'il n'y a pas corrélation exacte entre les personnes à qui l'appel d'un autre profite et celles à qui l'appel dirigé contre un autre peut être opposé : si cette corrélation était admise, la matière serait fort simplifiée; mais il ne faut jamais sacrifier la raison à la symétrie. Or, on conçoit à merveille que l'homme diligent ne doit jamais éprouver de préjudice de ce que ses intérêts se trouvent accidentellement unis à ceux de personnes moins diligentes ; l'indivisibilité des intérêts fait alors que la diligence de l'un répare la négligence des autres. On est, au contraire, en faute si l'on ne se met en mesure que vis-à-vis d'une partie, quand on aurait dû s'y mettre vis-à-vis de plusieurs ; et il n'est pas surprenant qu'on puisse alors quelquefois perdre son droit vis-à-vis de toutes.

Dans les paragraphes qui précèdent, nous avons suivi des sentiers parsemés d'épines, et peut-être nous sommes-nous égaré plus d'une fois. La faute en est en partie au législateur qui n'a rien dit sur les points les plus difficiles de la matière ; aussi peut-on souvent faire remonter jusqu'à lui le reproche qu'on a adressé tant de fois à ses interprètes, *in facili multus*, *in difficili mutus*. Quoi qu'il en soit, dans les paragraphes qui vont suivre nous trouverons au moins quelques textes qui nous serviront de jalons et nous permettront de marcher d'un pas plus assuré.

§ VI. *Du délai pour interjeter appel.*

Ooccupons-nous d'abord de l'appel principal. « Le délai pour interjeter appel, porte l'art. 443, sera de trois mois ; il courra, pour les jugements contradictoires, du jour de la signification à personne ou domicile ; pour les jugements par défaut, du jour où l'opposition ne sera plus recevable. — L'intimé pourra néanmoins interjeter incidemment appel en tout état de cause, quand même il aurait signifié le jugement sans protestation ».

Le délai ordinaire pour interjeter l'appel principal est donc de trois mois. Ce délai s'applique également aux jugements des tribunaux civils d'arrondissement, des tribunaux de commerce (C. comm. 645), et des prud'hommes (déc. du 11 juin 1809, art. 38). Quant aux jugements des justices de paix, le délai a été réduit par l'art. 13 de la loi du 25 mai 1838 qui porte : « L'appel des jugements des juges de paix ne sera recevable ni avant les trois jours qui suivront celui de la prononciation des jugements, à moins qu'il n'y ait lieu à exécution provisoire, ni après les trente jours qui suivront la signification à l'égard des personnes domiciliées dans le canton. Les personnes domiciliées hors du canton auront, pour interjeter appel, outre le délai de trente jours, le délai réglé par les art. 73 et 1033 du code de procédure civile. » Les délais ordinaires de l'appel sont abrégés dans certaines matières par des dispositions spéciales qui sont expliquées en leur lieu (1).

La signification pour faire courir le délai doit être faite à personne ou au domicile réel ; la signification au domicile élu paraît insuffisante, même dans le cas prévu par l'art. 422 du code (2). Il ne serait pas juste qu'une partie

---

(1) Pour la manière de calculer le délai, V. t. 1er, p. 221 et suiv.
(2) *Cass.* 22 mars 1814.

pût encourir à son insu la perte irrévocable d'une portion souvent considérable de sa fortune. La règle doit
pourtant cesser pour l'élection de domicile faite dans un
contrat ou dans une inscription hypothécaire.

Quand le jugement a été rendu contre un mineur non
émancipé, les délais ne peuvent courir que du jour où
le jugement a été signifié tant au tuteur qu'au subrogé
tuteur, encore que ce dernier n'ait pas été en cause (art.
444). Si le subrogé tuteur avait des intérêts opposés à
ceux du mineur, il faudrait faire nommer un subrogé
tuteur *ad hoc* par le conseil de famille; si non, les délais ne pourraient courir, comme en matière de requête
civile, qu'à dater d'une nouvelle signification faite au mineur après sa majorité. Par la même raison, si le mineur a été représenté par le subrogé tuteur dans un procès où ses intérêts étaient en opposition avec ceux de son
tuteur, les délais ne doivent courir qu'autant qu'on a
fait nommer *ad hoc* un second subrogé tuteur, ou que
le conseil de famille a déclaré n'y avoir lieu d'appeler (1). Dès qu'il y a le moindre doute en effet, il
faut se prononcer contre la déchéance du droit d'appeler;
celui qui oppose cette déchéance *certat de lucro cap-
tando*, tandisque son adversaire *certat de damno vi-
tando*. De ce que le jugement doit être signifié au subrogé tuteur, ce n'est pas à dire que ce dernier ait qualité pour appeler et représenter le mineur dans l'instance
d'appel; il doit seulement provoquer au besoin une assemblée de famille pour faire décider s'il y a lieu, ou
non, à appeler, et il engage sa responsabilité s'il ne le
fait point : l'orateur du gouvernement le déclara expressément.

_____

(1) *Cass.* 30 mars 1825 et 1ᵉʳ avril 1833.

22

Si les délais étaient sur le point d'expirer, nous admettrions le subrogé tuteur à interjeter l'appel pour empêcher la déchéance, à la charge de rapporter, avant de procéder sur icelui, une autorisation expresse du conseil de famille; ce conseil exerce en effet vis-à-vis du pupille la suprême puissance, et le tuteur n'est en quelque sorte que son agent.

A l'égard des interdits, il faut procéder comme à l'égard des mineurs.

Si le jugement a été rendu contre une personne majeure qui est décédée laissant des héritiers mineurs, il faudra faire la double signification au tuteur et au subrogé tuteur : cette solution s'appuie sur les termes généraux de l'art. 444 et sur l'esprit de la loi.

Si la partie condamnée n'a pu figurer dans le procès sans l'assistance ou l'autorisation d'un tiers, le jugement pour que les délais puissent courir doit être signifié à ce tiers comme à la partie elle-même. Ainsi il faut signifier le jugement non-seulement à la femme, mais encore au mari qui l'avait autorisée ; non-seulement au prodigue, mais encore à son conseil judiciaire ; non-seulement au mineur émancipé, mais encore à son curateur, dans les affaires qui nécessitent le concours de celui-ci. C'est surtout quand il s'agit de savoir s'il est à propos d'interjeter appel qu'on a besoin de recourir aux lumières de ces conseils que la loi donne à l'inexpérience ou à la faiblesse. Que si la femme n'a procédé en première instance qu'avec l'autorisation de la justice, la signification au mari ne paraît plus nécessaire.

S'il y a eu décès, changement d'état ou de qualité depuis le jugement, c'est au nouveau représentant de la partie que la signification doit être faite.

Si la signification est nulle, il est certain qu'elle ne peut faire courir le délai de l'appel. Elle est nulle toutes les fois qu'elle ne contient pas celles des formalités pres-crites par l'art. 61, qui sont applicables à tous les exploits en général. La signification des sentences des juges de paix doit elle-même renfermer, sous peine de nullité, des in-dications analogues : il faut se montrer plus rigoureux pour un acte qui peut entraîner une déchéance, que pour une simple citation dont les irrégularités ne sauraient jamais entraîner, pour la partie condamnée, un préjudice sérieux.

La signification demeure également sans effet quand elle n'est pas faite au nom des véritables ayants-droit, comme si elle a été faite au nom d'une personne décédée (1).

Dans les matières indivisibles la signification doit être faite à toutes les parties condamnées, pour faire courir les délais d'une manière utile : nous nous référons, pour l'intelligence de cette proposition, à ce qui a été dit dans les paragraphes précédents.

La signification à l'un des débiteurs solidaires ne fait pas non plus, à notre avis, courir les délais à l'égard des autres : nous admettons, comme nous l'avons dit ail-leurs, la supposition d'un mandat réciproque entre les débiteurs solidaires, quand il s'agit d'empêcher des dé-chéances, mais non point quand il s'agit de les acquérir.

La signification à partie fait-elle courir le délai quand elle n'a pas été précédée de la signification à avoué? Nous ne le pensons pas. Pourquoi l'art. 157 exige-t-il la signi-fication préalable à l'avoué? Pour que celui-ci éclaire sa partie sur ce qu'il peut être de son intérêt de faire. Or, dans quelle circonstance ses avis sont-ils plus nécessai-res à la partie que lorsqu'il s'agit pour celle-ci de savoir si elle doit appeler, et dans quel délai elle doit le faire ou dans quelle forme? Ne peut-il pas se faire d'ailleurs que l'avoué ait reçu d'avance le mandat d'appeler dès que

(1) *Cass.* 23 novembre 1808.

le jugement lui serait signifié, et serait-il juste que la partie
fût en pareil cas victime d'une déchéance occasionnée par
une manière de procéder tout-à-fait insolite. Qu'importe
après cela la rédaction des art. 157 et 443 du code de
procédure? S'arrêter à l'écorce des textes quand la pensée du législateur est aussi transparente, c'est apporter
dans l'interprétation des lois un matérialisme trop grossier ;
c'est vouer un culte superstitieux à la lettre quand on ne
doit rechercher que l'esprit (1).

Si le jugement est par défaut, le délai court à dater
du jour où l'opposition n'est plus recevable; partant, si
le jugement est par défaut faute de comparaître, à dater
du jour où le jugement a été exécuté de quelqu'une des
manières indiquées dans l'art. 159, sans que ce jour soit
compté dans le délai : si le jugement est faute de conclure, à l'expiration de la huitaine qui suit la signification
à avoué, de manière que le lendemain de cette huitaine
soit compté puisqu'il a été utile en entier. En ce dernier
cas, le délai de l'appel peut courir et la déchéance s'accomplir quoique le jugement n'ait pas été signifié à la
partie. Cette conséquence s'induit nécessairement des termes de l'art. 443, et il n'est pas certain ici que l'esprit
de la loi soit opposé, la partie pouvant exercer un recours en indemnité contre son avoué, si la déchéance a
été encourue par la faute de celui-ci (2). Mais si l'avoué
venait à décéder avant que le délai de trois mois fût ac-
compli, il faudrait une signification à la partie pour que
le délai reprît son cours : dans les cas que la loi ne prévoit
point, il faut toujours adopter le parti le plus indulgent.

---

(1) La plupart des auteurs et des arrêts son contraires. V. M. A.
Dalloz, V° *Appel*, n. 359 et suiv.

(2) La dernière jurisprudence de la cour suprème est contraire. V.
18 décembre 1815 et 24 avril 1816.

L'art. 645 du code de commerce, conforme en cela à l'art. 443 du code de procédure, porte que le délai pour interjeter appel des sentences commerciales, ne court, si la sentence est par défaut, que du jour de l'expiration du délai de l'opposition. Mais ni le décret du 11 juin 1809, dans son art 38, ni la loi du 25 mai 1838, dans son art. 13, ne font la même précision pour les sentences des prud'hommes ou des juges de paix. Cette précision ne doit pas moins être suppléée; l'art. 443 du code de procédure contient à cet égard un principe de droit commun qui s'applique à toutes les juridictions.

Le délai ordinaire de l'appel n'est point susceptible de l'augmentation à raison de trois myriamètres de distance ; il n'y a d'exception à cette règle que pour les justices de paix, quand la partie condamnée est domiciliée hors du canton où l'appel doit être signifié. Mais les délais sont augmentés dans les deux cas prévus par les art. 445 et 446 du code de procédure.

« Ceux qui demeurent hors de la France continentale, porte l'art. 445, auront, pour interjeter appel, outre le délai de trois mois depuis la signification du jugement, le délai des ajournements réglé par l'art 73 ci-dessus » , c'est-à-dire, deux mois, quatre mois, six mois ou un an suivant la distance. Si le jugement avait été rendu par défaut, le délai ordinaire ne courrait qu'à dater de l'expiration des délais de l'opposition, conformément à la règle générale. La signification du jugement peut être faite au parquet du procureur du roi, conformément à l'art. 69 du code ; la loi pourvoit suffisamment aux intérêts de la partie qui demeure hors de France, en prorogeant les délais ; et si elle avait entendu que la signification fût faite au domicile réel de la partie, elle aurait sans doute réduit de moitié les délais fixés par l'art 73 qui ont été réglés pour le cas où il y a lieu à envoi et retour.

L'art 446 ajoute : « Ceux qui sont absents du territoire européen du royaume pour service de terre ou de mer, ou employés dans les négociations extérieures pour le service de l'état, auront pour interjeter appel, outre le délai de trois mois depuis la signification du jugement, le délai d'une année. » Il importe peu que la personne employée dans les négociations extérieures pour le service de l'état le soit en vertu d'une mission officielle ou d'une mission secrète : il suffit, en ce dernier cas, de produire une attestation du ministre des affaires étrangères.

Il résulte clairement de l'art. 446 que tous autres absents, ceux même dont l'existence est incertaine, ne jouissent d'aucune prorogation de délai : ils doivent prendre leurs mesures avant de quitter leur domicile. Les créanciers ou héritiers présomptifs du présumé absent pourraient pourtant provoquer du tribunal la nomination d'un curateur qui serait chargé d'interjeter l'appel s'il paraissait y avoir lieu.

Le principe qui fait courir les délais à dater de la signification du jugement ou de l'expiration des délais de l'opposition souffre une exception notable, c'est celle indiquée dans l'art 448 qui dispose : « Dans le cas où le jugement aurait été rendu sur une pièce fausse, ou si la partie avait été condamnée faute de représenter une pièce décisive qui était retenue par son adversaire ; les délais de l'appel ne courront que du jour où le faux aura été reconnu ou juridiquement constaté, ou que la pièce aura été recouvrée, pourvu que, dans ce dernier cas, il y ait preuve par écrit du jour où la pièce a été recouvrée, et non autrement. » La découverte du faux ne suffit donc pas pour faire courir le délai ; il faut que le faux ait été reconnu par celui auquel il est opposé, ou qu'il ait été juridiquement constaté ; et dans ce dernier cas le délai ne doit courir qu'à dater du jour où le jugement qui constate le faux a acquis l'autorité de la chose jugée. Si l'appel est fondé sur la découverte d'une pièce nouvelle, qui avait été retenue par la partie adverse, la loi exige que le jour où cette pièce a été recouvrée soit constaté par écrit, dans un inventaire après décès, par exemple, afin qu'il soit bien certain que cette pièce avait été réellement retenue par l'adversaire et qu'on ne peut imputer nulle faute à la partie qui la produit maintenant.

En tout autre cas de dol de la partie qui a gagné le procès, le délai ne doit également courir qu'à dater de la découverte du dol.

Si l'appel n'a été interjeté qu'après les délais, nul doute que l'intimé ne puisse en demander le rejet en tout état de cause. Mais les juges ne peuvent suppléer le moyen d'office, même quand il existe dans le dossier de l'intimé un original régulier de signification (1). Comment en effet les juges pourraient-ils savoir si la copie était régulière ? Si l'intimé n'a pas cherché à tirer avantage de la signification, c'est apparemment parce qu'il avait la conscience de sa nullité : les juges, du moins, doivent le présumer ainsi.

Disons en finissant qu'il n'y a point de délai fixe pour l'appel incident qui peut être interjeté *en tout état de cause*, c'est-à-dire tant que l'instruction n'est pas terminée.

§ VII. *De la suspension des délais de l'appel.*

« LES délais de l'appel, porte l'art. 447, seront suspendus par la mort de la partie condamnée. Ils ne reprendront leur cours qu'après la signification du jugement faite au domicile du défunt, avec les formalités prescrites en l'art. 61, et à compter de l'expiration des

---

(1) *Contrà*, M. Dalloz, t. 2, p. 513.

délais pour faire inventaire et délibérer, si le jugement a été signifié avant que ces derniers délais fussent expirés. Cette signification pourra être faite aux héritiers collectivement et sans désignation des noms et qualités. »

Les délais sont suspendus, même quand le jugement a été rendu par défaut. Ils sont suspendus par la mort civile comme par la mort naturelle ; ils ne le sont point par le changement d'état de la partie ni par la cessation des fonctions de son représentant.

La nouvelle signification faite, les délais reprennent leur cours à dater du jour où l'habile à succéder a pris qualité, s'il l'a fait avant l'expiration des délais pour faire inventaire et délibérer.

Si les délais n'ont pas commencé à courir contre le défunt, suffit-il pour les faire courir contre les héritiers, d'une signification à eux faite collectivement au domicile de leur auteur ? C'est ce que nous n'admettons point. Qu'on écarte quelques-unes des règles ordinaires quand le défunt a reçu déjà un premier avertissement, rien de plus naturel ; des deux avertissements donnés, il est moralement impossible qu'il n'en parvienne pas quelqu'un aux héritiers, en temps utile. Mais quand il n'y a qu'une seule signification, il est tout simple qu'on exige un avertissement plus direct. Dans le doute d'ailleurs, il faut toujours préférer l'opinion qui écarte la déchéance.

Si les parties compromettent avant l'appel interjeté, les délais doivent demeurer suspendus pendant la durée du compromis.

§ VIII. *A quelle époque le droit d'appeler est-il ouvert?*

Le droit d'appeler est rarement ouvert aussitôt que le jugement a été rendu. L'exercice de ce droit peut être retardé par trois causes qu'il s'agit d'examiner successivement.

1re *cause d'appels prématurés.* Aux termes de l'art. 449, aucun appel d'un jugement non exécutoire par provision ne peut être interjeté dans la huitaine à dater du jour du jugement : les appels interjetés dans ce délai doivent être déclarés non-recevables, sauf à l'appelant à les réitérer s'il est encore dans le délai : et, d'après l'art. 450, l'exécution des jugements non exécutoires par provision est suspendue pendant ladite huitaine. Il serait injuste en effet que le créancier pût exécuter la sentence quand le débiteur n'a pas encore la faculté d'arrêter l'exécution en formant appel.

Les articles précités ne s'appliquent qu'aux jugements des tribunaux civils d'arrondissement. Quant aux tribunaux de commerce, l'appel peut être interjeté le jour même du jugement (C. Comm. 645). Il doit en être de même des sentences des prud'hommes qui sont en général de leur nature exécutoires par provision. Quant aux justices de paix, l'art. 13 précédemment cité de la loi du 25 mai 1838 n'interdit le droit d'appeler des sentences non exécutoires par provision qu'avant les trois jours qui suivent celui de la prononciation du jugement, en sorte, par exemple, que si le jugement a été rendu le 1er du mois l'appel pourra être interjeté le 4, car ce n'est pas le cas de dire ici que le jour de l'échéance ne doit pas être compris dans le délai. La loi de 1838 n'ajoute point que durant ces trois jours l'exécution du jugement sera suspendue : mais cela demeure sous-entendu. Il ne doit jamais être permis d'attaquer celui que la loi met dans l'impossibilité de se défendre.

La loi défend d'interjeter appel des jugements sus-indiqués aussitôt après la sentence, parce qu'elle a voulu ménager à la partie condamnée le temps de réfléchir à son appel, et l'empêcher de s'engager *ab irato* dans une instance nouvelle qui doit être suivant les apparences plus dispendieuse que la première.

La défense d'appeler du jugement dans la huitaine, ou dans les trois jours de la prononciation, s'applique aux jugements interlocutoires comme aux jugements définitifs.

2° *cause d'appels prématurés.* Nous arrivons maintenant à quelques articles du code de procédure qui présentent une bien grande importance ; ce sont ceux relatifs à l'appel des jugements préparatoires et interlocutoires. « L'appel d'un jugement préparatoire, porte l'art. 451, ne pourra être interjeté qu'après le jugement définitif, et conjointement avec l'appel de ce jugement; et le délai de l'appel ne courra que du jour de la signification du jugement définitif : cet appel sera recevable, encore que le jugement préparatoire ait été exécuté sans réserves. — L'appel d'un jugement interlocutoire pourra être interjeté avant le jugement définitif : il en sera de même des jugements qui auraient accordé une provision. » L'art. 31 du code renferme une disposition analogue pour les justices de paix. « Sont réputés préparatoires, ajoute l'art. 452, les jugements rendus pour l'instruction de la cause, et qui tendent à mettre les procès en état de recevoir jugement définitif. — Sont réputés interlocutoires les jugements rendus lorsque le tribunal ordonne, avant dire droit, une preuve, une vérification, ou une instruction qui préjuge le fond ».

L'appel des jugements préparatoires n'est point permis avant le jugement définitif, parce que ces jugements ne préjugeant rien ne font grief actuellement à aucune des parties et qu'on ne peut raisonnablement se plaindre qu'autant qu'on éprouve quelque dommage. Aussi dans les cas rares où un préparatoire pourrait causer un préjudice irréparable, l'appel devrait être reçu. Le jugement interlocutoire laisse, au contraire, entrevoir de la part du juge, l'intention de rejeter quelques moyens préjudiciels de l'une des parties; il fait donc grief à celle-ci qui aurait voulu obtenir gain de cause tout d'abord, et c'en est assez pour que la voie de l'appel soit ouverte.

Le point difficile dans l'application, c'est de déterminer si tel jugement en particulier doit être considéré comme simplement préparatoire ou comme interlocutoire. On doit sans aucun doute considérer comme simplement préparatoires les jugements de remise de cause, ceux qui ordonnent la jonction d'un défaut et prescrivent un réassigné, ceux qui prescrivent la communication au ministère public d'une cause non communicable de sa nature, ceux qui ordonnent un délibéré simple ou avec nomination de rapporteur ou une instruction par écrit, ou la comparution personnelle des parties, ou qui déclarent un partage d'opinions. Il est clair que de pareils jugements ne préjugent absolument rien.

Mais dans quelle classe faut-il ranger les jugements qui ordonnent une enquête, une expertise, un accès de lieux, un interrogatoire sur faits et articles, une vérification d'écritures, qui autorisent une inscription de faux ou admettent des moyens de faux, etc. ? Cela dépend des circonstances.

Si l'une des parties soutient que les juges devaient lui faire gagner son procès sans recourir à ces preuves qui étaient dans l'espèce ou défendues par la loi ou non pertinentes, le jugement doit être réputé interlocutoire; car il préjuge évidemment le rejet des moyens dont la partie appelante excipe. Ainsi l'appel doit être reçu quand une partie prétend que la preuve testimoniale a été ordonnée contrairement à la loi (1), ou que les faits né sont point pertinents, que les faits sur lesquels l'audition catégorique a été ordonnée sont pareillement non pertinents, que l'expertise ne devait pas être ordonnée parce que l'action

_____

(1) *Cass.* 20 juillet 1830.

était prescrite , que l'accès de lieux était pareillement inutile à raison des titres produits ou des enquêtes faites (1),
que la vérification d'écritures était superflue , parce que
l'acte, en le supposant vrai , devait aussi dès l'abord être
déclaré nul , que l'inscription de faux ne devait pas être admise parce que tous les faits de la cause prouvaient que
le faux allégué n'existait pas , etc.

Si au contraire la partie ne peut rien objecter contre
la mesure en elle-même , si elle allègue seulement qu'on
a ordonné un mode vicieux d'exécution , que l'enquête,
par exemple, devait être ordonnée dans la forme sommaire
et non dans la forme ordinaire, qu'il fallait nommer des
experts plus entendus, que la descente sur les lieux
devait être confiée à un membre du tribunal et non à
un juge de paix , etc. , il est vrai de dire qu'elle n'a
point de grief actuel ; partant, son appel serait non
recevable, le jugement ne préjugeant rien à son détriment.

En d'autres termes , le jugement laisse-t-il entrevoir
que les juges n'entendent pas avoir égard à quelque moyen
préjudiciel qu'une des parties a invoqué ou peut invoquer?
il sera interlocutoire. Au contraire , la mesure ordonnée
laisse-t-elle tous les moyens des parties absolument intacts
en ce sens que non-seulement le juge ne les repousse
point, mais qu'il ne laisse pas même entrevoir l'intention de les repousser? le jugement est simplement préparatoire.

Ici se présente une question importante. Quand le
jugement est interlocutoire, est-ce une obligation pour la
partie à qui ce jugement préjudicie d'en appeler dans
les trois mois de la signification , ou bien au contraire
est-ce une simple faculté, en sorte qu'elle conserve
encore le droit d'appeler après le jugement définitif?

_____

(1) *Cass.* 25 juin 1823.

C'est en ce dernier sens que la question doit être résolue (1). L'art 451 appuie cette solution puisqu'il se borne à dire que l'appel d'un jugement interlocutoire *pourra* être interjeté avant le jugement définitif : l'art. 31 relatif aux sentences des justices de paix lui prête un appui plus puissant encore, quand il dit que l'appel des jugements interlocutoires est *permis* avant que le jugement définitif ait été rendu. L'esprit de la loi vient enfin la cimenter. La partie en effet qui a résisté sans succès à l'offre d'une preuve faite par l'autre partie peut encore se flatter que cette preuve ne sera point fournie et qu'ainsi elle gagnera son procès. Pourquoi donc l'obliger à avancer les frais d'un appel qu'elle juge encore inutile?

La doctrine que nous venons d'exposer nous paraît applicable dans le cas même où un moyen préjudiciel de défense a été formellement repoussé dans le dispositif du jugement, à moins que la partie qui a succombé sur ce point n'ait été condamnée dès à présent à quelques dépens. Ainsi à une demande en rescision d'une vente ou d'un partage pour cause de lésion, le défendeur opposera que la prescription est acquise, subsidiairement que la lésion n'existe pas. Un jugement rejettera formellement le moyen de prescription et ordonnera la preuve de la lésion par experts, en réservant tous les dépens. Le défendeur pouvant encore espérer que l'expertise lui sera favorable et qu'ainsi en définitive il obtiendra complètement gain de cause, peut retarder son appel jusques après le jugement définitif.

Nous ne décidons pas de même quand c'est une exception qui a été proposée, un déclinatoire, par exemple, ou un moyen de nullité de l'exploit. Outre que les juges doivent condamner aux dépens la partie qui a succombé sur cet in-

(1) *Cass.* 22 mai 1822, 26 juin 1826 et 5 juin 1833.

cident, il est dans le vœu de la loi que le sort des exceptions soit fixé avant qu'on aborde les défenses. Les jugements qui admettent ou rejettent des exceptions doivent donc en principe être considérés comme des jugements définitifs (1), en supposant même que par impossible ils ne prononcent aucune condamnation aux dépens.

A plus forte raison le jugement est-il toujours définitif quand il admet ou rejette quelque chef de demande au fond.

Mais de ce que la partie qui a proposé sans succès un moyen préjudiciel de défense n'est pas obligée d'appeler parce qu'elle peut espérer plus de succès de ses autres moyens, est-ce à dire que le juge puisse revenir dans la suite sur la décision qu'il a rendue et accueillir le moyen qu'il avait rejeté d'abord? On pourrait être tenté d'adopter l'affirmative dans tous les cas, en appliquant ici l'ancien brocard que *l'interlocutoire ne lie pas le juge.* Mais ce serait donner trop de portée à cette maxime que le législateur n'a consacrée nulle part, et qui ne peut avoir d'autre autorité que celle qu'elle emprunte de la raison.

Pour faire une application intelligente de la maxime, il faut distinguer soigneusement deux classes de jugements interlocutoires : les uns dans lesquels tous les droits et moyens des parties sont réservés et où les juges n'écartent que pour le moment un moyen préjudiciel, les autres dans lesquels un moyen a été formellement rejeté. Quant aux premiers, il est incontestable que le juge peut accueillir lors du jugement définitif le moyen qu'il n'avait écarté d'abord que provisoirement ; quant aux seconds, nous n'admettons point que le juge puisse rétracter ce qu'il a formellement jugé.

_____

(1) *Cass.* 2 février 1825.

Cette théorie deviendra claire à l'aide de quelques exemples.

Le défendeur à la demande en rescision pour lésion a opposé le moyen préjudiciel de prescription. Le tribunal a ainsi statué : « Attendu que le moyen de prescription n'est pas en l'état suffisamment justifié, ordonne, tous droits et moyens des parties demeurant réservés, que par experts, etc.» Le jugement n'est pas en ce cas purement préparatoire, parce qu'il fait grief à la partie qui prétendait que son moyen préjudiciel devait être accueilli tout d'abord. Toutefois, le moyen de prescription pourra être reproduit après l'expertise. Il ne pourrait point l'être si le tribunal, se fondant sur ce que la prescription n'était pas acquise, avait rejeté formellement le moyen de prescription dans son dispositif.

Une partie à qui l'on oppose une pièce privée en dénie l'écriture et prétend néanmoins que la vérification ne doit pas en être ordonnée, parce que l'acte, fût-il vrai, serait nul. Le tribunal déclare que la vérification est indispensable, parce que l'acte, s'il émane de la partie à laquelle il est attribué, est valable : il ne pourra plus tard accueillir le moyen de nullité. S'il se borne au contraire à déclarer que le moyen de nullité n'est pas suffisamment justifié, et qu'il y a lieu de commencer par la vérification de la pièce, la partie dont le moyen de nullité est provisoirement écarté sera sans doute suffisamment lésée pour que le jugement soit réputé interlocutoire et qu'elle puisse en appeler ; mais si elle n'appelle point, le moyen de nullité pourra être reproduit utilement lors du jugement définitif.

Dans la pratique, il n'est pas toujours facile de déterminer dans quelle des deux classes le jugement doit être rangé. Nous ne pensons pas qu'il soit indispensable, pour que le moyen soit censé définitivement rejeté, que le dispositif s'en exprime formellement : ce rejet peut résulter suffisamment de la corrélation des motifs avec le dispositif (1). Mais s'il existe le moindre doute sur l'intention des juges, on doit supposer qu'ils n'ont entendu écarter le moyen que provisoirement, et qu'ainsi l'interlocutoire ne les a point liés.

Il est difficile de poser des règles plus précises dans une matière où le législateur n'a tracé que de vagues linéaments.

Du reste, tout en admettant que l'appel du jugement interlocutoire peut être interjeté après le jugement définitif, quoique ce jugement ait été signifié précédemment depuis plus de trois mois, on pourrait douter qu'il pût également être interjeté avant ce jugement après l'expiration des trois mois. La partie, dirait-on, au détriment de laquelle le jugement interlocutoire a été rendu, a l'option ou d'interjeter appel immédiatement ou d'attendre la décision définitive, et elle est censée avoir opté pour ce dernier parti quand elle a gardé le silence pendant plus de trois mois depuis la signification à domicile du jugement interlocutoire. Ce raisonnement ne saurait nous convaincre. On ne peut point, sans tomber dans l'arbitraire, scinder les dispositions de l'art. 443 qui fixent les délais ordinaires de l'appel : ce texte doit régir les jugements interlocutoires dans tous les cas, ou dans aucun. Il peut arriver d'ailleurs que l'intérêt d'appeler du jugement interlocutoire n'apparaisse que lorsque la preuve ordonnée est déjà faite en partie.

L'art. 451 permet aussi d'appeler, avant le jugement définitif, des jugements qui accordent une provision. Il y a même raison de décider pour tous les jugements provisoires qui nuisent actuellement à l'une des parties, pour

_____

(1) La jurisprudence de la cour suprême paraît contraire. V. notamment 5 juin et 26 juillet 1833.

ceux, par exemple, qui ordonnent une consignation de deniers, un séquestre, etc. Mais ici, comme pour les jugements interlocutoires, ce n'est qu'une faculté; et partant, bien qu'il se soit écoulé plus de trois mois depuis la signification à personne du jugement provisoire, ce jugement peut encore être attaqué utilement par la voie de l'appel.

La disposition de l'art. 451 doit s'appliquer sans difficulté aux jugements des tribunaux de commerce. Quant aux conseils de prud'hommes, il semble résulter de la comparaison de l'art. 47 du décret du 11 juin 1809 avec l'art. 31 du code de procédure, que leurs sentences interlocutoires ou provisoires ne peuvent être attaquées par la voie de l'appel qu'après le jugement définitif.

3e *cause d'appels prématurés.* « Les appels des jugements susceptibles d'opposition ne sont point recevables pendant la durée du délai pour l'opposition (Art. 455). » La voie de l'opposition étant plus simple et plus économique que celle de l'appel, doit obtenir la préférence sur celle-ci. Cette règle n'est pourtant pas applicable aux tribunaux de commerce (1). L'art. 645 du code de commerce, qui permet d'appeler des sentences commerciales le jour même du jugement, ne distingue pas entre les jugements par défaut et les jugements contradictoires. Il semble qu'il doit en être de même pour les justices de paix et les conseils de prud'hommes; les affaires soumises à ces juridictions sont communément aussi urgentes que celles portées devant les tribunaux de commerce.

Mais la circonstance qu'un jugement d'un tribunal civil a prononcé l'exécution nonobstant opposition, n'est pas un motif suffisant pour qu'avant l'expiration des délais de

_____

(1) *Cass.* 24 juin 1816.

23

l'opposition , l'appel doive être accueilli (1). On doit décider autrement quant à l'appel dirigé contre un jugement par défaut rendu en conséquence d'un jugement contradictoire de compétence dont il y a aussi appel : la partie condamnée ne pourrait en effet employer la voie de l'opposition sans reconnaître la compétence qu'elle conteste.

Au demeurant, rien n'empêche, quand un premier appel a été relevé dans les délais de l'opposition , d'en interjeter un second plus régulier après l'expiration de ces délais.

Observations générales sur les appels prématurés.

Tous les appels prématurés sont irrévérentiels pour le juge qui a rendu la sentence attaquée : il semblerait résulter de là qu'ils doivent tous être rejetés d'office ; car il est du devoir des juges supérieurs de protéger les juges inférieurs et de venger leur dignité offensée. Cependant nous n'admettons cette conséquence que pour les appels des jugements préparatoires, lesquels portent en eux-mêmes le cachet de leur irrecevabilité, s'il est permis de s'exprimer ainsi. Quant aux autres appels prématurés , comme le vice ne peut se révéler qu'au moyen d'une comparaison de dates à laquelle le juge supérieur n'est pas obligé de se livrer , nous n'admettons point qu'ils puissent être rejetés d'office, ni qu'on puisse signaler le vice pour la première fois devant la cour de cassation.

§ IX. *De la manière d'interjeter appel.*

« L'ACTE d'appel , dit l'art 456 , contiendra assignation dans les délais de la loi , et sera signifié à personne ou domicile à peine de nullité. » L'exploit d'appel doit donc contenir les mêmes formalités que l'exploit d'ajournement, si ce n'est qu'il n'est point nécessaire d'y indiquer les

_____

(1) *Cass.* 17 juin 1817.

griefs. L'appel doit être signifié au domicile réel : il ne peut pas être signifié au domicile élu par l'autre partie dans quelque acte de procédure, si ce n'est dans le cas prévu par l'art. 584 C. pr. et autres analogues (1).

Mais quand il s'agit d'une élection de domicile contractuelle ou de celle commandée par la loi dans les inscriptions hypothécaires, l'appel peut être signifié au domicile élu ; dans le premier cas, parce que c'est une exécution du contrat, dans le second, parce que c'est certainement le vœu du législateur.

L'appel est valablement signifié au domicile réel que l'autre partie a déclaré dans son exploit de signification, quoiqu'elle en ait changé depuis. Cette règle ne doit fléchir que lorsque l'appelant a dû nécessairement connaître le changement de domicile.

L'appel incident peut être interjeté par de simples conclusions signifiées d'avoué à avoué, ou même prises sur l'audience.

§ X. Des effets de l'appel.

L'APPEL produit deux effets remarquables : il est dévolutif et suspensif.

L'appel est *dévolutif*, c'est-à-dire qu'à partir du moment où il est interjeté la connaissance de tout le litige est dévolue au juge supérieur, que le juge inférieur en est dessaisi et qu'il ne peut désormais rien statuer sur le procès ni ses dépendances sans excès de pouvoir. Le juge inférieur ne peut non plus, dans aucun cas, apprécier la régularité de l'appel, décider, par exemple, qu'il est nul ou non recevable (2), ou que l'instance d'appel a été éteinte

---

(1) *Cass.* 28 octobre 1811; cet arrêt prononce la nullité d'un appel signifié au domicile élu dans l'exploit de signification du jugement.

(2) *Cass.* 17 brumaire an 11.

par l'acquiescement de l'intimé ou le désistement de l'appelant.

L'appel en outre est *suspensif*, c'est à-dire qu'en principe il arrête l'exécution du jugement, à moins que ce jugement ne soit de sa nature exécutoire par provision, ou que l'exécution provisoire n'ait été formellement ordonnée. Mais l'art. 457 borne l'effet suspensif à l'appel des jugements définitifs ou interlocutoires, ce qui indique que l'appel prématuré des jugements préparatoires n'a point la même vertu (1).

D'un autre côté, il est naturel de suppléer ici ce que le législateur a dit expressément dans les art. 161 et 162 au sujet de l'opposition, savoir, que l'appel n'arrête point l'exécution, 1° quand il est fait dans une autre forme que celle voulue par la loi, comme s'il est déclaré par un simple acte d'avoué, ou s'il ne contient pas d'assignation ; 2° quand il est fait après acquiescement ou après l'expiration des délais (2), en un mot, quand le jugement a déjà acquis force de chose jugée.

La partie qui a obtenu la sentence peut en tous ces cas poursuivre l'exécution à ses périls et risques, sauf à la partie condamnée à se pourvoir en référé ou devant le tribunal pour obtenir un sursis, qui doit être ordonné dès qu'il y a le moindre doute. La partie condamnée peut d'ailleurs toujours donner suite à son appel, et s'il est

---

(1) *Cass.* 17 juin 1834.

(2) La cour de cassation a pourtant jugé, le 19 janvier 1829, qu'en ce dernier cas le juge inférieur est toujours obligé de s'arrêter. La plupart des cours jugent dans le même sens. Cette jurisprudence paraît un anachronisme ; elle rappelle les temps où les cours souveraines traitaient les juridictions subalternes en ennemies. Qu'on oblige le juge inférieur à s'arrêter dès qu'il y a lieu de douter si le juge supérieur est saisi, c'est dans l'ordre : mais exiger davantage, n'est-ce pas imiter la tyrannie de Gessler à qui il ne suffisait pas qu'on respectât sa personne, et qui voulait qu'on saluât son chapeau ?

jugé qu'il a eu lieu régulièrement et dans les délais, tout ce qui a été fait au mépris de cet appel doit être annulé, quoique le jugement soit confirmé, sans préjudice de dommages-intérêts contre la partie et même contre l'huissier le cas échéant. Dans le cas contraire, l'exécution doit être maintenue : mais dans aucune hypothèse il n'appartient au juge inférieur de prononcer sur le mérite de l'appel : si l'exécution se poursuit devant lui, il doit donc se borner à dire qu'il y a lieu de passer outre, parce que l'appel invoqué *ne paraît pas* avoir été signifié dans la forme ou les délais voulus par la loi.

Mais le juge inférieur doit toujours surseoir quand l'acte d'appel ne contient qu'une de ces nullités qui se couvrent par des défenses au fond : comme aussi quand l'appel a été interjeté dans la huitaine de la prononciation du jugement ou avant l'expiration des délais de l'opposition ; car on ne peut supposer alors, comme lorsque les délais sont expirés, qu'il a été fait dans l'unique but de gagner du temps.

L'effet suspensif s'applique aussi au délai accordé par les juges pour faire une option et à celui fixé par la loi pour commencer une procédure, et ces délais ne peuvent reprendre leur cours qu'après la signification de la sentence rendue sur l'appel.

La qualification du jugement comme rendu en premier ou dernier ressort est indifférente quant à l'admissibilité de l'appel ; mais elle est importante quant à l'effet que produit l'appel interjeté.

Le jugement a-t-il été mal à propos qualifié en dernier ressort ? l'exécution ne peut en être suspendue qu'en vertu de défenses obtenues par l'appelant, à l'audience de la cour royale, sur assignation à bref délai (art. 457). Le président du tribunal ne pourrait, en ce cas accorder un sursis en référé. L'abréviation du délai est accordée par le premier président de la cour royale ou le président qui le remplace. L'appelant cite en cas pareil, par le même exploit, au délai ordinaire pour voir statuer sur le mérite de l'appel au fond, et au délai abrégé pour voir ordonner un sursis à l'exécution. S'il ne demande le sursis à l'exécution que par un exploit postérieur, les actes d'exécution faits jusqu'à la demande en sursis doivent être maintenus, quand même l'appel serait déclaré recevable, s'il est rejeté au fond.

A l'égard des jugements non qualifiés ou qualifiés en premier ressort et dans lesquels les juges étaient autorisés à prononcer en dernier ressort, l'exécution provisoire, aux termes du même art. 457, peut en être ordonnée par la cour royale à l'audience et sur un simple acte, c'est-à-dire sur simple avenir donné par l'avoué de l'intimé à l'avoué de l'appelant. En ce cas, si l'intimé justifie sa prétention, la cour ne doit pas se borner à ordonner l'exécution provisoire du jugement, comme l'indique l'article : elle doit purement et simplement rejeter l'appel comme non recevable.

Dans les jugements sujets à l'appel l'exécution provisoire peut aussi ou n'avoir pas été prononcée quand elle pouvait l'être, ou d'avoir été mal à propos. L'art. 458 s'occupe du premier cas; l'art. 459, du second.

« Si l'exécution provisoire, porte l'art 458, n'a pas été prononcée dans les cas où elle est autorisée, l'intimé pourra, sur un simple acte, la faire ordonner à l'audience avant le jugement de l'appel. » L'exécution provisoire peut donc être ordonnée par le juge d'appel quand elle a été mal à propos refusée par le juge de première instance : mais en est-il de même quand le créancier avait négligé de demander l'exécution provisoire en première instance? C'est notre opinion (1). A la vérité, nous avons enseigné

_____

(1) *Contra*, Carré, quest. 1656. Les cours royales sont partagées. V. M. A. Dalloz, V° *Appel*, n. 499 et suiv.

que l'exécution provisoire ne doit pas être ordonnée d'office : mais outre que l'art. 458 ne distingue point, l'art. 464 permet de former en appel des demandes nouvelles pour le préjudice souffert depuis le jugement, et le préjudice que peut causer l'effet suspensif de l'appel ne doit pas faire exception à la règle. Si le créancier n'a point demandé l'exécution provisoire devant le premier juge, c'est sans doute parce qu'il se flattait que le débiteur n'appellerait point.

Passons au cas inverse. « Si l'exécution provisoire, dit l'art. 459, a été ordonnée hors des cas prévus par la loi, l'appelant pourra obtenir des défenses à l'audience sur assignation à bref délai, sans qu'il puisse en être accordé sur requête non communiquée, » c'est-à-dire, non communiquée à la partie adverse, car il ne s'agit pas ici de la communication au ministère public. L'ordonnance qui permet d'assigner à bref délai ne peut prononcer le sursis ; ce droit n'appartient qu'à la cour. La partie condamnée peut, dans l'exploit même d'appel, citer au délai ordinaire sur cet appel, et au délai fixé par le président, pour voir prononcer les défenses. Elle peut aussi ne demander les défenses qu'après l'appel interjeté ; dans tous les cas, si la cour vient à les prononcer, elle doit annuller tous les actes d'exécution qui auraient eu lieu même avant qu'elles fussent demandées, mais depuis l'appel ; la partie avait eu tort de profiter d'une disposition qui était contraire à la loi, et qu'elle avait sans doute sollicitée.

Si l'intimé a constitué avoué sur l'appel avant que les défenses aient été demandées, la demande peut être formée contre son avoué par un simple acte.

L'intimé ne peut sans avoir constitué avoué contester la demande en défenses. S'il fait défaut, il peut se pourvoir par opposition ; mais l'arrêt peut alors prononcer le sursis nonobstant opposition.

Si l'affaire était en état sur le fond, il y aurait lieu de prononcer sur le tout par un seul et même arrêt. Dans le cas contraire, la demande en défenses doit nécessairement être jugée par préalable ; elle ne peut être réservée et jointe au fond.

L'ordonnance de 1667, tit. 17, art. 16, défendait aux cours supérieures d'accorder des arrêts de défense quand l'exécution provisoire avait été prononcée conformément à la loi. Mais les parlements ne tenaient pas plus compte de cette prescription que d'une foule d'autres. Le code de procédure a reproduit la prohibition, et les cours souveraines ne sauraient plus l'enfreindre sans encourir la juste censure de la cour régulatrice. « En aucun autre cas, dit l'art. 460, il ne pourra être accordé des défenses, ni être rendu aucun jugement tendant à arrêter directement ou indirectement l'exécution du jugement, *à peine de nullité* : » ce qui indique que le créancier pourrait prendre sur lui de passer outre, en attendant qu'il fît casser la sentence par la cour suprême. L'art. 647 C. comm. répète la prohibition d'une manière encore plus expresse, en ces termes : « Les cours royales ne pourront, *en aucun cas*, à peine de nullité, et même des dommages et intérêts des parties, s'il y a lieu, accorder des défenses ni sursoir à l'exécution des jugements des tribunaux de commerce, quand même ils seraient attaqués d'incompétence : mais elles pourront, suivant l'exigence des cas, accorder la permission de citer extraordinairement à jour et heure fixes pour plaider sur l'appel. » Cette permission ne peut être accordée que par la cour ; elle ne peut l'être par une simple ordonnance du président. Les tribunaux civils ou de commerce pourraient accorder des permissions analogues pour plaider sur des appels de sentences de juges de paix ou de prud'hommes ; et nous ne voyons pas non plus pourquoi les cours royales ne pourraient user de cette faculté à l'égard des sentences des tribunaux civils , quand l'urgence est démontrée.

§ XI. *Des fins de non-recevoir qu'on peut opposer à l'appel.*

Ces fins de non-recevoir peuvent être prises : 1° de ce que le jugement est en dernier ressort; 2° de ce que l'appel a été interjeté d'une manière prématurée; 3° de ce qu'il l'a été tardivement.

Une autre fin de non-recevoir, dans les affaires qui intéressent des parties majeures et capables et qui ne touchent pas à l'ordre public, peut résulter de l'acquiescement exprès ou tacite de la partie condamnée. Nous exposerons plus tard la théorie de l'acquiescement.

Ces fins de non-recevoir constituent des défenses qui peuvent être opposées en tout état de cause. Celles prises de ce que le jugement était en dernier ressort ou de ce que l'appel était prématuré vu que le jugement était simplement préparatoire, doivent même, ainsi que nous l'avous dit ailleurs, être prononcées au besoin d'office.

§ XII. *Des règles de procédure spéciales aux cours royales.*

En principe, toutes les règles de procédure suivies dans les tribunaux civils d'arrondissement doivent être observées devant les cours royales (470) : ce principe reçoit pourtant quelques exceptions que nous allons indiquer.

Tandis qu'en première instance, c'est le défendeur qui commence à signifier ses défenses auxquelles le demandeur peut ensuite répondre; devant la cour royale, c'est l'appelant qui, dans la huitaine de la constitution d'avoué par l'intimé, doit signifier ses griefs contre le jugement : l'intimé répond dans la huitaine suivante, et l'audience est poursuivie sans autre procédure (462).

Ces écritures sont purement facultatives, et elles peuvent être passées en taxe, quoique signifiées après les délais; mais elles sont prohibées dans les matières sommaires par l'art. 463 qui dispose : « Les appels des jugements rendus en matière sommaire seront portés à l'audience sur un simple acte, et sans autre procédure. Il en sera de même de l'appel des autres jugements, lorsque l'intimé n'aura pas comparu ». Si l'intimé se pourvoit ensuite par opposition, il doit être permis à l'appelant de signifier une requête en réponse, quand la matière est ordinaire.

La décision des premiers juges est, du reste, présumée avoir simplifié le procès. C'est pourquoi, d'après l'art. 461, tout appel, même de jugement rendu sur instruction par écrit, doit être porté à l'audience; sauf à la cour à ordonner s'il y a lieu l'instruction par écrit, après que l'affaire a été verbalement exposée. La cour royale pourrait même ordonner l'instruction par écrit, quoiqu'elle n'eût pas été employée en première instance.

L'art. 648 du code de commerce dispose : «Les appels des jugements des tribunaux de commerce seront instruits et jugés dans les cours comme appels de jugements rendus en matière sommaire.» Les parties ne peuvent donc procéder sur ces appels sans assistance d'avoué, mais l'émolument des avoués ne doit jamais être taxé qu'au sommaire.

En cas de partage, on n'appelle régulièrement devant les tribunaux civils ou de commerce qu'un départiteur. L'art. 468 modifie cette règle pour les cours : « En cas de partage dans une cour royale on appellera, pour le vider, un au moins ou plusieurs des juges qui n'auront pas connu de l'affaire, et toujours en nombre impair, en suivant l'ordre du tableau; l'affaire sera de nouveau plaidée, ou de nouveau rapportée s'il s'agit d'une instruction par écrit. » Quoique l'article prescrive d'appeler toujours les départiteurs en nombre impair, il y a lieu de procéder autrement, si le partage a été déclaré quand la cour était composée en nombre impair. L'arrêt doit exprimer à peine de nullité que les conseillers départiteurs ont été appelés dans l'ordre du tableau. Si tous les conseillers avaient connu de l'affaire, ou si ceux qui n'en ont pas connu étaient empêchés, il faudrait, d'après l'art. 468, appeler trois *anciens jurisconsultes*, c'est-à-dire, trois avocats exerçant depuis au moins dix ans (art. 495).

§ XIII. *De quelques règles de procédure communes à tous les tribunaux d'appels.*

Les demandes nouvelles ne sont admises en cause d'appel que dans des cas exceptionnels indiqués par l'art. 464 (1) : elles doivent alors être formées par un simple acte de conclusions motivées (465), auquel l'autre partie peut répondre aussi par un simple acte.

Les mêmes considérations qui ont fait écarter en appel les demandes nouvelles ont fait restreindre le droit d'intervenir. D'après l'art. 460 du projet du code, aucune intervention ne devait être reçue en cause d'appel, *si ce n'est de la part de ceux qui voudraient prendre le fait et cause d'une partie principale*. Mais au conseil d'état on pensa que ces limites seraient trop étroites, et l'on substitua à l'article projeté la disposition actuelle de l'art. 466 suivant lequel aucune intervention ne peut être reçue, si ce n'est de la part de ceux qui auraient droit de former tierce opposition.

On doit donc admettre en appel l'intervention 1° de tous ceux qui veulent prendre le fait et cause d'une des parties, du garant, par exemple, qui veut prendre le fait et cause du garanti, sans qu'il paraisse même y avoir lieu de dis-

_____

(1) V. t. 1er, p. 152.

tinguer ici entre la garantie réelle et la garantie simple , car dans l'articleprojeté qu'on a voulu étendre et non restreindre, on n'exigeait que la *volonté* de prendre le fait et cause : 2° de tous ceux qui auraient le droit de former tierce-opposition , d'un créancier, par exemple, du mari, qui veut intervenir dans l'instance en séparation de biens pendante en appel (1).

Mais peut-on forcer à intervenir en cause d'appel ceux qui pourraient s'y présenter spontanément ? La section du tribunat ne le pensait point. « L'intervention dont parle l'article, disait-elle , ne peut avoir trait qu'aux interventions volontaires ; car , en cause d'appel ; il ne peut être question de demande en garantie ni en prise de fait et cause.» Nous adoptons pleinement cet avis ; car l'art. 466 constitue une exception à la règle des deux degrés de juridiction , et toute exception est de droit étroit. Ainsi, le garanti a-t-il négligé d'appeler le garant en première instance ? il fera bien sans doute de lui dénoncer l'appel et de le sommer d'intervenir , afin que ce garant ne puisse ensuite se soustraire à la garantie en prouvant qu'il avait des moyens suffisants pour faire rejeter la demande : mais si ce garant ne veut pas intervenir devant le juge supérieur , parce qu'il dénie être garant , ou par tout autre motif, on ne peut l'y contraindre (2).

Une règle commune au surplus aux demandes nouvelles et aux interventions ou appels en cause non autorisés par la loi , c'est que l'incompétence du tribunal d'appel n'est pas à cet égard *ratione materiæ*. A la vérité , un tribunal d'appel ne peut jamais être saisi sans appel et par action directe , même de l'accord des parties ,

(1) Il peut intervenir, même quand sa créance n'est qu'éventuelle. *Cass.* 22 juin 1808.
(2) *Cass.* 31 janvier 1831 et 18 février 1834.

parce que ce serait véritablement créer une juridiction qu'il n'a pas. Mais quand il est compétemment saisi sur un appel, on comprend que sa juridiction puisse être prorogée sans que la société s'alarme et que l'ordre public soit troublé (1).

« La péremption en cause d'appel, dit l'art. 469, aura l'effet de donner au jugement dont est appel la force de chose jugée. » Résulte-t-il de là qu'un nouvel appel ne peut être interjeté, quoique le jugement de première instance n'ait pas été signifié à partie, et qu'ainsi les délais n'aient pu courir ? Tel n'est pas notre sentiment (2). Pour bien saisir la pensée législative il faut assister en quelque sorte à sa naissance. Dans le projet primitif le livre *des tribunaux d'appel* ne contenait rien sur la péremption. La section du tribunat fit remarquer que la péremption emportait extinction de la procédure ; qu'il fallait donc avertir que la péremption en cause d'appel laisserait au jugement l'autorité de la chose jugée. L'art. 469 fut ajouté par suite de cette observation, dans le seul but par conséquent d'exprimer que la péremption de l'instance d'appel n'emporterait point l'extinction de la procédure de première instance. Si le jugement n'avait pas été signifié pour faire courir les délais, rien de plus naturel que chaque partie supporte les conséquences de sa faute. Nous n'hésitons pas du reste à penser qu'après même l'appel interjeté le jugement peut être utilement signifié à partie, sans que cette signification soit réputée interrompre ou couvrir la péremption de l'instance d'appel : l'effet suspensif de l'appel n'a trait qu'à l'exécution du jugement.

D'après une ancienne maxime que la pratique moderne

(1) V. ci-dessus, p. 48; *Cass.* 16 janvier 1824.
(2) *Contrà*, Boitard, t. 3, p. 145.

semble avoir sanctionnée, il faut devant les tribunaux d'appel *conclure à toutes fins*. Voici quel paraît être le sens de cette maxime. En première instance, le défendeur peut se borner à opposer des moyens préjudiciels, sans être tenu de conclure au fond. En ce cas si ses moyens préjudiciels sont repoussés, le jugement qui intervient sur le fond doit être considéré comme rendu par défaut; et partant, est susceptible d'opposition. Devant les tribunaux d'appel l'intimé doit conclure sur le fond comme sur les moyens préjudiciels; sinon, le jugement qui rejette ces derniers moyens et statue en même temps sur le fond doit être réputé contradictoire sur le tout. Le refus de conclure au fond doit alors être considéré comme un moyen frauduleux de gagner du temps. L'appelant doit, par la même raison, indiquer dans ses conclusions tous ses moyens contre le jugement attaqué; sinon, le jugement qui confirme doit être réputé contradictoire sur le tout, et ne permet plus ni de former d'opposition plus tard, ni d'interjeter un nouvel appel contre quelques dispositions du jugement qu'on n'avait pas d'abord attaquées.

§ XIV. *Des effets de la sentence confirmative ou infirmative.*

M. Merlin (1) indique avec précision la manière dont le tribunal d'appel doit statuer suivant les circonstances. « Le tribunal de première instance a-t-il observé les formes, mais mal jugé au fond ? Le tribunal d'appel infirme le jugement et substitue d'autres dispositions à celles qu'il infirme. — Le tribunal de première instance a-t-il tout à la fois mal jugé au fond et violé les formes ? Le tribunal d'appel annule le jugement et statue lui-même par un jugement nouveau ? — Enfin, le tribunal de première

---

(1) Répertoire, V.° *appel*, n° 2.

instance a-t-il violé les formes et bien jugé au fond? Le tribunal d'appel déclare le jugement nul ; mais il en rend un semblable sur le fond. » Il n'est pas besoin d'ajouter que si le jugement est bien rendu dans la forme et au fond , l'appel est rejeté purement et simplement.

L'appelant qui succombe doit , d'après l'article 471 , être condamné à une amende de cinq francs s'il s'agit du jugement d'un juge de paix , et de dix francs sur l'appel d'un jugement de tribunal de première instance ou de commerce. Celui qui succombe sur l'appel d'une sentence de prud'hommes ne doit être condamné à aucune amende ; les peines ne s'étendent pas par analogie.

L'amende est encourue par celui qui n'a appelé qu'incidemment, comme par l'appelant principal; la loi ne fait pas de distinction. L'amende doit être consignée en toute matière , avant le jugement, ou l'arrêt à intervenir sur l'appel (1) : mais elle doit être restituée dès que l'appelant fait réformer le jugement dans quelque chef , si minime qu'il soit.

Si le jugement est confirmé , l'exécution , d'après l'art. 472 , appartient au tribunal dont était appel. L'application de cette règle est absolue quand il s'agit d'un jugement du tribunal civil d'arrondissement ; l'interprétation de la sentence doit même être demandée à ce tribunal sauf nouvel appel. Si le tribunal dont était appel était une justice de paix ou un tribunal de commerce , ce tribunal doit aussi connaître de l'exécution de sa sentence si elle n'était qu'interlocutoire ; ou du complément de sa sentence définitive , d'une réception de caution par exemple , d'une liquidation de dommages-intérêts , etc. Quant à l'exécution proprement dite , il est évident qu'il n'en peut

---

(1) *Cass.* 8 mai 1809. Décision min. du 12 septembre , même année.

connaître. Mais alors est-ce le tribunal d'appel qui en connaîtra, ou bien le tribunal civil dans le ressort duquel l'exécution sera poursuivie ? Cette dernière opinion fondée sur la disposition de l'art. 553 doit être préférée à l'autre qui ne trouve aucune base dans la loi (1).

« Si le jugement est infirmé, ajoute l'art. 472, l'exécution entre les mêmes parties appartiendra à la cour royale qui aura prononcé, ou à un autre tribunal qu'elle aura indiqué par le même arrêt : sauf les cas de la demande en nullité d'emprisonnement, en expropriation forcée et autres dans lesquels la loi attribue juridiction. » Il serait à craindre que le tribunal dont la sentence a été infirmée ne cherchât à paralyser les effets de l'arrêt infirmatif : le tribunal d'appel ayant d'ailleurs procédé par jugement nouveau, il peut mieux qu'aucun autre déterminer la véritable portée de sa sentence. Il n'y a pas lieu à distinguer si la sentence infirmée émanait d'un tribunal civil ou d'un tribunal d'exception, la loi elle-même ne distinguant pas. D'un autre côté, on doit assimiler au cas d'infirmation le cas où le jugement a été annulé pour vice de forme ou pour toute autre cause.

Les cours royales, pour éviter des déplacements aux parties, ordonnent souvent, quand la sentence a été rendue par un tribunal composé de plusieurs chambres, que l'exécution appartiendra à ce tribunal composé d'autres juges que ceux qui ont pris part au jugement réformé. Cette manière de prononcer n'a rien de contraire au vœu du législateur, et trouve sa justification dans l'avantage qu'en retirent les parties.

La cour royale ne peut désigner pour l'exécution qu'un tribunal de son ressort. S'il s'agit de l'exécution d'une sentence interlocutoire ou du complément d'une sentence

---

(1) *Contrà*, Carré, quest. 1695.

définitive, elle doit renvoyer devant une juridiction du même ordre que celle qui a rendu la sentence infirmée ; par conséquent, devant un tribunal de commerce, si la sentence infirmée émanait d'un de ces tribunaux. Pour l'exécution proprement dite des sentences définitives, elle ne peut renvoyer que devant un tribunal civil.

Il peut se faire que la sentence attaquée soit confirmée sur quelques chefs et infirmée sur d'autres. S'il y a connexité entre ces divers chefs, la cour peut sans doute retenir la connaissance de l'exécution, ou renvoyer pour le tout devant un autre tribunal : mais si son arrêt ne contient aucune disposition là-dessus, on doit présumer qu'elle a entendu maintenir pour l'exécution la compétence du tribunal dont était appel.

L'incompétence du tribunal qui a rendu la sentence infirmée, pour connaître de l'exécution, n'a été établie que dans l'intérêt de la partie qui avait succombé devant ce tribunal : elle peut donc être couverte expressément ou implicitement.

Si le tribunal d'appel infirme un simple interlocutoire ou annule le jugement pour vice de forme, il ne peut, si le fond n'est pas en état d'être jugé, en retenir la connaissance sous prétexte qu'il s'agit de l'exécution de sa sentence infirmative. Le premier degré de juridiction n'ayant pas alors été rempli, le tribunal d'appel doit nécessairement renvoyer l'affaire devant un autre tribunal de première instance : il ne pourrait juger le fond qu'autant qu'il y aurait lieu à évocation d'après les règles qui vont être exposées dans le paragraphe suivant (1).

§ xv. *Du droit d'évocation* (2).

La règle est que les tribunaux d'appel ne peuvent juger

_____

(1) *Cass.* 12 novembre 1816.
(2) *Evocation* vient du verbe latin *evocare*, appeler à soi.

24

d'autres points que ceux sur lesquels les juges inférieurs ont eux-mêmes statué. Partant, si les premiers juges n'ont rendu qu'un interlocutoire, comme ils n'ont point jugé le fond, le tribunal d'appel ne peut pas le juger non plus. De même, si le jugement de 1re instance est annulé, comme il est réputé ne pas exister; le tribunal d'appel doit encore renvoyer les parties devant un tribunal du premier degré, pour que le fond du litige soit jugé de nouveau et régulièrement.

Cette règle fléchit pourtant quelquefois, et quand elle fléchit, on dit que les juges d'appel usent du droit d'évocation.

Le législateur n'a consacré qu'un article à cette matière importante; c'est l'art. 473 qui dispose : « Lorsqu'il y aura appel d'un jugement interlocutoire, si le jugement est infirmé, et que la matière soit disposée à recevoir une décision définitive, les cours royales ou autres tribunaux d'appel pourront statuer en même temps sur le fond définitivement par un seul et même jugement. — Il en sera de même dans les cas où les cours royales ou autres tribunaux d'appel infirmeraient, soit pour vice de forme, soit pour toute autre cause, des jugements définitifs. »

Pour qu'il y ait lieu à évocation, il faut donc la réunion de trois conditions.

1° *Que le jugement de première instance soit infirmé ou annulé.*

S'il est confirmé le droit d'évocation ne peut jamais s'exercer à moins que toutes les parties ne l'aient expressément demandé (1).

2° *Que la matière soit disposée à recevoir une décision définitive.*

La matière ne peut être réputée dans cet état quand,

_____

(1) *Cass.* 1er juillet 1819.

devant le tribunal d'appel, aucune des parties n'a sollicité l'évocation et conclu au fond. Mais le droit d'évocation ne saurait être paralysé par le refus d'une seule des
parties de conclure au fond : c'est une des applications
de la maxime ci-devant rappelée, qu'en appel *il faut conclure à toutes fins.* Seulement il ne faudrait pas que cela
pût dégénérer en surprise : si donc ce n'était que par des
conclusions prises sur l'audience qu'une des parties solli-
citerait l'évocation, l'autre partie pourrait demander et
devrait obtenir le renvoi à un autre jour pour se mettre
à même de discuter subsidiairement le fond.

3° *Que le tribunal d'appel, en évoquant, statue sur
le fond définitivement par un seul et même jugement.*

Cette dernière condition est une conséquence de la précédente. En effet, si la matière est disposée à recevoir
une décision définitive, un jugement particulier sur le fond ne
ferait qu'augmenter les frais sans utilité; et si le jugement sur
le fond ne peut être rendu immédiatement, c'est une preuve
que la matière n'est pas disposée à recevoir une décision
définitive. Ainsi donc non-seulement le tribunal d'appel,
après avoir infirmé un jugement interlocutoire ou annulé
un jugement définitif, ne peut pas avant de statuer sur le
fond ordonner une enquête, une expertise, ou toute autre
preuve semblable; mais il ne peut pas même renvoyer à
un autre jour pour rendre son jugement définitif.

Au demeurant, dans le cas même où le tribunal d'appel
peut évoquer, ce n'est pas pour lui une obligation, c'est
une simple faculté : mais il est dans le vœu du législateur
qu'il en use autant que possible ; car les parties en retirent
le double avantage de voir leur différend terminé plus tôt
et à moins de frais.

Une des questions les plus controversées auxquelles ait
donné lieu le code de procédure est celle de savoir si le
tribunal d'appel peut évoquer lorsqu'il annulle le jugement

de première instance pour cause d'incompétence. La jurisprudence de la cour suprême paraît aujourd'hui fixée dans
le sens de l'affirmative (1) : nous adhérons en principe
à cette jurisprudence qui a pour elle la base la plus so-
lide, le texte même de la loi. Comment résister en effet
à ces termes généraux de l'art. 473 qui permettent d'é-
voquer non-seulement quand le jugement est annulé pour
vice de forme, mais encore quand il l'est *pour toute
autre cause* ? Il suffit donc en ce cas que la matière soit
disposée à recevoir une décision définitive, à raison des
conclusions qui ont été prises sur le fond par les parties
ou tout au moins par l'une d'elles.

Mais, pour que le droit d'évocation puisse s'exercer,
il faut que le tribunal d'appel soit, en tant que juge
d'appel, le juge naturel du procès. Il ne peut donc évoquer s'il est incompétent lui-même à raison de la matière,
comme si le tribunal de première instance a jugé un différend administratif. De même il ne peut évoquer quand
le déclinatoire, mal à propos rejeté en première instance,
tendait à obtenir le renvoi devant une juridiction d'un
autre ressort, ou même devant une juridiction du même
ressort, mais dans une matière qui ne pouvait être portée en appel devant le tribunal auquel est déféré le jugement attaqué pour cause d'incompétence (2). La partie
qui demandait son renvoi peut en effet dire alors aux juges
d'appel ce qu'elle disait aux juges de première instance,
vous n'êtes pas mes juges naturels; et cette protestation doit
toujours être respectée, car la maxime que nul ne peut
être distrait de ses juges naturels a été posée dans la

---

(1) Tous les monuments de la jurisprudence sur cette importante
question sont fidèlement retracés dans l'excellent dictionnaire de
M. A. Dalloz, V.° *Degré de juridiction*, n. 539 et suiv.

(2) *Contrà*, M. Dalloz, *répertoire*, t. 4, p. 373, n. 11.

charte elle-même comme une des colonnes sur lesquelles repose la constitution. Mais il est entendu que l'évocation ne peut être querellée que par celle des parties qui opposait l'incompétence, à moins que l'incompétence du tribunal d'appel ne fût elle-même *ratione materiæ*.

Si les tribunaux d'appel, quand ils sont comme juges d'appel les juges naturels du procès, peuvent évoquer en annulant le jugement pour cause d'incompétence, ils peuvent à plus forte raison user de ce droit quand ils annullent le jugement comme ayant déclaré l'incompétence mal à propos, pourvu toujours que la matière soit en état de recevoir une décision définitive. Ils peuvent aussi évoquer, à la même condition, quand ils annullent le jugement comme ayant à tort prononcé la nullité de l'ajournement ou déclaré l'instance périmée.

Mais dès que les premiers juges ont régulièrement statué sur le fond, le tribunal d'appel peut, après même qu'il a prononcé la réformation de leur jugement, retenir la connaissance du fond qui n'est pas encore en état d'être jugé définitivement. Ainsi, les premiers juges auront rejeté une preuve testimoniale offerte, et par suite repoussé l'action du demandeur; le tribunal d'appel, après avoir réformé ce jugement comme ayant mal à propos rejeté la preuve, pourra ou faire faire l'enquête devant lui, ou renvoyer pour cela les parties devant un autre tribunal. En ce cas, c'est l'art. 472 qu'il faut appliquer, et non pas l'art. 473 ; car il ne peut être question d'évocation que lorsque le fond du litige n'a pas été jugé, ou ne l'a été que par un jugement nul en la forme.

CHAPITRE II.

Des voies extraordinaires en général.

Parmi les voies extraordinaires, il en une qui n'est

ouverte qu'aux tiers ; c'est la tierce opposition : nous en parlerons en dernier lieu. Les autres ne sont ouvertes qu'aux parties ou à leurs représentants ; tels sont la requête civile et le pourvoi en cassation. Le code range encore parmi les voies extraordinaires la prise à partie, quoique cette voie puisse être employée dans des cas où il n'y a eu aucun jugement rendu. Nous pouvons au même titre placer au nombre de ces voies le désaveu, quoiqu'il soit souvent employé avant tout jugement.

Les voies extraordinaires diffèrent essentiellement des voies ordinaires en ce qu'elles n'ont point d'effet suspensif à moins d'une exception formelle consacrée par la loi, d'où il résulte qu'elles peuvent être employées immédiatement après la décision. Pour qu'on ne soit point porté à en abuser, la loi a prononcé contre ceux qui les emploient sans succès des amendes assez considérables : le désaveu fait seul exception à cette règle.

La requête civile et le pourvoi en cassation pratiqué par les parties ont plusieurs règles qui leur sont communes. Ces voies ne peuvent être employées que contre les décisions en dernier ressort : elles ne sont ouvertes qu'après l'expiration des délais de l'opposition, si la sentence est par défaut : elles nécessitent la consignation préalable d'une somme pour l'amende ; elles ne peuvent être fondées que sur les causes expressément indiquées par la loi, etc.

Après cet aperçu général, entrons dans le détail des voies extraordinaires, en commençant par la requête civile qui est celle de ces voies qui a le plus de rapport avec l'opposition, tandis que le recours en cassation a plus d'affinité avec l'appel.

CHAPITRE III.

De la requête civile,

Ce recours rarement employé est toujours porté devant le tribunal ou la cour qui a rendu la sentence attaquée; c'est surtout sous ce rapport qu'il se rapproche de l'opposition. On l'a appelé *requête civile*, soit parce qu'il est inconnu en matière criminelle, soit parce que la partie se pourvoit en général par une requête qui ne doit contenir rien d'offensant pour les magistrats qui ont rendu la sentence.

Sur les questions de savoir qui peut employer cette voie, à qui elle doit profiter, contre qui le recours doit être dirigé et à qui il peut être opposé, nous nous référons à ce que nous avons dit au sujet de l'appel.

Nous nous bornerons donc à parler des jugements qui peuvent être attaqués par requête civile, des causes qui y donnent lieu, des délais dans lesquels la requête civile doit être proposée et de l'époque où elle est admissible, des juges qui peuvent en connaître, de la manière de la former, de ses effets, de la requête civile incidente, de l'instruction et de la plaidoirie, du jugement qui rejette la requête civile, de celui qui l'admet et de ses effets, du jugement sur le rescisoire (1); enfin des voies ouvertes contre les jugements rendus sur requête civile.

§ 1er. *Des jugements sujets à requête civile.*

On l'a déjà dit, les sentences en dernier ressort sont les seules qui soient soumises à la requête civile; cette

---

(1) La contestation préliminaire sur le point de savoir si la requête civile doit être admise, se nomme *rescindant*; le nouveau débat qui s'engage sur le fond, quand elle a été admise, se nomme *rescisoire*.

voie ne peut donc jamais être employée contre les jugements en premier ressort, quoiqu'ils aient acquis l'autorité de la chose jugée par l'expiration des délais de
l'appel. Mais il importe peu que la sentence en dernier
ressort ait été contradictoire ou par défaut ; seulement,
en ce dernier cas, la voie de la requête civile n'est
admissible que lorsque celle de l'opposition est fermée.

L'art. 480 n'indique nommément comme sujets à requête civile que les jugements *des tribunaux de première instance* et des cours royales : de là, question de
savoir si les jugements en dernier ressort des tribunaux
de commerce, des prud'hommes ou des justices de paix
y sont soumis. L'affirmative tout d'abord est indubitable
pour les tribunaux de commerce (1). Il y a en effet
même raison de décider pour ces tribunaux que pour les
tribunaux civils d'arrondissement, puisque la compétence
des uns et des autres est la même quant au taux du
dernier ressort. Mais si l'on admet une fois que l'expression de tribunaux de première instance ne s'applique pas
exclusivement aux tribunaux civils d'arrondissement, qu'elle
s'applique aussi aux tribunaux de commerce, nous ne
voyons pas que cette expression puisse exclure les prud'-
hommes et les justices de paix qui sont aussi, dans
l'acception large du mot, des tribunaux de première instance. A la vérité, la loi interdit le recours en cassation
contre les sentences en dernier ressort des juges de paix :
mais de ce que cette dernière voie est fermée, en conclure
que l'autre l'est aussi, c'est une induction trop hasardée
pour que nous puissions l'approuver (2).

La requête civile peut du reste, être employée en matière d'enregistrement comme en toute autre (3).

---

(1) *Cass.* 24 août 1819.
(2) *Contrà*, Pigeau, t. 1er, p. 599 ; Merlin, répertoire, v° *requête
civile*.
(3) V. notamment *Cass.* 30 août 1809 et 14 mai 1811.

§ II. *Des ouvertures de requête civile.*

Ces ouvertures sont indiquées d'une manière limitative dans les art. 480 et 481 ; elles sont au nombre de onze que nous allons successivement parcourir, en groupant celles qui ont entre elles de l'affinité.

1re *cause.* « S'il y a eu dol personnel. »

2e *cause.* « Si, depuis le jugement, il a été recouvré des pièces décisives, et qui avaient été retenues par le fait de la partie. »

3° *cause.* « Si l'on a jugé sur pièces reconnues ou déclarées fausses depuis le jugement. »

Ces deux dernières causes rentrent souvent dans la première ; car il est rare qu'une partie qui retient une pièce qui serait décisive en faveur de son adversaire, ou qui fait usage d'une pièce fausse ne le fasse point sciemment, et par suite ne se rende coupable d'un dol caractérisé. Toutefois quand même la pièce décisive ou la pièce fausse auraient été l'une retenue, l'autre employée, de bonne foi, il ne laisserait pas d'y avoir lieu à requête civile, puisque la loi a fait de ces circonstances des ouvertures distinctes de celle du dol.

Il faut que le dol ait été *personnel*, c'est-à-dire que la partie adverse en ait été l'auteur ou le complice ; le dol pratiqué par un tiers et auquel la partie serait restée étrangère, ne pourrait donner lieu qu'à une action en dommages-intérêts contre ce tiers. Mais le dol de l'avocat, de l'avoué, ou de tout autre mandataire doit être considéré comme émanant de la partie elle-même.

Il serait impossible de déterminer *à priori* tous les cas de dol ; la fraude est un véritable Protée, et le jurisconsulte romain trahissait l'embarras qu'on éprouve à la définir quand il la désignait par ces termes vagues : *omnis calliditas, fallacia, circumventio, ad fallendum, decipiendum, circumveniendum alterum adhibita.*

Une partie ne peut se plaindre de ce qu'une pièce décisive a été retenue par son adversaire, si cette pièce était commune aux deux parties et qu'elle ait négligé d'en demander la communication, si par exemple un associé n'a pas demandé à son co-associé la communication des registres sociaux. La partie condamnée ne doit alors imputer sa défaite qu'à sa propre négligence.

Pour que le dol de la partie, et la rétention ou la fausseté d'une pièce puissent donner ouverture à requête civile, il faut qu'ils aient influé sur la décision attaquée; ce que les juges saisis de la requête civile doivent apprécier : mais il suffit que ces faits aient pu exercer quelque influence sur le jugement pour que la requête civile soit admise, sauf, après nouvel examen, à rendre sur le rescisoire une décision conforme à la décision annulée.

4° *cause*. « Si les formes prescrites à peine de nullité ont été violées, soit avant, soit lors des jugements, pourvu que la nullité n'ait pas été couverte par les parties. »

Le jugement en dernier ressort aura été rendu par exemple contre une partie qui n'avait pas constitué avoué et qui a laissé expirer les délais de l'opposition. Si l'ajournement ne contenait pas toutes les indications prescrites à peine de nullité par l'art. 61 , comme la partie condamnée n'a pu couvrir la nullité, puisqu'elle a toujours fait défaut, elle peut s'en faire un moyen de requête civile : il en serait de même si le jugement par défaut avait été rendu à la suite d'une enquête nulle.

Cette ouverture de requête civile doit être étendue au cas où la loi ne prononce pas elle-même la peine de nullité, quand cette nullité est substantielle. Le rapport sur délibéré ou sur instruction par écrit aura été fait, par exemple, à une audience non indiquée et en l'absense de quelqu'une des parties; cette partie peut, à notre avis, puiser dans cette circonstance un moyen de requête civile.

Mais le défaut de publicité dans les plaidoiries, les rapports, les conclusions du ministère public, ou le jugement, et l'absence de motifs, constituent des moyens de cassation : la loi du 20 avril 1810 en a une disposition formelle quant aux jugements qui ne contiennent pas de motifs, ou qui ne sont pas rendus publiquement, et il y a même raison de décider pour les autres infractions au principe de la publicité. Partant, il n'y a pas lieu dans ces cas à requête civile, parce que la violation de la loi doit alors être imputée aux juges, et qu'il n'est pas raisonnable de demander à un tribunal de se censurer lui-même.

5° *cause*. « Si, dans les cas où la loi exige la communication au ministère public, cette communication n'a pas eu lieu, et que le jugement ait été rendu contre celui pour qui elle était ordonnée. » Si la communication était prescrite à raison de la nature de l'affaire, abstraction faite de la qualité des parties, l'absence de communication cesse d'être à ce qu'il semble un moyen de requête civile, et devient un moyen de cassation (1).

6° *cause*. «S'il a été prononcé sur choses non demandées.»

7° *cause*. « S'il a été adjugé plus qu'il n'a été demandé. »

8° *cause*. « S'il a été omis de prononcer sur l'un des chefs de demande. »

Dans les deux premiers cas il y a excès de pouvoir désigné sous le nom d'*ultra petita*; dans le troisième, une sorte de déni de justice. Mais la loi suppose que ces fautes ont échappé à l'attention des juges : c'est pour ce motif qu'elle permet de leur en demander à eux-mêmes la réparation.

_____

(1) Nous modifions sous ce rapport ce que nous avons dit ci-dessus au sujet du faux incident, p. 211.

Les auteurs donnent pour exemple de décisions rendues sur choses non demandées, les cas où les juges adjugent le prix au lieu de la chose, la maintenue au lieu de la réintégrande, des intérêts quand on n'a demandé que le principal, etc.; de décisions qui adjugent plus qu'il n'a été demandé, celles qui accordent à une partie la pleine propriété quand elle n'a demandé que l'usufruit, une somme plus forte que celle réclamée, la contrainte par corps à laquelle on n'a pas conclu, etc. Il n'est pas besoin de dire que les juges ne statuent pas sur choses non demandées quand ils ordonnent d'office une preuve qui leur paraît indispensable ; il en serait autrement s'ils ordonnaient d'office une mesure avantageuse seulement à l'une des parties, un séquestre par exemple au détriment du possesseur reconnu, la prestation d'une provision pendant procès, etc.

Si le juge statue dans son dispositif sur chacun des chefs de demande, mais sans donner des motifs sur quelque chef qui a été débattu, il n'y a pas omission de prononcer, mais défaut de motifs : partant, il y a ouverture à cassation et non à requête civile. Il en est de même s'il a omis de statuer sur des conclusions qui ne tendaient qu'à justifier les chefs sur lesquels il a prononcé ; de même enfin, s'il a *mis les parties hors de cause*, ou *déclaré n'y avoir lieu de statuer sur leurs autres demandes*. Dans ces divers cas en effet, il n'est pas possible de supposer que les juges ont commis un simple oubli : ils violent ouvertement leurs devoirs en statuant sans motifs sur des points débattus.

9e *cause*. « Si dans un même jugement, il y a des dispositions contraires. » Il faut pour cela que les dispositions soient tellement inconciliables qu'elles ne puissent être exécutées simultanément. Mais la contrariété qui n'existerait qu'entre les motifs, ne donnerait pas lieu à requête civile (1). Nous déciderions autrement s'il y avait contradiction manifeste entre les motifs et le dispositif ; la méprise des juges serait alors évidente, et la requête civile, voie plus simple que le recours en cassation, doit l'emporter sur celui-ci toutes les fois qu'il n'y a de la part du juge qu'inattention.

10ᵉ *cause.* « S'il y a contrariété de jugements en dernier ressort entre les mêmes parties et sur les mêmes moyens, dans les mêmes cours ou tribunaux. » Il ne suffit pas que les parties soient les mêmes, il faut encore qu'elles aient procédé en la même qualité. Il faut que les deux sentences aient été rendues sur *les mêmes moyens*, c'est-à-dire que la cause de la demande ait été la même, *eadem causa*, et qu'il ne soit survenu depuis la première sentence aucun fait nouveau qui ait dû amener une décision contraire. Mais l'ouverture à requête civile ne laisse pas d'exister quoique les jugements contraires aient été rendus par des chambres différentes du même tribunal ou de la même cour, pourvu que ces chambres aient également statué en matière civile.

« La contrariété de jugements rendus en dernier ressort, entre les mêmes parties et sur les mêmes moyens en différents tribunaux, donne ouverture à cassation ; et l'instance est formée et jugée conformément aux lois qui sont particulières à la cour de cassation (504)». C'est aussi par la voie du recours en cassation qu'il faut se pourvoir lorsque la contrariété existe entre des sentences du même tribunal ou de la même cour, si l'autorité de la première sentence a été inutilement invoquée lors de la seconde (2) : on peut alors imputer aux juges qui ont rendu celle-ci une violation intentionnelle de la chose jugée ;

_____

(1) *Cass.* 4 germinal an 13.
(2) *Cass.* 8 avril 1812, 18 décembre 1815.

et la requête civile, on l'a dit souvent, ne suppose de la part des juges que des inadvertances, ou des erreurs provenant du manque de documents.

11° *cause*. « L'état, les communes, les établissements publics et les mineurs sont encore reçus à se pourvoir, s'ils n'ont été défendus, ou s'ils ne l'ont été valablement (481) ; » *s'ils n'ont été défendus*, c'est-à-dire s'ils ont été jugés par défaut ou par forclusion ; *ou s'ils ne l'ont été valablement*, c'est-à-dire si l'on a négligé des moyens de fait ou de droit qui devaient leur assurer gain de cause au fond (1). Mais si l'incapable a été représenté dans le procès par une personne qui n'avait pas le droit de le représenter ; si un mineur, par exemple, a été représenté par un individu qui n'était plus son tuteur dès l'origine de l'instance dans laquelle a été rendue la décision en dernier ressort, l'incapable n'a nul besoin de se pourvoir par la voie de la requête civile ; il peut écarter en tout temps, comme lui étant étranger, le jugement qu'on veut lui opposer, ou employer, s'il le juge à propos, la voie de la tierce-opposition.

Si l'incapable a été représenté par des personnes qui avaient qualité pour cela, mais qui n'étaient point munies des autorisations nécessaires ; si un maire, par exemple, n'a pas obtenu l'autorisation du conseil de préfecture ; un tuteur demandeur en matière immobilière, l'autorisation du conseil de famille, c'est la voie du recours en cassation qu'il faut employer, parce que la violation de la loi vient alors de la faute du juge. Il y a bien faute aussi, et souvent grossière, de la part des juges quand ils ne veillent pas

---

(1) La requête civile n'est pas admissible quand les moyens ont été soumis aux juges soit dans les plaidoiries soit dans des écrits, quoiqu'il n'en soit pas fait mention dans les conclusions. *Cass.* 3 pluviôse et 11 ventôse an 11.

à ce que la communication au ministère public ait lieu lorsqu'elle est nécessaire, ou qu'ils négligent lors du jugement des formes dont l'omission emporte nullité; mais la loi, dominatrice souveraine, a pu préférer dans ces cas au pourvoi en cassation, qui eût été le recours le plus naturel, celui de la requête civile, sans qu'il soit permis d'étendre sa disposition à des cas analogues : c'est, pour employer une expression fort juste, que notre honorable collègue M. Chauveau a consacrée dans ses *principes de compétence administrative*, une sorte de *déclassement* qui ne peut tirer à conséquence.

Enfin, si l'incapable a procédé comme capable; si un mineur non émancipé, par exemple, a figuré dans le procès en son nom, ou un mineur émancipé, sans l'assistance de son curateur quand elle était nécessaire, comme l'incapable en cas pareil a été réellement partie dans l'instance et que les juges ont dû naturellement le supposer majeur, la voie de la requête civile est suivant nous la seule ouverte en principe (1) : celle du recours en cassation ne pourrait être employée qu'autant que la qualité du mineur aurait été certaine, cas auquel les juges seraient inexcusables, comme dans le cas précédent, de n'avoir pas déclaré d'office l'action irrecevable en l'état.

La disposition de l'art. 481 s'applique aux interdits pour démence ou pour condamnation à des peines qui emportent l'interdiction légale, comme aux mineurs émancipés ou non émancipés : elle ne s'applique point aux femmes mariées, même quand il s'agit de leur dot et qu'elles sont mariées sous le régime dotal, ni aux personnes pourvues d'un conseil judiciaire, ni aux hoiries vacantes.

---

(1) Pigeau, t. 1, p. 719, estime que c'est celle de la tierce-opposition : Carré, quest. 1768, admet les deux.

Dans les deux premiers cas, la femme mariée et l'individu pourvu d'un conseil doivent veiller eux-mêmes à ce que la défense soit complète ; dans le troisième, les créanciers de l'hoirie vacante ont à s'imputer de ne pas être intervenus dans le procès, et les héritiers inconnus ou de degrés éloignés, de ne pas s'être présentés plus tôt.

Les mineurs et interdits sont recevables à se pourvoir quoique le procès eût été engagé avec leur auteur majeur et capable, si celui-ci était décédé avant que l'affaire fût en état. Ils sont irrecevables quand les moyens de défense qu'ils prétendent n'avoir pas été présentés en leur nom l'avaient été sans succès par une autre partie ayant le même intérêt ; c'est ce qui fut jugé avec raison par deux arrêts du parlement de Paris, l'un du 21 juillet 1695, l'autre du mois d'avril 1696.

§. III. *A quelle époque la requête civile est-elle admissible ?*

Si le jugement en dernier ressort était susceptible d'opposition, la requête civile n'est admissible qu'à dater de l'expiration des délais de l'opposition : s'il était préparatoire, qu'à dater du jugement définitif. S'il était interlocutoire, la requête civile peut être employée avant le jugement définitif, mais sans que les délais puissent commencer à courir avant la signification de ce dernier jugement. En un mot, il faut appliquer ici les mêmes règles que pour l'appel, si ce n'est que la requête civile peut être employée dans la huitaine de la décision.

§ IV. *Des délais de la requête civile.*

« La requête civile, porte l'art. 483, sera signifiée avec assignation, *dans les trois mois*, à l'égard des majeurs, du jour de la signification à personne ou domicile du jugement attaqué. » Le délai de la requête civile est donc le même que celui de l'appel, si ce n'est que le jour de l'échéance est compté. De même que pour l'appel, la signification à partie ne peut faire courir le délai qu'autant qu'elle a été faite en bonne forme et précédée de la signification à avoué.

Le délai de trois mois court contre l'état, les communes et les établissements publics comme contre les particuliers : mais, quant aux mineurs, la loi ne se contente plus, comme pour l'appel, d'une double signification au tuteur et au subrogé tuteur. « Le délai de trois mois, porte l'art. 484, ne courra contre les mineurs que du jour de la signification du jugement, faite depuis leur majorité, à personne ou domicile. » Cette disposition doit être appliquée dans le cas même où le jugement a été rendu contre un majeur qui est décédé avant la signification, laissant des héritiers mineurs. Dans les matières indivisibles, la prorogation des délais en faveur des mineurs profite aux majeurs en ce sens qu'ils profitent de la rescision prononcée sur la demande des premiers. Vis-à-vis des interdits, le délai ne peut courir qu'à dater de la signification à eux faite depuis qu'ils ont recouvré leur capacité, ou à leurs héritiers après leur décès : le sort d'une décision peut rester, en cas pareil, bien long-temps incertain ; mais, dans le doute, il faut toujours se prononcer contre la déchéance. S'il n'est pas fait de nouvelle signification depuis la majorité ou la cessation de l'interdiction, le recours n'est éteint que par la prescription trentenaire.

Les art. 485 et 486 prorogent les délais en faveur des absents pour un service de terre ou de mer, des employés dans les négociations extérieures et de ceux qui demeurent hors de la France continentale ; l'art 488 les proroge aussi pour le faux, le dol, ou la découverte de pièces nouvelles. Les dispositions de ces articles sont analogues à celles de l'appel : il est inutile de les reproduire.

25

S'il y a contrariété de jugements , le délai court, d'après l'art. 489 , du jour de la signification à partie du dernier jugement.

S'il y a contrariété dans les dispositions de la même sentence , le délai ordinaire ne saurait jamais courir : la prescription trentenaire peut seule protéger la partie qui aurait fait exécuter la sentence dans le sens favorable à ses intérêts.

L'art. 487 assimile la requête civile à l'appel pour la suspension résultant du décès de la partie condamnée , et pour la manière de faire reprendre son cours au délai suspendu.

La loi ne dit nulle part que si la décision en dernier ressort est susceptible d'opposition le délai ne peut courir qu'à dater du jour où l'opposition n'est plus recevable : mais cela paraît conforme à son vœu. Si pourtant la décision a été rendue faute de conclure, nous n'admettons point que le délai de la requête civile coure de plein droit à dater de la signification à avoué quand aucune signification à partie n'a été faite. Qu'on applique par analogie les règles de l'appel à la requête civile quand il s'agit de proroger le délai , nous y donnons volontiers les mains, mais l'analogie nous semble insuffisante dans le cas inverse.

§ v. *Devant quels juges la requête civile doit être portée.*

La requête civile , d'après l'art. 490 , doit être portée au même tribunal où le jugement attaqué a été rendu. Cette règle ne fléchit point, même dans le cas où le jugement est opposé dans le cours d'une instance pendante devant un autre tribunal, et le sursis au jugement de cette seconde instance ne doit être prononcé que *suivant les circonstances* (art. 491); c'est-à-dire qu'autant que le jugement opposé est de nature à influer sur la décision du second procès, et que les moyens allégués paraissent avoir quelque vraisemblance. Les juges doivent du reste, en accordant le sursis, fixer par précaution un délai dans lequel la requête civile devra être régularisée à peine de déchéance.

On sait qu'un magistrat est récusable lorsqu'il a déjà connu de l'affaire comme juge : cette règle est inapplicable à la requête civile ; l'art. 490 dispose expressément qu'il peut être statué sur la requête civile par les mêmes juges. La raison en est que dans cette voie comme dans celle de l'opposition on suppose que le vice du jugement n'a pu provenir que d'une surprise pratiquée par l'autre partie ou d'une inadvertance, et qu'ainsi les juges n'ont aucun intérêt d'amour-propre à maintenir leur première décision.

§ VI. *Dans quelle forme la requête civile doit avoir lieu.*

La requête civile est formée tantôt par exploit, tantôt par requête.

Elle est formée par requête d'avoué à avoué quand elle est proposée incidemment dans le cours d'une seconde instance pendante devant le même tribunal qui a rendu la sentence attaquée (493) : dans tous les autres cas elle doit être formée par assignation.

L'assignation doit être remise au domicile de l'avoué de la partie qui a obtenu le jugement attaqué, si elle est formée dans les six mois de la date du jugement, et cet avoué est alors censé constitué de droit, sans nouveaux pouvoirs : après les six mois l'assignation doit être donnée au domicile de la partie (492).

La plupart des auteurs (1) enseignent que l'assignation doit, à peine de nullité, être précédée d'une requête rédigée et signée par un avoué, dont il doit être donné

_____

(1) Pigeau, t. 1, p. 618 ; Carré, quest. 1781, et nombre d'autres.

copie avec l'exploit : ils argumentent principalement de ces mots de l'art. 483, *la requête civile sera signifiée avec assignation*, ce qui suppose, disent-ils, que la requête est distincte de l'assignation. Cette doctrine, écho de l'ancienne pratique, ne doit pas être suivie. S'il fallait autrefois impétrer au préalable des lettres de requête civile, c'était par suite de cette idée qu'un intérêt fiscal avait pu seul accréditer, savoir, qu'on ne pouvait demander d'être restitué en entier envers des actes ou des jugements sans lettres du roi, délivrées en son nom par les chancelleries établies à ces fins dans les cours souveraines. Depuis que cet usage a été proscrit par l'assemblée constituante, nous ne saurions concevoir la nécessité d'une requête préalable que le président ne pourrait se dispenser de répondre d'une ordonnance conforme.

La requête civile n'est jamais soumise au préliminaire de la conciliation, parce qu'elle n'est pas *introductive d'instance*. Mais la loi l'assujettit à d'autres conditions qui ont pour objet d'en prévenir l'abus. Ces conditions sont la consignation d'une certaine somme et une consultation favorable de trois avocats.

« La requête civile, porte l'art. 494, d'aucune partie autre que celle qui stipule les intérêts de l'état ne sera reçue si, avant que cette requête ait été présentée, il n'a été consigné une somme de trois cents francs pour amende, et cent cinquante francs pour les dommages-intérêts de la partie, sans préjudice de plus amples dommages-intérêts, s'il y a lieu : la consignation sera de moitié si le jugement est par défaut ou par forclusion, et du quart s'il s'agit de jugements rendus par les tribunaux de première instance. La quittance du receveur, ajoute l'art. 495, sera signifiée en tête de la demande, ainsi qu'une consultation de trois avocats exerçant depuis dix ans au moins près un des tribunaux du ressort de la cour royale dans lequel le jugement a été rendu. La consultation contiendra déclaration qu'ils sont d'avis de la requête civile, et elle en énoncera aussi les ouvertures ; sinon la requête ne sera pas reçue. »

La somme à consigner pour les jugements des tribunaux de première instance, c'est-à-dire, des tribunaux civils d'arrondissement, des tribunaux de commerce, des juges de paix et des prud'hommes, est la même, soit que la sentence ait été rendue contradictoirement, ou bien par défaut ou par forclusion : elle est toujours de 75 fr. pour l'amende, et de 37 fr. 50 c. pour les dommages-intérêts.

Les indigents ne sont point dispensés de la consignation : la loi du 1er thermidor an 6 qui autorisait cette dispense a été abrogée par l'art. 1041 C. pr. ; c'est ce qu'a décidé un avis du conseil d'état, du 20 mars 1810.

L'état, quoique dispensé de consigner les dommages-intérêts, parce que sa solvabilité ne peut être mise en doute, ne doit pas moins être condamné à les payer, s'il vient à succomber (art. 500). Il n'est point dispensé de la consultation préalable (1).

Le demandeur en requête civile ayant le choix des avocats, il faut que ceux-ci soient unanimes : si ces avocats peuvent être choisis parmi tous ceux qui exercent devant les tribunaux du ressort de la cour, ils peuvent à plus forte raison être choisis parmi ceux qui exercent devant la cour elle-même.

Le défaut de consignation préalable ou l'absence de la consultation constituent des moyens proposables en tout état de cause : mais si l'on avait seulement omis de signifier la quittance de consignation ou la consultation, quand d'ailleurs ces conditions préalables auraient été

_____

(1) *Cass.* 30 août 1809.

remplies, il n'y aurait pas, suivant nous, nullité, parce que cette peine ne s'induirait pas assez clairement de l'art. 495 ; tout au moins l'irrégularité devrait-elle être proposée *in limine litis*.

§ VII. *Des effets de la requête civile.*

On a déjà dit qu'en principe les voies extraordinaires n'ont pas d'effet suspensif. L'art. 497 fait l'application de ce principe à la requête civile en ces termes : « La requête civile n'empêchera pas l'exécution du jugement attaqué ; nulles defenses ne pourront être accordées : celui qui aura été condamné à délaisser un héritage, ne sera reçu à plaider sur la requête civile, qu'en rapportant la preuve de l'exécution du jugement *au principal* », c'est-à-dire la preuve du délaissement ; car quant aux fruits, dommages-intérêts et dépens, il n'est pas obligé d'en rapporter quittance au préalable. Un auteur (1) étend la disposition de la loi au cas où le demandeur en requête civile a été condamné à remettre un objet mobilier que le défendeur justifie être au pouvoir du premier : cette extention est arbitraire et par conséquent inadmissible. Quant au délaissement préalable de l'immeuble, le droit de l'exiger est une véritable exception dilatoire qui doit être proposée avant toutes défenses au fond.

Rodier, sur l'art. 18, titre 35 de l'ordonnance, prétendait que la requête civile pouvait motiver un sursis quand elle était dirigée contre une sentence interlocutoire : l'art. 497 du code n'autorise point cette exception à la règle générale.

Quand il y a contrariété entre diverses dispositions de la même sentence, aucune des parties ne peut en poursuivre l'exécution : mais cette suspension forcée n'est pas

(1) Pigeau, t. 1er, p. 620.

une conséquence de la requête civile ; elle tient à la nature même des choses.

§ VIII. *De la requête civile incidente.*

AUCUN texte ne dit que le défendeur à la requête civile puisse se pourvoir lui-même incidemment par cette voie : nous pensons pourtant que la requête civile peut être incidemment employée avant le jugement du rescindant, et formée par simple requête d'avoué à avoué, à la charge de faire la consignation ordinaire et de rapporter une consultation favorable de trois avocats. Le silence de la loi doit s'interpréter dans le sens le plus indulgent.

§ IX. *De l'instruction de la requête civile.*

LA requête civile, quoiqu'elle se rattache à un procès antérieur, ne laisse pas, de même que l'appel, de constituer une instance particulière. De là plusieurs conséquences : si le défendeur ou quelqu'un des défendeurs ne comparaît pas, il y a lieu de procéder comme dans les cas ordinaires ; seulement, quand la requête civile a été pratiquée dans les six mois de l'obtention du jugement, les pouvoirs de l'avoué du défendeur se continuant, la sentence rendue par défaut sur le rescindant ne peut être qu'un défaut faute de conclure.

Le défendeur à la requête civile peut répondre par une requête, même dans le cas où l'affaire sur laquelle la décision attaquée est intervenue était sommaire : mais la réponse du demandeur ne passerait pas en taxe ; ses moyens ont dû être suffisamment développés dans sa demande et dans la consultation y jointe.

L'affaire est ensuite portée à l'audience sur avenir et doit être jugée sur plaidoirie, même dans les matières d'enregistrement, sauf à ordonner l'instruction par écrit, s'il y a lieu.

Le cercle de la discussion orale ou écrite se trouve tracé par la consultation des avocats qui a dû précéder la requête civile. « Aucun autre moyen que les ouvertures de requête civile énoncées en la consultation, porte l'art. 499, ne sera discuté à l'audience ni par écrit. »

On a voulu proscrire par là les requêtes ampliatives que l'ordonnance de 1667 autorisait et qui avaient le double inconvénient de grossir les frais et de retarder la décision. S'il s'agissait toutefois d'un faux ou d'un dol nouvellement découverts, ou de pièces décisives retenues par le fait de l'adversaire et nouvellement recouvrées, la partie nous semblerait admissible à proposer ces nouveaux moyens par un simple acte, à la charge de les appuyer d'une consultation favorable, et de prouver par écrit qu'elle n'a découvert ces moyens que depuis l'assignation en requête civile (1). La loi a voulu proscrire un abus, mais non pas étouffer une juste plainte.

Toute requête civile doit être communiquée au ministère public (498). Les auteurs qui enseignent que l'assignation en requête civile doit nécessairement être précédée d'une requête, en concluent que cette requête préalable doit aussi être communiquée au ministère public. Ils auraient bien dû dire s'ils reconnaissent au président le droit de refuser la permission d'assigner en requête civile : accorder ce droit à ce magistrat, ce serait ajouter à la loi ; le lui refuser, c'est confesser qu'une requête préalable et une communication de cette requête au ministère public sont choses également inutiles.

La communication au ministère public est prescrite pour le rescindant, mais non point pour le rescisoire.

_____

(1) *Contrà*, M. Berriat, p. 517, not. 43 ; Carré, quest. 1790.

§ X. *Du jugement sur le rescindant.*

LE jugement qui intervient sur le rescindant rejette ou admet la requête civile.

Le jugement qui rejette la requête civile doit condamner le demandeur à l'amende et aux dommages-intérêts consignés, sans préjudice de plus amples dommages-intérêts, s'il y a lieu (500). La consignation doit être restituée lorsque la requête civile n'a pas été tranchée ; elle doit l'être encore quand il est intervenu une transaction entre les parties (1). Mais il n'y a pas lieu à restitution si le demandeur se désiste.

Si la requête civile est admise, le jugement est rétracté, et les parties sont remises au même état où elles étaient avant ce jugement ; les sommes consignées sont rendues et les objets des condamnations qui ont été perçus en vertu du jugement rétracté doivent être restitués. — Lorsque la requête civile est entérinée pour raison de contrariété de jugements, le jugement qui l'entérine doit ordonner que le premier jugement sera exécuté selon sa forme et teneur (501). Si la contrariété existe entre les dispositions du même jugement, ce jugement doit être rescindé purement et simplement, et le fond doit ensuite être plaidé et jugé de nouveau.

Si le jugement est rescindé pour violation de formes prescrites à peine de nullité avant le jugement, la rescision ne doit pourtant être prononcée qu'à l'égard de ce jugement : elle ne doit pas remonter jusqu'à l'acte antérieur qui renfermait cette violation non couverte, à l'ajournement, par exemple, à l'enquête, etc., qui ont été suivis d'un jugement par défaut ou par forclusion. Cette nullité ne peut être déclarée que par un second jugement,

_____

(1) Arrêté du gouvernement du 27 nivôse an 10.

elle se rattache au fond du procès et fait partie du rescisoire. La cour de cassation procède ainsi quand elle casse une décision rendue en matière civile, comme ayant mal à propos écarté un moyen de nullité : la question de nullité est soumise de nouveau à la cour de renvoi.

De même si la requête civile est fondée sur le dol, sur un faux, sur la découverte d'une pièce décisive, quoique ces moyens ne puissent être discutés sans aborder l'examen du fond, le jugement qui admet ces ouvertures ne doit pas pourtant juger définitivement le procès. Ce n'est pas trop d'exiger deux épreuves successives et concordantes pour qu'une décision, souveraine de sa nature, puisse être remplacée par une décision toute contraire. Il peut se faire d'ailleurs que le défendeur à la requête civile ait de nouveaux moyens pour étayer ses prétentions sur le fond, moyens qu'il ne doit naturellement présenter que lorsque le jugement entrepris a été rétracté.

§ xi. *Du rescisoire.*

Le fond de la contestation sur laquelle le jugement rétracté a été rendu, en d'autres termes le *rescisoire*, doit être porté au même tribunal qui a statué sur la requête civile (502), sans qu'il soit permis de récuser les juges qui ont statué sur le rescindant. Il suffit, pour poursuivre le jugement du rescisoire, de donner un avenir à l'avoué qui a occupé sur le rescindant, pourvu que cet avenir soit donné dans l'année du jugement qui a entériné la requête civile ; après l'année il faudrait une assignation à partie : mais dans tous les cas le rescisoire ne peut être poursuivi qu'après que le jugement qui a entériné la requête civile a été signifié à avoué.

§ xii. *De la défense de se pourvoir deux fois par requête civile.*

« Aucune partie, porte l'art. 503, ne pourra se pour-

voir en requête civile ; soit contre le jugement déjà attaqué par cette voie, soit contre le jugement qui l'aura
rejetée ; soit contre celui rendu sur le rescisoire, à peine
de nullité et de dommages-intérêts, même contre l'avoué
qui, ayant occupé sur la première demande, occuperait
sur la seconde. » Ces mots *aucune partie* ont été employés pour exprimer que les mineurs eux-mêmes et les
établissements publics sont compris dans la prohibition de
la loi : mais c'est à tort qu'on a voulu en induire que le
défendeur à la requête civile ne peut lui-même se pourvoir
par cette voie contre le jugement rendu à son préjudice
sur le rescindant ou le rescisoire (1). L'ensemble de l'article indique clairement qu'on n'a voulu proscrire que
l'emploi géminé de la même voie, et l'orateur du gouvernement entendait évidemment l'article en ce sens quand
il disait : « Il faut qu'il y ait un terme aux procédures,
et si ce motif fait rejeter les requêtes civiles les mieux
fondées, lorsqu'elles n'ont pas été signifiées dans les formes et dans les délais prescrits, à plus forte raison ne
doit-on pas admettre une *nouvelle* demande soit
contre le jugement qui l'aura déjà rejetée, soit enfin
contre le jugement rendu sur le rescisoire. Non-seulement
une pareille procédure est nulle, mais l'avoué lui-même
qui, ayant occupé sur la *première* demande, occuperait
sur la *seconde,* est responsable des dommages-intérêts ».

La défense de l'article s'applique au cas même où,
depuis le rejet de la requête civile, on découvrirait un
dol, un faux ou une rétention de pièces (2) : quand la
loi est claire, il n'est pas permis d'en tempérer la rigueur par des considérations d'équité. Si nous avons décidé
ci-dessus qu'un pareil évènement pouvait autoriser avant le

---

(1) M. Berriat, p. 508, not. 18.
(2) *Contrà*, Pigeau, t. 1, p. 637.

jugement la proposition de nouveaux moyens , c'est que le retour au droit commun est toujours favorable et que l'art. 499 est conçu en termes moins prohibitifs que l'art. 503.

Mais si la chose jugée reste en ce cas inébranlable , ce n'est pas à dire que la partie lésée soit privée de tout moyen de réparation. Si le faux est reconnu par les tribunaux criminels , elle peut, comme partie civile, obtenir une indemnité ; si c'est une quittance retenue par l'adversaire qui est recouvrée , elle a droit d'exercer la *condictio indebiti* ; si tout autre dol a été commis, et que le préjudice occasionné par ce dol soit manifeste, elle peut demander des dommages , comme elle pourrait en réclamer par action principale en cas de dol commis par un tiers. L'autre partie se retrancherait vainement derrière l'autorité de la chose jugée ; on répliquerait que l'objet de la demande n'est pas le même. L'action originaire était peut-être une action réelle, une réclamation d'état , une action personnelle dérivant d'un contrat : la nouvelle action ne peut jamais être qu'une action personnelle dérivant d'un quasi-contrat , d'un délit ou d'un quasi-délit , laquelle n'a nul trait aux droits de famille , de propriété ou autres semblables reconnus par la sentence devenue inattaquable. Mais il faut, on le répète , que le préjudice occasionné par le faux, le dol , la rétention de la pièce ait ce degré d'évidence qui commande l'assentiment de tous les esprits.

Si le jugement rendu sur le rescindant ou le rescisoire contient quelque autre ouverture qui puisse être considérée comme une violation de la loi, si , par exemple, le ministère public n'a pas été entendu quand il devait l'être, s'il a été statué sur choses non demandées , etc., ces ouvertures se convertissent de plein droit en moyens de cassation.

CHAPITRE IV.

Du recours en cassation.

Le recours en cassation a été négligé par les auteurs du code de procédure : ses règles gisent éparses dans diverses lois spéciales et dans l'ancien règlement de 1738. Cette lacune rend le code trop incomplet, et peut le faire comparer à un édifice auquel il manque le faîte.

On sait qu'il existe deux sortes de recours en cassation, l'un formé dans l'intérêt de la loi, l'autre formé par les parties : c'est seulement de ce dernier que nous allons nous occuper ici. Nous n'avons pas à indiquer les sentences soumises au recours en cassation, ni les ouvertures à cassation : ces points ont été traités ailleurs (1). Nous ne devons pas nous arrêter non plus à expliquer qui peut se pourvoir en cassation, à qui ce recours doit profiter, contre qui il doit être dirigé et à qui il peut être opposé : les règles à cet égard doivent être les mêmes que pour l'appel. Nos explications rouleront donc uniquement sur les points suivants : à quelle époque le recours en cassation peut-il être formé ? dans quels délais doit-il l'être ? peut-il concourir avec la requête civile ? quels sont ses effets ? de quelle manière est-il formé, instruit et jugé ? quels sont les moyens qui peuvent être invoqués pour la première fois devant la cour suprême ? quels sont les effets de l'arrêt de rejet ou de cassation ?

§ 1er. *A quelle époque le recours en cassation peut-il être formé ?*

Si la sentence en dernier ressort a été rendue par

_____

(1) V. t. 1er, p. 156.

défaut, le recours en cassation n'est recevable qu'après l'expiration des délais de l'opposition : aucun texte ne le dit expressément, mais il y a même raison de décider que pour l'appel.

Quant aux jugements préparatoires, l'art. 14 de la loi du 2 brumaire an 4 dispose : « Le recours en cassation contre les jugements préparatoires et d'instruction ne sera ouvert qu'après le jugement définitif ; mais l'exécution volontaire de tels jugements ne pourra, en aucun cas, être opposée comme fin de non recevoir. » Cette disposition est inapplicable aux jugements interlocutoires ; ils peuvent être attaqués avant le jugement définitif (1), sans pourtant que les délais puissent courir avant ce dernier jugement (2). Mais si le même jugement contient une disposition définitive, et une disposition interlocutoire, le délai du pourvoi ne peut être suspendu qu'à l'égard de celle-ci. Il paraît raisonnable d'établir à cet égard entre l'appel, la requête civile et le pourvoi en cassation, une complète harmonie.

§ II. *Des délais du pourvoi.*

Le délai du pourvoi, pour les personnes domiciliées en France, est de trois mois, à compter de la signification du jugement ou arrêt à personne ou domicile (L. 1er déc. 1790, art. 14). Si la décision est par défaut, nous estimons que le délai ne doit courir qu'à compter de l'expiration des délais de l'opposition, comme nous l'avons décidé pour la requête civile. La signification préalable à l'avoué nous paraît aussi indispensable.

Les gens de mer absents du territoire français en Europe, sans avoir acquis ou fixé leur domicile, soit dans

---

(1) *Cass.* 28 décembre 1818 et 2 février 1825.
(2) *Contrà, Cass.* 13 mars 1826 et 26 juin 1832.

les colonies françaises , soit en pays étranger , ont trois mois, à compter de leur retour en France , pour se pourvoir en cassation des jugements en dernier ressort rendus contre eux pendant leur absence (Loi du 2 sept. 1793).

Toutes autres personnes absentes du royaume pour cause publique ont un an à dater de la signification faite à leur domicile , d'après l'art. 11 , titre 4 , 1re partie du règlement de 1738 ; et peut-être est-ce le cas de dire, pour établir l'unité de système toujours désirable en législation , que ce délai doit être accordé en sus du délai ordinaire de trois mois comme pour l'appel et la requête civile. Les dispositions favorables doivent d'ailleurs être étendues : *favores ampliandi.*

Pour les personnes domiciliées dans les colonies de la Martinique ou de la Guadeloupe , le délai est d'un an ; il est de deux ans pour les personnes domiciliées dans le ressort des cours royales de Pondichéry ou de l'île Bourbon (art. 12 du titre précité du règlement de 1738).

Pour les autres colonies ou les pays étrangers , on doit accorder, en sus du délai ordinaire , les délais fixés par l'art. 73 du code de procédure.

Ces divers délais emportent déchéance. Il ne peut être accordé de relief de laps de temps (L. 2 brumaire an 4 , art. 15) : mais pour les colonies et l'étranger , les délais devraient être doublés en cas de guerre maritime.

L'art. 13 du titre précité du règlement ne faisait courir le délai à l'égard des mineurs qu'à dater de la signification qui leur était faite après leur majorité. La cour de cassation a considéré cette disposition comme abrogée par la loi du 1er décembre 1790 qui n'accorde aux personnes domiciliées en France qu'un délai de trois mois à dater de la signification , sans faire aucune distinction(1) :

_____

(1) *Cass.* 5 juin 1832.

mais alors du moins doit-on exiger , comme pour l'appel, la double signification au tuteur et au subrogé tuteur.

L'article suivant du règlement prononçait non pas seulement la suspension , mais l'interruption du délai , quand la partie condamnée venait à décéder avant que le délai fût expiré , et il ne faisait courir le nouveau délai qu'à dater de la signification faite à la personne ou au domicile des héritiers. Cette disposition est-elle aussi abrogée par les art. 447 et 487 du code de procédure ? C'est notre avis. L'art. 8 , tit. 35 de l'ordonnance , contenait pour la requête civile une disposition analogue à celle du règlement , et il n'est pas probable que le nouveau législateur qui a abrogé celle-là ait voulu laisser subsister celle-ci.

Ces difficultés sérieuses font regretter de plus en plus que les auteurs du code de procédure n'aient point parlé du pourvoi en cassation. Comment distinguer en effet avec certitude , dans ce règlement de 1738 dont tant de dispositions sont abrogées , celles que le souffle de la vie anime encore ?

§ III. *De la priorité de la requête civile sur le pourvoi en cassation.*

Toute violation de loi ne donne pas nécessairement ouverture à cassation. Si cette violation présente un moyen de requête civile , cette dernière voie peut seule être employée. Cette règle n'est écrite dans aucun texte, mais elle puise son autorité dans l'esprit de la loi. De même en effet que la voie de l'opposition , tant qu'elle est ouverte , exclut toutes les autres , de même que la voie de l'appel exclut les voies extraordinaires ; ainsi la requête civile , qui a quelques traits de ressemblance avec l'opposition , doit exclure le recours en cassation. La voie la plus simple et la plus économique doit toujours l'emporter sur celle qui l'est moins.

Suivant ce principe, le défaut de communication au ministère public, quand elle est prescrite dans l'intérêt d'une partie seulement, et la violation, avant le jugement ou lors du jugement, de formes irritantes, ne peuvent donner lieu qu'à requête civile (1).

Si la communication avait été requise, ou la violation des formes relevée par l'une des parties, et que les juges eussent mal à propos déclaré n'y avoir lieu à communication ou rejeté le moyen pris de la violation des formes, la voie de la cassation serait seule ouverte; car on n'a pas oublié que la requête civile suppose une erreur involontaire ou une simple inadvertance du juge. La contrariété d'une seconde décision avec une précédente du même tribunal devient aussi moyen de cassation quand l'autorité de la chose jugée a été invoquée lors de la seconde sentence, et mal à propos écartée.

§ IV. *Des effets du pourvoi en cassation.*

Le pourvoi en cassation en matière civile n'a point d'effet suspensif. Cette règle ne fléchit que dans des cas bien rares, en vertu de textes précis. Ainsi, d'après l'art. 241 C. pr., il doit être sursis en cas de recours en cassation à la lacération des pièces déclarées fausses. De même, d'après l'art. 263 C. civ., le pourvoi contre un arrêt qui avait admis le divorce pour cause déterminée était suspensif; et ce texte doit encore par identité de raison s'appliquer à l'arrêt qui aurait prononcé la nullité d'un mariage (2).

Mais, à part ces cas, la règle conserve son empire, quoique l'exécution de l'arrêt doive entraîner pour la partie qui a succombé un préjudice manifestement irré-

---

(1) *Cass.* 26 avril 1808, 22 mars 1809, 22 février 1811.
(2) *Contra*, M. A. Dalloz, V° *Cassation*, n° 370.

26

parable. Ainsi, la cour de cassation a décidé que le pourvoi contre un arrêt qui a rejeté une opposition à mariage ne peut arrêter la célébration (1). Il serait pourtant à désirer qu'en des cas pareils le pourvoi arrêtât l'exécution ; mais c'est un vœu qu'on ne peut adresser qu'au législateur.

§ v. *De la formation du pourvoi, jusqu'à l'arrêt de la chambre des requêtes.*

LE pourvoi en cassation se forme en matière civile par une requête signée d'un avocat aux conseils et déposée au greffe de la cour suprême. Le pourvoi formé de toute autre manière serait radicalement nul. La requête doit, à peine de nullité, contenir l'indication des moyens de cassation : mais ces moyens ne sont ordinairement indiqués que d'une manière sommaire, ils sont développés ensuite dans un mémoire appelé *ampliatif* qui peut être déposé après l'expiration des délais. On peut dans ce mémoire présenter des moyens de cassation qu'on n'avait pas indiqués d'abord ; la chambre civile admet même les moyens proposés postérieurement à l'arrêt d'admission de la chambre des requêtes.

Le pourvoi doit en outre, à peine de nullité, être accompagné 1° d'une expédition ou copie signifiée de l'arrêt attaqué (les autres pièces utiles peuvent n'être produites que plus tard) ; 2° de la quittance de consignation de l'amende, ou d'un certificat d'indigence.

L'amende à consigner est de 165 francs pour les arrêts ou jugements contradictoires, et de moitié pour des arrêts ou jugements rendus par défaut ou par forclusion (Règlement de 1738, 1re part., tit. 4, art. 5, et L. 28 avril 1816, art. 66). Il faut consigner autant d'amendes qu'il y a d'arrêts attaqués.

---

(1) L'arrêt est cité par M. Merlin, dans son répertoire, *V° Cassation.*

Le certificat d'indigence doit être délivré par le maire, visé par le sous-préfet et approuvé par le préfet, à peine de nullité (1).

Le président de la chambre des requêtes nomme un rapporteur qui, après avoir pris connaissance de la requête et des pièces produites à l'appui, et préparé son travail, rétablit les pièces au greffe ; l'affaire est ensuite distribuée à l'un des avocats-généraux attachés à la chambre des requêtes, qui, après avoir préparé ses conclusions, fait porter l'affaire sur le rôle d'audience.

Le jour de l'audience venu, le rapporteur fait son rapport, l'avocat du demandeur en cassation peut développer verbalement ses moyens, après quoi le ministère public est entendu. Celui à qui la décision attaquée a été favorable, et qu'on désigne à la chambre des requêtes sous le nom de *défendeur éventuel*, ne peut jamais se présenter devant cette chambre ; seulement dans les affaires importantes il est d'usage de faire distribuer aux magistrats de la chambre des requêtes et à l'avocat-général une consultation imprimée, à l'appui de la décision attaquée. L'avocat chargé des intérêts du défendeur éventuel a le soin de s'inscrire au greffe pour être averti du jour de l'audience ; c'est ce qu'on appelle *s'inscrire en surveillance*.

Si la chambre des requêtes rejette le pourvoi, elle motive son arrêt et condamne le demandeur à l'amende. Dans le cas contraire, elle se borne à déclarer, sans donner de motifs, qu'elle admet la requête et qu'elle permet au demandeur de citer dans les délais du règlement le défendeur ou les défendeurs devant la chambre civile.

(1) *Cass.* 15 février 1841.

§ VI. *De l'arrêt d'admission , jusqu'à l'arrêt de la chambre civile.*

LA chambre civile ne peut être saisie d'un pourvoi qu'en vertu d'un arrêt d'admission ; il n'y a d'exception à cette règle qu'en matière d'expropriation pour cause d'utilité publique.

L'arrêt d'admission doit *à peine de déchéance* être signifié à la personne ou au domicile des défendeurs en cassation dans les trois mois de sa date, si la signification doit se faire en France ; dans l'année , si elle doit se faire dans les colonies de la Martinique ou de la Guadeloupe; dans les deux ans enfin , pour l'île Bourbon ou le ressort de Pondichéry (art. 30 du titre précité du règlement de 1738). Pour les autres colonies et pour la Corse , le délai de trois mois doit être augmenté des délais fixés par l'art. 73 du code , c'est-à-dire qu'il y a corrélation parfaite entre les délais pour former le pourvoi et les délais pour signifier l'arrêt d'admission.

La signification de l'arrêt d'admission contenant assignation devant la chambre civile , doit être faite dans la forme des ajournements ; elle doit contenir le nom de l'avocat du demandeur , à peine de nullité.

Les délais pour comparaître sont fixés par les art. 3 et 4 , tit. 1 , 2e partie du règlement. Ils sont de quinzaine pour Paris et dix lieues à la ronde ; d'un mois pour les anciens ressorts des parlements et autres cours de Paris, Rouen, Dijon, Metz, Flandre et du conseil d'Artois; de deux mois pour les anciens ressorts des parlements et autres cours de Languedoc , Guienne, Grenoble, Aix, Pau, Besançon et Bretagne , et des conseils supérieurs d'Alsace et de Roussillon ; d'un an pour la Martinique et la Guadeloupe. Pour l'île Bourbon et le ressort de Pondichéry , le délai doit être fixé par l'arrêt d'admission.

Si le défendeur ne s'est pas présenté dans les délais, le demandeur peut, huitaine après l'échéance de l'assignation, poursuivre un arrêt de défaut.

Le défendeur défaillant peut se pourvoir par opposition, savoir : dans le mois de la signification de l'arrêt à sa personne ou domicile, si le délai de l'assignation était de quinzaine ; dans les deux mois, si l'assignation était à un mois; dans les trois mois, si elle était à deux mois ; pour les colonies, dans les six mois outre et par-dessus les délais de l'assignation. L'opposition se fait par requête signifiée à l'avocat adverse, avec offre de cent francs pour la réfusion des frais (art. 10 et 11, tit 2, 2ᵉ partie du règlement).

Si le défendeur comparaît, son avocat doit, dans les deux mois à dater de l'échéance des délais de l'assignation, signifier son mémoire en défenses à l'avocat adverse, et le déposer ensuite au greffe, accompagné des pièces justificatives.

Ce mémoire signifié ou le délai passé, l'avocat du demandeur dépose au greffe l'expédition de l'arrêt d'admission et l'original de l'assignation avec toutes autres pièces utiles. L'affaire se poursuit ensuite comme à la chambre des requêtes, c'est-à-dire que les mémoires et pièces des parties passent successivement entre les mains d'un rapporteur et d'un des avocats-généraux de la chambre.

Au jour de l'audience, le rapporteur commence par faire son rapport, les avocats sont ensuite entendus contradictoirement, et l'avocat-général donne ses conclusions; après quoi la chambre civile rend son arrêt qui est toujours motivé.

La péremption n'a point lieu devant la cour suprême ; la prescription trentenaire y exerce seule son empire.

Le tit. 8, 2ᵉ partie du règlement est relatif aux interventions. Il ne fixe pas les conditions de l'intervention :

mais il va sans dire que ceux-là seuls peuvent intervenir devant la cour de cassation, qui peuvent intervenir en cause d'appel. La demande en intervention se forme par requête d'un avocat aux conseils, signifiée aux autres avocats de la cause.

Dans les cas non prévus par le règlement, la cour suprême suit en général le code de procédure comme le droit commun ; souvent même elle suit le code, de préférence au règlement. Comme elle est toute puissante, elle-même fait sa loi.

De plus longs détails sur la procédure suivie devant la cour régulatrice seraient déplacés ici ; cette procédure en effet ne peut guère offrir à la grande majorité des légistes qu'un intérêt de curiosité.

§ VII. *Le défendeur peut-il former un pourvoi incident?*

La loi garde à cet égard le même silence que pour la requête civile.

Dans la pratique, chacune des parties qui se plaint de quelque disposition de l'arrêt, se pourvoit par la voie ordinaire devant la chambre des requêtes, et en cas d'admission des divers pourvois la jonction en est ordonnée par la chambre civile. La connaissance personnelle que nous avons pu acquérir de la procédure de la cour régulatrice ne nous a révélé aucun exemple d'un pourvoi incident. Cependant nous dirons ici, comme pour la requête civile, que le défendeur nous paraîtrait fondé à se pourvoir incidemment, à la charge de consigner l'amende. A la vérité, le pourvoi incident ne passerait pas au crenset de la chambre des requêtes ; mais nous n'y verrions pas d'inconvénient, dès l'instant surtout que la chambre civile permet au demandeur d'ajouter d'autres moyens à ceux que mentionne l'arrêt d'admission.

§ VIII. *Dans quels cas on peut proposer devant la cour de cassation des moyens nouveaux.*

IL faut en procédure distinguer soigneusement trois choses dont les lignes séparatives sont pourtant quelquefois fort incertaines ; les demandes nouvelles, les moyens nouveaux, et les arguments nouveaux.

Les *demandes nouvelles* élargissent la sphère du procès : elles sont en principe interdites en cause d'appel, parce que tous les chefs de demande des parties doivent subir le premier degré de juridiction.

Les *moyens nouveaux* n'agrandissent point le litige : ils tendent seulement à parvenir aux mêmes résultats par une autre voie. Ils sont toujours permis en cause d'appel ; mais ils sont irrecevables en règle générale devant la cour de cassation.

Enfin, les *arguments nouveaux* ou les raisons nouvelles ne tendent qu'à justifier de plus en plus les moyens employés : leur unique but est d'aplanir les aspérités de la voie qu'on s'est déjà tracée. Ils sont proposables toujours et partout.

On considère devant la cour suprême comme moyens nouveaux tous ceux qui ne sont pas ramenés expressément dans les qualités de la décision attaquée. Vainement en serait-il fait mention dans des écrits signifiés, car on a pu les abandonner dans la plaidoirie ; et comment pourrait-on reprocher aux juges du fait d'avoir violé une loi dont on ne les a pas mis à même de faire l'application ?

Les moyens nouveaux *basés sur des faits certains* sont pourtant admissibles devant la cour de cassation toutes les fois qu'ils intéressent l'ordre public, ou que les juges devaient les suppléer d'office parce qu'ils s'induisaient avec évidence d'une disposition de loi au bénéfice de laquelle la partie ne pouvait renoncer, ou ne saurait au moins être présumée l'avoir fait.

Ainsi les moyens pris de l'excès de pouvoir ou de l'incompétence *ratione materiæ* peuvent être proposés pour la première fois devant la cour de cassation.

Pareillement, on peut objecter que la demande devait être rejetée d'office, quand elle avait dans les termes mêmes où elle était formulée une cause manifestement illicite, ou qu'elle était contraire à un texte positif de loi. Nous nous figurons par exemple que si un arrêt avait ordonné le partage d'une succession *ab intestat* entre un frère consanguin ou utérin du défunt et les parents de l'autre ligne, sans que le frère eût excipé de la disposition de la loi qui lui attribuait la totalité des biens, il n'en serait pas moins recevable à opposer la violation d'un texte qui présentait à la demande un obstacle invincible (1).

Mais un moyen nouveau est irrecevable, quoiqu'il s'induise avec évidence des faits de la cause, quand la partie peut être présumée y avoir renoncé; tel, un moyen de prescription ou de déchéance.

Il est encore inadmissible, même dans les matières intéressant l'ordre public, lorsqu'il n'est pas établi en fait par des documents positifs. La cour suprême en effet ne peut jamais se livrer à des enquêtes, ni consulter de simples présomptions; des faits indubitables peuvent seuls servir de point de départ à ses arrêts. Ainsi, les liens du mariage ont beau être sacrés, c'est en vain qu'on articulerait pour la première fois devant la cour de cassation, contre un arrêt qui aurait prononcé la nullité d'un mariage, un moyen pris de ce que la nullité avait

____

(1) C'est le cas de dire avec la loi romaine : « *Non dubitandum est judicem, si quid a litigatoribus vel ab his qui negotiis assistunt, minus fuerit dictum, id supplere et proferre quod sciat legibus et juri publico convenire.* Loi unique, au code, *ut quæ desunt advocatis partium judex suppleat.*

été couverte par la cohabitation des époux, à moins que cette cohabitation ne se trouvât par hasard constatée par des écrits.

§ ix. *De l'arrêt de la chambre civile, et de ses effets.*

Le demandeur en cassation qui succombe devant la chambre civile doit, outre les dépens, être condamné à une amende de trois cents francs, et à cent cinquante francs de dommages-intérêts envers la partie si la décision attaquée était contradictoire, et en la moitié desdites sommes si elle était par défaut ou par forclusion. L'amende consignée lors de la formation du pourvoi vient en déduction de celle prononcée par la chambre civile.

Si la décision attaquée est cassée, l'arrêt de cassation produit le même effet que le jugement qui admet la requête civile, l'amende est restituée et le défendeur condamné aux dépens. Les parties sont replacées au même état où elles se trouvaient avant la décision annulée, et tout ce qui a été exigé en exécution de cette décision doit être restitué. Si le moyen de cassation accueilli n'a trait qu'à un chef de la sentence non dépendant des autres, ce chef seul est annulé.

Quand la cour casse pour cause de contrariété entre deux décisions en dernier ressort, rendues dans des tribunaux différents, et dont la première n'a pas été invoquée lors de la seconde, il n'y a pas lieu à prononcer de renvoi : la cour doit ordonner que la décision première en date sera seule exécutée. Il y a même raison de décider que pour la requête civile.

En toute autre hyppothèse, par conséquent dans le cas même de violation de la chose jugée, si le moyen de chose jugée avait été proposé lors de la décision cassée, la cour renvoie la cause et les parties devant une des trois cours les plus voisines de celle qui a rendu l'arrêt cassé, ou, si la sentence émanait d'un tribunal, devant un des trois tribunaux les plus voisins.

La cause est portée devant la cour de renvoi, sur assignation.

Les parties peuvent-elles proposer devant cette cour des moyens qu'elles n'avaient pas proposés lors de la décision cassée ? La loi ne le défend pas, et la doctrine ne doit pas créer des prohibitions. S'il est défendu de modifier les conclusions quand une affaire est en état, c'est pour empêcher qu'une partie ne s'en fasse un moyen de retarder indéfiniment la décision : mais ce motif n'est pas applicable quand la décision a été cassée et qu'il faut, pour que les deux parties se retrouvent en présence devant la cour de renvoi, nouvel ajournement et nouvel avenir. Les parties doivent même être admises à former les demandes nouvelles que l'art. 464 du code autorise.

On sait que les cours royales statuent sur les renvois après cassation, en audience solennelle ; que si la nouvelle décision est conforme à celle cassée et basée sur les mêmes moyens, le second pourvoi se porte devant les trois chambres de la cour suprême réunies ; qu'enfin s'il intervient un second arrêt de cassation, la troisième cour, ou le troisième tribunal où l'affaire est renvoyée doit respecter comme une loi le point jugé par la cour suprême, et que la cour saisie par le second renvoi ne doit dès-lors statuer qu'en audience ordinaire. Tout cela a été dit ailleurs, et se trouve consacré par la loi du 1er avril 1837.

§ x. *De la défense de se pourvoir deux fois en cassation.*

Nous avons signalé bien des rapports entre la requête civile et le pourvoi en cassation. Un dernier trait de ressemblance c'est que la dernière de ces voies, pas plus que la première, ne peut être tentée deux fois (art. 39 du titre précité du règlement).

CHAPITRE V.

De la prise à partie.

Dans la requête civile et le pourvoi en cassation, le demandeur ne s'en prend encore qu'à la partie adverse; dans le recours que nous allons expliquer, c'est le juge même qu'il attaque.

De toutes les voies extraordinaires, la prise à partie est celle qui est le moins employée : il y a lieu de s'en applaudir. Dans un temps où la corruption, parcourant un cercle de sinistre augure, va et vient sans cesse des sommités sociales aux classes inférieures, et de celles-ci à celles-là, il est consolant de voir la magistrature conserver ses anciennes traditions d'honneur et de probité. Grâce au ciel, nous n'en sommes pas encore venus à cet état de décadence où Rome était tombée dès avant la chute de la république, quand dans cette fastueuse cité les jugements se vendaient comme tout le reste, et que le roi Numide n'y découvrait pas une vertu capable de résister aux attraits de l'or.

Nous allons donc glisser légèrement sur la prise à partie. Cette voie peut être suivie non-seulement contre les juges, mais encore contre les magistrats du ministère public, et contre les héritiers des uns et des autres.

L'art. 505 du code, dont la disposition est évidemment limitative, n'admet que quatre cas de prise à partie.

1° *S'il y a eu dol, fraude ou concussion, commis dans le cours de l'instruction, ou lors du jugement.* La faute grossière ne peut ici être assimilée au dol, si le juge a pu la commettre de bonne foi.

2° *Si la prise à partie est expressément prononcée par la*

loi. Les lois civiles n'en offrent pas un seul exemple : mais le code d'instruction criminelle en contient plusieurs (V. art. 77 , 112, 164 , 271 , 310 et 593 de ce code).

3° *Si la loi déclare les juges responsables*, *à peine de dommages-intérêts.* Par exemple, quand le juge de paix a laissé périmer l'instance par sa faute (art. 15 C. pr.) ; ou quand la contrainte par corps a été prononcée hors des cas déterminés par la loi (art. 2063 C. civ).

4° *S'il y a déni de justice.* Il y a déni de justice quand le juge refuse de juger, sous prétexte du silence, de l'obscurité ou de l'insuffisance de la loi (art 4 C. civ).

Il y a encore déni de justice lorsque les juges refusent de répondre les requêtes ou négligent de juger les affaires en état et en tour d'être jugées. L'art. 507 du code indique la manière de constater ce déni.

La prise à partie doit être soumise à des juges assez haut placés pour que les petites passions de localité ne puissent se propager jusqu'à eux.

La prise à partie contre les juges de paix, contre les tribunaux de commerce ou de première instance, ou contre quelqu'un de leurs membres, et la prise à partie contre un ou plusieurs membres de la cour royale doivent être portées à la cour royale du ressort, d'après l'art. 509 du code. La disposition de cet article doit être étendue aux prud'hommes.

Cette règle de compétence doit être observée, même quand la prise à partie est dirigée contre les héritiers des magistrats décédés, par égard pour la mémoire de leurs auteurs.

La prise à partie contre les cours royales ou l'une de leurs chambres se porte à la cour de cassation.

Aucun juge ne peut être pris à partie, sans permission préalable de la cour devant laquelle la prise à partie doit être portée (510). Il doit être présenté à cet effet une requête signée de la partie ou de son fondé de procuration authentique et spéciale, laquelle procuration doit être annexée à la requête, ainsi que les pièces justificatives, s'il y en a, à peine de nullité (511). La prise à partie formée directement serait nulle, d'une nullité d'ordre public proposable en tout état de cause.

Si la requête est rejetée, la partie doit être condamnée à une amende qui ne peut être moindre de trois cents francs, sans préjudice des dommages-intérêts envers le juge, s'il y a lieu (513).

Si la requête est admise, elle doit être signifiée dans trois jours au juge pris à partie, qui est tenu de fournir ses défenses dans la huitaine (514) : mais aucun de ces délais n'emporte déchéance. L'arrêt d'admission doit être signifié avec la requête, et l'art. 29 du tarif permet au demandeur de répondre à l'écrit de défenses fourni par le juge.

A partir de la signification de la requête, le juge doit s'abstenir de la connaissance du différend ; il doit même s'abstenir, jusqu'au jugement définitif de la prise à partie, de toutes les causes que la partie, ou ses parents en ligne directe, ou son conjoint, pourraient avoir dans son tribunal, à peine de nullité des jugements (514).

La prise à partie doit être portée à l'audience sur un simple acte, et jugée en audience solennelle conformément au décret du 30 mars 1808.

La requête tendant à obtenir la permission de citer en prise à partie doit elle-même être soumise à l'audience solennelle ; le décret ne distingue pas. Mais ce décret semble avoir abrogé l'art. 515 du code qui voulait que la prise à partie fût jugée par une autre chambre que celle qui l'avait admise : le magistrat inculpé trouve des garanties suffisantes dans la réunion de deux chambres de la cour.

La plaidoirie n'est pas interdite ici comme elle paraît l'être en matière de récusation. Le jugement doit toujours être rendu sur les conclusions du ministère public. Les plaidoiries, les conclusions du ministère public et la prononciation du jugement doivent avoir lieu publiquement.

Si le demandeur est débouté, il doit être condamné à l'amende de 300 fr. au moins, sans préjudice des dommages-intérêts (516).

La loi ne dit rien du cas où la prise à partie est accueillie; il va sans dire que le juge doit alors être condamné à la réparation de tout le préjudice qu'il a causé.

Mais si la prise à partie était fondée sur un dol ou une fraude commise lors d'un jugement, le jugement doit-il être annulé, ou le juge est-il simplement condamné à indemniser la partie? Nous pensons que ce jugement même doit être annulé quand il n'a pu avoir d'autre cause que la prévarication du juge : autrement c'eût été sans sujet que le code aurait placé la prise à partie au nombre des voies extraordinaires pour attaquer les jugements. Mais alors la partie qui a obtenu le jugement doit être appelée dans l'instance, sans quoi elle serait recevable à repousser, en ce qui toucherait ses intérêts, l'arrêt qui aurait admis la prise à partie.

CHAPITRE VI.

Du désaveu.

On sait que nous avons cru devoir ranger le désaveu parmi les voies extraordinaires; parce que, comme la prise à partie, et plus souvent que celle-ci, il peut avoir pour résultat d'entraîner l'annullation d'un jugement précédemment rendu.

Dans la prise à partie, le plaideur attaque son juge.

Dans le désaveu, c'est son représentant qu'il inculpe et à qui il reproche d'avoir excédé ses pouvoirs.

§ 1er. *Quelles sont les personnes sujettes à désaveu.*

C'est contre les avoués que les désaveux sont principalement employés ; mais tout le monde convient qu'ils peuvent l'être aussi contre les huissiers (1).

Les notaires sont eux-mêmes sujets à désaveu quand ils agissent comme officiers ministériels, par exemple, quand ils signifient des protêts ou des actes respectueux.

Les agréés enfin, et même toutes autres personnes qui remplissent un mandat *ad lites* sont, suivant nous, sujets à désaveu (2). Cela tient à la nature spéciale du mandat *ad lites* dont les termes ne sont point fixés, dont une confiance entière est en quelque sorte l'âme, et où le mandataire, comme l'ancien *cognitor* romain ou du moins comme le *procurator*, semble *l'alter ego* du mandant.

Quant à l'avocat, il n'est point sujet au désaveu en cette qualité, parce que les consentements qu'il peut donner, les offres ou les aveux qu'il peut faire ne peuvent avoir d'effet qu'autant qu'ils sont autorisés par l'avoué, qui est le véritable maître du procès, *dominus litis* (3). L'avocat est du reste censé avoir le consentement de l'avoué, dans tout ce qu'il dit en présence de celui-ci : si donc l'avoué ne le contredit pas, il assume toute la responsabilité du désaveu.

---

(1) Il n'est pas nécessaire de recourir au désaveu contre l'huissier quand il agit manifestement hors de ses pouvoirs légaux, comme s'il reçoit en paiement au nom du créancier un effet de commerce au lieu d'espèces (*Cass.* 3 août 1840).

(2) *Contra*, Pigeau, *Comm.*, t. 1, p. 709.

(3) *Contra*, M. Dalloz, *répertoire*, t. 5, p. 108 et suiv.

§ ii. *Quels sont les cas et les actes qui peuvent donner lieu à désaveu.*

« Aucune offre, porte l'art. 352, aucun aveu ou consentement, ne pourront être faits, donnés ou acceptés sans un pouvoir spécial, à peine de désaveu. » Est-ce à dire qu'il ne peut y avoir de désaveu que dans ces cas-là ? Cette conséquence serait erronée. Il doit y avoir lieu à désaveu toutes les fois qu'il est démontré que le représentant de la partie a agi sans pouvoir. Si, par exemple, un avoué continue de faire des actes de procédure au nom de la partie qui l'a révoqué ; si, chargé d'acquiescer à une demande, il la conteste et expose ainsi sa partie à une condamnation aux dépens ; si un huissier pratique une saisie-exécution dont il n'a pas été chargé et qui pourrait entraîner contre la partie au nom de laquelle elle a été faite des dommages-intérêts ou des dépens, etc, il est sensible que le désaveu peut avoir lieu.

Mais, dans les cas qu'on vient de citer, la présomption est en faveur de l'officier ministériel, quoiqu'il ne représente aucun pouvoir, tandis que la présomption est contre lui pour les offres, aveux ou consentements faits, donnés ou acceptés, s'il ne rapporte pas une procuration spéciale.

Cependant, dans ces derniers cas, l'existence du pouvoir peut s'induire de présomptions graves, précises et concordantes, même dans les matières excédant 150 francs. Le désavoué trouve l'équivalent d'un commencement de preuve par écrit dans le mandat général qui lui a été donné. En aucun cas, il n'est nécessaire de signifier le pouvoir à l'autre partie qui peut seulement en exiger la représentation pour ne pas demeurer exposée aux conséquences d'un désaveu.

Si la signature de la partie était indispensable pour la

validité de l'acte, l'absence de cette signature constitue une nullité qui peut être opposée par l'autre partie, et qui n'est pas couverte par la représentation ultérieure du mandat. Dans ce cas, la partie même au nom de laquelle l'acte nul aurait été fait pourrait en demander la nullité ; quoique en principe la nullité des actes de procédure ne *puisse* être demandée par celui au nom duquel ils ont été signifiés.

Si l'avoué couvre quelque moyen d'incompétence ou de nullité, ou quelque exception dilatoire, ou une péremption encourue, nous n'admettons pas qu'il puisse être désavoué ; son client pourrait seulement demander et obtenir contre lui des dommages-intérêts, en cas de faute lourde. Un avoué régulièrement constitué tient en effet de son titre même le pouvoir de diriger à son gré la procédure jusqu'au jugement : et le désaveu suppose plus qu'une faute, il suppose un excès de pouvoir.

Nous n'envisageons pas la chose du même œil à l'égard des jugements rendus. Si l'avoué faisait sans pouvoir quelque acte qui établirait une fin de non-recevoir contre l'appel, le désaveu serait admissible. Les avoués sont institués pour diriger la procédure, et non point pour acquiescer aux jugements. C'est bien assez que leur faute puisse entraîner pour la partie la perte irréparable d'une exception ; au moins, qu'elle ne puisse consommer la ruine des moyens de défense proprement dits ou des exceptions que la partie a une fois proposées ! Nous appliquons ceci aux huissiers : nous nous figurons, par exemple, que si un huissier signifiait sans protestations un jugement qui lui aurait été remis précisément pour interjeter l'appel, il n'échapperait pas au désaveu.

§ III. *Par quels juges le désaveu doit-il être jugé ?*

Si le désaveu a pour cause un acte qui a fait l'objet

d'une procédure, il doit être porté au tribunal devant lequel la procédure désavouée a été instruite, encore que l'instance dans le cours de laquelle il est formé soit pendante en un autre tribunal (356). Quels juges en effet pourraient mieux apprécier que ceux-là si le mandataire *ad lites* a ou non excédé ses pouvoirs ! S'agit-il d'aveux faits sur l'audience ? peut-être la partie elle-même assistait son mandataire, et la mention de cette circonstance n'a-t-elle été omise dans le jugement que par l'effet d'un oubli. Le mandataire a-t-il réellement excédé ses pouvoirs? qui mieux que les juges qui ont rendu la sentence pourra savoir si son aveu a été la cause déterminante de la sentence ?

Ces raisons sont si puissantes que nous n'hésitons pas à appliquer la compétence spéciale établie par l'art. 356 aux mandataires des parties devant les tribunaux d'exception. C'est donc devant le tribunal de commerce que doit être cité l'agréé désavoué (1).

A plus forte raison doit-on dire que la compétence exceptionnelle continue de subsister à l'égard des héritiers du désavoué.

L'acte qui donne lieu au désaveu est-il étranger à toute instance : est-ce, par exemple, une sommation extrajudiciaire, un acte d'offres non accompagné de citation en validité, etc.? la règle *actor sequitur forum rei* reprend son empire. L'art 358 en a une disposition formelle. « Lorsque le désaveu concernera un acte sur lequel il n'y a point d'instance, la demande sera portée au tribunal du défendeur. » Le cas où l'acte a donné lieu à une instance terminée doit être assimilé à celui où l'instance dure encore. La raison est la même; et si l'on entendait l'article 358 autrement, il y aurait entre cet article et l'art. 356 une véritable antinomie.

---

(1) *Contrà*, Carré, quest. 1311 ; Favard de Langlade, t. 2, p. 75, n° 1.

Le jugement terminant l'instance, le désaveu qui serait formé à l'occasion d'une signification de ce jugement sans réserve d'appeler, semblerait devoir être porté devant le tribunal du domicile de l'huissier, et non pas devant celui qui aurait rendu la sentence signifiée, encore moins devant celui saisi de l'appel. Dès qu'il y a doute, la règle générale de compétence pour les actions personnelles doit prévaloir.

§ IV. *Comment se forme et s'instruit le désaveu.*

« Le désaveu, dit l'art. 353, sera fait au greffe du tribunal qui devra en connaître par un acte signé de la partie, ou du porteur de sa procuration spéciale et authentique : l'acte contiendra les moyens, conclusions et constitution d'avoué. » L'omission des moyens, des conclusions ou de la constitution d'avoué n'emporterait pas nullité puisque la loi ne la prononce pas. L'acte même de désaveu et la signature de l'avoué qui doit nécessairement assister la partie suppléent d'ailleurs suffisamment à ces omissions. Mais la signature de la partie ou de son procureur fondé est substantielle, si bien que la partie qui ne sait pas signer est dans l'absolue nécessité de constituer par acte authentique un mandataire dont la signature puisse remplacer la sienne, et qu'il ne suffirait pas d'une déclaration du greffier portant que la partie n'a pas su signer.

Le désaveu formé directement par exploit serait aussi radicalement nul : mais l'intérêt public paraissant moins engagé dans les désaveux des mandataires *ad lites* que dans les récusations de juges et les prises à partie, la nullité serait couverte par des défenses au fond.

Le désaveu doit être fait par déclaration au greffe, même quand il est dirigé contre un agréé ou tout autre mandataire *ad lites* qui n'est pas officier ministériel, ou contre les héritiers du mandataire. Un désaveu est toujours un fait grave : et ce n'est pas trop exiger que de soumettre la partie à le déclarer en personne, ou par un procureur fondé muni d'un pouvoir spécial et authentique.

« Si le désaveu est formé dans le cours d'une instance encore pendante, il doit être signifié sans autre demande, par acte d'avoué, tant à l'avoué contre lequel il est dirigé qu'aux autres avoués de la cause ; et ladite signification vaut sommation de défendre au désaveu (354). Si l'avoué n'exerce plus ses fonctions, le désaveu doit être signifié par exploit à son domicile : s'il est mort, le désaveu doit être signifié à ses héritiers, avec assignation au tribunal où l'instance est pendante, et notifié aux parties de l'instance par acte d'avoué à avoué (355). Mais s'il est formé dans le cours d'une instance pendante devant un autre tribunal, ce n'est pas à l'avoué de la partie adverse, près ce dernier tribunal, qu'il doit être dénoncé ; mais à l'avoué qu'elle avait dans l'instance où l'acte a été fait, si les pouvoirs de ce dernier durent encore : sinon, à personne ou domicile. Ce cas en effet est régi, non plus par l'art. 355, mais par l'art. 356 qui, dans sa disposition finale, se borne à dire : « Le désaveu sera dénoncé aux parties de l'instance principale, qui seront appelées dans celle de désaveu, » sans indiquer la manière de les appeler.

Il suffit de signifier le désaveu par un simple acte d'avoué, si l'avoué exerce encore, même lorsqu'il est formé après jugement.

S'il est formé à l'occasion d'un acte sur lequel il n'y a pas et n'y a jamais eu d'instance, il est prudent de le déclarer aussi aux parties que le maintien de cet acte peut intéresser ; sans quoi celles-ci pourraient le cas échéant se pourvoir par tierce-opposition.

Le désaveu a un effet suspensif ; il diffère en cela des autres voies extraordinaires ; mais cette différence n'était pas assez notable pour nous empêcher de le classer parmi ces voies. « Il sera sursis, dit l'art. 357, à toute procédure et au jugement de l'instance principale jusqu'à celui du désaveu, à peine de nullité, sauf cependant à ordonner que le désavouant fera juger le désaveu dans un délai fixe, sinon, qu'il sera fait droit. » Le sursis ne doit avoir lieu qu'autant que le désaveu paraît aux juges pouvoir exercer quelque influence sur le nouveau litige dont ils sont saisis : la loi ne le dit pas, mais la raison le dit assez (1).

La nullité des actes faits ou des jugements rendus au mépris du sursis prononcé par l'art. 357 n'existe pas de plein droit, elle doit être demandée. Celle des jugements contradictoires ne peut l'être que par appel, si la sentence est en premier ressort ; et si elle est en dernier ressort, par la voie du recours en cassation.

L'art. 75 du tarif permet de contester la demande en désaveu par une requête grossoyée à laquelle le demandeur peut répondre. L'audience est ensuite poursuivie sur un simple acte.

La société est intéressée à ce que les officiers ministériels remplissent fidèlement leurs fonctions ; comme aussi à ce qu'ils ne soient pas mal à propos inquiétés quand ils n'ont pas contrevenu à leurs devoirs. C'est pourquoi la demande en désaveu, quand elle est portée devant un tribunal civil ou une cour royale, doit toujours être communiquée au ministère public ; c'est le prescrit formel de l'art. 359.

§ v. *Du jugement qui admet ou rejette le désaveu.*

Le cas où le désaveu est accueilli est réglé par l'art. 360 qui dispose : « Si le désaveu est déclaré valable,

_____

(1) *Contra*, Favard de Langlade, t. 2, p. 75, n. 2 ; Carré, quest. 1312.

le jugement ou les dispositions du jugement relatives aux chefs qui ont donné lieu au désaveu demeureront annulées et comme non avenues ; le désavoué sera condamné, envers le demandeur et les autres parties, en tous dommages-intérêts, même puni d'interdiction, ou poursuivi extraordinairement, suivant la gravité du cas et la nature des circonstances. » Il est bon pour prévenir toute difficulté que le tribunal indique celles des dispositions du jugement précédemment rendu, qui demeureront sans effet : mais l'omission que les juges auraient commise à cet égard pourrait être réparée par un jugement ultérieur.

Si impératifs que paraissent les termes de l'article, le désavoué ne doit être condamné à des dommages-intérêts qu'autant qu'il y a eu de sa part une faute grave (1). S'il est condamné à des dommages vis-à-vis de la partie qui avait obtenu le jugement rétracté, le désavouant ne peut en aucun cas être déclaré responsable de ces dommages.

Si le désaveu est rejeté, il doit être fait mention du jugement de rejet en marge de l'acte de désaveu, et le demandeur peut en outre être condamné envers le désavoué et les autres parties en tels dommages et réparations qu'il appartiendra (361).

Si le jugement qui statue sur le désaveu est rendu par défaut, il est susceptible d'opposition suivant les règles ordinaires.

Quant à l'appel de la décision rendue par un tribunal inférieur, il est recevable, 1° quand le procès principal excédait lui-même le taux du dernier ressort ; 2° quand le mandataire *ad lites*, dans un procès de nature d'ailleurs à être jugé en dernier ressort, a demandé, comme attaqué dans son honneur, des dommages supérieurs à 1500

---

(1) *Cass.* 27 août 1835. V. aussi t. 1ᵉʳ, p. 415.

francs , auquel cas l'appel est également ouvert au désavouant , en vertu du principe de la réciprocité (1).

§ vi. *Dans quel temps le désaveu doit être formé.*

S'AGIT-IL d'actes étrangers à toute instance , le désaveu
peut être formé en tout temps par voie d'exception , et
durant trente ans par voie d'action , à moins qu'il n'y
ait eu acquiescement.

Quant aux actes faits dans le cours d'une instance , il
peut être employé tant que l'instance dure , et même après
le jugement tant que ce jugement est susceptible d'opposition ou d'appel. Bien plus , quoique le jugement ait acquis
force de chose jugée, le droit de former le désaveu survit encore pendant un certain temps. L'art. 362 dispose en effet :
« Si le désaveu est formé à l'occasion d'un jugement qui
aura acquis force de chose jugée, il ne pourra être reçu
après la huitaine à dater du jour où le jugement devra
être réputé exécuté aux termes de l'art. 159 ci-dessus. »
Le jugement a force de chose jugée dès que les voies
ordinaires sont fermées, quoique les délais de la requête
civile ou du pourvoi en cassation ne soient pas expirés (2).
La raison en est que ces voies extraordinaires n'arrêtant
pas l'exécution de la sentence , la partie n'a d'autre moyen
d'empêcher cette exécution que de trancher le désaveu ;
et si elle ne l'emploie point, si elle se laisse exécuter
sans mot dire , comment supposer que son mandataire a
excédé ses pouvoirs et agi contre ses instructions ?

La huitaine de grâce impartie par l'art. 362 n'est pas
franche , en ce sens que le jour de l'échéance est compté ;
mais elle doit recevoir l'augmentation à raison des distances.

Dans tous les cas, il est indispensable d'appeler les par-

---

(1) V. t. 1er, p. 171 et 191.
(2) *Contrà*, M. Dalloz, t. 5, p. 118, n. 14.

ties au profit desquelles le jugement a été rendu. Si le
désaveu est formé dans l'année, il suffit de le dénoncer
aux avoués qui ont occupé lors du jugement (art. 1038);
Après l'année, il faut une signification à partie.

CHAPITRE VII.

De la tierce-opposition.

Les voies extraordinaires dont nous avons parlé jusqu'ici ont cela de commun qu'elles ne sont ouvertes qu'aux
parties ou à leurs représentants : le caractère propre de
celle dont il nous reste à parler, c'est qu'elle n'est ouverte qu'aux tiers. Dans quels cas la tierce opposition
peut-elle et doit-elle être employée? Quels sont les jugements qui peuvent être attaqués par cette voie? Où doit-
elle être portée? Comment est-elle formée? Quels effets
produit-elle? Que doit contenir le jugement qui l'admet
ou la rejette? Répondre à ces diverses questions, c'est
expliquer toute la matière.

§ 1er *Dans quels cas la tierce opposition peut-elle et
doit-elle être employée ?*

L'art 474 pose à cet égard le principe. « Une partie,
dit ce texte, peut former tierce-opposition à un jugement
qui préjudicie à ses droits et lors duquel ni eux ni ceux
qu'elle représente n'ont été appelés. » Mais si cette partie n'a pas été en effet représentée dans le jugement, ce
jugement n'a point, ce semble, vis-à-vis d'elle, l'autorité
de la chose jugée : comment donc comprendre qu'elle soit
obligée de former tierce-opposition contre une sentence
qui ne la touche point?

La plupart des auteurs se sont occupés de cette difficulté : mais il nous semble qu'aucun d'eux n'a formulé les
véritables principes de la matière.

Suivant les uns (1), la tierce-opposition est toujours indispensable pour écarter l'autorité d'un jugement rendu contre la personne dont on tient ses droits, encore que ces droits aient été transmis à titre onéreux longtemps avant le procès. Suivant d'autres (2), elle serait purement facultative, et le tiers pourrait toujours se borner à exciper de ce que la sentence ne réunit pas à son égard les conditions de la chose jugée exigées par l'art 1351 du code civil. Erreur des deux parts.

Comment admettre en effet d'abord qu'un tiers soit obligé de se rendre tiers-opposant envers une sentence rendue contre une personne dont il était devenu le représentant à titre onéreux trente ans peut-être ou davantage avant le procès ; que ce tiers puisse ainsi être privé de ses juges naturels et des deux degrés de juridiction ; que dans tous les cas il lui faille subir l'exécution de la sentence s'il n'obtient pas de sursis, et qu'il soit passible d'une assez forte amende s'il succombe !

D'un autre côté, dire que le tiers a toujours la faculté d'écarter un pareil jugement par voie d'exception, n'est-ce pas faire de la tierce-opposition une arme inutile et que la rouille de la désuétude rongera bientôt ? N'est-il pas en effet bien plus commode d'écarter la sentence par voie d'exception, de conserver ainsi tous les avantages inhérents au rôle de défendeur, ses juges naturels, le double degré de juridiction, la prérogative de triompher si l'adversaire ne prouve pas lui-même sa prétention, que de se rendre tiers-opposant, d'assumer ainsi le fardeau de la preuve, d'aller plaider souvent devant des juges

---

(1) Notamment Proudhon, *Traité des droits d'usufruit*, n° 1286 et suiv.

(2) Merlin, Répertoire, V° *Tierce-Opposition*, § 6 ; Carré, quest. 1722.

éloignés, et peut-être devant un tribunal souverain qui sera peu disposé à rétracter la sentence qu'il a rendue, de s'exposer enfin à payer une amende qui quelquefois peut paraître assez forte comparée à la valeur du litige.

Force est donc de reconnaître qu'il doit y avoir des cas où l'autorité de la sentence ne peut être ébranlée que par la voie de la tierce-opposition, et que c'est précisément pour ces cas que cette voie a été créée.

Un de ces cas est celui de l'art. 873 du code de procédure qui permet aux créanciers du mari de se pourvoir dans un certain délai par tierce-opposition contre le jugement de séparation de biens. Cet article n'est d'ailleurs que l'application du principe général posé dans l'art. 1167 du code civil, d'après lequel les créanciers peuvent faire annuler tous les actes faits par leur débiteur en fraude de leurs droits. La tierce-opposition des créanciers doit donc être reçue dès qu'ils prouvent que leur débiteur a agi de connivence avec l'autre partie.

Mais ce n'est encore là qu'un cas spécial, et c'est le principe que nous recherchons. Ou nous nous abusons fort, ou ce principe est celui-ci.

Quand la partie qui a obtenu le jugement avait actionné la personne qu'elle devait en effet actionner, et qu'on ne peut lui imputer à cet égard aucune faute, le tiers n'a que la voie de la tierce-opposition. Cette partie avait-elle mal engagé le procès ? le jugement qu'elle a obtenu n'est vis-à-vis du tiers qu'une arme sans tranchant, un instrument sans effet.

Quand on se place à ce sommet, l'on voit se dérouler devant soi un immense horizon que la lumière pénètre dans tous les sens et où ne flotte pas le moindre nuage.

Un jugement, par exemple, a déclaré une partie propriétaire d'un immeuble : mais l'action en délaissement avait été engagée contre un défendeur qui ne possédait point ou qui ne possédait qu'à titre précaire. Le véritable possesseur peut se jouer d'une pareille sentence ; il n'a nul besoin de se pourvoir par tierce-opposition : serait-ce un arrêt de cour souveraine, si l'on s'en sert pour troubler sa possession, il n'a qu'à demander la répression du trouble à la plus humble des juridictions, à la justice de paix, et il devra l'obtenir.

Au contraire, le jugement a-t-il été rendu contre un défendeur qui possédait *animo domini*? tous ceux à qui ce défendeur avait conféré des droits réels, comme des servitudes ou des hypothèques, ou même des droits d'un autre genre, un bail, par exemple, ayant date certaine, n'ont que la voie de la tierce-opposition ; car le demandeur en revendication n'avait nul besoin de les actionner. Cette voie leur serait même fermée si l'instance leur avait été légalement dénoncée et qu'ils eussent été mis en demeure d'y intervenir.

L'action a-t-elle été dirigée contre une partie qui avait déjà vendu l'immeuble au moment de l'ajournement? l'acquéreur n'a nul besoin de se rendre tiers-opposant (1). Le combat ayant été mal engagé dès le principe, la victoire obtenue par le revendiquant demeure vaine. Au contraire, la vente a été postérieure à l'introduction de l'instance : dire en ce cas que l'acquéreur devra toujours supporter l'issue d'un procès qu'il a pu ne pas connaître et où ses droits ont pu être sacrifiés, ce serait déployer à son égard une sévérité outrée (2) ; mais au moins ne peut-il venir que par tierce-opposition.

---

(1) *Contra*, Proudhon, *loc. cit.*, n° 1349.

(2) C'est pourtant la doctrine de Proudhon, *loc. cit.*, n. 1345. Ainsi d'après cet auteur, l'acquéreur ou donataire n'a que la voie de la tierce-opposition s'il possédait déjà lors de l'introduction de l'instance ; et s'il n'a acquis que depuis, le jugement a vis-à-vis de lui l'autorité *irréfragable* de la chose jugée. Suivant nous au contraire, si l'acquéreur ou do-

S'agit-il d'une emphytéose ? la possession la plus caractérisée, la seule généralement connue, c'est celle de l'emphytéote ; le bailleur n'a donc en principe que la voie de la tierce-opposition. Au contraire, si le jugement a été rendu contre le bailleur exclusivement, l'emphytéote, à nos yeux, serait fondé à l'écarter par voie de simple exception ; et le demandeur devrait se résigner à descendre une seconde fois dans la lice avec lui.

Nous pourrions faire beaucoup d'autres applications de notre principe ; mais il est aisé à chacun de les trouver.

Nous ne disons pas du reste qu'on ne puisse employer la tierce-opposition dans le cas même où l'on peut écarter un jugement par voie de simple exception ; mais ce n'est que dans des cas bien rares qu'on devrait opter pour la première de ces voies.

Ajoutons encore une observation.

Il peut se faire non-seulement que celui qui a obtenu le jugement n'ait commis aucune faute en engageant le procès comme il l'a fait, mais que la faute vienne précisément de celui qui veut écarter l'autorité de la sentence. Ce dernier en ce cas n'est pas même recevable à former tierce-opposition, sauf le cas de fraude qui fait exception à toutes les règles.

Ainsi, l'héritier réel ne peut se rendre tiers-opposant envers les sentences rendues contre l'héritier putatif, quand il aurait pu se faire connaître plus tôt : l'absent est pareillement irrecevable à se pourvoir par cette voie envers les jugements rendus en son absence contre un curateur ou contre les envoyés en possession provisoire.

---

nataire possédait avant le procès, il peut écarter l'autorité du jugement par voie d'exception ; s'il n'a acquis que depuis, mais avant le jugement, il lui reste la tierce-opposition ; la sentence ne peut le lier complétement que lorsqu'elle était rendue au moment où il a acquis.

§ II. *Quels sont les jugements sujets à la tierce-opposition, et dans quel délai elle doit être formée.*

Toutes les décisions en premier ou dernier ressort des justices de paix, des prud'hommes, des tribunaux de commerce, des tribunaux civils et des cours royales sont soumises à cette voie : les arrêts de la cour suprême elle-même, au moins ceux de cassation, n'en paraissent pas affranchis.

La loi ne fixe pas de délai pour la tierce-opposition ; elle est donc proposable en tout temps par voie d'exception, et durant trente ans par voie d'action.

§ III. *Devant quel tribunal doit être portée la tierce-opposition.*

La tierce-opposition principale doit toujours être portée au tribunal qui a rendu la sentence attaquée (475).

Quand elle est incidente à une contestation dont un tribunal est saisi, elle doit être soumise à ce tribunal s'il est égal ou supérieur à celui qui a rendu le jugement (475). S'il n'est égal ou supérieur, elle doit être portée par action principale au tribunal qui a rendu le jugement (476), et le tribunal devant lequel le jugement attaqué a été produit peut, suivant les circonstances, passer outre ou surseoir (477). Il doit passer outre, si le jugement attaqué lui semble devoir rester sans influence sur la nouvelle contestation, il doit surseoir dans le cas contraire : mais il ne peut prononcer le sursis que pour la procédure pendante devant lui, et non point pour les poursuites qui s'exerceraient ailleurs.

La compétence établie pour la tierce-opposition incidente réclame quelques explications.

Cette tierce-opposition ne peut être soumise à un tribunal inférieur à celui qui a rendu le jugement attaqué, parce qu'il impliquerait qu'un juge inférieur pût paralyser la sentence d'un juge supérieur. Ainsi le juge de paix ne peut connaître de la tierce-opposition dirigée contre un jugement d'un tribunal civil, ou contre un arrêt.

Le tribunal où la nouvelle contestation est pendante est-il supérieur à l'autre? rien de plus naturel qu'il puisse exercer sa puissance en circonscrivant l'effet du jugement rendu par celui-ci. Ainsi une cour royale peut connaître de toute tierce-opposition formée contre des sentences de juges inférieurs ; un tribunal civil ou de commerce, de la tierce-opposition formée contre des sentences de juges de paix ou de prud'hommes. Il importe peu que le juge inférieur ne soit pas dans le ressort du juge supérieur : il ne s'agit pas ici de réformer la sentence, mais seulement d'en préciser la portée.

Enfin pour plus de célérité, la tierce opposition peut même être portée devant un tribunal égal à celui qui a rendu la sentence attaquée ; mais l'application de cette règle n'est pas exempte de toute difficulté.

Le tribunal saisi de la seconde contestation peut en effet n'être pas du même ordre que l'autre. Le premier sera par exemple un tribunal civil ; le second, un tribunal de commerce, ou réciproquement. Nul doute que le tribunal civil ne puisse connaître de la tierce-opposition formée contre la sentence du tribunal de commerce. Mais la réciproque ne paraît point vraie ; quoique placés sur la même ligne dans la hiérarchie judiciaire ; les tribunaux civils, l'emportent pourtant sur les tribunaux de commerce en ce qu'ils connaissent de l'exécution de leurs propres sentences et de celles des tribunaux d'exception, tandis que les tribunaux de commerce ne peuvent pas même connaître de l'exécution de leurs propres jugements.

Quand un jugement de première instance a été confirmé sur appel, doit-on se pourvoir par tierce-opposition

devant le juge qui a rendu le jugement de première
instance, ou devant celui qui a statué sur l'appel ? C'est
devant le premier, qui retient en cas pareil la connaissance de l'exécution de sa sentence ; partant, si la tierce-
opposition est incidente, elle peut être soumise à un tribunal égal à ce juge de première instance, quoique inférieur à celui qui a statué sur l'appel.

§ IV. *Comment se forme la tierce-opposition.*

ELLE se forme par requête signifiée d'avoué à avoué
quand elle est proposée incidemment devant un tribunal
qui peut en connaître (475). En tout autre cas, elle
doit être formée par exploit signifié à personne ou domicile. Mais lors même qu'elle est principale elle est af-
franchie de l'épreuve conciliatoire ; elle n'est pas en effet
à proprement parler introductive d'instance, et il serait
étrange que de toutes les voies ordinaires ou extraordinaires pour attaquer les jugements, ce fût la seule soumise à cette épreuve (1).

§ V. *Des effets de la tierce-opposition.*

LA tierce-opposition, comme les autres voies ordinaires, n'a point d'effet suspensif ; mais les juges peuvent
quelquefois faire fléchir la règle.

L'art. 478 dispose à cet égard : « Les jugements passés
en force de chose jugée, portant condamnation à délaisser
la possession d'un héritage, seront exécutés contre les
parties condamnées, nonobstant la tierce-opposition, et
sans y préjudicier. — Dans les autres cas les juges pourront,
suivant les circonstances, suspendre l'exécution du jugement. » Pour que la première disposition de cet article

(1) Carré, quest. 1724, n'ose pas se prononcer.

soit applicable , il faut deux conditions : la première , que le jugement soit passé en force de chose jugée ; s'il n'a pas acquis cette autorité , il ne serait pas juste que la négligence que met la partie condamnée à se pourvoir par les voies légales pût préjudicier au tiers-opposant. La seconde condition c'est que l'exécution de la sentence , en ce qui touche le délaissement , puisse se poursuivre contre la partie condamnée, c'est-à-dire , que cette partie ait actuellement la saisine légale de l'immeuble ; si l'immeuble est déjà possédé par le tiers , il y aurait trop de rigueur à l'obliger dans tous les cas à délaisser cette possession.

Mais , on l'a déjà dit , si le revendiquant a mal engagé son action dès le principe et qu'il ait actionné un autre que le vrai possesseur, celui-ci n'est pas même obligé , pour arrêter l'effet de la sentence, de se pourvoir par tierce-opposition et d'obtenir un sursis; il peut, s'il est troublé , se pourvoir au possessoire.

Le sursis peut toujours être prononcé en matière mobilière, quoique les meubles soient au pouvoir de la partie condamnée. La raison de la différence est que les immeubles ne sauraient disparaître, tandis que les meubles sont susceptibles d'un détournement facile. Le sursis doit être prononcé dès que le tiers-opposant est menacé d'un préjudice irréparable, comme lorsqu'en vertu de la sentence attaquée l'on poursuit la vente des meubles dont le tiers-opposant se dit lui-même [propriétaire.

§ VI. *De l'instruction et du jugement sur la tierce-opposition.*

L'INSTRUCTION de la tierce-opposition ne diffère en rien de celle des autres procès.

Si la tierce-opposition est accueillie , le jugement ne doit être rétracté que dans l'intérêt du tiers-opposant , à moins que la matière ne soit indivisible (1).

Si elle est rejetée, l'opposant doit être condamné à une amende de cinquante francs, sans préjudice des dommages et intérêts de la partie s'il y a lieu (479), par exemple, s'il avait obtenu un sursis qui ait préjudicié à cette partie. L'amende est encourue, soit que la tierce-opposition soit écartée comme non recevable, ou rejetée comme mal fondée : mais elle ne peut être exigée qu'autant qu'elle a été prononcée.

CHAPITRE VIII.

Des voies ouvertes contre les ordonnances des présidents et des juges-commissaires.

Il est des ordonnances qui ne sont sujettes à aucun recours ; ce sont celles qui ne peuvent causer aux parties aucun préjudice sérieux et dont l'effet est toujours réparable en définitive. On dit sans cesse, *point d'intérêt, point d'action*; on peut dire aussi, *point de grief, point de recours.*

Ainsi, un président permet de citer ou d'exécuter un jour de dimanche ou de fête, ou il abrège les délais de la comparution : un juge autorise une saisie-arrêt, une saisie gagerie ou toute autre saisie conservatoire, en faveur d'un créancier qui n'a point de titre écrit : un juge de paix permet à un créancier non fondé en titre exécutoire de requérir l'apposition des scellés ; un juge-commissaire fixe pour l'audition des témoins un jour auquel l'une des parties ou l'un des avoués aurait voulu s'absenter. Non-seulement ces ordonnances ne jugent rien, mais encore le préjudice qu'elles occasionnent est nul ou

---

(1) *Cass.* 28 août 1811 et 13 janvier 1814.

à peu près nul. Des intérêts peuvent se trouver froissés ; aucun droit n'est compromis ; et l'on sait quel immense intervalle sépare *l'intérêt* du *droit* ; partant, aucun recours n'est ouvert. À plus forte raison, tout recours est-il fermé quand la permission sollicitée est refusée, car le juge peut toujours refuser une faveur ; seulement le refus donnerait ouverture à prise à partie s'il y avait dol de la part du juge.

Au contraire, l'ordonnance peut être attaquée toutes les fois qu'elle cause à l'une des parties un préjudice sérieux. Ainsi un juge-commissaire aura fixé pour l'audition des témoins un jour tellement rapproché qu'il sera impossible de faire l'enquête régulièrement, ou tellement éloigné qu'une partie pourra en éprouver un dommage notable : il aura dans une procédure de vérification d'écritures refusé d'ordonner que le défendeur ferait un corps d'écriture : dans une reddition de compte, il aura refusé d'accorder un exécutoire pour l'excédant avoué de la recette sur la dépense ; à suite d'un désistement, le président du tribunal ou de la cour aura fixé les frais du défendeur à une somme trop élevée : dans tous ces cas et dans une foule d'autres semblables, la partie lésée est fondée à se plaindre.

Mais quelle voie doit-elle adopter, celle de l'opposition ou celle de l'appel ?

Quand le président ou le juge-commissaire statue en référé, la voie de l'appel est la seule ouverte : le juge exerce alors une juridiction propre, et non pas un pouvoir emprunté. Dans tous les autres cas, celle de l'opposition, qui est la plus simple, peut être utilement employée, et cette opposition doit être portée devant le tribunal tout entier (1).

_____

(1) Tels étaient, à ce qu'il semble, les principes du droit canonique. Quand le déléguant substituait absolument le délégué à sa

On ne procède pas autrement en matière de distribution par contribution et d'ordre ; le travail du commissaire est d'abord querellé devant le tribunal avant d'être soumis à la cour : il y a même raison de décider en toute autre matière.

Ici comme ailleurs, l'opposition doit être formée dans la huitaine de la signification à avoué; après ce délai, il n'y a lieu qu'à l'appel si l'intérêt du litige le comporte. Mais l'opposition a cela de particulier qu'elle paraît ouverte à la partie même qui s'est présentée devant le président ou le commissaire : nous n'admettons pas qu'en aucune circonstance un juge isolé, n'exerçant qu'une juridiction empruntée, puisse rendre de prime abord une décision souveraine.

Il est des cas où l'opposition peut être employée devant le commissaire lui-même en vertu d'une disposition de la loi et pendant un temps illimité; c'est ainsi que le témoin défaillant condamné à une amende et à des dommages peut présenter ses excuses au juge-commissaire pour se faire relever. En cas pareil, si l'opposition pratiquée devant le commissaire ne réussit point, la maxime *opposition sur opposition ne vaut* ne permet pas d'en porter une seconde devant le tribunal ; il n'y a lieu qu'à l'appel

---

place et lui transmettait ainsi toute la juridiction, il fallait appeler au juge supérieur du déléguant. Mais quand le déléguant n'avait donné qu'un mandat partiel, et n'avait pas aliéné pour ainsi parler sa juridiction, on pouvait lui demander la réformation des actes du juge délégué. Dans les deux cas, le recours de la partie était désigné sous le nom d'*appellation*, mais le nom est indifférent. « *Porro cum delegatus à nobis juridictionem suam in alium transfert totam, si fuerit appellandum, non ad eum, sed ad nos appellari debebit. Cùm autem sibi aliquid de juridictione reservat, si causa sit ei appellatione remota commissa : non ad nos, sed ad eum poterit de jure appellari... ut parcatur laboribus partium et expensis.* Cap. 27, *extrà, de officio et potest. jud. deleg.*

si la loi ne l'interdit point , appel qui doit avoir lieu dans les délais et la forme ordinaires.

Quant à la requête civile et au pourvoi en cassation, ils ne paraissent jamais ouverts aux parties contre de simples ordonnances, puisque le préjudice que ces ordonnances occasionnent peut être prévenu par des voies plus simples.

Telles sont les règles que nous proposons avec défiance dans une matière où le silence de la loi oblige son interprète non plus à la commenter , mais à la faire.

CHAPITRE IX.

De l'acquiescement.

L'ACQUIESCEMENT valable a pour effet de fermer tous les recours ordinaires ou extraordinaires.

On distingue deux sortes d'acquiescement; l'un est exprès, l'autre tacite.

L'acquiescement exprès n'est valable qu'autant qu'il a été donné par une personne qui avait la capacité de disposer des objets qui ont donné lieu au procès.

La jurisprudence n'admet point des acquiescements anticipés : ainsi la circonstance qu'on s'en est remis à la sagesse ou à la justice du tribunal n'empêche pas d'employer après la sentence les recours autorisés par la loi (1).

L'acquiescement tacite peut résulter d'un grand nombre de circonstances dont nous signalerons seulement les principales.

1° L'expiration des délais est une sorte d'acquiescement tacite, qui a même à quelques égards plus de vertu que l'acquiescement exprès, puisqu'il peut être opposé aux in-

_____

(1) *Cass.* 10 mai 1827 , 18 nov. 1828 , 7 mai 1834.

capables. La raison en est que si la conservation des droits des incapables est d'ordre public, la stabilité des jugements est d'ordre public aussi ; et dans ce conflit d'intérêts du même ordre le législateur a pensé qu'une incertitude trop prolongée sur le sort des jugements serait le mal le plus grand.

2.° La signification d'un jugement à partie, sans protestation ni réserve, emporte acquiescement ; cela s'induit pour l'appel, d'une manière implicite mais évidente, de l'art. 443 du code ; et il y a même raison de décider pour la requête civile et le pourvoi en cassation (1).

Mais l'acquiescement n'est alors que conditionnel ; il est subordonné à la condition que la partie adverse se soumettra de son côté à la sentence dans les dispositions qui lui sont défavorables : si cette condition vient à manquer, l'acquiescement s'évanouit. C'est par suite de ce principe que l'art. 443 du code permet à l'intimé d'interjeter incidemment appel en tout état de cause, quoiqu'il ait signifié le jugement sans protestation ; et ici encore il y a même raison de décider pour la requête civile et le pourvoi en cassation.

En général, les protestations et les réserves ne sont que des paroles vaines quand elle sont démenties par les actes : les faits ont plus de puissance que les mots : c'est en ce sens qu'on dit *qui protestatur nihil agit.* Mais cette règle ne doit être admise que lorsque la protestation est en contradiction manifeste avec l'acte même : si l'intention que la partie annonce dans ses protestations peut réellement se concilier avec l'acte qu'elle fait, les protestations sont utiles : c'est un avertissement, que le langage muet de l'acte ne doit pas avoir le sens qu'il a ordinairement ; c'est ainsi qu'en employant une expression il est

---

(1) *Cass.* 12 août 1817 et 6 juillet 1819.

permis d'annoncer qu'on lui attribue moins de valeur qu'elle n'en a dans l'usage. D'après cela, la signification à la partie adverse, accompagnée de réserves, conserve l'appel et les autres recours (1).

La signification à avoué, même sans protestation, n'emporte pas en général acquiescement (2); l'avoué la fait principalement dans son intérêt, pour grossir son état de frais. Mais dans les cas exceptionnels où elle a la vertu de faire courir les délais vis-à-vis de l'autre partie, comme en matière de distribution par contribution et d'ordre, elle doit emporter acquiescement si elle n'est accompagnée de protestations (3), et sauf désaveu.

3° Toute exécution *volontaire* de la sentence emporte aussi acquiescement; mais on ne peut considérer comme *volontaires* les actes qu'une partie fait pour prévenir la saisie de ses meubles ou de ses immeubles ou l'emprisonnement de sa personne.

Ainsi, la partie condamnée paiera, *après commandement*, le principal et les dépens d'une sentence en dernier ressort inattaquable par la voie de l'opposition : elle conservera néanmoins le recours en requête civile ou en cassation, sans qu'il soit nécessaire de l'exprimer.

De même elle conserve le droit d'appeler, quand elle paie après commandement les condamnations principales prononcées par une sentence déclarée exécutoire non obstant appel : il y a plus de doute si elle paie les dépens, parce que l'exécution provisoire ne s'étend pas aux dépens. Toutefois comme elle a pu se méprendre sur la portée de la sentence, ses réserves sont utiles (4).

---

(1) *Cass.* 9 août 1826.
(2) *Cass.* 20 novembre 1826.
(3) *Cass.* 24 avril 1833.
(4) *Cass.* 19 avril 1830.

Que décider dans les deux cas, si la partie a payé avant d'avoir reçu un commandement? Elle aura perdu son recours si elle a payé sans protestation ni réserves (1) : mais des protestations suffisent pour conserver son droit, parce qu'elle peut avoir intérêt à prévenir le commandement.

Que si elle paie les condamnations prononcées par une sentence dont elle pourrait arrêter l'exécution par l'opposition ou l'appel, elle acquiesce, et ses réserves sont vaines. Il ne saurait y avoir d'exception à cette règle qu'autant que le créancier aurait usé de dol pour se faire payer, ou que le débiteur serait sur le point d'être arrêté ou de voir ses meubles saisis (2).

L'exécution volontaire et sans réserves des jugements préparatoires n'exclut jamais ni l'appel ni les voies extraordinaires, parce que ces jugements ne peuvent être attaqués qu'après le jugement définitif (C. pr. 451; loi du 2 brumaire an 4, art. 14.)

Il doit en être de même des jugements interlocutoires, dans les cas où ils ne lient pas le juge. Mais, lorsque l'interlocutoire lie le juge parce qu'il a formellement rejeté quelque moyen préjudiciel, l'exécution volontaire emporte acquiescement (3).

Les deux dernières causes d'acquiescement tacite ne paraissent opposables, comme l'acquiescement exprès, qu'aux parties majeures et capables.

L'acquiescement tacite protège souvent les actes de procédure comme les jugements ou ordonnances : on sait, par exemple, que la nullité de ces actes se couvre par des défenses au fond. Mais l'acquiescement ne peut

---

(1) *Cass.* 23 novembre 1829 : *Contrà*, 28 août 1810.
(2) *Cass.* 2 janvier 1816.
(3) *Cass.* 1er août 1820.

jamais résulter en cas pareil d'une simple assistance à l'acte nul ; il ne peut s'induire que d'actes postérieurs. Ainsi, une partie peut demander la nullité d'une enquête à laquelle elle a été présente et qu'elle a signée : mais, eût-elle été absente, tout écrit postérieur signifié en son nom et contenant défense au fond couvre la nullité.

Il suffit pour notre plan d'avoir exposé les principes les plus importants d'une matière qui demanderait un traité *ex professo*, si l'on voulait en suivre une à une les nombreuses ramifications.

FIN DU SECOND VOLUME.

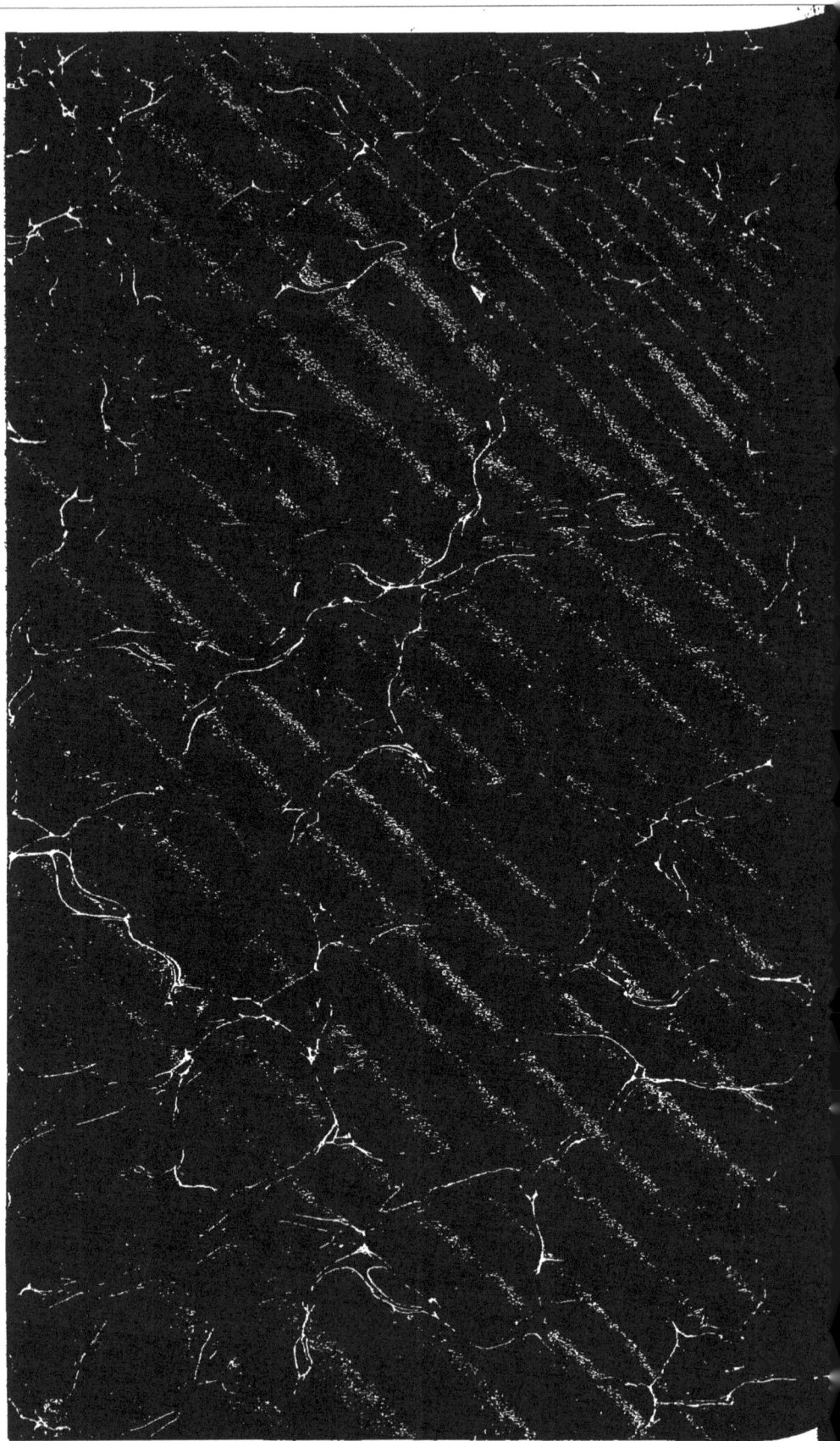

www.ingramcontent.com/pod-product-compliance
Lightning Source LLC
Chambersburg PA
CBHW060530220326
41599CB00022B/3482